BASTEI
LÜBBE

JERRY COTTON

Nach 30 Jahren Todeszelle

Ich will nicht vor die Hunde gehen

Die Nacht der Vollstrecker

Drei Kriminalromane

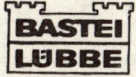

BASTEI
LÜBBE

BASTEI LÜBBE TASCHENBUCH
Band 31 934

Erste Auflage: August 2001

Sie finden uns im Internet unter
http://www.luebbe.de
oder
http://www.bastei.de

Der Preis dieses Bandes versteht sich einschließlich der gesetzlichen Mehrwertsteuer

Nach 30 Jahren
Todeszelle

Es war ein Höllenlärm. Und wo sonst hätten sie sich besser darauf verstehen sollen als hier, im Vorhof der Hölle? Sie spielten Xylophon auf den Gitterstäben - mit den wenigen harten Sachen, die sie in ihren Zellen aufbewahren durften. Kleiderbügel, Bilderrahmen, Feuerzeuge. Alles aus bruchsicherem Kunststoff.

Vier uniformierte Aufseher begleiteten mich. So war es Vorschrift. Einer öffnete die elektronisch gesicherte Verriegelung des letzten Gittertors, das wir noch hinter uns bringen mussten. Das Tor schloss sich sofort wieder, nachdem wir es passiert hatten. Vor uns lag ein langer, düsterer Korridor, vom Getöse der Xylophon-Klimperer erfüllt. Niemand schrie oder grölte dazu. Sie wollten nur ihre Musik erklingen lassen. Die hellen Stahltöne hörten sich nicht so freudig an, wie sie gedacht waren. Durch die schmalen hohen Fenster auf der rechten Seite fiel graues Tageslicht vom Innenhof herein. Nie erreichte ein Sonnenstrahl diesen Korridor.

Die Death Row von Sing-Sing.

Der Trakt der Todeszellen.

Im Vorbeigehen musste ich die Gesichter hinter den Zellengittern ansehen. Es waren Gesichter ohne jeden Ausdruck, die Augen stumpf und leer. Freude schienen nur die Hände und Arme empfinden zu können, wie sie sich mit den Klappergegenständen auf und ab bewegten und hin und her.

Die einen freuten sich für Jack »Shots« Madison.

Die anderen trauerten um sich selbst.

Ich holte ihn ab. Seine Begnadigung wurde an diesem Tag rechtskräftig. Er hatte sich geweigert, noch in eine andere Zelle verlegt zu werden. Bis zuletzt hielt er dort hinten aus, am Ende des tristen Korridors. Genau dort, wo sie ihn vor dreißig Jahren eingeliefert hatten. Die Gittertür der Zelle war bereits offen. Ich brachte die letzten beiden Schritte hinter mich. Die Seitenwand aus Beton blieb zurück, das Blickfeld öffnete sich für mich. Ich verharrte, kriegte kein Wort heraus.

Dieses Bild auf einer Kinoleinwand, und die Leute wären zu Tränen gerührt gewesen.

Er stand einfach da.

Wie jemand, der nicht wusste, wohin mit sich selbst. Seine Hutkrempe neigte sich traurig nach vorn. Das Gesicht darunter war wie aus grauem Stein, die Furchen schärfer gezeichnet als bei meinen früheren Besuchen. Der Trenchcoat aus den fünfziger Jahren war korrekt zugeknöpft; der Gürtel zeichnete die wenig betonte Taille des stämmigen Mannes nach. In der linken Hand hielt er einen Koffer, wohl die ganze Zeit schon. Der Koffer war aus brauner Pappe und an den Ecken abgestoßen. Der Bindfaden, den Madison dem Koffer vorsichtshalber um den Bauch gebunden hatte, bestand aus zeitgemäßen Kunststofffasern. Für die Schuhe würde er auf jedem Flohmarkt Wahnsinnspreise erzielen. Die Kappen braun, Ober- und Mittelteil weiß, die Hacken wiederum braun. Die Lagermeister des Staatsgefängnisses mussten diese Prachtstücke vor dreißig Jahren gut eingefettet haben.

Madison war damals sechsundzwanzig gewesen. Er hatte sich gekleidet wie einer, der sich schon verdammt erwachsen und erfahren fühlte. Einer, der für die Rock'n'Roll-Jugend nur noch ein müdes Lächeln hatte.

»Hallo, Jack«, sagte ich. Wir waren keine Freunde. Aber wir hatten uns kennen und achten gelernt.

Es wurde still, als hätte ich den Klapperern Befehl gegeben, ihr Handwerk einzustellen.

»Hi, Jerry«, antwortete Jack Madison. Seine Stimme kratzte. Er versuchte ein Lächeln, doch es klappte nicht recht. »Ich bin abmarschbereit.«

»Gestiefelt und gespornt«, nickte ich.

»Es sieht nach Regen aus.«

Ich mochte ihm nicht widersprechen. Mein hellblauer Sommeranzug und das leichte Hemd sagten genug über die Jahreszeit aus. Ebenso die Kleiderordnung der Aufseher. Sie trugen keine Jacken, nur die kurzärmeligen Uniformhemden. Jack ›Shots‹ Madison war ein Mann wie ein Klotz, scheinbar unerschütterlich. Doch in seinem Inneren tobten Gefühlsstürme. Er wurde nicht damit fertig. Ich sah seine Hilflosigkeit unter der krampfhaft aufgebauten Fassade. Er war der typische Fall eines Mannes, der nicht wusste, was besser war: nach dreißig langen Jahren in diesem Bau zu bleiben, in dem er alles kannte, oder sich in eine feindliche Welt hinauszubegeben, die ihm so fremd war wie der Mond.

»Kommen Sie«, bat ich. Die Aufseher hinter mir schwiegen. Ich hörte einen von ihnen schlucken. Es ging auch ihnen an die Nieren. Madison war kein Problemfall gewesen. Die Jüngeren vom Personal begriffen überhaupt nicht, wie er jemals in die Todeszelle gekommen war. Einem Mann von sechsundfünfzig anzusehen, wie wild seine jungen Jahre waren, fällt allerdings manchmal schwer.

Er setzte sich in Bewegung. Es hatte den Anschein, als schleppte er eine Zentnerlast. Einer der Uniformierten nahm ihm den Koffer ab. Madison bedankte sich mit einem fahrigen Nicken. Er trat auf mich zu, stellte sich neben mich, und mir war, als wartete er auf mein Kommando zum Losmarschieren. Der Aufseher links neben mir murmelte etwas in sein Walkie-Talkie. Madison hatte die Erlaubnis, sich von jedem in der Death Row einzeln zu verabschieden.

Ich brachte ihn mit einer Handbewegung dazu, die ersten, zögernden Schritte zu machen. Die Gittertür der Nachbarzelle klickte und schnappte und glitt in gut geölten Rollenlagern zur Seite. Der Häftling, ein hoch gewachsener Schwarzer, trat bis an die offene Tür. Madison ging auf ihn zu. Die beiden Männer umarmten sich stumm. Nur für Sekunden. Der Schwarze weinte laut los, als er sich rasch abwandte. Das Schnappen und Klicken der sich schließenden Tür zerschlug den Abschied.

Madison stand wie erstarrt. Dann aber gab er sich einen Ruck. Der Mann in der nächsten Zelle brachte es mit lautstarker Fröhlichkeit und Schulterklopfen hinter sich. Ich blieb in Madisons Nähe. Auch die Uniformierten passten auf. Das Bild erinnerte an einen Veteranen, dessen Kameraden zu seinen Ehren angetreten waren, bevor er in den Ruhestand geschickt wurde. Es gab nun hier niemanden mehr, der seit mehr als fünf Jahren mit seiner Hinrichtung rechnete. Bei keinem von ihnen war die Möglichkeit eines Justizirrtums auch nur andeutungsweise erörtert worden. Die Zeichen standen ungünstig für sie alle. In der Politik und auch in der Bevölkerung von New York State mehrten sich die Stimmen, es andern Bundesstaaten nachzutun und die Todesstrafe bei Kapitalverbrechen nicht nur zu verhängen, sondern auch wieder zu vollstrecken.

Er hatte die siebente Zelle auf seinem Abschiedsweg erreicht. Die Geräusche der sich öffnenden und schließenden Gittertüren hatten einen festen Zeittakt angenommen. Es wurde wenig gesprochen. Nummer sieben war ein drahtiger Typ, die Haut grau vom fehlenden Tageslicht. Die Knopfaugen unter seiner schwarzen Haarmatte gefielen mir nicht. Er lachte plötzlich und tanzte aus dem Stand los wie jemand, der eine Straßenparade begleitete. Dazu sang er lauthals: *For he's a jolly good fellow, for he's a jolly good fellow …*

Jack ›Shots‹ Madison schmunzelte zum ersten Mal. »Merrimaker«, sagte er kopfschüttelnd. »Kannst du denn nicht einmal ernsthaft …?«

Ich stieß ihn weg. Er stolperte.

Ich durchschnitt die Breite der Türöffnung mit der linken Handkante.

Und traf.

Etwas klirrte. Der Drahtige brüllte wie ein Stier, krümmte sich, wankte in seine Zelle zurück. Zwei Aufseher hatten ihre Revolver gezogen. Ich stoppte sie mit einer schnellen Handbewegung. Die Zellentür knallte zu, ausgelöst von dem Mann an der Fernbedienung vorn beim Tor. Das Brüllen des Drahtigen wollte nicht enden. Er kippte zur Seite, landete auf seiner Pritsche und brüllte weiter. Vor den Gitterstäben lag das Stück Metall, das ich hatte blitzen sehen. Ein spitz geschliffenes Messer. Es gehörte zum Essbesteck, das im Speisesaal des Gefängnisses ausgegeben wurde; der Prägestempel auf dem Griff zeigte es. Ich überließ es den Aufsehern. Als ich mich umdrehte, sah ich, dass Madison blass war. Die Uniformierten traten in Aktion. Madison und ich blieben, wo wir waren.

Minuten später eilten Sanitäter und ein Arzt aus dem Gefängnis-Hospital in den Korridor. Sie versorgten den Schreienden. Ich hatte ihm mit meinem Handkantenhieb den Unterarm gebrochen. Er war gegen den Stahlrahmen der Zellentür geprallt.

Madisons Abschied von den restlichen Zelleninsassen vollzog sich durch Winken und kurze Worte. Wir würden Sing-Sing ein oder zwei Stunden später verlassen als geplant. Wir mussten den Papierkrieg über uns ergehen lassen. Madison war noch schweigsamer, sein Gesicht noch maskenhafter als zuvor. Ich hatte ihm das Leben gerettet. Okay. Aber ich kannte ihn ein bisschen. Er würde es nicht zum Anlass nehmen, sein Geheimnis zu lüften. Hölle und Teufel, ich war nicht sicher, ob er überhaupt noch ein Geheimnis hatte!

Wir warteten in der Personalkantine, im Verwaltungstrakt. Ich bestellte Kaffee und Sandwiches. Madison nickte mir zu. Mehr nicht. Es war seine Art des Dankes. Dabei wusste ich nicht einmal genau, ob er sich vielleicht nur für Essen und Trinken bedankte.

Das Klirren von Sektgläsern schwebte wie feiner Gesang in der Luft. Festlich gekleidete Menschen erfüllten die Eingangshalle und das Restaurant mit gedämpftem Stimmengewirr. Blicke prüften das kalte Büfett. Die schwer beladenen Tische standen an den Längswänden des Restaurants. Man musste die Reden über sich ergehen lassen. Erst dann konnte man sich auf die Köstlichkeiten stürzen. Tische und Stühle waren weggeräumt worden; die Einweihungsfeier fand in Form einer Stehparty statt. Da es Vormittag war, ließen vor allem die männlichen Teilnehmer ihren Sekt mit Orangensaft auffüllen.

Raymond Aldrich bemerkte mit innerlichem Grinsen, dass die Ladies weniger zimperlich waren. Er flüsterte es Chaunce zwischen Händeschütteln und Belanglosigkeiten zu. Sie absolvierten ihre Begrüßungsrunde.

»Welche hast du im Visier?«, flüsterte Cyrus Chaunce zurück. Der massige Mann nahm seine Brille ab und betupfte Stirn und Haaransatz mit einem blütenweißen Tuch.

»Abwarten«, entgegnete Aldrich leise. »Zwei oder drei sind allein da. Dieser Typ gediegene Emanze aus dem gehobenen Mittelstand. Ihrem Alten haben sie klargemacht, dass sie wenigstens die Repräsentation seiner Firma übernehmen können, wenn sie sich schon nicht durch ernsthafte Arbeit selbst verwirklichen. All right, denkt der arme Kerl, das ist es, das ist das Patentrezept. Also schuftet er gehorsam in seinem Office, und die Lady des Hauses verwirklicht sich mit Sekt und anschließendem Abenteuer.«

»Du musst es wissen«, sagte Chaunce. »Du sprichst aus Erfahrung.« Er maß den schlanken dunkelblonden

Mann mit einem neiderfüllten Seitenblick. Völlig klar, dass er spätestens in zwei Stunden das Geschäftsführerzimmer von innen abschloss. Eine dieser Kleinstadt-Hochnasen würde sich mit Wonne das Zweitausend-Dollar-Kostüm vom Leib reißen lassen. Aldrich war so sonnengebräunt und elegant, wie man es nur sein konnte, wenn man genügend Zeit für Segeln, Golf und Tennis hatte.

Aldrich lächelte und tat, als widmete er seine Freundlichkeit einem neuen Pulk von örtlichen Größen. Wieder setzte das Händeschütteln ein. »Freut mich, Sie begrüßen zu können, Sir. Es ist mir eine Ehre – herzlich willkommen – lassen Sie es sich an nichts fehlen …« Aldrich wusste, welche kleine Spitze ihm sein engster Vertrauter und Generalbevollmächtigter da verpasst hatte. Die Sache mit der Erfahrung. Chaunce konnte da nicht mithalten. Weder hatte er zwei Ehen mit verwöhnten Salonpüppchen hinter sich, noch war er auf dem Höhepunkt seiner Männlichkeit – was das äußere Erscheinungsbild und die innere Reife betraf. Sie waren gleichaltrig, beide einundvierzig. Chaunce, der arme Kerl, kriegte bei den Frauen kein Bein an die Erde. Junggeselle war er nicht aus Überzeugung, sondern aus Mangel an Chancen. Nur geschäftlich war er ein Ass; der gerissenste Fuchs, den man sich in der Anlage-Branche wünschen konnte.

Sie gingen auf das Podium zu, das etwas erhöht in einer Ecke stand. Die beiden ungleichen Männer nickten nach links und rechts und schüttelten noch ein paar Hände. Chaunce nahm die Mappe mit dem Redemanuskript und den Unterlagen. Er klappte die Mappe auf, blieb einen Schritt schräg hinter Aldrich und reichte ihm das erste Blatt. Aldrich war der Virtuose, der sich die Noten umblättern ließ. Er räusperte sich, schaltete das Mikrofon ein und pochte mit der Kuppe des Mittelfingers dagegen. Die Lautsprecher machten dumpfe, trockene Schläge daraus. Ein Teil des

Gemurmels verstummte. »Ladies and Gentlemen«, sagte Aldrich, »wenn ich einen Augenblick um Ihr Gehör bitten darf …«

Es wurde still in dem großen Raum, der ohne Tische und Stühle wie ein Saal aussah.

»Ladies and Gentlemen«, wiederholte Aldrich, und seine Stimme erreichte nun auch den letzten Winkel. »Ich möchte nur für wenige Minuten um Ihre sehr geschätzte Aufmerksamkeit bitten. Sie müssen wissen, ich bin kein Freund langer Reden. Deshalb will ich mich kurz fassen. Lassen Sie mich auf etwas ungewöhnliche Weise beginnen – nämlich mit der Frage, welche Gefühle hat ein Unternehmer an einem Tag wie diesem? Ich hatte schon öfter Anlass, mir diese Frage zu stellen. Das ist Ihnen sicherlich bekannt. Und ich darf Ihnen sagen: Das Gefühl ist immer wieder das Gleiche. Es ist unerhörter Stolz auf die eigene Leistung. Es ist aber auch unerhörter Stolz auf dieses Land, in dem wir in Freiheit leben dürfen und in dem Leistung belohnt wird.«

Chaunce reichte ihm das zweite Manuskriptblatt. Die Zuhörer klatschten Beifall. Einige Bravorufe waren zu hören. Aldrich ließ seinen Blick über die Versammlung gleiten und verweilte etwas länger bei den Augen einer hoch gewachsenen rotblonden Lady. Die Augen wurden von blauem Lidschatten betont. In der Tiefe der Pupillen konnte Aldrich lesen, dass seine Herausforderung angenommen wurde. Demonstrativ betrachtete er ihr Dekolleté. Ihre Brüste waren groß und jugendlich prall. Die Vorstellung, sie ganz zu besitzen, brachte sein Blut in Wallung. Er lenkte seine Gedanken in die gebotene Richtung zurück, konzentrierte sich auf das, was er sagen wollte. Es bereitete ihm keine Mühe. Er hatte Übung in diesen Dingen.

»Ja, ich bin stolz auf das, was hier geschaffen wurde«, fuhr er fort. »Und ich meine, auch Ihre Stadt, Glen Rock in New Jersey, kann stolz darauf sein. Ich versichere Ihnen, das Vergnügungszentrum ›Helluva Lot‹ wird sich schnell einen Namen machen. Natürlich vor allem bei der jüngeren Generation. Von weither werden junge Leute nach Glen Rock kommen und hier ihr Geld ausgeben!« Aldrich legte an dieser Stelle die vorgesehene Pause ein. Die Wirkung war wie beabsichtigt.

Vereinzeltes zustimmendes Lachen war zu hören, einige klatschten Beifall.

Er fuhr fort: »Dass es hier und da auch ablehnende Stimmen gibt, ist normal und gehört zum demokratischen Prozess der Meinungsbildung. Natürlich ist dieses Vergnügungszentrum mit seinem Verzehrkino, seiner Diskothek, seinen Spielhallen, seinem Schnellrestaurant und dem gehobeneren Restaurant ›Gambero‹, in dem wir uns befinden - natürlich wird dieses ›Helluva Lot‹ mit ein bisschen Lärm verbunden sein. Mehr Autos und Motorräder werden durch Glen Rock kurven, und ein paar ausgelassene Burschen werden vielleicht auch grölend durch die Straßen ziehen, wenn sie in Stimmung sind. Aber, Ladies and Gentlemen, was ist denn daran so verwerflich? Klopfen wir uns doch einmal an die Brust, und seien wir ehrlich, zumindest wir Männer: Haben wir nicht früher auch in den Straßen gegrölt? Haben wir nicht auch gern aufs Gaspedal getreten, um beim zarteren Geschlecht Eindruck zu schinden?«

Erneutes Lachen erklang, dann stärkerer Beifall. Cyrus Chaunce reichte das nächste Manuskriptblatt nach vorn.

»Sie und ich, Ladies and Gentlemen, wir sollten also alle gemeinsam stolz sein auf das, was in Glen Rock auch symbolhaft Gestalt angenommen hat. Es ist das Symbol unseres Verständnisses für die Jugend. Solange wir ihnen dies geben, solange wir ihnen nicht ständig mit Vorschriften und Genörgel kommen, werden sie keinen Grund haben, ihren Fluchtweg im

Rauschgift zu sehen. Sie, die dieses Projekt genehmigt und verwirklicht haben, und ich, der es geplant und finanziert hat, können gemeinsam stolz darauf sein, einen positiven Beitrag für Amerikas Zukunft geleistet zu haben.«

Der Beifall toste. Raymond Aldrich badete darin und suchte lächelnd den Blick der Rotblonden. Sie stand noch an derselben Stelle, sie war allein, und die Art, wie sie kaum merklich die Brauen bewegte, gab ihm Gewissheit, dass er den gewohnten Erfolg haben würde. In aller Ruhe wartete er das Ende des Beifalls ab. »Ladies and Gentlemen, lassen Sie mich noch ganz kurz einen Überblick geben. Ich möchte mit nur wenigen Worten die verschiedenen Einrichtungen des Vergnügungszentrums beschreiben. Dass wir hier am Stadtrand von Glen Rock einen wirklich großzügig bemessenen Parkplatz bauen konnten, haben Sie alle gese…«

Ein Donnerschlag schnitt ihm die Silbe ab. Der Fußboden bebte kurz. Auf den Tischen klirrten Geschirr und Besteck. Erschrockene Rufe und Angstschreie wurden laut. Einige warfen sich hin, andere rannten planlos in Richtungen, in denen es keinen Ausgang gab.

Auch Aldrich war zusammengezuckt. Unwillkürlich duckte er sich hinter das Pult. Er wandte den Kopf. Chaunce hockte hinter ihm auf dem Boden, war im Begriff, den Kopf unter den Armen zu bergen.

»Mach dich nicht lächerlich!«, zischte Aldrich. Er richtete sich auf und wandte sich nach vorn. »Liebe Gäste!«, rief er mit beschwörender Stimme. »Bitte bewahren Sie Ruhe! Es besteht kein Grund zur Sorge! Meine Helfer und Mitarbeiter werden sich schnellstens einen Überblick verschaffen. Ich versichere Ihnen, dass ich Sie so rasch wie möglich informieren werde!« Er blieb am Pult stehen, um den Leuten Zuversicht einzuflößen.

Chaunce hatte ein Walkie-Talkie aus der Tasche gezogen. Er murmelte etwas in die Sprechmuschel. Die Antwort veranlasste die beiden Männer aufzuatmen. Sie wussten, es hätte schlimmer kommen können. Menschen waren nicht verletzt worden. Die Bombe war im gemeinsamen Eingangstrakt von Diskothek und Kino hochgegangen. Einer der Bodyguards eilte Minuten später herbei und schilderte Einzelheiten. Der Sachschaden war beträchtlich, würde sich aber innerhalb weniger Tage beheben lassen. Die Polizei war bereits verständigt worden, alles lief in geregelten Bahnen. Aldrich erklärte es den Teilnehmern der Einweihungsfeier, und sie gaben sich damit zufrieden, waren sichtlich erleichtert.

Der Bürgermeister von Glen Rock trat auf Aldrich zu, reichte ihm die Hand und versicherte ihm mit bebender Stimme, dass alles getan werde, um die Verantwortlichen dieser Ungeheuerlichkeit zur Rechenschaft zu ziehen. Aldrich empfahl ihm, diese Verantwortlichen nicht etwa in den Reihen oppositioneller Lokalpolitiker zu suchen. Wahrscheinlich seien es Chaoten gewesen, wie sie sich immer und überall wichtig machen mussten.

Die Cops ließen dennoch vorsichtshalber das Restaurant räumen.

Die Ehrengäste vertraten sich die Beine in sicherer Entfernung. Die meisten von ihnen waren noch da, als das Vergnügungszentrum eine Stunde später als bombenfrei gemeldet wurde. Auch die Rotblonde war noch da. Aldrich empfand Dankbarkeit dafür, und er würde es sie spüren lassen.

Er musste seine Nerven beruhigen.

»Kannst du dir die Geschichte erklären?«, fragte er halblaut, als er mit Chaunce hinter das Podium trat, um die Manuskriptblätter zusammenzusuchen.

»Du hast nicht nur Freunde«, antwortete der Generalbevollmächtigte.

»So eine Antwort kann ich mir selber geben! Du weißt genau, an wen ich denke.«

»Madison?«

»An wen sonst!«

»Sehr unwahrscheinlich, Ray. Es ist alles hervorragend abgeschottet. Er müsste aus dem Bau heraus Leute eingesetzt haben, denen er hundertprozentig vertrauen kann. Das ist schon so gut wie unmöglich.«

»Nichts ist unmöglich.«

»Okay. Hast du gehört oder gemerkt, dass jemand herumgeschnüffelt hat?«

Aldrich, grinste. »Himmel, Cy, wenn es so wäre, würde der Betreffende nicht mehr schnüffeln.«

Chaunce blickte ihn durch seine randlosen Brillengläser prüfend an. »Jemand hat eine Bombe hochgehen lassen, Ray. Sehen wir die Dinge mal nüchtern. Glaubst du, das ist eine Methode, um gewisse Zusammenhänge auszuforschen?«

»Nein«, knurrte Aldrich. »Es ist eine Drohung. Nicht mehr und nicht weniger.«

Jack ›Shots‹ Madison verstaute seinen mit einem Bindfaden verstärkten Koffer. Ich schlug die Heckklappe des Jaguar zu. Der Parkplatz, noch innerhalb der Gefängnismauern von Sing-Sing, lag ungeschützt in der Sonnenglut. Dieser Frühsommer verwöhnte uns schon seit Tagen mit wolkenlosem Himmel und traumhaften Temperaturen. Madison kam nicht auf die Idee, den Mantel auszuziehen, geschweige denn, den Hut abzusetzen. In den dreißig Jahren schien er das Schwitzen verlernt zu haben. Er rückte sich auf dem Beifahrersitz zurecht, der normalerweise meinem Freund und Kollegen Phil Decker vorbehalten war.

Madison wusste nicht, dass Phil seinetwegen im Einsatz war – in Manhattan. Madison musste nicht alles wissen. Es stürmte genug auf ihn ein, und er hatte mir bislang nicht verraten, wie er darauf reagieren würde.

Wir fuhren los. In meinem leichten Anzug fühlte ich mich neben meinem eingepackten Mitfahrer wie unbekleidet. Er hatte die Vernehmung und den Protokoll-Papierkrieg mit stoischer Ruhe über sich ergehen lassen. Die Wirkung der Klimaanlage setzte ein, als das Staatsgefängnis erst eine knappe Meile hinter uns lag. Ich hatte geglaubt, Madison würde mit kindlicher Neugier nach allen Seiten blicken. Ich täuschte mich. Sein Gesicht war starr nach vorn gerichtet. Ich nahm den Interstate Highway 87 von Albany nach New York. Es war später Vormittag geworden. Wir konnten den Hudson River in seinem malerischen Tal sehen. Madison interessierte sich nicht dafür.

Hölle und Teufel, hatte dieser maulfaule Bursche an allem das Interesse verloren? Etwa auch an der Sache, die ihm am wichtigsten sein musste? Nein. Unmöglich. Ich kam zu der Überzeugung, dass er mir etwas vorspielte. Ich ließ den roten Renner auf der rechten Fahrspur dahinrollen.

»Hatte Merrimaker einen Mordauftrag?«, fragte ich.

Madison stieß einen trockenen Laut aus. Es sollte ein Lachen sein. »Für einen Auftrag wird man bezahlt«, sagte er mit seiner rauen Stimme. »Wozu braucht ein Kerl in der Todeszelle Geld?«

»Er könnte eines Tages begnadigt werden. Wie Sie.«

»Merrimaker Flynn ist ein Mörder.«

Ich nickte. Madison fühlte sich noch immer nicht schuldig. Ambrose Flynn, wie der Drahtige richtig hieß, war für ihn der typische Triebtäter. Einer von der übelsten Sorte. In Kingston, New York, hatte er zwei junge Frauen vergewaltigt und erschlagen. Beim dritten Versuch hatte ein Trupp der freiwilligen Bürgerwehr die Schreie des Opfers gehört. Die Männer waren rechtzeitig zur Stelle gewesen. Sie hatten Flynn ein bisschen von dem zurückgegeben, was er ausgeteilt hatte, bevor sie ihn den Cops auslieferten. Es hieß, dass er etwas an den Kopf gekriegt hatte, dass er seitdem einen leichten Dachschaden hatte. Niemand wusste, ob das nicht schon vorher der Fall gewesen war. Jedenfalls spielte er den Clown, seit er festgenommen worden war. Die Psychologen hatte er indessen nicht täuschen können. Volle Zurechnungsfähigkeit hatten sie ihm bescheinigt.

»Was für einen Grund hatte er dann?«, fragte ich.

Madison sah mich zum ersten Mal von der Seite an. »Warum tun Sie so, als ob Sie das nicht wüssten?«

»Ich habe verschiedene Erklärungen. Ich möchte von Ihnen hören, welche passt. Machen Sie keinen Sermon daraus, Jack. Sie brauchen mir nicht zu misstrauen.«

Dieses kaum erkennbare Lächeln entstand in seinen Mundwinkeln. »Gesundes Misstrauen ist immer angebracht, Jerry. Nichts gegen Sie persönlich, aber ich hätte mir vor einem Jahr noch nicht träumen lassen, dass ich mal von einem G-man durch die Gegend kutschiert werde. Darf ich rauchen?«

Ich brummte zustimmend und war fast sicher, dass er jetzt eine zerknautschte Schachtel Lucky Strike ohne Filter aus dem Trenchcoat zupfen würde. Die zeitgemäße Marlboro-Packung, die er stattdessen zum Vorschein brachte, wirkte bei ihm so überraschend wie eine Banane in der Hand eines Eskimos. Und Madison hielt mir seine Schachtel herüber.

Ich nahm an. »All right«, sagte ich. »Bezahlter Mord sollte es nicht sein. War es Neid?«

Er blies den Rauch nach vorn und beobachtete, wie er sich an der Windschutzscheibe platt wölbte und von der Klimaanlage weggesogen wurde. »Ich weiß nicht, warum Sie auf Ihrem verdammten Mordauftrag herumreiten, Jerry.«

»Weil es einen Grund dafür gibt.«

»Das denken Sie.«

»Je mehr Sie versuchen, es vom Tisch zu fegen, desto mehr verbeiße ich mich in den Gedanken.«

Madison lachte sein kurzes, trockenes Lachen. »Das ist ein Witz, Jerry, ehrlich. Wie viele Jahre ist es jetzt her, dass ich das Geldversteck verraten habe? Warten Sie – mindestens neun, glaube ich.«

»Zehn.«

»Okay. Das Geld war weg. Ihre Kollegen haben danach gesucht, aber sie haben es nicht gefunden. Und es gab niemanden mehr, der es an sich gerafft haben konnte. Keiner kann etwas mit rübernehmen auf die lange Reise, stimmt's?«

»Schade, dass Sie mir etwas vormachen, Jack. Okay, die anderen sind alle tot. Sie sind der Letzte der Mohikaner. Ich sage Ihnen, was Sie vorhaben: Sie werden den Burschen suchen, der Ihren Kumpanen das Geld abgeluchst hat.«

Madison blieb unbeeindruckt. »Wenn Sie davon überzeugt sind, G-man, brauchen Sie mich ja bloß beschatten zu lassen. Dann werden Sie ja auch den geheimnisvollen Mord-Auftraggeber finden, der den armen Irren auf mich angesetzt hat.«

Ich ging auf seinen Spott nicht ein. »Mir wäre der andere Weg lieber. Zusammenarbeit. Was haben Sie zu verlieren?«

Er lenkte ab. »Sind Sie wirklich an Merrimakers Motiv interessiert?«

»Ja.«

»Gut. Es war ein Selbstmordversuch. Er wollte sterben wie ein Mann. Er hat fest damit gerechnet, dass sie ihn erschießen würden. Vielleicht wollte er mich nicht mal umbringen. Kann ja sein, dass er mich nur ein bisschen angekratzt hätte. Auf jeden Fall würden diese Aufseher mit der Kanone schnell bei der Hand sein, hat er gedacht.«

Ich erwiderte nichts darauf. Madison spürte, dass ich ihm die Erklärung nur zum Teil abkaufte. Die

Aussage des drahtigen Flynn, er sei neidisch gewesen, war jedenfalls nicht das Papier wert, auf das der Gefängnisbeamte sie getippt hatte.

Auch Madison schwieg. Die Reifen sangen auf dem glatten Beton des Highway. Ich beobachtete den Mann aus den Augenwinkeln. Er verbarrikadierte sich. Nichts von dem, was er empfand, wollte er preisgeben. Ich wusste, ich würde eines Tages seine schwache Stelle finden – wenn er sich nicht völlig abschottete.

Dreißig Jahre. Ich hatte in diesen Tagen immer wieder versucht, mir vorzustellen, wie sich ein Mann fühlt, wenn er dreißig Jahre eingesperrt war. Ich war zu keinem Ergebnis gekommen. Vielleicht gab es kein allgemein gültiges Ergebnis. Denn eine so tief greifende Erfahrung musste sich einfach auf jeden anders auswirken.

Er sah nicht aus wie ein Mann mit Wut im Bauch.

Vielleicht gab es tatsächlich niemanden mehr, an dem er sich rächen konnte.

Madison war in Brooklyn geboren und dort auch aufgewachsen. Schon frühzeitig musste er an die falschen Leute geraten sein. Als zwanzigjähriger war er jedenfalls in jene goldenen Jahre hineingewachsen, in denen Lohngelder noch überwiegend bar ausgezahlt wurden. Madisons Gang war vier Jahre lang erfolgreich, dann wurden sie alle geschnappt. Einbrüche und Überfälle auf Geldtransporte in den Außenbezirken von New York City waren ihre Spezialität gewesen. ›Shots‹ war Madisons Spitzname – zugleich eine Auszeichnung für seine besonderen Fähigkeiten. Er galt als Waffennarr, konnte mit jeder Pistole und jedem Revolver hervorragend umgehen. Er war in der Lage, seine Gegner stets nur kampfunfähig zu schießen. Bei dem letzten Überfall auf einen Geldtransport musste Madison jedoch in Notwehr feuern – überhastet und deswegen schlecht gezielt. So hatte er es immer wieder dargestellt, und er war nie von dieser Aussage abgewichen. Einer von den Transportbegleitern, die er in Schach gehalten hatte, war plötzlich an eine Waffe gelangt und hatte das Feuer auf ihn eröffnet. Madison hatte den Mann getötet, war aber durch dessen Kugeln selbst schwer verwundet worden. Die Ärzte hatten ihn aufgegeben.

Dass er dennoch überlebte, hatte Madison schon kurze Zeit später nicht mehr als einen Glücksfall betrachtet. Nach einem Vierteljahr Krankenhausaufenthalt wurde er zur Untersuchungshaft ins Stadtgefängnis Rikers Island eingeliefert. Und ein ganzes weiteres Jahr dauerte es, bis die Gerichtsverhandlung endlich stattfinden konnte. Die abschließenden Ermittlungen hatten sich in die Länge gezogen. Denn es konnten der Bande zwar mehr als hundert Einbrüche und Raubüberfälle nachgewiesen werden; die Beute aus den letzten, spektakulären Fällen wurde jedoch nie gefunden. Sechsstellige Beträge hatte die Gang erbeutet – insgesamt mehr als zwei Millionen Dollar.

Alle hatten dichtgehalten. Auch Madison ging zu diesem Zeitpunkt noch davon aus, dass es für ihn genauso laufen würde wie für die anderen: Sie würden ihre Jahre im Gefängnis absitzen und anschließend von dem Beute-Geld leben, das sie dann in aller Ruhe waschen konnten. Sie hatten dafür gesorgt, dass es keine Spuren gab, die sich verfolgen ließen.

Nach dem einen Jahr Wartezeit ging für die Gerichtsverhandlung ein weiteres halbes Jahr drauf. Für Jack ›Shots‹ Madison wurde es der Schock schlechthin. Seit seiner Festnahme hatte er keinen Kontakt mehr zu seinen Komplizen gehabt. Alle Absprachen, an die er sich gebunden fühlte, waren vorher getroffen worden. Doch nun, in der Beweisaufnahme, ließen sie ihn plötzlich hängen. Fassungslos musste Madison hören, wie der Staatsanwalt den Tod des Transportbegleiters als eiskalten Mord hinstellte. Madison glaubte bis dahin noch, dass es an seiner

Notwehrsituation nichts zu rütteln gab. Er vertraute auf die Aussagen seiner Komplizen, die sein Verteidiger als Zeugen verhörte.

Madison stürzte von einem Schock in den anderen. Sie ließen ihn hängen, hatten auf einmal nichts mehr mitgekriegt. Nur die Schüsse hatten sie gehört, und dann hatte der Uniformierte tot dagelegen. Verzweifelt schilderte Madison, wie es sich abgespielt hatte. Bei dem Überfall war bis zu dem verhängnisvollen Zeitpunkt kein einziger Schuss gefallen. Die drei Transportbegleiter hatten mit erhobenen Händen an der Längsseite des Panzerfahrzeugs gestanden. Dass der eine unter dem Hosenbund eine verborgene Waffe trug, hatte keiner von Madisons Komplizen festgestellt. Sie hatten die drei Wachmänner zu schlampig und zu hastig durchsucht. Dann, als Madison unvermittelt in die Mündung geblickt hatte, war er gezwungen gewesen, zu feuern – schlecht gezielt. Sein Anwalt hatte den Gesichtspunkt von der Verhältnismäßigkeit der Mittel ins Feld geführt; der Waffengebrauch des Wachmannes habe Madisons unbewusste Notwehrreaktion erst hervorgerufen. Es war zwecklos. Die Aussagen seiner Komplizen taugten nicht das Geringste, um ihn zu unterstützen. Nichts entkräftigte die durch den Staatsanwalt formulierte Anklage.

Er musste es vorhergesehen haben, und trotzdem war es für ihn immer noch unfassbar, als es geschah: Die Geschworenen sprachen Madison schuldig, und das Gericht erkannte auf Höchststrafe. Madison wurde nach Sing-Sing verlegt, und ein weiteres Vierteljahr später saß er endgültig in der Todeszelle. Seine Anwälte unternahmen alles nur Erdenkliche für ihn; sogar Gefangenen-Hilfsorganisationen setzten sich für ihn ein. Die Hinrichtung wurde immer wieder verschoben, bis es dann eines Tages so weit war, dass die Vollstreckung von Todesurteilen im Bundesstaat New York vorerst nicht mehr stattfand. Madisons Komplizen waren zu Gefängnisstrafen um zwanzig Jahre verurteilt worden. Er hatte sie nie wieder zu Gesicht bekommen. Ihr niederträchtiger Plan jedoch, ihn die Suppe auslöffeln zu lassen und selbst wegen guter Führung vorzeitig entlassen zu werden, sollte ihnen nicht viel nützen.

George Yakovich und Eddie Travers starben noch in Sing-Sing, Yakovich an Lungenkrebs, der übergewichtige Travers an Kreislaufversagen. Peter Krajicek und Vincent Horner wurden schon nach fünfzehn Jahren entlassen. Doch beide konnten sich über die Freiheit nicht lange freuen. Krajicek starb auf rätselhafte Weise, als sein Auto von einer Passstraße in den Appalachen abkam, hundert Yards tief auf ein Geröllfeld stürzte und in Flammen aufging. Die Unfallursache war ungeklärt, würde ungeklärt bleiben. Ähnlich war es mit Horner, der auf einem Ausflugsdampfer in der New Yorker Upper Bay mitfuhr und über Bord kippte. Er war in die Schrauben einer Motoryacht geraten.

Jahrelang hatte Madison nachgedacht, ehe er sich schließlich dazu durchrang, das Geldversteck preiszugeben. Sein Verdacht bestätigte sich: Die Millionen waren verschwunden. Die Jagdhütte in den Adirondack Mountains war unter Aufsicht von FBI-Agenten auseinander genommen worden. Kampiert hatte dort schon lange niemand mehr. Haargenau an der Stelle, an der nach Madisons Beschreibung das Geld liegen sollte – nämlich im Betonfundament der Hütte, war mit Presslufthämmern ein großes Loch geschlagen worden.

Die Merkwürdigkeiten hatten damit noch kein Ende. Ein Bauunternehmer namens Glenn Goldstine hatte die Jagdhütte errichtet – etwa zu dem Zeitpunkt, als Madison und seine Komplizen der Polizei ins Netz gegangen waren. Eigentümer der Hütte war ein Versicherungsmakler namens Patrick Bailey gewesen. Auch Bailey und Goldstine waren bei Unfällen ums

Leben gekommen. Die Zwei–Millionen–Beute aus den Raids der Gang war und blieb verschwunden.

Und Madison wollte mir weismachen, dass derjenige nicht mehr existierte, mit dem seine Komplizen hinter seinem Rücken gemeinsame Sache gemacht hatten. Der Betreffende musste ihnen die Sache schmackhaft gemacht haben. Nach der Entlassung würden sie ihr Geld nicht erst langwierig in komplizierte Waschkanäle leiten müssen. Sie würden sofort an den Früchten des Kapitals teilhaben und herrlich und in Freuden leben können.

So musste es gewesen sein. Davon war ich überzeugt. Wenn Madison wirklich etwas anderes glaubte, machte er sich selbst etwas vor.

Ich stellte meine Frage, als wir uns schon in der Nähe von Kingston am Hudson River befanden. »Reden wir noch einmal über die Geschichte, Jack?«

Irgendwie musste er meine Gedanken geahnt haben. Er sah mich an, als er antwortete. »Ich kann es Ihnen nicht abschlagen. Sie wollen mich doch nicht offiziell vorladen?«

»Dazu habe ich kein Recht.«

»Immerhin könnten Sie und Ihre Kollegen denken, dass jemand das Geld für mich auf die Seite geschafft hat.«

»Auch ein interessanter Gesichtspunkt. Sie haben jedenfalls Geld für ein Taxi, nehme ich an – egal, woher.«

Er grinste. »Habe ich.«

»Dann treffen wir uns heute Abend um acht im ›Le Havre‹. Das ist ein französisches Restaurant am Central Park South. Mein Kollege und ich laden Sie ein.«

Er war keine drei Häuserblocks weit gekommen, und er hatte schon gewusst, dass es nur zwei Möglichkeiten gab. Entweder, der Kollege von der Fahrbereitschaft hatte ihm einen Streich gespielt, oder die verdammte Klimaanlage hatte tatsächlich nach ein paar hundert Yards Fahrt ihren Geist aufgegeben. Special Agent Phil Decker hatte das Gefühl, in einem Backofen auf Rädern und nicht in einem Auto gefahren zu sein. Er konnte sich nicht einmal darüber freuen, an der verkehrsreichen Seventh Avenue einen Parkplatz zu finden.

Er stieg aus, schlug die Tür zu und atmete durch, während er abschloss. Mochte die Luft auf dem Boden der Straßenschlucht mit Benzinabgasen und Dieselruß angereichert sein, mochten alle möglichen Schadstoffe darin schweben – wenigstens für den Augenblick fühlte sich der G-man freier. Hier unten, in der schattigen Tiefe zwischen schwindelnden Stockwerkshöhen, war es sogar kühler als in dem blechernen Brutkasten. Wenn er etwas hasste, dann waren es Klimaanlagen, die nicht funktionierten. Nach einem letzten Kopfschütteln ließ er den Dienstwagen zurück. Ein Chevrolet Monte Carlo, hellgrün, weniger als ein Jahr alt. Nicht zu fassen.

Phil bog in die West 57th Street ein. Die Fußgängerscharen bestanden zu siebzig oder achtzig Prozent aus Touristen. Vor allem in der warmen Jahreszeit ist New York City voll von ihnen. Ein bis zwei Millionen jedes Jahr. Ein Modefotograf benutzte die Carnegie Hall als Hintergrund für drei langbeinige Models. Phil zeigte weniger Respekt als die Leute, die stehen geblieben waren. Die Rückansichten der Girls waren sensationell. Zwischen ihren gelackten Modefrisuren und den langen Beinen gab es nur hauchdünne Stoffstreifen.

»He, Sie!«, brüllte der Fotograf. Er hatte sein Stativ und einen Berg von Utensilien in einer freien Parkbucht aufgebaut. »Haben Sie Tomaten auf den Augen oder was?«

Die Models kicherten und drehten sich um. Phil erntete Funken sprühende Blicke aus drei Glutaugenpaaren. Erstaunlich war, dass die neue Bademode aus unterschiedlich gemusterten Stoffpunkten zu bestehen schien. Durchmesser höchstens drei Fingerbreit. »Wer erfindet so was?«, fragte er interessiert und trat einen Schritt auf die drei zu. »Ein Macho-Modeschöpfer?«

»Sie werden lachen«, antwortete das Girl in der Mitte. »In unserem Fall ist es eine Lady. Sie bildet sich ein, genau zu wissen, was Männer gut finden.«

»Das bilden sich viele Ladies ein«, grinste der G-man.

Die drei Hübschen kicherten wieder. Ihre Brüste mit den Stoffpunktspitzen wippten.

»He, Sie!«, brüllte der Mann hinter dem Stativ abermals. »Können Sie nicht hören? Oder was?«

Phil beachtete ihn nicht. »Euer Knipser ist ein fantasieloser Mensch«, stellte er fest, und die drei bepunkteten Schönheiten kamen noch ein Stück näher. »Gleich wird er mich fragen, ob ich die Sprache verloren habe.«

»Lassen Sie es drauf ankommen?«, fragte die eine an der rechten Seite des betörenden Pulks.

»Tun Sie's!«, drängte die andere links.

»Oder entführen Sie uns!«, schlug die Mittlere vor. »Im Metropolitan gibt's ein nettes Café.«

»Wisst ihr was«, sagte Phil mit Verschwörermiene. »Ich will keinen Ärger mit der Fotografen-Gewerkschaft. Verschieben wir die Entführung auf morgen oder übermorgen. In Ordnung?«

Er verteilte Visitenkarten. Die Girls staunten. Der Fotograf kam wütend hinter seinem Stativ hervor und schien bereit zu sein, die Lage zu seinem Vorteil zu klären. Die Girls führten den G-man weg, bildeten einen schützenden Halbkreis um ihn, bis er in den

Zuschauerreihen untertauchen konnte. »So long, Kidnapper!«, riefen die drei im Chor. Die Umstehenden klatschten Beifall.

Phil sah noch, wie die Models ihren Bildermacher besänftigten. Es fiel ihnen nicht schwer. Sie umringten ihn einfach und schoben ihn zurück an seinen Platz hinter dem Stativ. Im Erdgeschoss des Metropolitan Tower, gleich neben der Carnegie Hall, gab es tatsächlich dieses Café, von dem die Girls gesprochen hatten. Ein Laden aus Chrom und weißen Möbeln. Phil hatte keine Zeit dafür.

Der achtzig Stockwerke hohe Büro- und Apartment-Turm ragte golden glitzernd in jene Höhen, die in Manhattan für ungetrübten Sonnenschein Voraussetzung sind. Der G-man erreichte das Nordost-Penthouse im 77. Stock mit dem Expresslift. Es gab ein zweites auf der Südwestseite; dazwischen hockte der Turmfortsatz mit den drei höchsten Stockwerken.

Das Klingelschild war groß und vergoldet, mit vollständigen Namen in Kursivschrift. Handgraviert natürlich. *Abigail and Lewis Brent.*

Im oberen Türrahmen gab es eine geschickt eingebaute Videokamera. Alle Apartments und Büros im Metropolitan Tower hatten außerdem verborgene Lichtschranken und jede Menge Elektronik zum Schutz der Eigentümer. Es gab zusätzliche Sicherheitseinrichtungen für das Gebäude selbst. Vor allem nach Einbruch der Dunkelheit waren die Ein- und Ausgänge perfekt abgeriegelt. Eine hauseigene Truppe von Wachmännern sorgte dafür, dass niemand durch die Maschen schlüpfte, die das Netz der Technik so eng wie nur möglich legte. Die Bewohner des Metropolitan und ihre Besitztümer waren ihren Sicherheitspreis wert. Die kleineren Apartments waren ab fünfhunderttausend Dollar zu haben. Für mehr Platz rangierte die obere Grenze bei zweieinhalb Millionen. Die Penthouse-Preise wurden geheim gehalten. Wer hier wohnte, gehörte zur Spitze der New Yorker Nobel-Gesellschaft.

Weder Klingeln noch Schritte waren aus der Luxuswohnung zu hören. Die Schallisolierung entsprach dem Standard, der in diesem Gebäude galt. Phil wunderte sich nicht darüber, dass die Klimaanlage selbst in der Eingangshalle des Penthouse einwandfrei funktionierte. Hier war Zuverlässigkeit noch so etwas wie ein Gesetz, an das sich auch technische Einrichtungen zu halten hatten.

»Sie wünschen, Sir?«, fragte eine weibliche Stimme aus einem Lautsprecher, den Phil noch nicht entdeckt hatte. Der Klang entsprach Hi-Fi-Norm. »Special Agent Phil Decker, FBI-Distrikt New York. Ich möchte Mrs. Brent sprechen.« Er zog seinen Dienstausweis aus der Innentasche des Jacketts.

»Halten Sie Ihren Ausweis bitte in Gesichtshöhe, aufgeklappt, waagerecht.«

Phil gehorchte wortlos.

»In Ordnung. Sie können Ihren Ausweis wieder einstecken. In welcher Angelegenheit möchten Sie Mrs. Brent sprechen?«

»Dienstlich«, erwiderte Phil und ermahnte sich innerlich zu Geduld und Ruhe. »Ich habe übrigens nicht versucht, vorher anzurufen, um einen Termin zu vereinbaren, und ich werde es auch nicht tun. Mit dem unangemeldeten persönlichen Besuch wollen wir den Betroffenen ein amtlich zugestelltes Schriftstück ersparen.«

»Was für ein Schriftstück?«

»Eine Vorladung.«

»Aber ...« Die eben noch kühle Stimme geriet aus der Fassung. »Ich verstehe nicht ...«

»Dann Klartext«, sagte der G-man rau. »Wenn Mrs. Brent anwesend ist und nicht mit mir sprechen will, wird sie in einer halben Stunde von einer Streifenwagenbesatzung abgeholt.«

»Mein Gott!«

»Der bin ich nun auch wieder nicht.« Phil grinste nach oben in die Kamera. »Ich nehme an, Sie sind bei Mrs. Brent angestellt. Tun Sie ihr und sich selbst einen Gefallen, und beeilen Sie sich.«

»Selbstverständlich, Sir. Einen Moment.«

Der Moment dauerte genau acht Sekunden.

Gegen Abigail Brent waren die drei Models vor der Carnegie Hall flachbrüstige Wesen. Die Blondine erinnerte an die Filmstars aus den fünfziger und frühen sechziger Jahren, die mit Kurven und Superbusen noch Karriere gemacht hatten, ohne alles enthüllen zu müssen. Abigails beigefarbener Rippchenpulli, der handtellerbreite Ledergurt und der enge rote Rock hätten anstandslos in die gute alte Jukebox-Zeit gepasst.

Sie erschien drei Schritte hinter der aufschwingenden Tür, wie von einer Zeitmaschine hingezaubert, und sie musterte den G-man von Kopf bis Fuß, als sei er die Augenweide und nicht sie.

Die Hausangestellte war ein pummeliges Geschöpf. In ihren modernen Beutel-Jeans machte sie den Eindruck, als brauchte sie nur den Kopf einzuziehen, um wie ein Ball davonzurollen. Auf einen Wink ihrer Arbeitgeberin verschwand sie nach nebenan, in einen hellen weißen Raum, in dem sich offenbar die Video-Überwachung und die Tür-Sprechanlage befanden.

Phil näherte sich Abigail Brents herrischem Blick furchtlos. Hinter ihm schloss sich automatisch die Wohnungstür. Von schnurrenden kleinen Elektromotoren angetrieben, schnappten die Riegel zu.

»Mrs. Brent?«, fragte der G-man ordnungshalber. Als sie herablassend nickte, nannte er abermals seinen Namen und zeigte seinen Dienstausweis.

»Geben Sie her«, forderte sie.

Phil tat ihr den Gefallen und grinste. »Haben Sie Grund, an der Echtheit zu zweifeln?«

»Nicht so, wie Sie denken. In diesem Haus haben

Ganoven schon die unwahrscheinlichsten Sachen ausprobiert. Ich kann mir beim besten Willen nicht vorstellen, was ein FBI-Beamter von mir will.«

»Ich bin hier, um es Ihnen zu erklären. Aber rufen Sie sicherheitshalber meinen Vorgesetzten an. John D. High, Special Agent in Charge. Sie erreichen ihn jetzt im Office an der Federal Plaza.« Er fügte die Telefonnummer hinzu.

»Betsy!«

»Ja, Madam?« Das kugelige Girl steckte seinen Kopf aus dem weißen Nebenraum.

»Übernehmen Sie das. Haben Sie die Nummer mitgekriegt?«

»Ja, Madam.«

»Auch den Namen?«

»Ja, Madam.«

»Gut, dann lassen Sie sich bestätigen, was wir wissen müssen. Nämlich?« Sie hörte sich an wie eine gestrenge Lehrerin.

»Gibt es einen Special Agent namens Phil Decker?«, antwortete Betsy folgsam. »Wenn ja – hat er einen offiziellen Auftrag, Sie zu vernehmen? Und in welcher Angelegenheit?«

Abigail Brent nickte gnädig und machte eine Handbewegung, als scheuchte sie ein Insekt weg, das ihr nur ein bisschen lästig war. Sie betrachtete den Dienstausweis gründlich von beiden Seiten, drehte ihn ein paar Mal hin und her, hielt ihn gegen das Licht und gab ihn dann zurück. »Scheint in Ordnung zu sein.«

»Glauben Sie mir, Mrs. Brent, Sie würden eine Fälschung nicht erkennen können.«

»Das geben Sie als FBI-Beamter zu? Vorausgesetzt, Sie sind wirklich einer.«

»Wir lügen uns nichts in die eigene Tasche.«

»Folgen Sie mir.« Abigail Brent drehte sich mit elegantem Hüftschwung um und bot dem G-man das Schauspiel ihres Gangs. Es dauerte über die Länge der

Halle und des Livingrooms und endete auf der markisenüberspannten Terrasse. Der Blick auf den Penthouse-Garten und Manhattan Uptown war atemberaubend. Im nachmittäglichen Dunst war die Bronx eben noch zu erkennen. Von der Weite des Long Island Sound wurden Sonnenreflexe der Wasseroberfläche herübergeschickt.

Phil vergaß alles, was ihm eben aus dem prallen Leben gezeigt worden war. Der Straßenlärm war in dieser Höhe nur als leises, fernes Rauschen zu hören. Ein heiseres Grollen, das in tiefster Tonlage entstand, musste dagegen aus unmittelbarer Nähe kommen. Phil runzelte die Stirn und sah sich suchend um. Zwischen Ziersträuchern, blühenden Blumen und plätschernden kleinen Wasserfällen konnte er jedoch kein Ungeheuer entdecken.

Abigail schmunzelte. Wortlos winkte sie ihn nach rechts von der Terrasse, auf einen breiten Weg aus Marmorplatten. Das Grollen schwoll an. Ein Mauervorsprung grenzte die Terrasse ab. Phil folgte der Blondine. Diesmal hatte er keine Mühe, sich von ihrem aufregenden Gang ablenken zu lassen. Unwillkürlich verharrte er. Schwarze Stahlgitterstäbe, in eine bogenförmige weiße Wandöffnung eingelassen, erinnerten an einen orientalischen Palast. Aus dem Halbdunkel hinter dem Gitter ertönte dieses Grollen. Phil glaubte, zwei bösartige Augen zu sehen. Aber das mochte Einbildung sein. Er traute Abigail Brent allerdings zu, dass sie einen Grizzly als Haustier beherbergte. Ein Alligator hätte auch zu ihr gepasst, wie es neuerdings in Florida Mode war. Aber die langschwänzigen Viecher, aus denen man Handtaschen machte, hörten sich anders an.

Abigail blieb stehen. Ihre Seitenansicht konnte jeden Mann sprachlos machen. Vor allem das Profil in den höher gelegenen Kurven. Es geschah selten, dass Phil um eine passende Bemerkung verlegen war. In diesem

Moment jedoch fiel ihm beim besten Willen nichts mehr ein. Die Lady lächelte.

»Elektronische und mechanische Sicherheitseinrichtungen sind schön und gut«, sagte sie. »Mein Mann und ich verlassen uns aber nicht allein darauf. Wir bauen auch auf die guten alten natürlichen Methoden.«

»Das ist nie verkehrt«, antwortete Phil und tat, als hätte er etwas Geistreiches gesagt. Er zwang sich, wieder zu dem Gitter zu sehen.

Abigail blickte ebenfalls dorthin. »Johnstone!«, rief sie. »Komm, Johnstone, sei ein braver Hund! Zeig unserem Gast, was für ein Prachtkerl du bist!«

Phil staunte. Er hatte sich doch nicht getäuscht. Es waren wahrhaftig bösartige Augen, die sich da in Bewegung setzten. Sie gehörten zu einem massigen Schädel und einem noch massigeren Körper. Das Grollen ging in ein verhaltenes Knurren über. Das Tier hatte die Größe eines einjährigen Hereford-Kalbs. Auch der kantige Kopf war kaum kleiner als der eines jungen Rindviehs.

»Johnstone ist ein altrömischer Kampfhund«, erklärte Abigail stolz.

»Ein Mastino«, nickte Phil. »Er wird doch nicht schon unter Cäsar gedient haben?«

Sie lachte. »Sie kennen sich aus, Mr. Decker. Aber seien Sie unbesorgt. Johnstone ist ein junger Bursche und auf dem Höhepunkt seiner männlichen Kraft. Er reißt jeden ungebetenen Besucher mühelos in Stücke. Und falls Sie annehmen, dass das Tierschutzgesetz bei uns greifen könnte, kann ich Sie auch beruhigen. Johnstone hat Auslauf im Dachgarten, und mein Mann oder ich fahren regelmäßig mit ihm ins Hudson Valley. Zu seinem kleinen Gehege gehören neben dem Aufenthaltsraum auch ein Schlafraum und eine Toilette. Letztere wird täglich gereinigt.«

»Bad oder Dusche fehlen«, sagte Phil trocken.

Abigail grinste. »Jetzt müssen Sie mir noch erzählen, dass viele Menschen da unten in Harlem oder in der Bronx unter schlechteren Umständen leben. Ich würde dann glatt in Tränen ausbrechen.«

»Ich möchte Sie nicht gern weinen sehen.«

»Manche Männer würden sich darum reißen, mich zu trösten.«

Phil zwinkerte. »In Johnstones Nähe würde es mir schwer fallen.«

Das Riesenvieh bellte. Es hörte sich an, als würden zwei dicke Tresortüren hintereinander zugeschlagen.

Abigail lachte. Ihr vierbeiniger Liebling beruhigte sich. Phil blickte furchtlos in die blutunterlaufenen Augen hinter den Gittern. Das Monstrum war ein Killer. Eindeutig. Wenn Leute für solche Tiere eine Art Waffenschein-Pflicht forderten, hatten sie sicher nicht ganz Unrecht.

»Madam?« Betsys Stimme ertönte zaghaft von der Terrasse.

»Ja?« Abigail wandte sich ihrer pummeligen Gehilfin zu.

»Es wurde mir bestätigt, Madam.«

»Fein. Dann leg dich wieder hin, Johnstone. Betsy, bring uns Kaffee. Mr. Decker – wir setzen uns auf die Terrasse.«

Alles geschah nach ihrem Wunsch. Sie hatte die Lage hundertprozentig im Griff. Glaubte sie. Phil sah keinen Grund, ihr diese Überzeugung zu zerstören. Sie saß schräg vor ihm, den Ellbogen auf der Kante des weißen Allwetter-Tischs. Sie schlug die Beine übereinander. Schwindelerregend. Betsy brachte den Kaffee. Der G-man trank einen Schluck und gab Abigail Feuer für ihre schlanke weiße Zigarette. Er selbst zündete sich eine vertraute Marlboro an.

»Sie sind nicht zum ersten Mal verheiratet«, sagte er.

Sie lächelte spöttisch. »Ist das heutzutage ungewöhnlich?«

»Sie müssen sich nicht rechtfertigen. Ich bin nicht hier, um Ihr Privatleben zu erforschen. Nur ein bisschen aus der Zeit, als Sie mit Patrick Bailey verheiratet waren – bis zu seinem plötzlichen Tod.«

»Ah! Ist der FBI auf die Idee gekommen, ich könnte ihn umgebracht haben?«

»Dies ist kein Fernsehkrimi, Mrs. Brent. Und Sie sind nicht die Hauptdarstellerin.«

»Ach nein! Was ist dann Sache?«

»Ihr damaliger Mann ist verunglückt. Bei einer Bergwanderung in den Catskill Mountains. Es hat seinerzeit keinerlei Spuren gegeben, die etwas anderes als einen Unfall hätten vermuten lassen.«

»Na also. Was ist es dann, was Sie aufrollen möchten?« Ihr spöttischer Gesichtsausdruck wurde wieder belebt.

»Mr. Bailey hat eine Jagdhütte in den Adirondacks bauen lassen. Erinnern Sie sich daran? Vielleicht an die Bauzeit, an die Einweihungsfeier?«

Abigail schüttelte augenblicklich den Kopf. »Ich bin nie da draußen gewesen. Es war reine Männersache, falls Sie verstehen, was ich meine. Pat hat mit seinen Freunden in der Hütte kampiert, und auch die haben ihre Frauen nie mitgenommen.«

»Manchmal zeigen Männer ihren Frauen wenigstens einmal, wo sie sich herumtreiben. Damit die liebe Seele Ruhe hat.«

»Nicht in meinem Fall«, entgegnete Abigail energisch. »In meinem Fall nun wirklich nicht.«

Sie konnte ihre Gereiztheit nicht verbergen, als der FBI-Beamte endlich gegangen war.

»Darf ich das Geschirr abräumen, Madam?«, fragte Betsy unterwürfig.

»Was denn sonst!«, fauchte Abigail. »Soll es etwa bis morgen stehen bleiben?«

Das Hausmädchen beeilte sich, das Tablett zu beladen und aus ihrer Reichweite zu gelangen.

Abigail zündete sich eine neue Zigarette an und warf das Feuerzeug achtlos auf den Tisch. Sie bemerkte, dass ihre Hände zitterten. Sie hätte deswegen auf sich selbst fluchen können. Es quälte sie die Frage, ob sie sich dem G-man gegenüber hinreichend beherrscht hatte. Das Telefon stand auf dem Barwagen. Sie riss den Hörer von der Gabel und tippte die Codeziffer, unter der die Nummer des Büros gespeichert war. Der Automat wählte.

»Ja, bitte?«, sagte die Sekretärin ihres Mannes in ihrer feinen, überheblichen Art.

»Geben Sie mir Lewis«, verlangte Abigail ungeduldig.

»Tut mir Leid, Madam. Er ist mit einem Kunden essen gegangen.«

Abigail schmetterte den Hörer an seinen Platz, ohne sich zu bedanken. Minutenlang rauchte sie hastig. Dann wählte sie eine andere Nummer. Es klingelte lange. Die Männerstimme, die sich schließlich meldete, klang wie eine grobe Feile auf rostigem Blech.

»Ja, verdammt!«

»Bist du zurechnungsfähig?«, knurrte Abigail.

»O Schwesterherz! Du hast mir gerade noch zu meinem Glück gefehlt! Musst du mich mitten in der Nacht aufwecken? Weißt du, wovon ich geträumt habe?«

»Du hast eine Whisky-Brennerei geerbt.«

»Auch nicht schlecht, aber falsch.« Die Stimme glättete sich etwas. »Weißt du, es war ein Girl, das …«

»Eliot!«, schnitt sie ihm das Wort ab. »Für Unsinn ist keine Zeit. Ich hatte Besuch. Von einem FBI-Mann. Gerade eben.«

»Im Ernst?«

»Verdammt, ja!« Sie schrie es fast.

»Aus deiner Stimmung folgere ich, dass es dir nicht gelungen ist, ihn ins Bett zu schleifen.«

Ihre Stimme peitschte. »Deine Laune wird auch gleich unten sein, das verspreche ich dir.« Sie erklärte mit drei Sätzen, welche Fragen der G-man gestellt hatte.

Sekundenlang blieb es am anderen Ende still. »Wie, in aller Welt, haben sie das herausgefunden?«, hauchte Eliot dann.

»Dein Hirn ist noch umnebelt«, erwiderte Abigail kalt. »Sonst würdest du nicht so dämlich fragen. Sie brauchten nur ihre Akten zu wälzen. Bei Patricks Personalien steht natürlich, mit wem er verheiratet war, bevor er ums Leben kam. Bedauerlicherweise.«

Ihr Bruder gluckste. »Ich weiß noch, wie du damals getrauert hast.«

»Hör auf! Für uns ist entscheidend, welche Folgerungen sie ziehen.«

»Na und? Hast du Angst davor? Schwesterherz, ich glaube, du brauchst mal wieder jemanden, der dich tröstet. Ich habe da einen Burschen kennen gelernt, der dir gefallen würde. Ein …«

Abigail ging nicht darauf ein. »Es ist kein Zufall!«, zischte sie. »Es hängt alles mit Madison zusammen. Wir müssen höllisch aufpassen, fürchte ich.«

»Werden wir, werden wir.«

Sie sah ein, dass es wenig Sinn hatte, mit Eliot zu reden. »Wie ist es in Glen Rock gelaufen?«, fragte sie lahm.

»Genau nach Plan. Glaubst du, ich hätte mich sonst aufs Ohr gelegt?«

»Nein, natürlich nicht. Sonst hättest du dich abgefüllt.«

»Wie gut wir beide uns doch kennen, Schwester!«

Abigail legte auf. Sie konnte seine Stimme nicht mehr hören. Ihre innere Anspannung war geblieben. Sie musste eine Beruhigungstablette nehmen. Es ging nicht anders.

In jeder Sitzecke hing ein größeres Ölbild mit Stadt und Hafenansichten an der Wand. Wer oft genug auf verschiedenen Stühlen im ›Le Havre‹ gesessen hatte, kannte die gleichnamige französische Stadt so gut, dass er sich auskennen würde, wenn er jemals hinkam. Nautischer Klimbim – vom Kreiselkompass bis zum Rettungsring – sorgte in dem Restaurant für zusätzliche Dekoration. Nicht unbedingt das Einfallsreichste, was man sich vorstellen konnte. Aber die hervorragende Küche war denn auch das Ausschlaggebende für den Erfolg des ›Le Havre‹.

Zugleich war es für den Gast der Grundstein für den Erfolg, den er im Verlauf eines Abends bei seiner Begleiterin erzielte oder nicht. Phil und ich hatten positive einschlägige Erfahrungen.

Wir hatten einen Fensterplatz erwischt. Draußen war es noch hell. Auf der anderen Straßenseite begann der Central Park mit seiner Südseite. Späte Sonnenstrahlen fielen bis auf die Dächer der vorbeirollenden Autos und erzeugten matte Reflexe. Leise Seemannslieder aus Lautsprecherboxen und eine erstklassige Schallisolierung ließen den Lärm Manhattans nicht bis zu uns vordringen.

Phil und ich hatten einen freien Abend, und wir standen auch nicht unter Bereitschaft. Normalerweise hätten wir uns für einen solchen Abend etwas Besseres vorstellen könne, als ihn mit einem ehemaligen Häftling aus Sing-Sing zu verbringen. Aber das Gespräch mit Madison duldete keinen Aufschub. Wenn es nicht schon zu spät war. Wir konnten schließlich nicht wissen, was er im Laufe des Tages getrieben hatte, wem er begegnet war. Andererseits hätte ich absolut nichts erreicht, wenn ich ihm weiter auf die Nerven gegangen wäre, nachdem ich ihn vor seiner Wohnung abgeliefert hatte.

Phil nahm die Flasche und schenkte nach. Wir hatten uns einen leichten roten Roussillon bringen lassen.

Da wir per Taxi gekommen waren, würde es keine Probleme geben.

Ich blickte auf meine Armbanduhr. »Viertel nach acht«, sagte ich.

»Was erwartest du?« Phil sah mich über sein Glas hinweg an. »Pünktlichkeit von jemandem, für den die Uhrzeit dreißig Jahre lang eine Nebenrolle gespielt hat?«

»Du hast Recht«, gab ich zu. »Man sollte nicht zu viel von ihm erwarten.«

»Andererseits kann es sein, dass er längst unterwegs ist, um seine Millionen zusammenzukratzen.«

»Das traue ich ihm nicht zu.« Ich ließ einen Schluck Wein auf der Zunge zergehen. »Ich bin sicher, dass seine Komplizen ihn damals reingelegt haben. Es hat lange gedauert, bis er das eingesehen hat. Auf jeden Fall war es keine Finte von ihm, das Geldversteck zu verraten. Er hat es aus echter Enttäuschung getan – nur, um dann die noch größere Enttäuschung zu erleben.«

Phil nickte. »Damit sind wir wieder auf dem Punkt, den wir schon hatten: Wer hat die bessere Spur – er oder wir?«

»Hältst du Abigail Brent für eine gute Spur?« Wir hatten Zeit genug gehabt, unsere Informationen auszutauschen.

»Sie vielleicht nicht so sehr wie ihren Mann. Es ist die Frage, ob sich die beiden damals schon gekannt haben, als sie noch mit Bailey verheiratet war. Vielleicht helfen uns die Kollegen von der Steuerfahndung weiter.«

Ich zog zweifelnd die Schultern hoch. Brent gehörte zu den großen Fischen unter den Anlageberatern und Finanzmaklern. Das allein hatte ihn aber nicht in die Lage versetzt, eines von zwei Penthouses auf dem Metropolitan Tower kaufen zu können. Brent war durch seine Beteiligungen an namhaften Industrie-

und Handelsfirmen reich geworden. Alles Geld, das er für seine Anteile eingesetzt hatte, war makellos gewesen. An seinen Steuererklärungen fand man nie etwas zu beanstanden. Wenn er wirklich illegale Dollars verwendet hatte, mussten die Geldwaschanlagen hervorragend gearbeitet haben. Die Steuerfahnder würden es entsprechend schwer haben, bei ihm zum Zug zu kommen.

Wir beschlossen, unser Châteaubriand zu bestellen – ohne Rücksicht darauf, ob Madison sich noch blicken ließ oder nicht.

Die einzigen Verwandten, die er hatte, lebten in Ohio. Sie waren Farmer, hatten immer zu ihm gehalten und getan, was sie konnten. Sie hatten ihn selten besuchen können, denn für Farmer waren es verteufelt schwere Zeiten. In den letzten Jahren hatte sich die Lage noch verschlimmert. Sie kämpften ums Überleben, Tag für Tag.

Tag für Tag ...

Ums Überleben kämpfen ...

Madison stand bewegungslos in der Mitte des Wohnzimmers. Er blickte durch das Fensterglas und sah nur die Fenster der Häuser auf der anderen Straßenseite. Vielleicht hatten sie seinen Überlebenskampf mit dem ihren verglichen. Schon möglich, dass sie irgendwann draufgekommen waren. Sie waren Gefangene des Berufes und der Lebensweise, die sie für sich gewählt hatten. Er war freigekommen aus seiner Gefangenschaft, und er hatte die Hoffnung, dass es mit ihm bergauf ging. Sie hatten diese Hoffnung nicht. Aus Schulden und sonstigen Verpflichtungen konnten sie sich nicht befreien. Und wenn es geschah, dann nur durch Bankrott.

Du kannst froh sein, Jack.

Er sagte es sich immer wieder. Er horchte auf den

Klang seiner inneren Stimme und fragte sich, wie dieses unbekannte Wesen in ihm so verdammt überzeugt sein konnte.

Denn er war nicht froh.

Die Wohnung heiterte ihn am allerwenigsten auf. Woran, zum Teufel, lag das? All die Jahre hatte er sich darauf gefreut. Eigene vier Wände. Selbst entscheiden, was darin geschah. Selbst den Wecker stellen. Frühstück um acht. Oder um zehn. Egal. Niemandem Rechenschaft schuldig sein. Licht an- und ausschalten, wann man selbst es wollte. Allein sein. Ohne die Geräusche anderer Menschen. Er konnte sich nicht mehr erinnern, wie es früher gewesen war. Als junger Bursche hatte er seine eigene Bude gehabt. Aber da war er selten allein gewesen. Manchmal hatte er sogar zwei Girls auf einmal am Hals gehabt. Als Übernachtungsgäste. Und morgens hatten sie sich gezankt, weil jede für ihn Kaffee kochen wollte. Verrückt.

Seine Verwandten hatten ihm die Wohnung besorgt. Zweieinhalb Zimmer, dritter Stock, Tenth Avenue, zwischen West 46th und 47th Street. Das Gebäude war ein großer Kasten, schon mit Fernheizung ausgerüstet, und stammte aus den sechziger Jahren. Der Makler hatte die Wohnungsschlüssel nach Sing-Sing geschickt, und sie waren ihm am Tag der Entlassung ausgehändigt worden.

Madison hatte keine Geldsorgen. Die Miete war für ein Jahr im Voraus bezahlt. Die Verwandten hatten seine Ersparnisse verwaltet, hatten jeden Cent von dem lächerlichen Arbeitsentgelt aus dem Staatsgefängnis gut angelegt. In dreißig Jahren machte auch Kleinvieh Mist. Er hatte in der Death Row keinen Cent für sich selbst verbraucht. Er war nicht zum Kettenraucher geworden, und mit Rauschgift hatte er sowieso nie etwas am Hut gehabt. Jetzt konnte er sich ein paar Monate über Wasser halten, ohne arbeiten zu müssen.

Er hatte die besten Voraussetzungen, sich umzugewöhnen, einzugewöhnen.

Es würde nicht leicht sein, einen Job zu finden. Mit sechsundfünfzig schickten sie andere bald in Pension. Aber er konnte die Sache langsam angehen lassen. Er hatte alle Zeit dieser Welt.

Trotzdem war er nicht froh.

Er verstand es nicht. Er hätte Grund zum Feiern gehabt und fühlte sich wie drei Tage Regenwetter.

Die Türklingel drang in sein Bewusstsein. Sie erschreckte ihn nicht. Klingeln im Staatsgefängnis waren schrill und stechend. Den ganzen Tag über plagten sie einen mit irgendwelchen Signalen, die Befehlen gleichkamen.

Er ging zur Tür und öffnete. Erst jetzt bemerkte er, dass er die ganze Zeit in Hut und Mantel dagestanden hatte. Eine Stunde lang? Zwei Stunden? Er musste erst wieder lernen, sein Denken und Tun den richtigen Zeitbegriffen zuzuordnen.

»Guten Abend, Mr. Madison. Oh, Sie wollten gerade gehen? Tut mir Leid, dass ich einen unpassenden Moment erwischt habe.«

»Aber – aber das …« Er wollte sagen, dass es ihm nichts ausmache. Dass er gar nicht mehr an die Verabredung gedacht habe. Doch er kriegte die Worte nicht zusammen. Herr im Himmel, dachte er, kann ich etwa mit Frauen nicht mehr reden?

Sie war nur mittelgroß, fast klein, und sie blickte lächelnd zu ihm auf. Große, freundliche Augen unter dem dunklen Haarschopf. Shirt, Jeans, Stoffschuhe, dieser sportliche Typ, den er nur aus Fernsehsendungen kannte. Sie hielt einen Blumenstrauß in beiden Händen, die Stängel in Alufolie eingewickelt.

Er runzelte die Stirn. Blumen? Doch wohl nicht für ihn. Vielleicht verkaufte sie das Gestrüpp. Von Haus zu Haus. Konnte ja sein, dass sie unten auf der Straße einen Wagen voll davon stehen hatte.

»Ich halte Sie nicht auf, Mr. Madison. Ich bin Ihre Wohnungsnachbarin. Sondra Parsons. Ich hatte mir gedacht – nun, dies soll nur ein kleiner Willkommensgruß sein. Auf gute Nachbarschaft!« Sie streckte ihm die Blumen entgegen.

Auf einmal hasste er sich dafür, dass er sie Gestrüpp genannt hatte, wenn auch nur in Gedanken. Er starrte über die roten, gelben und weißen Blüten hinweg.

Seine Gefühle waren jetzt nicht mehr in Worten zu fassen. Das Gesicht vor ihm war schmal und sanft. Sanft auch die Augen. Ein junges Mädchen. Ja, sehr jung. Ein Stich traf seine Brust. Das Herz füllte seinen Oberkörper hämmernd mit Schmerzen aus. Etwas Unwiederbringliches stand vor ihm: alles, was niemals mehr möglich war. Ein normales Leben. Ohne Verbrechen. Ehe, Familie, Beruf.

Eine Tochter.

»Ich will Sie wirklich nicht aufhalten, Mr. Madison. Haben Sie eine Vase – für die Blumen? Vielleicht – ich meine, wenn Sie wollen – würde ich gern ...« Sie lachte. »Himmel, Sie machen mich ganz verlegen!«

Auf einmal brach das Eis. Er spürte es. Es war erleichternd. »Ich?«, staunte er. »Ich mache Sie verlegen? Das begreife ich nicht.«

»Ich auch nicht. Wirklich nicht. Ich wollte Sie für morgen einladen. Zu Tee oder Kaffee. Aber auf einmal kam ich mir aufdringlich vor.«

»Ich weiß, weshalb.« Er nahm ihr die Blumen ab. »Weil ich gezögert habe. Ich komme auch jetzt noch nicht klar damit, wieso ein kleines Mädchen – oh, sorry, wieso eine Frau einem Mann Blumen ...« Er unterbrach sich und lächelte verlegen.

Ein Schimmer war in Sondras Augen entstanden. »Sie müssen sich nicht entschuldigen. Ich komme mir oft vor wie ein kleines Mädchen. Traurig ist nur, dass man es nicht sein darf. Und es ist so schwer, eine erwachsene Frau sein zu müssen. Ich will mich nicht wichtig machen. Es ist sicher noch schwerer, ein erwachsener Mann sein zu …« Sie unterbrach sich. »Ich rede zu viel. Himmel, jetzt denken Sie, Sie haben eine Wichtigtuerin vor sich.«

»Ich denke, ich habe einen Menschen vor mir, dem ich gern zuhöre. Nach dreißig Jahren …« Er stockte.

»Sie brauchen nichts zu sagen, Mr. Madison. Wirklich nicht.« Sie legte ihre Hand auf seinen Unterarm, und die sanfte Berührung ließ ihn kaum merklich zusammenzucken. »Sie sollten jetzt zu Ihrer Verabredung gehen. Bitte tun Sie es. Ich stelle die Blumen für Sie in eine Vase. Sie finden sie vor Ihrer Tür, wenn Sie wiederkommen. Es ist heute übrigens nicht ungewöhnlich, dass eine Frau einem Mann Blumen bringt.«

»Aber …« Er schüttelte den Kopf und lächelte wieder. »Meine Güte, jetzt fühle ich mich wie ein kleiner Junge.«

»Das ist gut, sehr gut.« Ihre Miene war verschmitzt. Sie nahm ihm die Blumen wieder weg. »Gehen Sie jetzt, bitte! Ich werde Ihnen noch oft genug auf die Nerven gehen. Bisher hatte ich nie jemanden zum Bilder aufhängen, Toaster reparieren, Schranktüren festschrauben – warten Sie nur ab! Sie werden es noch verfluchen, mir begegnet zu sein!«

Er hörte sich lachen. Er schloss seine Tür ab und ließ sich von seiner munteren Nachbarin ein Stück auf dem Kunststoffboden des Korridors entlang begleiten. Dieses Gefühl, so fürsorglich auf den Weg geschickt zu werden, hatte er noch nie gekannt. Deshalb berauschte es ihn fast. Mit den guten Wünschen eines anderen Menschen versehen seinen Weg zu gehen – das war das Größte.

Draußen auf der Straße fühlte er sich allen anderen Leuten überlegen. Das kleine Mädchen hatte das fertig gebracht.

Wir teilten unser Châteaubriand durch drei und ließen zusätzliche Beilagen bringen. Außerdem einen roten Burgunder von der samtenen Art.

»Tut mir Leid«, sagte Madison zum fünften oder sechsten Mal, als er schon bei uns am Tisch saß. »Ich hatte es nicht vergessen, aber irgendwie ist mir die Zeit unter den Fingern weggerutscht. Und dann war es auf einmal nach acht.«

»Sie sind uns keine Rechenschaft schuldig«, entgegnete ich. »Lassen Sie es sich schmecken, Jack.«

»Jeder andere an Ihrer Stelle wäre mit einer faulen Ausrede gekommen«, fügte Phil hinzu. »Oder überhaupt nicht.«

Madison sah verlegen aus. Es schien ihm willkommen zu sein, sich auf das Essen konzentrieren zu können. Sein Trenchcoat und der Hut hingen in der Garderobenecke wie Utensilien aus einer versunkenen Welt. An seinem dunkelblauen Anzug, dem weißen Hemd und der schmalen Krawatte konnte man zwar auch den Stil der fünfziger Jahre ablesen. Doch draußen dämmerte es inzwischen, und das gedämpfte Licht im Restaurant tat ein Übriges, um zu tarnen, was an Madison auffiel. Alle Tische waren mittlerweile besetzt. Die Leute hatten sich bemüht, ihn nicht anzustarren, als er das »Le Havre« betreten hatte. Das Interesse an ihm hatte sich rasch wieder gelegt. Es war zum Glück nur durch sein Äußeres hervorgerufen worden. Wir hatten dafür gesorgt, dass in den Medien über seine Entlassung nicht berichtet wurde. Schlagzeilen über ihn konnten wir nicht gebrauchen.

Nach dem Essen und nach dem zweiten Glas Wein taute Madison merklich auf. »Ich kriege ein schlechtes Gewissen«, gestand er.

»Warum?« Ich sah ihn an.

Phil versorgte uns mit Zigaretten. Ich steuerte meine Feuerzeugflamme bei.

»Ich lasse mich freihalten«, murmelte Madison.

»Und ich weiß, was Sie dafür erwarten. Ich weiß aber auch verdammt genau, dass wir nicht miteinander ins Geschäft kommen.«

Ich schüttelte den Kopf.

»Dies ist ein privater Abend«, erklärte Phil. »Der FBI investiert keinen Cent an Spesengeldern.«

»Umso schlimmer.«

»Nein!«, widersprach ich rau. »Was Phil sagen will, ist: Wir erwarten überhaupt nichts von Ihnen, Jack. Vielleicht nur so viel, dass Sie anfangen, über unseren Job nachzudenken – über das, was wir tun müssen.«

»Hm.«

»Wenn es anders wäre«, fuhr mein Freund fort, »wären wir in Ihrer Wohnung aufgekreuzt oder hätten Sie gebeten, uns im District Office zu besuchen.«

»Mit amtlicher Vorladung?«

»Himmel, nein!«, antwortete ich. »Gewöhnen Sie sich endlich daran, dass Sie ein freier Mann sind. Sie haben Ihre Strafe verbüßt – für alles, was Sie jemals getan haben.«

»Aber nach Ansicht der Federal Attorneys bin ich immer noch ein Mörder.«

»Ob Sie es wirklich sind, weiß heute nur noch einer: Sie selbst. Alle Zeugen sind tot.«

»Ich bin kein Mörder«, flüsterte Madison. Seine Hand umschloss den Weinkelch. Einen Moment lang sah es aus, als wollte er das Glas sprengen. »Ich bin nie einer gewesen. Ich habe es immer gesagt. Wenn sie mich hingerichtet hätten, wäre das ein furchtbarer Justizirrtum gewesen.«

»War es das nicht so auch?«, sagte Phil.

Madison nickte, als ich fragend die Weinflasche anhob.

Ich schenkte nach.

»Ich bin müde«, sprach er. »Ich bin sechsundfünfzig, aber ich fühle mich wie sechsundsiebzig. Ich will über nichts mehr nachdenken, was die dreißig Jahre betrifft.

Sie sind vorbei. Ich muss auf dem aufbauen, was ist. Ich lebe noch. Das ist es. Wenn ich mir dauernd vorhalte, dass ein anderer an meiner Stelle mit fünf oder zehn Jahren im normalen Bau davongekommen wäre, dann drehe ich durch. Das funktioniert einfach nicht.«

»Wir verstehen das«, entgegnete ich behutsam. »Wissen Sie, Jack, ich glaube nicht an die Variante, auf die Sie mich auf der Fahrt nach New York gebracht haben. Sie haben keinen Komplizen, der das Geld für Sie verschwinden ließ, bevor Sie das Versteck verrieten. Das Geld war lange vorher verschwunden.«

»Was ändert das?«

»Eine Menge. Für uns stehen zwei Möglichkeiten im Vordergrund. Erstens: Sie könnten allein durch Ihr Auftauchen Dinge auslösen, die Sie nicht überblicken. Vor allem könnten Sie selbst in Gefahr geraten. Zweitens: Vielleicht verheimlichen Sie uns, dass Sie eine Spur verfolgen wollen. Die Folgen dürften auch unübersehbar sein.«

»Die Welt hat sich geändert«, ergänzte Phil. »Sie brauchen Zeit, um sich zurechtzufinden.«

»Mit anderen Worten …« Er lächelte matt. »Ich soll es den Profis von heute überlassen, sich die Finger zu verbrennen. Nämlich Ihnen.«

Ich nickte. »Wir wissen, wo das Feuer heiß ist.«

»Das kaufe ich Ihnen ab. Aber ehrlich gesagt, Jerry, ich weiß nicht, was richtig ist. Ich kann Ihnen sagen, ich hätte gern eine Mordswut im Bauch. Am liebsten würde ich mir eine Kanone besorgen und loswalzen wie ein Stier, der rot sieht. Aber wohin?« Er hob die Hände ein Stück und ließ sie auf den Tisch fallen. »Es gibt niemanden mehr, an dem ich mich rächen kann. Außerdem könnte ich das Geld nicht beanspruchen – selbst wenn es noch existierte. Ich würde mich strafbar machen, stimmts?«

Phil und ich lächelten.

»Stimmt«, sagte mein Freund und Kollege. »Aber

die ausgesetzten Belohnungen wurden nie widerrufen. Etwas Sechsstelliges würde auf alle Fälle zusammenkommen.«

»Ich bin nicht scharf drauf. Ein Job wäre mir lieber.«

»Lassen Sie sich Zeit«, sagte ich. »Im Augenblick, glaube ich, stört es Sie vor allem, mit G-men zusammenzuarbeiten – so gut wir uns sonst auch verstehen mögen.«

Er starrte mich an. Seine Miene gab zu erkennen, dass ich seine Gedanken gelesen hatte.

Es war kühl geworden. Abigail hatte weiße Jeans und einen leichten blauen Pullover über den Bikini gestreift. Raymond Aldrich bedauerte es, obwohl er in Glen Rock auf seine Kosten gekommen war. Es zeigte sich immer wieder: Die vernachlässigten Ehefrauen hart arbeitender Unternehmer waren wie Vulkane, die bei der kleinsten Erschütterung ausbrachen.

Die Lampen im hügeligen Garten der Villa hatten sich automatisch eingeschaltet. Die gepflegten Rasenflächen, Blumenrabatten und Ziersträucher verloren an Konturenschärfe und wirkten wie ein aus matten Aquarellfarben komponiertes Bild. Das Wasser des Swimmingpools schillerte grün im Licht von Halogenstrahlern. Johnstone lag auf den Fliesen am Rand und kaute behäbig an einem der Fleischbrocken, die Abigail ihm hingeworfen hatte.

»Jetzt ist er zu faul zum Fressen!«, lachte sie und nippte an ihrem Longdrink. »Die Bewegung hat ihm gut getan. Er kann ruhig ein paar Kilo abspecken.«

»Ist er ein Mensch?«, fragte Aldrich.

Lewis Brent lachte schallend.

Abigail sah die beiden Männer zornig an.

Der Mastino hob den Kopf und blickte mit halb geschlossenen Augen herüber. Ein Fleischlappen hing aus seinem Maul.

»Sieht er nicht ausgesprochen intelligent aus?«, spottete Brent. Er keuchte vor Heiterkeit.

Diesmal brach Aldrich in Gelächter aus.

»Es reicht!«, fauchte Abigail. »Macht euch noch lange über den armen Kerl lustig, und er beißt euch was ab!«

»Auf deinen Befehl?«, kicherte der Hausherr.

»Logisch. Ich muss ihn ja dirigieren. Er ist doch kein Suchhund.«

Aldrich und Brent sahen sich an. Ihre Heiterkeit war verflogen.

Abigail grinste. Sie zündete sich eine ihrer schlanken Zigaretten an und leerte ihr Glas. Zwei fast geschmolzene Eiswürfel blieben darin zurück.

Ein Pochen ertönte. Es kam von der Glasfront des Livingrooms und verhinderte, dass das Gespräch in verhängnisvollere Bahnen abglitt. Abigail und die beiden Männer drehten sich um. Es war Cyrus Chaunce, der da auf sich aufmerksam machte. Er klopfte abermals an das Isolierglas.

»Nun geh schon!«, herrschte Lewis Brent seine Frau an. »Cyrus ist uns wichtiger als dein gottverdammter Johnstone!«

Abigail maß ihn mit einem wütenden Blick. Widerstrebend stand sie auf. Sie beschleunigte ihre Bewegungen, als sie Aldrichs eisige Miene sah. Sie wusste, geschäftliche Dinge bedeuteten ihm entschieden mehr als jede Art von Spaß. Herausfordernd hielt sie ihm dennoch ihr Glas hin. »Sei so nett und schenk noch einmal nach, Ray. Ich beeile mich.« Sie schüttelte missbilligend den Kopf. »Dass du aber auch einen Generalbevollmächtigten haben musst, der vor Hunden Angst hat!«

»Vor Hunden und Frauen«, entgegnete Aldrich. »Das ist die entscheidende Kombination.« Er nahm das Glas und versetzte ihr einen Klaps auf das Hinterteil. »Du solltest dich mal ein bisschen mit Cyrus anfreunden. Vielleicht wird dann auch Johnstone freundlicher zu ihm.«

»Gute Idee!«, rief Lewis Brent. »Cyrus wäre wirklich eine dankbare Aufgabe für dich!«

Abigail sah ihn verächtlich an. Bullig und energiegeladen hockte er da, der verdammte Kerl. Mit seinem glatten schwarzen Haar und dem gedrungenen Körperbau hatte er etwas von diesem größenwahnsinnigen Franzosen, der mal versucht hatte, die halbe Welt zu erobern. Mr. Lewis Brent würde sogar den Zuschauer spielen, wenn sie es mit einem anderen trieb. Da kannte er keine Hemmungen. Abrupt wandte sie sich ab und rief ihr Haustier. Johnstone ließ von seinen Fleischklumpen ab. Er folgte ihr bereitwillig auf den von kleinen Pilzleuchten gesäumten Weg. Der Volvo 740 Kombi stand auf der anderen Seite des Hauses.

Chaunce wagte sich auf die Terrasse, als das Riesentier und seine Herrin nicht mehr zu sehen waren. Der massige Mann trug geblümte BermudaShorts und ein grünes Shirt.

»Alles komplett«, sagte er und warf einen Schnellhefter auf den Tisch. Er hatte die letzten beiden Stunden mit Telefonieren verbracht.

»Und?«, entgegnete Aldrich. Er schob Abigails Glas auf die andere Seite des Tisches.

»Der Schaden ist nicht so hoch, wie ich dachte. Mit vierhunderttausend Dollar werden wir hinkommen. Die Versicherung ist kulant.«

»Gegenüber guten Kunden ist man immer kulant«, grinste Aldrich. »Sie zahlen also?«

»Ungeachtet des Ergebnisses der polizeilichen Ermittlungen. Dafür treten wir etwaige Forderungen ab, und sie werden sich ihr Geld später von dem Bombenleger zurückholen.«

»Falls bei dem was zu holen ist«, sagte Brent.

Aldrich sah ihn mit hochgezogenen Brauen an.

»Spielst du auf Madison an?«

»Natürlich. Auf wen denn sonst?«

Brents Bemerkung löste Schweigen aus. Chaunce versorgte sich mit einem Bourbon on the rocks und bediente sich aus der goldenen Zigarettendose auf dem Tisch. Abigail kehrte hüftschwingend zurück.

Chaunce blickte ihr entgegen. »Danke für das Sicherheitsgefühl«, sagte er.

Abigail nickte. Sie reckte ihre Oberweite vor, als sie sich neben ihn setzte.

Aldrich zündete sich eine handspannenlange und fingerdicke Havanna an. »All right«, sagte er gedehnt. »Nehmen wir mal an, Madison hat seine Leute, die für ihn Bomben basteln. Das wäre eine Sache, die aus der Welt geschafft werden müsste. So oder so. Aber dann haben wir noch den anderen Punkt. Ein FBI-Mann hat unseren Freund aus Sing-Sing abgeholt.«

»Cotton«, sagte Chaunce.

»Kenne ich nicht«, brummte Aldrich. »Meinetwegen können Madisons Kontaktleute Hoover oder sonst wie heißen. Fest steht, dass er ein Wahnsinns-Risikofaktor ist.«

»Und was macht man mit Risikofaktoren?«, rief Lewis Brent und blickte in die Runde.

Nicht einmal Chaunce antwortete ihm.

»Leite etwas in die Wege, Cy«, sagte Aldrich.

Abigail lenkte den Volvo auf die Van Duzer Street hinaus und fuhr in Richtung St. George. Dort befand sich der Terminal der Fährschiffe von und nach Manhattan. Lewis Brent ließ die Seitenscheibe herunterschnurren und streckte die Beine im Fußraum vor dem Beifahrersitz aus. Die Abendluft wurde kühler, war angenehmer als die Kälte aus der Klimaanlage.

Johnstone atmete schnaufend im Heckraum, der mit festem Stahlgeflecht abgeteilt war.

»Ich könnte dir pausenlos in den Hintern treten«, sagte Abigail giftig.

»Wusste ich es doch!«, entgegnete Lewis belustigt. »Die Lady ist mal wieder beleidigt. Habe ich Glück und erfahre den Grund?«

»Du hast sogar unverschämtes Glück«, zischte sie. »Freu dich, dass ich dich nicht zu Fuß nach Hause gehen lasse!«

»Sogar auf Staten Islands gibt es Taxis«, erwiderte er ungerührt. »Im Übrigen ist deine Selbstgefälligkeit mal wieder faszinierend.«

»Du bist ein gottverdammter Schleimer!«

»Ach ja? Und das fällt dir erst heute Abend auf? Verheiratet sind wir doch nun wirklich lange genug.«

»Tu nicht so! Du weißt genau, was ich meine. Nächstes Mal fängst du an, Ray die Schuhe zu küssen. Langsam wundert es mich kein bisschen mehr, dass er dir in allen Dingen voraus ist.«

»Mach mich nicht wütend«, knurrte er. »Ich habe das Gefühl, du begreifst langsam überhaupt nichts mehr. Wenn ich anfange, ihn zu kritisieren, wird er am ehesten misstrauisch. Er wird früh genug sein blaues Wunder erleben, verlass dich drauf.«

»Durch ein paar Bomben?«

»Das ist nur der Anfang.«

»Du hast selbst gesehen, er lässt sich kaum davon beeindrucken. Und der Fettsack Chaunce regelt die ganze Geschichte mit links.«

»Abwarten. Ich sage dir, er wird noch was erleben.«

»Späte Einsicht. Hättest du damals sein Format gehabt, hättest du das Geld allein investiert – ausschließlich zu unseren Gunsten ...«

»Himmel nochmal, Ray und ich haben damals zusammengearbeitet. Wir hatten eine gemeinsame Firma. Vergiss das nicht.«

»Er hat auch nicht an dich gedacht, wenn er die Sahne abschöpfte. Heute haben wir das Ergebnis.«

»Was ist daran schlecht? Wer kann sich ein Penthouse auf dem Metropolitan leisten? He, wer?«

»Ray könnte den ganzen Tower haben – und ein paar Millionen mehr aus den achtzig Stockwerken gescheffelt haben!«

Die Straße führte über eine der vielen Hügelkuppen Staten Islands. Sekundenlang war der Blick auf die New Yorker Upper Bay unverwehrt. Lichtbahnen von Manhattans nächtlichem Glanz lagen funkelnd auf der weiten Wasserfläche. Jersey City im Westen und Brooklyn im Osten verblassten vor der Pracht der illuminierten Downtown.

Der Volvo senkte seine Scheinwerfer zurück auf die Straße. Abigail bog bald darauf in die Bay Street ein, die direkt zum Fähranleger führte.

»Du bist undankbar«, sagte Lewis Brent betrübt, und es war nicht gespielt. »Du kannst dir alles leisten. Du lebst in Luxus, und ich lasse dich in Ruhe. Du kannst jeden Tag mit einem anderen Kerl ins Bett gehen. Ich habe mich auch daran gewöhnt. Und trotzdem bist du nicht zufrieden.«

»Tu doch nicht so!«, höhnte sie. »Gönne ich dir deine Weiber etwa nicht? Habe ich jemals etwas dagegen unternommen, wenn du mit deinen minderjährigen Flittchen aufgekreuzt bist?«

»Was, zum Teufel, ist in dich gefahren?«, knurrte er. »Ausgerechnet heute Abend!«

»Ausgerechnet heute Abend!«, äffte sie ihn nach. »Kapierst du denn nicht? Wir kommen gegen Ray Aldrich nicht an. Wir könnten sein ganzes verdammtes Vergnügungszentrum in die Luft jagen, und Chaunce würde bloß ein bisschen herumtelefonieren, sie würden die Versicherungssumme kassieren und dann von vorn anfangen. Es tut mir allmählich Leid, dass ich Eliot überhaupt hineingezogen habe.«

»Der arme Kerl ist wirklich zu bedauern.«

»Du hast keinen Grund, dich über ihn lustig zu

machen. Du hast dich damals von Ray übers Ohr hauen lassen. Darüber solltest du nachdenken.«

Lewis Brent schwieg. Später, auf der Fähre, stieg er allein aus dem Wagen und ging aufs Vordeck des Schiffs. Regungslos betrachtete er die immer größer werdende Betonmasse Manhattans, die sich so gekonnt mit Lichterglanz verzierte. Er kehrte nicht zu Abigail in den Volvo zurück. Als die Fähre angelegt hatte, nahm er den Fußgänger-Ausgang. Draußen winkte er ein Taxi heran. Er hatte es schon vor langer Zeit aufgeben, sich gegen Abigail durchzusetzen. Er ließ sich zu einem Bordell an der Eighth Avenue fahren.

Die Tenth Avenue war belebt. Jack ›Shots‹ Madison stieg aus dem Taxi. Es kam ihm vor, als ob hier nachts mehr Betrieb herrschte als tagsüber. Er ließ den Cabbie abfahren und zündete sich eine Zigarette an.

Girls in kurzen Röcken durchmaßen mit ihren langen Beinen das Licht der Straßenlampen. Halbwüchsige hockten oder standen in Pulks zusammen. Einige pumpten sich ungeniert mit dem Rauch aus Crack-Phiolen voll. Sogar Kinder waren noch draußen. In einem Hauseingang schräg gegenüber lief ein tragbarer Fernseher. Das Leben hatte sich auf die Straße verlagert.

Madison überlegte, ob er sich noch ein kühles Bier genehmigen sollte. Das Essen und der Wein waren gut gewesen. Zu gut für ihn. Ein Budweiser im Stehen, vor irgendeiner Bude, passte vielleicht besser zu ihm. Vertragen konnte er es. Und in der ersten Nacht in Freiheit war sowieso alles erlaubt. Völlig klar.

Etwas lenkte seine Aufmerksamkeit auf die andere Straßenseite. Vielleicht waren es die tänzelnden Bewegungen, die schreienden Farben. Das Girl war jedenfalls nicht auffällig gekleidet. Shirt, Jeans, Stoffschuhe.

Ihm stockte der Atem. Er erkannte sie. Und er erschrak, weil er die Gefahr ermessen konnte, in der sie schwebte.

»Sondra«, murmelte er entgeistert. Im nächsten Atemzug lief er los.

Ein Rabbit Coupé stoppte mit kreischenden Reifen. Der Fahrer ließ die Hupe gellen. Nur das Girl, das an seiner Schulter hing, hinderte ihn an einem Wutausbruch. Madison erschrak nicht, kriegte es kaum richtig mit, rannte weiter. Ein Taxidriver, im Schritttempo auf der Gegenfahrbahn, hatte keine Mühe, rechtzeitig anzuhalten. Blicke hefteten sich auf den Mann in Hut und Trenchcoat. Kleidungsmäßig musste er die Jahreszeit verwechselt haben. In diese laue Sommernacht passte er so gut wie ein Eskimo mit Pelz auf die Copacabana in Rio de Janeiro.

Instinktiv hatte Sondra die Helligkeit einer Straßenlampe gesucht – drüben, hinter der Reihe der parkenden Limousinen. Die beiden Strolche ließen sie dennoch nicht in Ruhe. Sie waren gelenkig wie Affen, ihre Kleidung bunt wie Papageien-Gefieder. Es sah aus, als hätten sie Musik im Ohr, nach der sie tanzten. Aber da waren keine Walkman-Strippen zu sehen, keine Kopfhörer.

Madison flankte über den Kotflügel eines Buick Skyhawk. Die Aufschläge seines Mantels wehten hoch. Die Affen-Papageien beachteten ihn nicht, sahen ihn nicht, denn ihre feixende Aufmerksamkeit galt ausschließlich Sondra. Die Hilflosigkeit des Girls erheiterte sie, heizte sie an. In ihre Tänzelei mischten sich die ersten obszönen Gesten. Zwei kurz berockte Straßenmädchen kamen näher, kicherten, hatten Zigaretten in die Mundwinkel geklemmt. Madison durchquerte die schmale Gasse zwischen dem Buick und dem Wagen davor mit zwei Schritten. Sondra sah ihn. Er verharrte auf der Bordsteinkante.

»Haut ab!«, sagte er.

Sie beachteten ihn noch immer nicht. Beide waren schwarz und kräftig gebaut. Diese Sorte, die sich körperlich überlegen fühlt. Sie glaubten, vor niemandem Angst haben zu müssen. Wahrscheinlich fühlten sie sich darin bestärkt, seit sie ein paar Erfolgserlebnisse gehabt hatten. Einer der beiden trug ein feuerrotes Barett zur vielfarbigen Jacke und den gelben Jeans. Der andere hatte einen goldenen Streifen im Kraushaar. Seine Jacke ähnelte der seines Kumpans, die Hose war giftgrün. Sondra hielt sich am Lampenmast fest. Sie konnte nirgendwo mehr hin. Der Buick war eine unüberwindbare Grenze, und die Affen-Papageien versperrten jeden anderen Weg. Der mit dem Barett fasste sie an. Sondra zuckte zusammen. Ihr Blick traf Madison wie ein Hilfeschrei.

Er sagte nichts mehr. Ein schneller Schritt genügte. Er packte den Barett-Kopf an der Schulter und riss ihn herum. Er blickte in zwei große, kreisrunde Augen, die voller Spott waren.

»Geh lieber nach Hause, Grandpa! Häng dich vor den Glotzkasten und zieh dir 'n Bier rein. Dann hast du deine Ruhe.«

Auch der Goldstreifen hatte sich umgedreht. Freiwillig. Er kicherte. Sondra presste sich mit dem Rücken an den Lampenmast. Angst und ungläubiges Staunen mischten sich in ihrem Gesichtsausdruck.

Madison schlug zu. Nur ein einziges Mal. Es gab einen trockenen Laut wie ein Krachen. Die spöttischen Augen wurden stumpf und kippten nach hinten weg. Auf halbem Weg machte sich das feuerrote Barett selbstständig und segelte als fliegende Untertasse davon.

Der Goldstreifen stand in der Fallrichtung. Reflexartig packte er zu, damit sein Tänzelpartner auf dem harten Bürgersteigbeton keinen Kopfschaden davontrug. Er richtete sich auf, winkelte den rechten Arm an, sagte seine Meinung mit hochgerecktem Mittelfinger.

Das Gesicht, das er dazu aufgesetzt hatte, war so furchterregend, als wollte er einen Stamm abergläubischer Südsee-Insulaner in Angst und Schrecken versetzen. »Größenwahnsinnig, Grandpa?« Er kreischte es fast. »Mann, der zweite Frühling ist vorbei! Pass auf!« Er schnellte im selben Atemzug los und wähnte das Überraschungsmoment auf seiner Seite.

Den nächsten Atemzug brachte er nicht zu Ende. Er schmetterte seine Fäuste gegen einen Betonklotz. Er schrie gellend, denn er glaubte, seine Knöchel gebrochen zu haben. Aber da war kein Betonklotz. Nur waagerecht erhobene Unterarme des Mannes im Trenchcoat. Fassungslos stierend wankte der Schwarze mit der Goldstreifen-Frisur rückwärts. Madison folgte ihm, stieg über den Bewusstlosen hinweg und zerschlug dem Wankenden die jämmerliche Deckung. Dann gab es abermals dieses trockene Krachen, als er den Burschen von den Füßen hob. Er hielt ihn rechtzeitig fest und legte ihn hin. Ein Schädelbruch musste nicht sein. Die beiden kurz berockten Girls fassten sich um die Hüften, schwenkten die Beine im Takt und stießen anfeuernde Rufe aus. Madison bedankte sich, indem er kurz den Hut zog. Die anderen Zuschauer waren zurückhaltender, Frauen und alte Männer in den Hauseingängen meist.

Madison wandte sich um. Er ging zu Sondra und nahm ihren Arm. Auf einmal gab es ein stummes Einverständnis zwischen ihnen. Er führte sie über die Straße, ohne die Bewusstlosen zu beachten. Trotz des Mantels spürte er Sondras warmen und weichen Körper. Sie ließ sich von dem Schutz gefangen nehmen, den er ihr gewährte. Er war ihre Zuflucht.

»Als ich Sie sah, wollte ich gerade ein Bier trinken gehen«, sagte er.

Sie blickte zu ihm auf. »Wenn das eine Einladung ist, nehme ich sie gern an.«

Er fühlte sich beflügelt, nannte sich innerlich einen

Glückspilz und hörte zugleich auf die Stimme, die ihn mahnte, sich keine Schwachheiten einzubilden. Die Papageien hatten ihm klar genug gesagt, wo seine Position war. Es war einfach schön, so spät noch so nette Gesellschaft zu haben. So musste er es sehen, nicht anders. Ein Mann wäre vielleicht sogar der geeignetere Partner für ihn gewesen, um sich ein spätes Bier zu genehmigen. Aber Sondra Parsons schien ja andererseits dieser Typ des guten Kumpels zu sein.

Sie zeigte ihm eine Bar an der West 47th Street, gleich um die Ecke. ›The Red Baron‹, eine der guten älteren Kneipen Manhattans. Unter der vom Rauch gedunkelten Holzdecke herrschte Hochbetrieb – doch ohne Zuhälter, Prostituierte und Ganoven. Ein Teil der Leute wohnte in der Nachbarschaft; einige nickten Sondra grüßend zu. Einige waren auch Theaterbesucher, wollten nach der Vorstellung nichts weiter als einen gepflegten Drink in gemütlicher Atmosphäre.

Madison entdeckte einen Eckplatz an der Schmalseite der Theke, eine kleine gepolsterte Bank mit hoher Rückenlehne. Sondra stieg zuerst hinauf. Madison bestellte zwei Budweiser vom Fass und hängte seinen Hut und den Mantel an einen Haken. Er setzte sich neben sie. Sie wirkte blass. Aber vielleicht lag das an der gedämpften Beleuchtung und an den Schwaden von Zigarettenrauch.

Das Stimmengewirr war eine Geräuschkulisse wie lautes Summen. Zusätzlich perlte Swingmusik aus Lautsprecherboxen irgendwo im Halbdunkel. Das Bier wurde gebracht. Es war goldgelb und kühl und ließ auf den Außenseiten der Gläser eine Schicht von winzigen Perlen aus Kondenswasser entstehen. Das Licht brach sich darin. Madison konnte sich nicht satt sehen. Dann begriff er, dass sein Unterbewusstsein abzulenken versuchte. Er spürte Sondras forschenden Blick von der Seite.

»Jetzt sehen Sie ganz anders aus«, sagte sie. »Ohne

diesen Hut und diesen altmodischen Mantel. Verzeihung, ich wollte nicht …«

Er wandte sich ihr zu, lächelte und hob das Glas. Sie tranken. Nach drei Schlucken setzte er das Glas ab. Niemals in seinem Leben hatte ihm Bier so gut geschmeckt. Er kramte seine Schachtel hervor. Sondra nahm die Zigarette, die er ihr anbot. Er gab ihr Feuer. Seine Hände zitterten nicht. Sie strich mit den Fingerkuppen über die Knöchel seiner Rechten. Die Berührung war für ihn unverhofft und zugleich wie selbstverständlich. Dennoch traf sie ihn wie ein Stromstoß. Er bemühte sich, nichts davon zu zeigen.

»Sie haben sich nicht einmal verletzt«, stellte Sondra fest. »Haben Sie eine harte Zeit hinter sich? Ich meine, mussten Sie sich durchsetzen?«

Er nickte nur. Etwas fraß sich in seiner Kehle fest, und es ließ sich nicht mehr hinunterschlucken. »Warum waren Sie noch auf der Straße?«, fragte er heiser.

»Ich musste einfach hinaus. Ich konnte es in meinen vier Wänden nicht mehr aushalten.«

»Warum nicht?«

»Das – möchte ich nicht sagen. Nicht jetzt.« Sie hob das Glas und versteckte ihr Gesicht dahinter.

»Kannten Sie diese Zuhälter?«

»Nein. Aber sie versuchen es einfach, wenn sie eine Frau allein auf der Straße sehen. Wenn Sie nicht gekommen wären, Mr. Madison, dann …«

»Jack!«

Sie lächelte. »Die Kerle hätten mich in eine von ihren Drogenhöhlen geschleppt. Ich glaube, sie nehmen heute Kokain oder Crack, damit ihre Opfer so wollen, wie sie wollen. Ich möchte Sie nicht mit irgendwelchen billigen Dankesfloskeln abspeisen, Jack. Bitte sagen Sie Sondra zu mir.«

»All right. Floskeln sind sowieso nicht Ihre Art.«

»Woher wollen Sie das wissen?«

»Das merke ich.« Er leerte sein Glas und bestellte zwei neue.

»Darf man erfahren, was die nette Nachbarin so treibt?«

»Nichts Aufregendes.« Ihre Augen bedankten sich für das Kompliment. »Sie hat jeden Tag mit diesen Scharen kleiner Quälgeister zu tun. Sie bildet sich immer noch ein, dass das, was sie ihnen dauernd erzählt, interessant genug ist, damit es in einem dreizehn- bis vierzehnjährigen Querkopf hängen bleibt.«

»Wenn Sie das erreichen wollen, müssen Sie über komische Figuren erzählen, die aus dem Weltraum plumpsen. Oder über den ganz harten Burschen, der mit einer Maschinenkanone nach Südostasien fliegt und aufräumt – was die US Army damals nicht geschafft hat.«

Sondra lachte. »Sie haben Recht, Jack. Das ist wirklich wahr.«

»Was unterrichten Sie?«

»Englisch, Spanisch, Musik und Kunst.«

»Eine interessante Kombination. Was alle vier Fächer gemeinsam haben, ist die Kreativität, die man für sie braucht.«

»Schrauben Sie es nicht zu hoch, Jack. Englisch ist meine Muttersprache, und Spanisch hört man in New York an jeder Straßenecke. Wenn man als Kind die richtigen Spielgefährten in der Nachbarschaft hat, wächst man glatt zweisprachig auf. Sind Sie in New York geboren?«

»Ja.«

Sie sah bestürzt aus. »Verzeihen Sie. Ich will Sie nicht ausfragen.«

Er empfand die gleiche Bestürzung wie sie, als er ihre Worte hörte. »Nein, nein«, rief er, schüttelte den Kopf und presste für einen Moment die Lippen aufeinander. »Fragen Sie. Fragen Sie alles. Ich habe meine Wirkung auf andere noch nicht richtig unter Kontrolle.

Ich ziehe manchmal ein verdammtes Gesicht, wie ich es überhaupt nicht will. Vielleicht liegt es daran, dass ich so lange nur mit einer einzigen Sorte von Typen zu tun hatte.«

Sie erwiderte seinen Blick mit einem milden Lächeln, das ihn verzauberte. Er hörte die mahnende Stimme nicht mehr. Dafür nur noch Sondra.

»Ich möchte alles über Sie wissen, Jack.«

»Was ist so interessant an mir?«

»Einfach alles.«

Das Mahnen war nicht mehr vorhanden. Es hatte seine Funktion aufgegeben. Noch über eine Stunde blieb er mit Sondra in der Bar. Sobald er versuchte, sich darüber klar zu werden, erschien es ihm schwindelerregend: Dreißig verlorene Jahre schienen durch diese Nacht wettgemacht zu werden.

Als sie in das Haus zurückkehrten, auf die gemeinsame Etage, schmiegte sich Sondra an ihn. Es war einfach selbstverständlich. Sie flüsterte, dass es bei ihr gemütlicher sei als bei ihm, und auch das erschien ihm völlig selbstverständlich.

Das Gefängnishospital grenzte an einen dieser Innenhöfe von Sing-Sing. Auch hier gab es nie Sonne. Die Gefangenen vermissten nichts, wenn sie hierher kamen, und sie vermissten auch nichts, wenn sie später in ihre Zelle zurückverlegt wurden.

Ich hatte mich angemeldet. Beim Direktor und über ihn bei dem Burschen, den ich mir zur Brust nehmen wollte. In aller Freundschaft.

Ambrose Flynn, genannt Merrimaker. Der Spaßvogel.

Wegen seiner Unberechenbarkeit wollte ich bei ihm nicht mit der Tür ins Haus fallen. Auch der Direktor hatte mir das empfohlen. Vielleicht musste ich mir für mehrere Besuche Zeit nehmen, wenn ich überhaupt etwas aus Flynn herauskriegen wollte. Möglich aber auch, dass ich nur dann eine Chance hatte, wenn ich ihn aufs Glatteis führte. Der Mann, der versucht hatte, Jack ›Shots‹ Madison am Tag seiner Entlassung umzubringen, würde kaum ein Vertrauensverhältnis zu mir entwickeln wie Madison.

Ein Aufseher im Rang eines Lieutenant führte mich durch einen großen Bettensaal. Uniformierte standen an den strategisch wichtigen Punkten, an Ausgängen, Durchgängen und Fenstern. Helfer räumten Frühstücksgeschirr auf gummibereifte Wagen. Krankenpfleger waren mit Utensilien unterwegs und sammelten leere Medikamentenbehälter von den Nachttischen ein.

Hier und da funkelten Spritzen mit ihren Edelstahlgehäusen. Obwohl blütenweiß, wirkte die Bettwäsche grau. Es lag am fehlenden Sonnenlicht.

Wir erreichten einen Korridor, der durch zwei zusätzliche elektronisch gesicherte Gitter abgesperrt war. Zwischen den beiden Gittern saß ein Aufsichtsbeamter an seinem Desk. Er hatte Blickkontakt mit seinem Kollegen am fünfzig Yards entfernten anderen Ende des Korridors. Dort gab es die gleichen Sicherheitseinrichtungen. Außerdem hatten die beiden Beamten Verbindung durch eine Gegensprechanlage. Eine Monitorwand mit zwanzig Bildschirmen zeigte die Krankenzimmer, die hier Einzelzimmer waren. Der Trakt für Schwerverbrecher.

Merrimaker Flynn hatte Zimmer sieben. Auf dem Monitor waren das Bett und ein Teil der spärlichen Einrichtung zu sehen. Aus den Decken ragte nur Flynns Kopf mit dem schwarzen Haar hervor. Die Knopfaugen waren starr zur Decke gerichtet. Er sah aus wie ein Toter.

»Wenn Sie neben dem Bett bleiben, haben wir Sie ständig unter Kontrolle«, erklärte der Lieutenant. »Gleich hinter der Tür finden Sie den Hörer der

Rufanlage. Die Schnur ist fünf Yards lang und reicht durch das ganze Zimmer. Sie sollten den Hörer während der Dauer Ihres Aufenthalts in der Hand behalten, Sir. Mir wäre allerdings wesentlich wohler, wenn ich Sie begleiten dürfte.«

Ich sah ihn an. »Sie kennen Flynn besser als ich. Wie würde er reagieren?«

»Verstockt. Oder albern. Völlig überdreht. Das kann man bei ihm nie genau wissen. Sie haben Recht. Halbwegs normal ist er nur, wenn man mit ihm unter vier Augen ist. Wie ein Kind.«

Ich nickte ihm zu. Die Sicherheitsschranken passierten wir noch gemeinsam. Er schloss die Tür Nummer sieben auf und gab dem Aufsichtsbeamten ein Zeichen, auch die Elektronikverriegelung zu lösen. Ich betrat das Zimmer. Und war allein mit dem Killer.

Er rührte sich nicht.

Die Rufanlage war gleich links. Ich nahm den Hörer ab. Nach fünf Schritten legte ich ihn auf den Tisch, an dem Flynn vermutlich seine Mahlzeiten einnahm. Ich blieb stehen. Bis zum Bett war es noch ein halber Yard. Flynns rechter Arm, in Gips, lag außerhalb der Decke. Auf dem Monitorbild hatte man es nicht erkennen können, da auch der Gips schneeweiß war.

»Hallo, Knochenbrecher«, sagte er, ohne mich anzusehen.

»Hallo, Merrimaker«, entgegnete ich. »Oder soll ich Mr. Flynn sagen?«

»Mr. Flynn bitte. Von einem Knochenbrecher lasse ich mich nicht anquatschen, wie er will. Und Besucher bringen normalerweise was mit.«

»Normalerweise«, nickte ich. »Aber dies ist kein normales Krankenhaus. Ist dir das nicht klar, Mr. Flynn?«

»Doch. Total. Bloß, du willst ja was von mir, oder?«

»Wenn ich weiß, was ich kriegen kann, bringe ich nächstes Mal was mit.«

»Okay, prima.« Er stützte sich auf den gesunden Arm und grinste mich an. »Was willst du wissen?«

»Was einen Burschen wie dich dazu bringt, auf Madison loszugehen.«

Ich erwiderte sein Grinsen. Wie scheinheilig seine Bereitwilligkeit war, konnte ich ihm von der Nasenspitze ablesen.

Er ließ sich zurücksinken und starrte wieder die Decke an. »Mann, frag doch die Psychiater, die schon mit mir rumgequatscht haben. Die wissen besser über mich Bescheid, als ich selbst.«

Ein Wasserschwall klatschte von draußen gegen das Fenster. Flynn wandte den Kopf. Wie jeder Eingesperrte war er für die kleinste Unterbrechung dankbar. Die Silhouette eines Mannes in orangefarbenem Overall erschien draußen. Er hielt einen Schlauch und spritzte noch einmal Wasser gegen das Fenster. Ein Zweiter tauchte auf. Er fuhr mit einer weichen Bürste an langer Stange über die Scheibe. Außerhalb der Fenster gab es feuerleiterähnliche Rundgänge aus Stahlblech und Rohren. Auch Wachtposten konnten dort aufziehen. Etwa im Fall einer Revolte.

»Den Vers mit den Psychiatern kannst du dir sparen«, sagte ich. Mehr war nicht möglich.

Der Mann mit der Stangenbürste stieß zu. Die untere Fensterhälfte flog hoch. Der, der den Schlauch gehalten hatte, schnellte herein, als hätte er auf einem Katapult gestanden. Sein Sprung war gewaltig. Seine federnde Zwischenlandung vor Merrimakers Bett gab ihm zusätzliche Wucht. Exakt im Neunzig-Grad-Winkel flankte er über das Krankenlager. Mir fehlte eine Zehntelsekunde, um den Sidestep zu vollenden. Ich sah noch, dass Flynn den Gipsarm hoch über den Kopf erhoben hatte. In diesem Augenblick traf mich der Anprall des Kerls.

Gemeinsam gingen wir zu Boden. Der Tisch mit dem Hörer der Rufanlage polterte krachend gegen die

Wand. Spätestens in diesem Augenblick musste das Monitorbild die Aufsichtsbeamten wachrütteln.

Ich wollte nicht darauf angewiesen sein. Der Lieutenant würde sich in seinen Befürchtungen bestätigt fühlen. Ich schaffte es, die Last des Springers von mir zu stoßen. Mehr als ein paar Inch waren nicht drin. Der Kerl hatte die Eigenart einer Klette. Und dann war der Bürstenhalter zur Stelle. Er trat mir mit einem derben Gefängnisstiefel auf den Hals. Ich spürte die scharfkantigen Profilrillen auf der einen Seite. Ein Army-Stiefel war nichts dagegen. Auf der anderen Seite wurde mein Ohr auf den Bodenbelag gequetscht.

Der Geruch von Reinigungsmittel stieg mir in die Nase. Ich bewegte mich nicht mehr, denn ich wusste, wie wenig Kraft der Mann aufwenden musste, um mir das Genick zu brechen.

Sie zerrten mich auf die Beine, packten meine Arme, rissen sie nach hinten. Der Bürstenhalter hatte den Hörer in der freien Hand. »Bleibt, wo ihr seid!«, schrie er in die Sprechmuschel. »Keiner kommt ins Zimmer! Oder der Bulle stirbt!« Er ließ den Hörer einfach auf den Fußboden fallen.

Der Lieutenant und seine Männer würden sich daran halten. Daran zweifelte ich nicht. Ich dachte an Scharfschützen, die im gegenüberliegenden Block postiert werden konnte. Das offene Fenster war sogar günstig. Warme, staubtrockene Luft wehte herein.

Die Kerle schoben mich auf das Bett zu. Beide waren kräftig gebaut. Ich spürte es am Stahlklammergriff ihrer Fäuste. Ich gab ihnen noch keinen Eindruck davon, zu welchem Widerstand ich fähig war. Denn noch konnte ich mir nicht vorstellen, was der Zirkus sollte. Wollten sie mich zu Merrimakers Vergnügen ein bisschen misshandeln – vor seinen Augen? Aber was brachte es ihnen ein, außer, dass sie sich ins eigene Fleisch schnitten?

Falsch.

Wahrscheinlich hatten sie nichts zu verlieren. Lebenslänglich, vielleicht mehrmals lebenslänglich, ohne Hoffnung auf vorzeitige Entlassung. Der einzige Vorzug, den sie hatten, war die Tätigkeit als Fensterputzer. Todeskandidaten hatte Merrimaker nicht zu seinen Komplizen machen können. Sie durften ihre Zellen nicht verlassen – außer zu den Mahlzeiten, den Spaziergängen und wenigen scharf bewachten Tätigkeiten in den Werkstätten.

Merrimaker grinste wie ein Faun. Er hatte den Gipsarm sinken lassen.

Ich erreichte die Bettkante.

Vom Fußboden quäkte eine Stimme aus dem Hörer. Etwas von Warnung, Vernünftigsein und Verhandlungsbereitschaft. Ich konzentrierte mich auf meine unmittelbare Umgebung. Der Springer zu meiner Linken warf etwas auf Flynns Bett. Es blitzte.

Noch ein selbst gebasteltes Messer.

Auch auf dem Monitor musste es zu sehen sein. Wir wussten jetzt alle, woran wir waren. Ich konnte ein Kribbeln in meinen Haarwurzeln nicht verhehlen. In Merrimakers Augen glomm ein tückisches Feuer. Seine gesunde Linke tastete nach der Stichwaffe. Auch diesmal war es etwas Zurechtgeschliffenes, doch die ursprüngliche Form konnte ich nicht erkennen. Ein klobiger Griff aus Holz, mit Isolierband umwickelt, thronte auf der stilettartig dünnen Klinge. Flynn packte das Messer und hielt es ruckartig hoch.

»Jetzt dürft ihr mal um ihn zittern!«, schrie er. »Der verdammte Knochenbrecher kriegt jetzt seine Quittung! So was läuft ungestraft rum, aber unsereiner ...«

Sein Wutgezeter ging in ein Kichern über.

»Du verdrehst Ursache und Wirkung, Flynn«, sagte ich so ruhig wie möglich. Ich spürte, wie sich die Kerle links und rechts von mir anstrengten. Klar. Sie rechneten mit dem plötzlichen Ruck. Sie zitterten fast vor

Anstrengung. Ich war nicht sicher, ob sie darauf hofften, dass Merrimaker endlich zustieß.

»Ursache und Wirkung?«, kicherte er. Er drehte das Messer waagerecht, sodass das Messer auf meinen Bauch zeigte. »Ist mir verdammt egal, Mann! Meine Rache schmeckt zuckersüß, verstehst du! Alles andere interessiert mich einen Scheißdreck!«

»Sicher«, nickte ich. »Selbst wenn Sie dich nochmal zum Tode verurteilen, können sie dich nicht zweimal hinrichten.«

»Endlich hast du es gepackt!«, schrie er begeistert.

»Wer hat dir das eingetrichtert? Der, der dich beauftragt hat, auch Madison umzubringen?«

»Das hast du dir gedacht, was?« Er feixte. »Das möchtest du gerne, stimmt's?« Sein Gesicht verzerrte sich jäh. Und ebenso blitzartig stieß seine Messerhand auf mich zu.

Mir blieb nur der Reflex, die einzige Chance. Ich ließ mein rechtes Bein hochzucken. Ich setzte alle Kraft dahinter. Und ungewollt stützten mich die Fensterputzer mit ihrem Eisengriff. Die stählerne Bettkante schnitt mit explodierendem Schmerz in meinen Oberschenkel. Es schmälerte meine Kraftentfaltung nicht. Das Bett flog hoch. Haarscharf vor mir wanderte Merrimakers Klinge empor. Er schrie vor Wut und Enttäuschung. Dann kippte er mit dem Bett um. Es polterte und krachte. Die Kerle hielten mich noch immer fest. Merrimaker schrie vor Schmerzen.

Der Bürstenhalter wich von mir weg. Sein Komplize versuchte, mich festzuhalten, damit der andere es mir besorgen konnte. Ich machte beiden einen dicken Strich durch die Rechnung. Den Bürstenmann brachte ich zu Fall, indem ich ihm die Füße wegtrat. Er brüllte vor Wut, als er stürzte. Noch im selben Atemzug rammte ich dem anderen meinen freien Ellbogen in den Leib. Gurgelnd klappte er auf meinem Rücken zusammen.

Ich ließ es nicht dabei bewenden. Mit ihm gemeinsam kreiselte ich herum. Die Fliehkraft schleuderte ihn von mir weg. Sein Griff nützte ihm nichts mehr. Er stolperte über seinen Komplizen und prallte mit dem Kopf gegen die Wand. Keine Nachhilfe mehr erforderlich, in diesem Fall. Den anderen auf dem Fußboden setzte ich mit einer Handkante schachmatt.

Der Lieutenant stürmte herein. Zwei Uniformierte folgten ihm. Alle drei hatten ihre Smith & Wessons schussbereit.

Sie verharrten, sahen, dass sie sich nicht mehr aufregen mussten.

Merrimaker Flynn lag wimmernd neben dem umgekippten Bett. Schmerzen schien er nicht ertragen zu können. Der Lieutenant benutzte ein Papiertaschentuch, um das selbst gebastelte Messer sicherzustellen.

Die Guards richteten das Bett auf und legten Flynn hinein. Er spie vor Wut aus, als er mich gesund und munter sah. Ich war mir darüber im Klaren, dass ich von ihm nichts mehr hören würde. Ich hatte auch kein Verlangen mehr danach, denn ich wusste genug. Sein Verhalten war nicht das eines Mannes gewesen, der einen Auftrag zum Morden gehabt hatte. Er hatte aus eigenem Antrieb gehandelt. Einzig und allein. Die Vorstellung, über ihn eine Spur aufzutun, konnte ich zu den Akten legen.

Ich knickte mit dem rechten Bein ein, als ich zusammen mit dem Lieutenant das Zimmer verließ. Er bestand darauf, dass ich mich von einem Arzt untersuchen ließ, gleich nebenan.

Das Ergebnis beruhigte. Ich war mit einem Bluterguss davongekommen.

Samten sickerte das Licht des frühen Tages herein. Madison hatte die Augen geöffnet. Er bewegte sich nicht. Dies war kein Traum. All den Unsinn, den man in Büchern las, konnte er nicht nachvollziehen. Da glaubten sie bei allen möglichen Gelegenheiten zu träumen. Mehrere Absätze lang dachten sie dann darüber nach, was der Traum wohl bedeuten mochte – bis sie endlich begriffen, dass es Wirklichkeit war.

Jack ›Shots‹ Madison hatte einen klaren Verstand. Den hatte er immer gehabt, sofort beim Aufwachen. Er begriff, dass Sondra neben ihm lag und fest schlief, nackt und an ihn geschmiegt. Es war ein wundervolles Gefühl. Nichts dergleichen hatte es jemals für ihn gegeben. Er hatte sechsundfünfzig Jahre alt werden müssen, um dies zu erleben.

Er begriff, warum er in ihrem Bett lag, in ihrem Schlafzimmer. Es war eine beinahe logische Folge von Geschehnissen gewesen, die dazu geführt hatte. Er begriff, wie gemütlich ihre Wohnung war, wie geschmackvoll eingerichtet. Sie war eben eine Frau, die sich auf so etwas verstand. Sie hatte kein bisschen angegeben damit. Das Hellbraun des Teppichbodens harmonierte mit der beigefarbenen Tapete. Die Gardinen filterten das Morgenlicht wie feine Wolken. Das einzige Bild im Zimmer war groß. Madison konnte es vom Bett aus sehen. Es war ein Ölbild, ein Original, dieser fotografische Realismus. Es zeigte einen Mann in normalem Straßenanzug, der auf einem Seil über eine Schlucht balancierte, vielleicht war es der Grand Canyon. Madison begriff die Bedeutung des Gemäldes. Er musste es immer wieder ansehen.

Er begriff nur eines nicht.

Wie war es möglich? Was fand sie an ihm? Er war doppelt so alt wie sie. Haargenau, fast auf den Tag genau. Hinzu kam, dass sie mit ihren achtundzwanzig Jahren aussah wie zwanzig.

Er musste an die Geschichten denken, die von alten Männern und jungen Mädchen handelten. Die alten Männer hatten dabei immer einen Hauch von Lächerlichkeit an sich. Zwangsläufig. Besonders dann, wenn sie sich mit Kindern einließen. Madison fragte sich, ob sich andere nicht vor Abscheu schüttelten, wenn sie ihn zusammen mit Sondra sahen – wenn sie sich vorstellten, dass er mit ihr schlief. Okay, sie war keine Lolita. Sie war eine erwachsene Frau. Es gab so unendlich viele Beispiele. Reiche Greise, die sich mit jungem Fleisch schmückten.

Aber er war nicht reich. Andererseits auch nicht gerade ein Greis. Eine Vaterfigur? War es das, was junge Frauen in älteren Männern suchten?

Er stoppte seine Gedanken. Es war geschehen. Fertig, aus. Es war etwas, womit er nicht im Traum gerechnet hatte. Bis gestern hatte er sich bestenfalls vorstellen können, dass er ein wenig vorgetäuschte Zuneigung dort kriegte, wo man dafür bezahlte. Jetzt fühlte er sich wie ein Lumpenhund, dass er auch nur an eine solche Möglichkeit gedacht hatte.

Sondra erwachte.

Sie schlug die Augen auf. Madison rechnete damit, dass sie erschrak. Doch als ihr Blick ihn erfasste, umarmte und küsste sie ihn. Er zog sie fest an sich. Kein Traum konnte diese Unendlichkeit der Gefühle bieten. Schriftsteller irrten, wenn sie von etwas traumhaft Schönem sprachen. Nichts konnte die Wirklichkeit übertreffen – nicht eine Wirklichkeit wie diese.

Sondra schob sich unvermittelt von ihm. »Du liebe Güte, wie spät ist es?«

Er lächelte. »Wie stellst du die Uhrzeit fest, wenn du allein bist?«

»Dann liegt kein Kerl mit seinem breiten Kreuz davor und versperrt mir die Sicht.«

»Oh, sorry.« Er lachte, drehte sich um und las die Digitalanzeige des Weckers ab. »Zehn vor fünf.«

»Viel zu früh zum Aufstehen«, seufzte Sondra. »Ich muss erst um acht in der Schule sein. Sonst habe ich immer Last mit dem Aufwachen. Es muss an deinem positiven Einfluss liegen, dass es heute anders ist.«

»Wird mir die Schulbehörde dafür danken?«

»Nur, wenn ich es lobend erwähne.« Sie stützte sich auf und blickte auf ihn herab. »Was fangen wir bloß mit der überschüssigen Zeit an?«

»Es gibt da gewisse Möglichkeiten«, grinste er. Mit den Fingerkuppen der Rechten strich er über ihre kleinen Brüste. »Ich nehme an, du erwartest eine ganz bestimmte Antwort.«

»Ich bin unersättlich«, hauchte sie und spielte Lüsternheit. »So weit musst du mich doch schon kennen gelernt haben.«

»Und ich kann den Hals nicht vollkriegen. Hast du das nicht auch schon gemerkt?«

»Aber ja! Deswegen passen wir doch so gut zusammen.«

Er packte sie und zog sie auf sich. Sie schloss die Augen, als sie seine Härte spürte. Sie nahm ihn in sich auf, und er fühlte doch nichts so deutlich wie ihre Bereitschaft, auf ihn einzugehen. Mit allen Fasern seiner Sinne nahm er es wahr. Nie hatte er etwas Derartiges erlebt. Die Frauen, die er vor seiner Verurteilung gehabt hatte, waren nur gierig gewesen, vor allem gierig. Sie hatten alles haben wollen, hatten alles von ihm genommen. Aber nie hatten sie etwas gegeben wie Sondra.

Auf der anderen Seite der Avenue blinzelte die aufgehende Sonne in den Fensterscheiben. Madison kehrte aus dem Bad zurück. Die Behaglichkeit der Wohnung umschmeichelte ihn. Er fühlte sich unendlich wohl. Im Esszimmer, beim Fenster, hatte Sondra den Tisch gedeckt. Eine Kehrmaschine rumorte auf der Fahrbahn. Die Druckluftbremse eines Busses schnaufte. Manhattan erwachte zum Leben.

Madison blickte hinaus. Auch die ersten Leute waren schon unterwegs. Schräg gegenüber, an der

Ecke 46th, schleppte ein Gemüsehändler Kisten mit Tomaten ins Freie, um sie vor seinem Laden aufzubauen. Sondra trug die Kaffeekanne herein. Er drehte sich zu ihr um. Sie hatte ein Kostüm angezogen, ein mittleres Blau mit feinen Streifen. Der Rock war eng und unterstrich ihre Formen.

»Entschuldige«, sagte er.

»Wofür?« Sie zog die Augenbrauen hoch und schenkte Kaffee ein.

»Dass ich dem Frühstückstisch nur den zweiten Blick widme.« Bewundernd blieb er stehen, ergriff die Stuhllehne und setzte sich doch nicht. Spiegeleier auf knusprigem Schinken wetteiferten als Augenweide mit duftenden Bergen von Buchweizen-Pfannkuchen, zwischen denen der Ahornsirup heraustropfte. Der Toaster stand bereit, das Weißbrot aufzunehmen. Und der Kaffeeduft krönte alles.

Madison hatte vergessen, wie es war, wenn eine Frau für einen Mann sorgte. Er hatte es nie richtig kennen gelernt. Er setzte sich endlich und stellte fest, dass seine Bewegungen linkisch waren. Er fühlte sich unendlich wohl in dieser Art von Zuhause. Dennoch war ihm bewusst, dass er es nur auf Zeit genoss, ohne einen wirklichen Anspruch. Es war die Seifenblase, die so schnell zerplatzen konnte.

Sondra setzte sich ihm gegenüber. Sie lächelte. »Ich kann mir vorstellen, wie es für dich ist«, sagte sie sanft. »Nicht zu wissen, wohin man zuerst sehen soll …«

»Stimmt«, schmunzelte er. »Wenn ich dich jetzt vor mir sehe, weiß ich, dass die Reihenfolge total falsch war. Blick Nummer eins für dich, Blick Nummer zwei für den Frühstückstisch und Blick Nummer drei für Manhattan am Morgen.«

Sie senkte verlegen den Kopf. »Du solltest mir nicht schmeicheln. Jedenfalls nicht so viel auf einmal. Ich muss mich erst daran gewöhnen – genauso, wie du dich wohl an manches erst wieder gewöhnen musst.«

»Hat dir nie ein Mann geschmeichelt? Das kann nicht sein.«

»Oh, ich habe meine Erfahrungen gemacht. Wahrhaftig. Wenn Erfahrungen immer gleichbedeutend mit Enttäuschung sein müssen, dann kann ich ein Lied davon singen.«

»Also bist du misstrauisch gegenüber Schmeicheleien?«

»Ich kann Falsches und Echtes voneinander unterscheiden. Das habe ich gelernt.« Sie deutete auf seinen Teller. »Bitte – lass es nicht kalt werden.«

Er griff zu Messer und Gabel. »Warum bist du gestern Abend noch auf die Straße gegangen – so verdammt spät?«

»Ich war verwirrt. Ich hatte das Gefühl, zwischen meinen vier Wänden würden die Gedanken nur immer mehr kreisen. Ich wurde fast verrückt, ich brauchte frische Luft.«

»Was für ein Problem war es?« Spiegeleier und Schinken waren ein Hochgenuss. Er kaute mit Bedacht, ließ sich jede Phase des Geschmacksempfindens bewusst werden.

»Kein Problem, Jack. Es war …« Sondra atmete tief durch. »Es war die Begegnung mit dir. Du hast etwas in mir ausgelöst, über das ich Klarheit gewinnen musste.«

Er starrte sie an. »Schaukele mich nicht hoch«, flüsterte er. »Mach mich nicht so bedeutend, wie ich gar nicht bin, nicht sein kann. Ich bin …« Er stockte.

»Sprich es aus.«

Sekundenlang klammerten sich ihre Blicke aneinander fest.

»Ich bin zu alt für dich.«

Sie nickte. »Das habe ich mir gedacht. Nimm Folgendes zur Kenntnis: Ich bin auch zu alt, Jack. Nicht für dich, aber nach den geltenden Maßstäben. Mit achtundzwanzig müsste man längst verheiratet sein. Ist man es nicht, stimmt mit einem irgendetwas nicht. Richtig?«

»Mein Gott ...«

»Es ist so, und du weißt es genau. Wir sind also beide verquere Typen. Für mich war kein Mann gut genug, ich konnte mich nie entscheiden. Und als ich dann endlich genügend Burschen vor den Kopf gestoßen hatte, wollte keiner mehr etwas von mir wissen. Schlechte Eigenschaften sprechen sich nämlich schnell herum. Weil ja kaum einer über den Schatten seines Bekanntenkreises springen kann. Und was dich betrifft, so hast du es nicht mal selbst verschuldet.«

»Oh, ich bin nicht durch Zufall im Jail gelandet.«

»Das meine ich nicht. Ich meine die Tatsache, dass du dreißig Jahre lang keine Gelegenheit hattest, Bekanntschaften zu schließen.«

»Verstanden«, entgegnete er heiser. »Man kann durch logische Überlegungen eine Menge erklären. Man kann die Dinge so zurechtbiegen, dass sie für einen persönlich passen. Aber damit ist noch lange nicht klar, wie so etwas passiert, was mir passiert ist.«

»Was uns passiert ist.«

Es traf ihn mitten ins Herz. Am liebsten wäre er aufgesprungen, um sie in die Arme zu schließen. Aber wirkte es nicht kindisch, wenn sich ein alter Mann so aufführte?

Sie hatten die Klimaanlage repariert. Behaupteten sie. Mit konstanter Bosheit drehten sie ihm immer wieder diesen Chevrolet Monte Carlo an. Allmählich kam er sich vor wie ein Versuchskaninchen. Musste ein G-man eigentlich bedingungslos akzeptieren, was die Fahrbereitschaft ihm vorschrieb? Nein, zum Teufel. Es waren Gewohnheitsrechte, die sich da einbürgerten. Phil Decker beschloss, dem Chevrolet noch eine Chance zu geben. Bis nach Yonkers hatte die

Klimaanlage einwandfrei gearbeitet. Möglich immerhin, dass sich die Jungs in der Werkstatt diesmal Mühe gegeben hatten.

Es gab mehrere Zufahrten zum Sprain Lake im nördlichen Yonkers. Der See war lang gestreckt, in waldreiches Gelände eingebettet, und hatte die Form eines Flusses.

Canine Training Center.

Phil entdeckte das Schild in einer senkrechten Reihe von anderen, die auf Tennis-, Golf- und Kanu-Clubs hinwiesen. Er folgte dem Pfeil auf eine asphaltierte Fahrbahn, die eben ausreichte, dass sich zwei Fahrzeuge begegnen konnten. Mischwald erstreckte sich beiderseits der schmalen Straße. Einzelne Sonnenstrahlen blinzelten wie Lichtfinger durch die Baumkronen. Dann weitete sich das Gelände, und der Blick fiel endlos über hügeliges Grün. Ein Parkplatz war voll von schweren Wagen. Das Clubhaus dahinter hatte Form und Eleganz eines Zehn-Familien-Bungalows. Der schriftliche Hinweis, dass hier die Sprain Lake Golfers Association zu Hause war, erübrigte sich fast. Der G-man fuhr daran vorbei.

Der Hundeplatz war lediglich in seinen Ausmaßen bescheidener. Das Grundstück des Canine Training Center reichte bis ans Seeufer und wurde von doppelt mannshohem Maschendraht umgrenzt. Hineinsehen konnte man nicht. Kunststoffmatten aus imitiertem Schilf waren von innen an den Zaun geheftet. Das Clubhaus war im Blockhaus-Stil gebaut. Es bestand aus drei in unterschiedlichen Winkeln aneinander gesetzten Trakten. Nur ein halbes Dutzend Autos parkte davor.

Bevor er ausstieg, gab Phil das Kennzeichen des Volvo Station Wagon an die Zentrale durch. Die Eigentümer-Feststellung klappte in Sekundenschnelle. Der Volvo war auf den Namen Lewis Brent zugelassen. Phil nannte seine Position und meldete sich aus dem Dienstwagen ab. Das kugelige Hausmädchen im Metropolitan Tower hatte zwar den Wagentyp gekannt, nicht aber das Kennzeichen.

Gebell war zu hören. Dazwischen Befehle von barschen Männerstimmen. Der beste Freund des Menschen musste hart angefasst werden. So lauteten wohl die einschlägigen Grundsätze.

Die Pforte neben dem Clubhaus spie einen zerrenden Schäferhund aus. Phil hatte erst den halben Weg zum Gebäude zurückgelegt. Augenblicklich fletschte das stämmige Tier die Zähne, knurrte und versuchte, auf ihn loszugehen. Der, der gezerrt wurde, stemmte sich gegen die Kette, die am Ende einen Ledergriff hatte. Der Mann war glatzköpfig und muskulös gebaut. Er trug eine speckige Lederhose und eine schwarze Lederweste über den ansonsten nackten Muskelpaketen. Nur ein Goldreif über dem rechten Handgelenk und eine goldene Uhr am linken dienten zur zusätzlichen Zierde. Er grinste, als er sah, wie der Mann im hellgrauen Sommeranzug stehen blieb.

»Gut so, Mister, gut so! Nicht weglaufen! Er merkt sonst, dass Sie Angst haben. Brav, Bronco, brav!« Der Muskelprotz tat, als könnte er dem wütenden Drang des Hundes nicht standhalten. Mit kurzen, schnellen Schritten, so schien es, wurde er nach vorn gerissen.

Der Hund knurrte lauter. Seine Nackenhaare sträubten sich. Er spürte, dass er sich gegen seinen Herrn nicht ernsthaft durchzusetzen brauchte. Er war auf Angriff trainiert, auf ungezügelte Aggression.

Noch fünf Yards.

»Ich warne Sie«, sagte Phil höflich, aber bestimmt. »Treiben Sie es nicht auf die Spitze.«

»Was?«, schrie der Mann. »Sind Sie verrückt? Sie sehen doch, dass ich ihn nicht halten kann! Also gehen Sie gefälligst rein, verdammt nochmal!« Er machte keine Anstalten, sich dem wütender werdenden Zerren zu widersetzen.

Der Schäferhund spürte den Stimmungsumschwung seines Herrn. Das Knurren steigerte sich jäh zu einem wilden Bellen. Die Reißzähne geiferten in rasender Folge.

Noch drei Yards.

Phil zog den Revolver. »Letzte Warnung!«, rief er.

»Sind Sie wahnsinnig!«, brüllte der Kahlkopf. Für einen Moment konnte er das tobende Tier wie durch ein Wunder halten. Das Gebell wuchs zum Schrillen aus. Auf einmal ließ sich der Mann vorwärts reißen. Die Chance, seine vierbeinige Kampfmaschine im echten Einsatz zu erleben, erschien ihm zu verlockend.

Phil feuerte in dem Moment, in dem der Mann die Kette vollends losließ.

Der Magnum-Revolver wummerte dumpf.

Den Hund riss es im Sprung hoch. Das Gebell war wie abgeschnitten. In dem Tierkörper war schon kein Leben mehr, als er zu Boden fiel.

Der kahlköpfige Mann stand da wie erstarrt, den Oberkörper leicht vorgeneigt. Ungläubig stierte er auf den Kadaver.

Phil holsterte den Smith & Wesson, nahm seinen Dienstausweis und ging auf den Mann zu. Türen und Pforte flogen auf. Menschen eilten heraus, prallten zurück. Phil klappte die ID-Card auf und hielt sie dem Stierenden hin. »Ich bin Special Agent des FBI«, erklärte er. »Sie sind vorläufig festgenommen. Wegen versuchter vorsätzlicher Körperverletzung. Ich fordere Sie auf, keinen weiteren Widerstand zu leisten.«

Unter dem Vordach des Blockhauses vergrößerte sich die Zuschauertraube.

Der Kahlkopf schlug zu, hieb den Ausweis weg. Mit einem Wutschrei walzte er auf den G-man los. Phil ließ ihn kopfschüttelnd leer laufen. Die Fäuste des Angreifers zischten an ihm vorbei. Doch außer jäher Luftverdrängung geschah nichts. Phil kreiselte herum. Der Muskelprotz bremste ab. Heiser knurrend stellte er sich auf die neue Stoßrichtung ein. Bei einem Wettbewerb um die größte Ähnlichkeit zwischen Herrchen und Hund hätte er garantiert den ersten Preis gewonnen. Für das abschreckendste und hässlichste Beispiel. Er brachte die Trägheit seiner Masse auf Schwung. Die Hammerfäuste wirbelten. Phil hatte genug.

Er unterlief ihn. Eine blitzartige Finte genügte, um das zu erreichen. Die Handkante, mit der er hochkam, war wie Hartholz. Die Wucht des Hiebes stieß den Mann in die Senkrechte und hob ihn ein Stück von den Füßen. Phil setzte eine zweite Handkante hinterher. Punktgenau. Der Kahlkopf sackte in sich zusammen und streckte sich.

Phil zog ihm die Hände auf den Rücken und ließ die Stahl-Acht um seine Gelenke schnappen. Er hob den Ausweis auf und steckte ihn ein. Gut zwanzig Augenpaare starrten ihn an.

Ein silberhaariger schlanker Mann löste sich aus der Versammlung und kam auf ihn zu. »Ich bin der Vorsitzende des Clubs«, sagte er mit vibrierender Stimme, »zugleich also auch Hausherr des Canine Training Center.«

Phil nickte. »Special Agent Decker. Haben Sie auch einen Namen?« Die Schärfe in seiner Stimme ließ den anderen zusammenzucken.

Etwas von seiner Selbstsicherheit bröckelte ab. »Adam Priestley. Sind Sie sich eigentlich im Klaren, was Sie da getan haben?« Anklagend zeigte er auf den toten Schäferhund und seinen bewusstlosen Herrn.

»Allerdings«, bestätigte der G-man. »Ich hoffe, dass es ein Beitrag zur öffentlichen Sicherheit ist. Vielleicht habe ich verhindert, dass diese Mordbestie ein Kind anfällt und zerfleischt.«

Priestley schnappte nach Luft. Mehrere Male klappte er den Mund auf und zu, ehe er wieder sprechen konnte. »Mordbestie? Das darf doch wohl nicht wahr sein! Mein Gott, wie kann man so etwas sagen! Bronco gehörte zu den wertvollsten Tieren im Club – und das nicht nur vom materiellen Gesichtspunkt her. Er hat alle Prüfungen mit besten Ergebnissen bestanden. Er hat auf Ausstellungen und Schauveranstaltungen …«

»Setzen Sie ihm ein Denkmal«, unterbrach Phil den zornigen Redefluss. »Aber bevor Sie das Erforderliche in die Wege leiten, erfüllen Sie bitte Ihre Pflichten als Hausherr und rufen das zuständige Polizeirevier an. Ein Festgenommener ist abzutransportieren, und die Tierkadaverbeseitigung muss eingeschaltet werden.«

Empörtes Gemurmel war vom Clubhaus zu hören.

»Sie Rohling!«, empörte sich auch der Vorsitzende. »Bronco wird natürlich auf einem Hundefriedhof beigesetzt. Außerdem wissen Sie wohl nicht, wen Sie da zusammengeschlagen haben!« Anklagend wies Priestley auf den immer noch Bewusstlosen. »Das ist Bernard Fuller von den Crosby, Fuller & Leonard Textile Works in Scarsdale.«

Phil hatte zu sinnlosen Diskussionen keine Lust mehr. »Bitte befolgen Sie meine Anweisung«, erwiderte er. »Ich habe eine Vernehmung durchzuführen.«

»Anweisung?« Priestley riss den Mund weit auf. Er holte Luft, wollte zu einer wütenden Tirade ansetzen.

Doch der Blick des FBI-Agenten ließ ihn verstummen.

Der Mann wandte sich ab und gehorchte. Heftiges Gestikulieren und Stimmen-Durcheinander empfingen ihn. Er ging einfach weiter, denn er verstand die Welt nicht mehr.

»Mrs. Brent!«, sagte Phil. Er steuerte auf die Neugierigen zu. »Gibt es hier einen Raum, in dem wir ungestört sind?«

Abigail stand mit zwei Männern am Rand der Schar von Hundefreunden. Sie trug hautenge Jeans und eine karierte Bluse. Dazu hochhackige Cowboystiefel. Ihr Blick war so abweisend, als hätte ihr ein weinseliger Stadtstreicher angeboten, sie auf Händen zu tragen.

»Läuft das jetzt so wie im Fernsehen?«, zischte sie. »Dass einem die Schnüffler auf den Geist gehen? Immer und überall, wo man sich auch aufhält?«

»Ihr Auftreten ist jedenfalls unerträglich!«, zürnte der bullige Mann neben ihr. »Da sieht man die Selbstherrlichkeit der staatlichen Institutionen! Für den FBI gilt das wohl in besonderem Maße! Jetzt fangen schon G-men an, sich als Richter über Leben und Tod aufzuspielen. Diese Art von Selbstjustiz ...«

»Ihr Name?«, unterbrach Phil ihn schneidend.

»Das ist mein Mann!«, giftete Abigail.

»Lewis Brent«, knurrte der Bullige und pumpte sich zum nächsten Wortschwall auf.

»Und Sie?«, fuhr Phil den anderen an. Ein großer, schlaksiger Bursche mit Drei-Tage-Bart. Sein braunes Haar war strähnig, ungepflegt wie seine ganze Erscheinung. Die Jeans glänzten schwarz in Höhe der Taschen und auf den Oberschenkeln.

»Eliot Envy«, antwortete er spöttisch und deutete eine Verbeugung an. »Ich bin Abigails Bruder. Falls Sie unseren Hund auch hinrichten möchten, müssen Sie sich dort hineinbegeben.« Er deutete auf die Pforte. »Sie werden es allerdings einfacher haben. Johnstone und die anderen befinden sich nämlich in Boxen, solange sie nicht trainiert werden.«

»Wenn Sie etwas zu fragen haben«, sagte Abigail von oben herab, »dann fragen Sie hier.« Sie hieb in die Kerbe ihres Mannes. »Ich sehe nicht ein, dass wir uns von der Staatsgewalt tyrannisieren lassen müssen.«

Die Leute starrten herüber. Sirengeheul war in weiter Entfernung zu hören. Der Kahlköpfige begann, sich in seinen Handschellen zu rühren.

»Wie Sie wollen«, entgegnete der G-man.

»Werden wir jetzt etwa schon beschattet?«, ereiferte sich die Blondine, bevor er weitersprechen konnte.

»Nein. Ich habe vorschriftsmäßig an Ihrer Wohnungstür geklingelt.«

»Betsy, dieses dämliche Stück«, knurrte Abigail mehr zu sich selbst.

Lewis und Eliot nickten beipflichtend. Die Zuhörer tuschelten. Das Sirenengeheul wurde lauter.

»Sie wissen bereits, worum es geht«, sagte Phil. »Um die Jagdhütte Ihres verstorbenen früheren Mannes Patrick Bailey.« Ihm entging nicht, dass ihr Mann und ihr Bruder die Augenbrauen hochzogen und einen Blick wechselten. Abigail hatte mit ihnen also noch nicht über seinen ersten Besuch im Penthouse gesprochen. »Ich habe Grund zu der Annahme, dass Sie sich vielleicht doch besser erinnern. Es gibt neue Erkenntnisse aus den Gerichtsakten von damals, Mrs. Brent. Ich werde in der Lage sein, Dinge zu rekonstruieren. Auch, ob Sie nicht doch in der Jagdhütte waren. Ich gebe Ihnen jetzt noch Gelegenheit, Ihre Aussage von gestern zu korrigieren.«

Abigail erbleichte vor Wut. »Was nehmen Sie sich heraus!«, flüsterte sie. »Was, in aller Welt, unterstellen Sie mir! Gerichtsakten! Das ist üble Nachrede! Ich werde meinen Anwalt einschalten, wenn Sie mich nicht auf der Stelle mit Ihren Unverschämtheiten verschonen!«

»Sie bleiben also dabei: Sie waren niemals in der Jagdhütte.«

»Exakt.«

»Sie kennen auch die Bauzeichnungen nicht.«

»Haargenau. Ist das alles?«

»Für den Augenblick.«

Lewis Brent wollte etwas erwidern. Aber sie ergriff seinen Arm und zog ihn mit sich. Eliot Envy winkte dem G-man im Davonschlurfen zu. Grinsend.

Bernard Fuller von Crosby, Fuller & Leonard war eben auf den Beinen, als die Cops der zuständigen County Police eintrafen. Fuller schoss mit hasserfüllten Blicken um sich. Der händeringende Hinweis Priestleys, mit wem man es hier zu tun habe, fruchtete auch bei den Cops nichts. Phil zeigte ihnen seinen Ausweis, erklärte ihnen im Telegrammstil, was passiert war, und versprach, seine Aussage per Computer-Kommunikationssystem durchzugeben.

Zum Entsetzen der Clubmitglieder traf ein Kastenwagen der Tierkörperverwertung ein. Der Hinweis des Fahrers, dass die endgültige Entscheidung über den Kadaver auf jeden Fall bei Mr. Fuller liege, vermochte wenig zu beruhigen.

Weiße Dreiecke von Segeln schwebten über dem Fluss. Nach Norden hin, am Horizont, verlor sich die Wasseroberfläche trotz Sonnenscheins und blauen Himmels in einem Dunststreifen. Madison hatte früher einmal gewusst, was das bedeutete. Anderes Wetter auf jeden Fall. Aber was? Er zerbrach sich den Kopf und kam nicht darauf.

Die Parkbank oberhalb der Uferanlagen war ein faszinierender Platz. Kaum einer wusste das mehr zu schätzen als er. Die drei Stunden, die er hier schon zubrachte, waren ihm nicht bewusst. Er konnte es noch viel länger aushalten, ohne zu essen, ohne zu trinken, ohne zu rauchen. Zum einen lag es an dem Gefühl der Weite, das er hier hatte. Es war gleichbedeutend mit grenzenloser Freiheit. In Blickrichtung dehnte sich der Hudson River. Hinter ihm spannte sich die gigantische Stahlkonstruktion der George Washington Bridge über den Strom. Er brauchte den Kopf nur ein Stück zu wenden, und er könnte den Lack der Autodächer im Sonnenschein blitzen sehen. Rechter Hand waren die Häuser von Manhattan Uptown. Links, auf der anderen Seite des Hudson, lag Coytesville in New Jersey.

Doch in unmittelbarer Nähe hatte er das Wichtigste.

Die Einfahrt zum Yachtclub »North River«. Ziersträucher trennten den Parkweg von der Einfahrt ab. Die Sträucher schützten den Beobachter vor Blicken.

Doch er selbst konnte genug sehen, um Fahrzeugtypen zu erkennen. Das würde reichen.

Was er wusste, wusste er aus Mitteilungen von Freunden, die ihn während der letzten zwei Jahre besucht hatten. Es war nicht viel. Die Fäden, die in die Vergangenheit reichten, waren immer dünner und brüchiger geworden. Abigail Bailey war schon früher ein verwöhntes Ding gewesen. Abigail Brent, okay. Sie hatte sich ihre Extravaganzen immer leisten können. Denn die Männer, die sie sich ausgesucht hatte, waren immer bereit gewesen, für ihren Körper zu zahlen. Eine Motoryacht gehörte zu ihren Mindestansprüchen. Hunde und Reitpferde waren es früher noch gewesen. Patrick Bailey, der arme Kerl, hatte hoffnungslos unter ihrer Fuchtel gestanden.

Ihr heutiger Luxuseimer hieß ›Abigail IV‹ und hatte seinen festen Liegeplatz im Hafen des Yachtclubs ›North River‹.

Madison hatte sich überzeugt, dass die Motoryacht tatsächlich existierte. Aber es war niemand an Bord. Er konnte ja auch nicht wissen, ob sich an diesem Tag überhaupt jemand auf den Kahn begeben würde. Er musste einfach Geduld haben. Er konnte jeden Tag wiederkommen, so oft er wollte. Sondra war bis zum späten Nachmittag in der Schule. Und er hatte ohnehin nicht vor, sich wie eine Klette an sie zu hängen.

Ein dunkelgrüner Volvo 740 Kombi rollte im Schritttempo an den Ziersträuchern vorbei, auf das Clubgelände zu.

Madison war wie elektrisiert. Er zwang sich, nicht aufzuspringen und hinter dem Wagen herzulaufen. Dreißig Jahre hatten ihn verändert. Aber sie hatten nicht das Minimum an Erfahrungswerten ausgelöscht. Er blieb sitzen, wartete, bis der Volvo nicht mehr zu sehen war. Zum wiederholten Mal fragte er sich, wieso er nicht mit den G-men über Abigail gesprochen hatte. Er war unschlüssig gewesen. Und er hatte einfach nicht über seinen Schatten springen können. Cotton und Decker waren in Ordnung. Hundertprozentig. Doch irgendwo gab es eine innere Schranke, die ihn vom letzten, entscheidenden Schritt abhielt. Es war diese Schranke, die Männer wie ihn schon immer davon abgehalten hatte, sich bei FBI und Polizei anzubiedern. Es war schlicht unmöglich, lag außerhalb aller Erwägungen.

Er stand auf und ging los. Er spürte selbst, dass seine Bewegungen lahm und müde waren. Jeder, der ihn sah, musste ihn für einen alten Knaben halten, der nicht mehr viel wert war. Sondra hatte ihm gesagt, dass sie mit ihm einkaufen würde. Neue, moderne Sachen. Ihm war zum ersten Mal bewusst geworden, dass der Trenchcoat und der Hut nicht zeitgemäß waren. Trotzdem würde es ihm schwer fallen, sich davon zu trennen. Das wusste er jetzt schon.

Er erreichte den Rand der Zufahrt und ging auf das Clubgelände zu.

Die buschgesäumte Fahrbahn zeigte einen Bildausschnitt vom Hudson River und ein paar schnittige weiße Schiffsrümpfe.

Etwas explodierte.

Madison glaubte, dass es so war. Erst als er taumelte und das Gefühl hatte, in einen Abgrund zu stürzen, wurde er sich bewusst, dass ihn ein fürchterlicher Hieb an die linke Kopfhälfte getroffen hatte. Bevor er endgültig stürzte, wurde er gepackt und ins Gebüsch gezerrt. Weitere Hiebe prasselten auf ihn nieder. Mit Mühe hob er schützend die Arme. Es nützte nicht viel. Unter seinem Gesicht war weiche, feuchte Erde. Blut aus einer Platzwunde mischte sich hinein.

An seinem linken Ohr, wo der Schmerz am schlimmsten tobte, hörte er eine Stimme wie durch Wattebäusche. »Du verdammter Hurensohn wirst uns nicht aus dem Takt bringen! Darauf kannst du Gift nehmen!«

Madison wusste plötzlich, was ihm drohte. Der Kerl wollte ihn totschlagen. Mit bloßen Fäusten. Mit Handkanten wahrscheinlich. Einen Erschlagenen konnte man irgendwo in New York liegen lassen – nachts auf einem Parkplatz, auf einem Abbruchgrundstück, in einem Park. Es war eine der häufigsten ›unnatürlichen Todesursachen‹ in den Polizeistatistiken.

Zu Tode geprügelt ...

In den seltensten Fällen wurden solche Morde aufgeklärt.

Dem nächsten Hieb wich Madison aus. Und dann rief er seine letzten Kräfte wach. Es klappte. Er umklammerte die Beine des Kerls und brachte ihn zu Fall. Noch in derselben Sekunde war er selbst auf den Beinen. Er wollte nicht als ungeklärter Mordfall in den Polizeiakten landen. Hölle und Teufel, der zweite Tag seiner Freiheit sollte nicht der letzte sein! Und der verdammte Bastard hatte es nur der Heimtücke seines Angriffs zu verdanken, dass er überhaupt die Oberhand gewonnen hatte.

Der Mann war hoch gewachsen, die Jeans abgewetzt und dreckig. Er war dabei, sich aufzurappeln. Madison trat ihm die Beine weg. Der Kerl gurgelte vor Wut und landete mit dem Gesicht im Dreck. Madison trat an seine Seite. Er bückte sich, packte ihn an der Schulter, riss ihn herum.

Und sah die Klinge eines Messers.

Er wich zurück. Gerade noch rechtzeitig. Der blitzende Stoß zischte ins Leere. Das unrasierte Gesicht des Kerls war wutverzerrt. Er hatte dies nicht gewollt, hatte das Messer nicht benutzen wollen. Nun wurde er dazu gezwungen.

Madison fühlte sich nicht im Nachteil. Noch lange nicht. Der Unrasierte hatte zwei Sekunden gewonnen. Die Zeit reichte ihm, um hochzukommen. Halb fiel er in einen Weißdornbusch. Mit gezischten Flüchen kämpfte er sich frei. Er war in Panik. Verständlich.

Seine Absicht ging den Bach hinunter. Sein feiner Plan zerplatzte.

Madison zeigte ihm, dass er in dreißig Jahren nichts verlernt hatte. Und in Sing-Sing hatte er auch nicht dauernd nur auf der faulen Haut gelegen.

Er ließ den Kerl kommen, ließ ihn leer laufen. Die Klinge flirrte. Im Sprung zur Seite riss Madison das Knie hoch. Der Kerl klappte darüber zusammen. Er gab einen Laut von sich, als wollte er sein Innerstes nach außen stülpen. Madison wich nur einen halben Schritt von ihm weg und ließ ihn vorwärts stolpern. Er stürzte fast in sein eigenes Messer. Sein Handgelenk knickte auf dem Erdboden um. Er verlor die Stichwaffe aus den kraftlosen Fingern und heulte vor Schmerz und Wut.

Madison verpasste ihm einen Tritt in den Hintern. Der Heulende rauschte mit dem Kopf voran in einen Busch. Unter anderen Begleitumständen hätte es zum Lachen gereizt. Doch Madison machte sich nichts vor. Dies war tödlicher Ernst. Er wusste, dass Eile geboten war. Der Schläger und Messerschwinger musste Komplizen haben. Er konnte unmöglich allein aufgekreuzt sein. Dazu fehlte ihm einfach das Format.

Madison wollte nachsetzen, wollte ihm den Rest geben. Keuchend, mit rasselndem Atem, warf sich der andere vollends in den Busch, stieß sich ab, strampelte förmlich, bis er halbwegs auf den Beinen war.

Er ergriff die Flucht.

Madison glaubte, seinen Augen nicht zu trauen. Er wollte das Messer aufheben und einstecken. Doch er ließ es. Solche Waffen waren nicht seine Art.

Der Fliehende rannte in Richtung Yachthafen.

Madison spähte durch das Zweigwerk und überlegte, ob er seine ursprüngliche Absicht beibehalten sollte. Abigail aufsuchen. Klartext sprechen. Ihr die Pistole auf die Brust setzen.

Nein.

Er war zu angeschlagen, war auch psychisch nicht mehr in der besten Verfassung. Etwas war in ihm zerbrochen. Der Sieg über den heimtückischen Killer, die Erleichterung, am Leben geblieben zu sein – es bedeutete ihm merkwürdigerweise nichts. Er war noch zu verwirrt, um darauf zu kommen, was der Grund sein konnte. Sein Entschluss, Abigail jetzt nicht aufzusuchen, stand fest. Sie war mit Sicherheit nicht allein. Hölle und Teufel, er würde keine gute Figur abgeben.

Er wandte sich ab und ging in die Richtung zurück, aus der er gekommen war.

Er blickte an sich herab. Schwarze Erdflecken waren auf seinem Mantel. Er betastete den Hut. Der Filz war zerknautscht. Wie sein Gesicht aussah, vermochte er nicht einmal festzustellen. Er zog den Mantel aus, nahm den Hut ab, knüllte beides zusammen und stopfte das Bündel in einen Abfalleimer neben einer Parkbank, bevor ihm Leute begegneten. Er trug jetzt nur noch seinen Anzug, das Hemd ohne Krawatte. Die Schuhe reinigte er notdürftig auf dem Rasen der Uferanlagen.

Plötzlich wusste er es. Es traf ihn schockartig.

Er wankte bis zu der nächsten Bank, ließ sich darauf sinken und starrte auf den feinen Kies des Weges. Alle Kraft war jäh aus ihm gewichen. Er dachte nicht einmal mehr an die Gefahr, die ihm vielleicht noch drohte. Mehr als ein paar hundert Yards war er nicht von der Stelle entfernt, an der der Killer auf ihn gelauert hatte. Doch es spielte alles keine Rolle mehr.

Sondra …

Mein Gott, dachte er, o mein Gott!

Er presste die Handflächen an die Schläfen, um Klarheit in seine Gedanken zu bekommen. Es half nicht. Das Düstere blieb – das Gefühl, in einen Abgrund gestürzt zu sein. Nach einem Abend und einer Nacht des höchsten Glücks hatte es wohl so kommen müssen.

Sie hatte ihn verraten. Sie hatte sich nur an ihn herangemacht, damit seine Feinde ihn in aller Ruhe beobachten und ins Visier nehmen konnten. Und in dem Moment, als er Abigail auf den Pelz rücken wollte, hatten sie zugeschlagen.

Er stand auf und strebte mit unendlich müden Schritten auf die Häuser und Straßen von Manhattan Uptown zu. Es war eine Stadt, die ihm keine Geborgenheit mehr vermittelte. Von einer Stunde zur anderen hatte er alles verloren. Sondra hatte ihn betrogen, verraten, hereingelegt. Er fühlte sich elender als jemals in den dreißig Jahren Sing–Sing, in dreißig Jahren Todeszelle.

Er musste Dampf ablassen. So sah es aus. Unser V-Mann hatte es behauptet, und es schien zu stimmen. Jeder hat seine Lieblingsbeschäftigungen, wenn er in dieser Stimmung ist, dass er aus der Haut fahren könnte. Eliot Envy schätzte den Nervenkitzel, den man kaufen kann. Cleverer sein als Maschinen. Geld herausholen, elektronisch gesteuerte Gegner austricksen.

An der Ecke Seventh Avenue South und Verrazano Street fand ich eine Parklücke. Die Spielhalle war schräg gegenüber. ›Last Chance‹ hieß der Laden sinnigerweise, und die Fassade war in der Art eines Saloons im alten Westen gestaltet. Nicht einmal die billigste Bude. Ich stieg aus, nachdem wir unsere Walkie-Talkies gecheckt hatten. Phil meldete der Zentrale, was lief.

Ich verstaute das Walkie-Talkie im Jackett und überquerte die belebte Straße. Es war Nachmittag. Touristen waren in Greenwich Village wie ein Heuschreckenschwarm eingefallen. Das Sprachengewirr war verworrener, als es unter New Yorks Stamm-Einwohnern ohnehin schon ist. Ich betrat den Saloon durch eine richtige Schwingtür aus Holz. Dahinter jedoch begann die Plastik-Welt. Eine Welt, die sich rasant verändert. Man brauchte nur ein paar Monate nicht da gewesen zu sein, und schon erkannte man die Geräusche kaum wieder. Kein Gedanke mehr an das gute alte Rattern und Klingeln der Flipper-Automaten. Auch den Gong und dieses abgehackte Hämmern hörte man nicht mehr – als ob der bunte Kasten an der Wand die Münzen erst prägte, bevor er sie ausspuckte.

O Himmel, hier ging es ein paar Ecken heftiger zu. Die Geräusche erinnerten entfernt an den Lärm einer Großstadt, die man in eine Schrottpresse geklemmt und von einigen Quadratmeilen auf hundert Quadratyards Fläche zusammengequetscht hatte. Sirenen heulten. Motoren dröhnten. Reifen kreischten. Kampfflugzeuge durchbrachen die Schallmauer mit Getöse. Passagiermaschinen stürzten ab. Wolkenkratzer kippten um und zerschmetterten ganze Stadtteile. Maschinengewehre waren an ihrem Stakkato zu erkennen. Bomben und Granaten schlugen ein. Menschlich klingende Stimmen, elektronisch erzeugt wie alles andere, gaben Sieg, Niederlage oder Punktestand bekannt. Ein mitleidloses Organ verkündete den totalen Overkill, und Beifall rauschte blechern. Jemand anders teilte mit, dass auf der Venus zur Zeit keine Landeerlaubnis zu kriegen sei.

Die Menschen wirkten unbedeutend und nebensächlich an den Apparaten mit ihren farbigen Monsterbildschirmen, den Joy- und sonstigen Sticks, den Kommando-Pulten, dem schreienden Bunt. Erstaunlicherweise waren die Jugendlichen in der Minderheit.

Ich sah mich schlendernd um. Mit Jeans und hellbraunem Lederblouson war ich nicht unbedingt der typische FBI-Agent. J. Edgar Hoover hätte sich im Grab umgedreht. Ohne Grund, meinen wir heute. Es sind zu viele G-men im Dienst gestorben, weil man ihnen nicht nur an der Nasenspitze ansah, was sie waren. Der korrekte Anzug, das weiße Hemd und die Krawatte waren wie eine Uniform gewesen.

Einen halben Tag lang hatten wir Envy suchen lassen. Phil hielt ihn für den geeigneteren Ansatzpunkt. Mit Abigail Brent kamen wir nicht weiter, schien es. Möglich, dass ihr Bruderherz etwas über die Jagdhütte seines verstorbenen Ex-Schwagers wusste. Envy war ein Paradiesvogel, keiner von der unauffälligen Sorte. Er wohnte an der Seventh Avenue South. Als er vor zwei Stunden dort aufgekreuzt war, hatten wir von unserem V-Mann sofort Nachricht erhalten. Ebenso eine Stunde später, als Envy den Spielsalon betreten hatte. Ich hatte es übernommen, ihm auf die Füße zu treten, weil er Phil schon kannte. Mein Freund und Kollege hatte mir den Mann beschrieben. Ich konnte ihn nicht verwechseln.

Envy hockte in einem Apparat, der wie ein Teilstück eines Flugzeugrumpfes aussah. Eine Maschinenkanone rüttelte ihn in einer Glaskanzel durch. Er bekämpfte Jagdflugzeuge, die vom Bildschirm her auf ihn losstürzten wie angreifende Adler. ›Flying Fortress‹ stand auf dem Rumpf, ›Fliegende Festung‹. Envy hatte sich als Bordschütze eines Bombers in den Zweiten Weltkrieg zurückversetzt. Er war erfolgreich. Ich sah es an seiner verbissenen Miene, die sich immer wieder aufhellte. Einen Jäger nach dem anderen holte er vom Himmel. Man hörte es an den orgelnden Absturzgeräuschen und an den dumpfen Detonationen. Keiner kam an seine fliegende Festung heran.

Ich hielt meinen Dienstausweis vor die Visiereinrichtung. Jetzt sah er einen richtigen Adler. Aus Silber. Im nächsten Moment schien sich der Bildschirm in gleißendes Lodern aufzulösen. Eine urgewaltige Explosion schien den ganzen Spielsalon vom Erdboden zu tilgen. »Ihre Maschine stürzt ab«, sagte eine mitleidlose Stimme. »Verwenden Sie den Fallschirm, wenn Sie noch können.«

Envy schnellte aus seiner Glaskanzel heraus, auf der anderen Seite. Aber mit zwei rasanten Schritten war er zur Stelle und brüllte mich an. »Bei dir ist wohl was locker, was! Ich war voll drauf, Mann! Die Kiste hätte ihre Bomben ins Ziel geschmissen! Hundertprozentig! Das kostet dich fünf Bucks für den Einsatz und ...« Er fuchtelte dazu wie ein Italiener im Film, der gerade herausgefunden hat, dass seine Frau ihm Hörner aufgesetzt hat. Er holte Luft.

Was der Silberadler bedeutete, schien er nicht erfasst zu haben.

Ich zeigte ihm den Dienstausweis noch einmal so unauffällig wie möglich. »Cotton, Special Agent, FBI Distrikt New York«, sagte ich trocken. Wegen des Hintergrundlärms brauchte Envy nicht zu befürchten, dass außer ihm jemand etwas mitkriegte.

Er blinzelte und reckte den Kopf vor wie ein kurzsichtiger Geier. »Mann!«, schnaubte er. »Trotzdem hast du kein Recht, mein Spiel zu unterbrechen. Ich verlange Schadensersatz.«

»Auf schriftlichen Antrag«, sagte ich. »Wir fahren zusammen ins District Office. Zur Vernehmung«

»Vernehmung? Ich spinne wohl, was? Hast du einen Haftbefehl, Mann?«

»Wenn du so weitermachst, dauert es nicht mehr lange.« Ich hatte keine Lust, ihm den Unterschied zwischen einer Vorladung und einem Haftbefehl zu erklären.

»Du kannst mich mal. Hau ab, Mann!« Er wandte sich ab, wollte zurück hinter seine Bordkanone. Aus lauter Verwirrung verzichtete er sogar auf die Entschädigung.

»Tut mir Leid«, sagte ich, »so werden wir uns nicht einig.« Ich steckte das Lederetui ein und ergriff seine Schulter.

Er wirbelte herum, als hätte ich eine Zehntausend-Volt-Hand. »Fass mich nicht an!«, brüllte er. »Wage das nicht! Das ist versuchtes Kidnapping! Ich warne dich, Freundchen!« Er drohte mir mit erhobenem Arm und hochgerecktem Zeigefinger.

Welche private Rechtslage er sich auch zusammenbastelte, ich konnte es einfach nicht durchgehen lassen. Ich versuchte es noch einmal mit gutem Zureden. »Sei vernünftig, Envy. Du handelst dir nur Schwierigkeiten ein. Ich habe eine schriftliche Vorladung in der Tasche. Ich zeige sie dir, wenn du darauf bestehst. Ich wollte dir das nur vor der Öffentlichkeit ersparen.«

»Tu nicht so scheinheilig!«, schrie er. Unvermittelt streckte er den rechten Arm aus und versetzte mir einen Stoß vor den Brustkasten.

Ich behielt mein Gleichgewicht.

Die ersten MPi-Schützen und Formel-1-Lenker wurden aufmerksam und vergaßen ihre elektronische Bewährungsprobe zugunsten der Wirklichkeit.

»Envy«, sagte ich und schüttelte verständnislos den Kopf. »Das ist Widerstand gegen die Staatsgewalt. Bleib auf dem Teppich, und treib es nicht auf die Spitze.«

Ich war zu optimistisch. Seine Nerven mussten ernsthaft gelitten haben.

Etwas in ihm kochte über. Er stieß einen Schrei aus und schüttelte sich dabei wie wild. Er sprang aus dem Stand. Seine Fäuste sahen knochig aus. Ich mutete mir den Anblick nur eine hundertstel Sekunde lang zu. Ich tauchte weg. Envy sprang ins Leere. Er zerschmetterte die Plexiglas-Flanke einer gedrittelten Hubschrauberkanzel. Es krachte, röhrte und zischte. »Ihre Turbine ist getroffen und ausgefallen«, sagte eine kalte Stimme. »Schalten Sie die Rotorblätter auf Segelstellung und leiten Sie die Notlandung ein.«

Envy schälte sich brüllend aus Splittern und geborstenen Teilen von Plexiglas und Kunststoff. Er blutete im Gesicht und an den Händen. Hinter mir hallten tief tönende Detonationen. Ein Radiosprecher verkündete, dass der Feind im Morgengrauen taktische Atom-schläge ausgelöst habe. Envy stieß sich von dem Trümmerhaufen ab. Er brüllte unvermindert laut, und er wollte beileibe nicht einsehen, dass er sich immer tiefer hineinritt.

Ich ließ ihn in meine Handkante laufen.

Er hatte nicht mehr den Überblick, um sich darauf einzurichten. Der kurze, betontrockene Hieb stellte ihn kerzengerade auf. Ich konnte nachfassen und verhindern, dass er sich noch irgendwo den Kopf stieß. Behutsam legte ich ihn auf die Seite und ließ die halbe Stahl-Acht um sein rechtes Handgelenk schnappen.

Mittlerweile hatte ich ein gutes Dutzend Zuschauer mitten im Elektronik-Lärm. Ich legte die andere Hälfte der Handschellen um das Standbein eines olivgrünen Führerstandes, der laut Aufschrift zu einem Ketten-fahrzeug der Forstverwaltung gehörte. Das Ding war für die Bildschirmjagd auf Wilderer mit Maschinen-pistolen und Granatwerfern ausgerüstet.

Ich rief Phil über Walkie-Talkie. Drei Minuten später führten wir Envy schulmäßig ab. Er war schon halb wieder da und erlebte das Ende seines Auftritts noch mit. Wir falteten ihn auf die hintere Sitzbank des Jaguar, in der Hoffnung, auf der Fahrt zum Distrikt-gebäude ein paar Takte Text von ihm zu hören. Die Hoffnung hätten wir uns schenken können. Er rea-gierte nicht einmal auf die Neuigkeit, dass er jetzt wegen Widerstands gegen die Staatsgewalt mit einem Haftbefehl zu rechnen habe. Und das Reizwort Jagd-hütte machte ihn nur noch stummer.

Dabei blieb es, bis wir ihn auf Nummer sicher brach-ten. In eine Zelle im Kellergeschoss des District Office.

Die Türklingel war wie ein Stechen in Madisons Ohr. Er wollte sich zwingen, nicht hinzuhören. Aber als er anfing, sich die Ohren zuzuhalten, wusste er, dass er nachgeben musste. Er schwang sich von dem Sofa in seinem kahlen, spärlich möblierten Livingroom. Immer noch verspürte er diese grenzenlose Müdigkeit. Seine Knochen waren wie Blei.

Er blickte durch den Spion und sah Sondra.

Ihr Gesicht war verzweifelt.

Die Klingel hörte nicht auf zu schrillen.

Madison öffnete. »Ich hätte nicht gedacht, dass du es noch wagst«, sagte er. »Aber das muss wohl zu deiner Taktik gehören.«

Sie hatte etwas sagen wollen, doch seine Bitterkeit versiegelte ihr die Stimmbänder im schon geöffneten Mund. Ihre Augen weiteten sich. Sie verstand noch nichts. Aber instinktiv spürte sie, dass es ein ungeheurer Vorwurf war, den er auf sie ablud. Die Sekunden, in denen sie ihn nur anstarren konnte, dauerten eine Ewigkeit. Es war beklemmend. Sie fühlte sich wie unter einer immer bedrückenderen Last.

»Ich komme gerade – aus der Schule«, hörte sie sich stammeln. »Ich dachte, du – du wärst bei – mir.«

Er stieß nur einen Knurrlaut aus.

»Du bist eine schlechte Schauspielerin. Du wolltest nur nachsehen, ob alles geklappt hat. Und damit, dass ich hier plötzlich vor dir stehe, hast du natürlich nicht gerechnet.«

»Ich weiß nicht, wovon du redest! Um Himmels willen, Jack, was ist in dich gefahren?«

»Von einer Lehrerin hätte ich eine geistreichere Antwort erwartet.«

Es war wie ein Hieb.

Unwillkürlich zog sie den Kopf tiefer zwischen die Schultern. Sie hob die Hände ein Stück, als müsste sie sich schützen. Auch das war eine Reflexbewegung. Tränen rannen über ihre Wangen.

»Nein, nein, keine Sorge«, sagte Madison mit einem kurzen, rauen Lachen. »Ich bin nicht rachsüchtig. Ich habe noch nie eine Frau geschlagen und werde mich auch nie dazu hinreißen lassen. Tu mir nur den einen Gefallen: Lass mich in Ruhe!«

Sie schluchzte. »Was soll ich denn getan haben? Mein Gott, sag mir doch wenigstens, was geschehen ist!«

»Ich habe überlebt«, antwortete Madison schroff. »Deine Freunde haben sich verrechnet.« Er sah noch die Fassungslosigkeit in ihrem Gesicht wie einen stummen Aufschrei. Alles war gespielt. Natürlich. Und sie spielte es schlecht, davon war er überzeugt. Abrupt wandte er sich um und knallte die Tür zu.

Sondra klingelte nicht noch einmal.

Madison schleppte sich zum Sofa und warf sich hin. In seinem Magen brannte es. In seinem Darm entstand eine Faust, die alles zusammenkrampfte. Einen Moment lang hatte er geglaubt, dass er sich nach der Begegnung besser fühlen würde.

Er hatte sich getäuscht.

Phil rief den Vorsitzenden an. Adam Priestley vom Canine Training Center in Yonkers. Ein empörter Wortschwall ergoss sich aus dem Telefonhörer. Mein Freund und Kollege hielt ihn weit genug vom Ohr, um sich das Trommelfell nicht überfluten zu lassen. Phil gab wenige eisgekühlte Hinweise von sich. Sie ließen Mr. Priestley erkennen, wo seine wirkliche Position war. Natürlich kannten sich die Clubmitglieder auch privat.

Abigail Brent und ihre schlechtere Ehehälfte waren noch nicht in das Metropolitan–Penthouse zurückgekehrt. Das Hausmädchen mit der Pummelfigur ließ sich nicht noch einmal in Verlegenheit bringen. Mr. Priestley rückte schließlich damit heraus, dass Abigail eine Yacht besaß, die auf ihren Namen getauft war. Anschließend fragte er dreimal nach, ob ihm aus dieser Auskunft Schwierigkeiten erwachsen könnten.

Man sah ihn buchstäblich die Hände ringen. Phil beruhigte ihn mit dem Hinweis, dass er notfalls ins staatliche Schutzprogramm für wichtige Zeugen aufgenommen werden konnte. Er müsse nur einen Antrag stellen. Das leuchtete Mr. Priestley ein, und man hörte ihn am anderen Ende der Leitung aufatmen. Er nannte nun auch noch den Liegeplatz der Yacht und erlaubte sich den frivolen kleinen Hinweis, dass man dort schon rauschende Feste gefeiert habe.

Phil und ich verließen das Office.

Unsere erste Station war die Tenth Avenue, zwischen West 46th und 47th Street.

Phil betrat das Gebäude. Ich wartete im Wagen. Schon nach drei Minuten meldete sich mein Dienstpartner über Walkie-Talkie. Ich gab der Zentrale Bescheid, dass wir über den Telefonanschluss Madison zu erreichen waren, falls er einen hatte.

Die Korridore des Hauses waren kahl und dunkel. Tagsüber brannte kein Licht, aber es fehlten auch die Fenster, die die Sonne hereinließen. Deshalb war das helle Rechteck der offenen Wohnungstür sofort zu sehen. Ich beschleunigte meine Schritte. Phil empfing mich mit einer beruhigenden Handbewegung. Ich trat ein und drückte die Tür hinter mir zu.

»Es war nicht abgeschlossen«, sagte Phil. »Ich habe im ersten Moment das Gleiche gedacht wie du. Aber das Apartment ist leer. Madison hat sich wahrscheinlich noch nicht daran gewöhnt, dass er jetzt selber Türen abschließen kann.«

Ich sah mich kurz um. Die Einrichtung war einfach, ein paar gebrauchte Möbelstücke darunter. Ich wusste von Madison, dass seine Verwandten die Wohnung ausgestattet hatten. Wahrscheinlich hatten sie ihre ausrangierten Sachen per Bahnfracht beigesteuert. Ich schrieb einen Zettel und legte ihn auf den Wohnzimmertisch. Vielleicht befolgte Madison die Bitte und rief uns an.

Wir zogen die Tür ins Schloss und klingelten nebenan. Es dauerte lange, bis sich die Nachbarin meldete.
Sie sah verheult aus. Wir entschuldigten uns. Ich fragte
trotzdem, ob sie einen Schlüssel für Madisons Apartment habe. Sie verneinte. Wir erklärten, wer wir
waren. Sie schüttelte auch den Kopf, als wir uns erkun-
digten, ob sie den Mann überhaupt schon einmal gesehen habe – heute oder gestern.

Natürlich konnten wir nicht erwarten, dass Jack
›Shots‹ Madison ständig in seiner Bude hockte. Trotzdem hatte ich ein ungutes Gefühl.

Wir fuhren weiter.

Bis zum Yachtclub ›North River‹ brauchten wir eine
gute halbe Stunde. Es gab einen Parkplatz für Besucher. Den Volvo konnten wir nirgends sehen. Wir
versuchten es trotzdem. Phil meldete uns ordnungsgemäß bei der Zentrale ab. Der Hausmeister des
Clubheims kam an die verschlossene Pforte, als wir
klingelten. Ein Mann ganz in Weiß, von der Segler-
mütze bis zu den Seglerschuhen. So kleidete sich der
modebewusste Skipper an Land. Nach Überprüfung
unserer Dienstausweise erhielten wir Zutritt.

»Ja, Mrs. Brent ist noch auf ihrem Schiff. Es ist die
›Abigail IV‹, gleich vorn, an Steg eins.«

Wir bedankten uns. Forschende Blicke verfolgten
uns. Das Rätselraten begann. Was hatten FBI-Agenten
bei Mrs. Brent verloren? Für den Rest dieses Tages und
für eine Menge weitere gab es ein neues Gesprächs-
thema im Clubheim. Es hing beileibe nicht von uns ab,
wozu das Thema noch ausuferte.

Die ›Abigail IV‹ war ein weißer Kajütkreuzer. Der
stolze Kahn lag rechts am Steg. Auf den Außendecks
war keine Menschenseele zu sehen. Auch auf den
benachbarten Yachten brütete niemand in der Sonne.
Bordaggregate summten. Erst wenn es etwas kühler
wurde, wechselte man von der Klimaanlagen-
Atmosphäre zur Bar im Clubheim.

Da wir niemanden fragen konnten, gaben wir uns selbst die Erlaubnis, an Bord zu gehen. Phil wandte sich nach vorn. Ich übernahm das Achterdeck.

Ich ging an der blitzenden Edelstahl-Reling entlang und erreichte das gut zehn Quadratyards große Geviert, das mit wasserfestem Kunststoff-Grün ausgelegt war. Zwei Liegestühle standen darauf, schon nahe beim Heck, wo der Flaggenstock schräg nach außenbords zeigte. Ich sah noch das offene Schott zur Kajüte.

Dann hatte ich nichts mehr zu lachen.

Geballte Masse schnellte hervor. Ein gewaltiger Sprung, von ungeheurer Muskelkraft erzeugt. Kein Laut. Nur stumme Wut. Reißzähne blitzten. Unter tückisch blutunterlaufenen Augen ein mächtiger Rachen. Im Sprung schwenkte das riesige Tier herum.

Mir blieb zu nichts mehr Zeit. Den Revolver kriegte ich nicht mehr heraus. Und ich schaffte meine Ausweichbewegung nur im Ansatz.

Heißer, süßlicher Atem traf mich wie ein Schwall.

Der Rammstoß der Pranken wirbelte mich um die eigene Achse. Die zentnerschwere Kampfmaschine ließ einen Laut hören, der nach Enttäuschung klang. Ich stolperte, hatte höllische Mühe, das Gleichgewicht zu behalten.

Der Mastino krachte gegen die Reling. Johnstone. Ich kannte das Vieh aus Phils Schilderungen. Ein klägliches Jaulen war zu hören. Aber der Schmerz war schnell vergessen, Wut und Tötungsgier nur noch angeheizt. Der Kampfhund kam in wilder Hast auf die Pranken. Ich hatte mein Gleichgewicht noch. Doch wieder war es zu spät für den Griff zum Revolver. Heiser grollend walzte das Monstrum auf mich zu. Ich schaffte es mit knapper Not, vor den Liegestühlen in Abwehrstellung zu gehen. Phils Schritte waren zu hören. Aber was konnte er tun?

Ich sah die Reißzähne in dem kantigen Maul. Die tückischen Augen des Tieres verschwanden hinter

Fellwülsten. Zum Größenvergleich mit einem Löwen fehlte ihm nur die Mähne. Ich fühlte mit den Männern, die vor fast zwanzig Jahrhunderten solche Situationen erlebt hatten – als Gladiatoren im alten Rom.

»Fass ihn!«, gellte eine Stimme von der Kajüte her. »Brav, Johnstone! Fass!«

Um ein Haar hätte sie mich irritiert. Ich konzentrierte mich, beobachtete das Muskelspiel des Mastino, wie er immer schneller wurde. Phil wies die Frau scharf zurecht. Der Kampfhund sprang. Ich reagierte im selben Atemzug. Er konnte seine Entscheidung nicht mehr rückgängig machen. Blitzartig tauchte ich unter seine Sprunghöhe. Und ruckte mit der linken Schulter hoch, den Kopf eingezogen, als hätte ich es mit einem menschlichen Gegner zu tun.

Das Zentnergewicht schrammte über mich. Die harten Knochen seiner Hinterläufe trafen meine linke Brusthälfte. Ich unterdrückte den Schmerz und wuchtete ihn empor. Er heulte auf, als es ihn fast auseinander riss. Krachend landete er hinter mir. Kopfüber. Das Heulen erstarb. Die Liegestühle gingen zu Bruch. Mit einem Satz war ich zur Stelle.

Das Riesenvieh versuchte, sich aus dem Gewirr von Leinenstoff und zerborstenem Holzgestänge freizukämpfen. Der Stoff riss prasselnd, als sich die Reißzähne darin verfingen. Ich spannte die Muskeln, war bereit, meine Handkanten einzusetzen. Aber wo, zum Teufel, ist der Punkt, den man bei einem römischen Kampfhund treffen muss?

Auf einmal sah ich in dem Chaos den mächtigen Nacken. Muskelstränge schwollen. Sofort schlug ich zu. Dreimal, viermal. Ein kurzes Aufheulen. Dann streckte sich der mächtige Körper. Zur Vorsicht setzte ich eine fünfte Handkante nach. Ich richtete mich auf und drehte mich um.

Phil holsterte seinen Smith & Wesson.

Er packte Abigail Brent, die wie eine Furie auf mich

losstürzen wollte. »Sie Mörder!«, schrie sie. »Sie haben Johnstone ermordet! Oh, der arme Johnstone!« Laut schluchzte sie auf und brach gekonnt in Tränen aus. Es sah aus, als wäre sie nun zusammengebrochen, wenn Phil sie nicht gehalten hätte.

Da genügend Taue herumlagen, kostete es mich keine große Mühe, die Läufe der gemeingefährlichen Bestie zusammenzubinden und sie zusätzlich an der Reling festzuschnüren. Der arme Johnstone musste schon die Yacht auseinander nehmen, wenn er noch einmal auf mich losgehen wollte.

Ich half Phil, die weinende und sich krümmende Eignerin der Yacht in die Kajüte zu führen. Abigail sackte wie ein nasser Sack in einen Sessel, als wir sie losließen.

»Hören Sie auf mit dem Theater«, sagte ich rau. »Wir haben Ihren Bruder festgenommen.«

Es wirkte schlagartig. Ihr Kopf ruckte hoch. Aus tränennassen Augen sah sie uns an. »Eliot?«

»Haben Sie noch einen anderen Bruder?«, entgegnete Phil trocken.

Sie presste die Lippen aufeinander und schluckte. »Darf ich – einen Whisky!«, ächzte sie.

»Noch haben Sie das Hausrecht«, erwiderte ich.

Phil gab sich als vollendeter Gentleman. An der Bar aus Mahagoni und Messing füllte er für die Lady ein Longdrink-Glas zur Hälfte mit Eiswürfeln und goss goldbraunen Bourbon darüber. Er brachte es herüber.

»Danke«, hauchte sie wie eine beinahe Verdurstete. Sie trank entsprechend hastig. Ihre Kehle schien an die harten Sachen gewöhnt zu sein. Sie sah mich mit flackernden Augen an. »Ist – Johnstone …? Ich meine, ist er …?«

»Er wird es überstehen«, nickte ich. Ungalant fügte ich hinzu: »Und Sie dürfen darüber nachdenken, weshalb wir Sie nicht sofort festnehmen.«

»Was habe ich denn getan?«, flüsterte sie und versuchte, den Augenaufschlag eines Unschuldsengels zu imitieren. In ihren weißen Shorts und dem ebenfalls weißen Rippchenpulli hätte sie die Rolle durchaus spielen können, wenn da nicht die herausragenden Merkmale gewesen wären.

»Vorsätzlicher Angriff auf Ermittlungsbeamte der Vereinigten Staaten«, klärte Phil sie auf.

»Aber ich – ich kann doch nichts dafür, wenn Johnstone plötzlich …«

»Hören Sie um Himmels willen auf«, sagte mein Freund und Kollege.

Er hatte genug davon, vergeblich erklären zu müssen, dass zum Töten abgerichtete Kampfhunde einer Mordwaffe gleichkamen.

Pit Bulls, die vierbeinigen Ausgeburten der Hölle, hatten bei uns die Diskussion entfacht. Es war abzusehen, dass Leute für ihre mörderisch-treuen Freunde spezielle Genehmigungen brauchen würden. Wie Waffenscheine. Mindestens so schwer zu kriegen. Jedenfalls im Bundesstaat New York und den meisten Nachbarstaaten.

Abigail leerte das Glas und streckte es Phil hin, wobei sie ihrem Augenaufschlag etwas Flehendes gab.

Er erbarmte sich. An seiner Miene sah ich, dass es das letzte Mal war.

»Und Eliot?«, hauchte die Blondine in meine Richtung. »Was, in aller Welt, hat er sich denn zuschulden kommen lassen?«

»Er schlägt in die gleiche Richtung wie Sie«, antwortete ich und erklärte es ihr mit drei Sätzen.

Ich vermochte nicht festzustellen, ob die Nachricht von der Festnahme ihres Bruders sie auch nur im Geringsten nervös machte.

Phil brachte das nächste Glas. Wenn er glaubte, Abigail dadurch redefreudiger zu machen, hatte er sich getäuscht. Sie war hart im Nehmen. »Es dreht sich noch einmal um die Jagdhütte«, sagte Phil.

»Ich weiß, Sie wollen mir auf die Nerven gehen.«

»Allerdings. Dann wissen Sie wenigstens, dass Sie keine Ruhe bekommen.«

»Ich werde mich darauf einstellen.« Ihre Lippen wurden zum Strich. Sie zeigte die Härte, zu der sie fähig war. Der Whisky machte sie eher kämpferischer.

»Wir reden nicht ins Blaue«, sagte ich. »Das ist ab heute vorbei, Mrs. Brent.«

»Na und?« Sie sah mich an. Kein Blick hätte gleichgültiger sein können.

»Ich habe Beweise aus den Akten«, fuhr Phil sie an. »Ich kann Ihnen haarklein belegen, dass Sie in der Jagdhütte waren. Der Bauunternehmer hat Protokolle angefertigt. Es handelte sich um verschiedene Besprechungen, die an Ort und Stelle stattfanden. Sie waren dabei, Mrs. Brent.«

»Was soll das schon bedeuten!«, fauchte sie. »Später war ich jedenfalls nicht mehr da.«

»Später spielt auch keine Rolle«, erklärte Phil freundlich.

»Meinetwegen. Auf Wortklauberei lasse ich mich nicht ein. Wenn Sie glauben, dass Sie mich in irgendeiner Sache aufs Glatteis führen können, haben Sie sich getäuscht.«

»Es ist die Zeit für Klartext«, sagte ich.

Ihr Kopf ruckte in meine Richtung.

»Da bin ich aber gespannt.« Ihr spöttisches Lächeln war aufgesetzt.

Ich nickte. »Madison. Jack ›Shots‹ Madison.«

»Wer ist das? Müsste ich den kennen?« Auch ihrer Beherrschung war das Verkrampfte anzumerken.

»Denken Sie drüber nach«, empfahl Phil. »Manchmal kann man sich ja nicht sofort erinnern. Wenn Ihnen etwas einfällt, rufen Sie uns an.« Er legte eine Karte mit seinem Namen und der dienstlichen Telefonnummer auf den Tisch.

Abigail Brent hatte kein Abschiedswort für uns.

Weder ein böses noch ein freundliches. Sie saß einfach nur da und starrte uns hinterher.

Selbst als wir schon an Land waren, kümmerte sie sich immer noch nicht um ihren vierbeinigen Liebling.

Lewis Brent schulterte die schwere Golfausrüstung und schlug die Richtung ein, die ihm der weiße Ball angezeigt hatte. Mit zügigen Schritten durchquerte er eine ausgedehnte Senke und erklomm dann die Steigung, die mäßig zu einer u-förmigen Bodenwelle hinaufführte. Buschgruppen hoben sich dunkel vom Gras ab. Das Grün war gepflegt. Brent war schon seit fünfzehn Jahren Mitglied in dem Golfclub, der dieses Gelände unterhielt. Es gehörte zum Inwood Hill Park im nördlichsten Zipfel von Manhattan.

Der weiße Golfkarren brach wie ein Panzer aus dem Gebüsch hervor. Brent war noch dreißig Yards entfernt. Er erstarrte, denn instinktiv spürte er die Gefahr.

Von seinem starken Elektromotor getrieben, schnurrte das Gefährt auf ihn zu. Der Mann hockte geduckt hinter dem Lenker.

Brent riss sich den Riemen von der Schulter und ließ die Tasche fallen. Die Schläger klapperten. In diesem Moment erkannte er den Mann.

»Madison!«, stieß er tonlos hervor.

Er warf sich herum und floh. Er hielt sich für fit, war es sicherlich auch. Aber er hatte die Stoßrichtung des Golfkarrens nicht bedacht. Madison schnitt ihm den Weg ab und zwang ihn, die Steigung hinaufzulaufen. Das Schnurren des Karrens schwoll an. Brent drehte sich im Laufen um. Ihm sträubten sich die Nackenhaare. Zehn Yards hinter ihm holperte Madison mit kaltem Grinsen heran. Der Schweiß brach dem Makler aus allen Poren. Er wusste in diesem Augenblick, dass er es nicht schaffen konnte. Madison hatte seinen Teufelsplan genau durchdacht, hatte gewusst, dass er ihn allein erwischte. Und natürlich kannte er auch den Golfplatz.

Brent versuchte, seine Schritte zu beschleunigen. Doch es kam ihm vor, als würde er nur noch langsamer. Er hatte das Gefühl, sich die Lunge aus dem Hals zu keuchen. Seitenstiche setzten ein. Das Elektroschnurren wurde zum Dröhnen. Er schrie.

Plötzlich war der Karren neben ihm.

Der Schreck sprang Brent an wie ein Raubtier. Madisons Gesicht war steinern. Keine Regung ließ sich darin erkennen. Er kannte den Mann nur von Fotos. In der Wirklichkeit sah er gefährlicher aus, Furcht erregender. Brents Herzschlag wurde zum schmerzenden Hämmern.

Madison schwenkte den Karren näher an ihn heran. Der bullige Mann war schon zu ermattet, um noch schnell genug ausweichen zu können. Madison löste die rechte Hand vom Lenker, ballte sie zur Faust und stieß zu.

Lewis Brent überschlug sich fast. Er schrammte mit dem Gesicht über das warme Gras. Es war hart wie eine Matte aus Kokosborsten. Schmerzen durchzuckten ihn bis in die Fußspitzen.

Das Schnurren erstarb. Im nächsten Moment war Madison über ihm.

Brent wälzte sich auf den Rücken. Abwehrend hob er die Hände vor das Gesicht. Er schmeckte Blut in den Mundwinkeln. Die feinen Grashalme hatten ihm die Haut aufgeschnitten. Er rechnete mit Fußtritten, krümmte sich im Voraus. Aber er täuschte sich. Harte Fäuste packten ihn. Der dünne Stoff seines Blousons riss. Ohrfeigen trafen ihn. Das Klatschen klang wie Schüsse. Brent schrie und schrie.

»Streng dich an, so viel du willst«, knurrte Madison. »Dich hört hier sowieso keiner.« Noch zweimal schlug er zu.

Wimmernd sank Brent auf den Rücken. Die Knöchel

seines Peinigers hatten ihm die Wangen spürbarer auf-
gerissen, denn Madison hatte ihn mehrfach auch mit
dem Handrücken getroffen.

Breitschultrig und unbezwingbar stand der Mann
aus der Todeszelle über ihm. »Versuche nicht noch einmal, deine Leute auf mich zu hetzen«, sagte Madison.
Es klang beinahe gelassen. »Pfeife auch Sondra
Parsons zurück. Mit solchen plumpen Versuchen
braucht ihr mir nicht mehr zu kommen. Richte deiner
Frau aus, dass ich bald mit ihr reden will. Ich will
wissen, was ihr mit meinem Geld gemacht habt.
Begriffen?«

»Ja, verdammt«, stöhnte Brent, obwohl er nur die
Hälfte verstanden hatte.

Dann, als sich Madison abwandte und mit dem
Golfkarren davonfuhr, fielen ihm Tonnenlasten vom
Herzen. Er setzte sich auf und wartete, bis sein Atem
einigermaßen zur Ruhe gekommen war. Sein Gesicht
brannte wie Feuer. Er betupfte es mit dem
Taschentuch. Das Bluten hatte bereits aufgehört. Brent
wagte es dennoch nicht, zum Clubhaus zurückzugehen.

Wankend, noch elend und unsicher auf den Beinen,
nahm er seine Tasche auf und verließ das Gelände
durch eine Seitenpforte. Auf einem Umweg erreichte
er den Parkplatz und stieg in den Volvo. Er atmete auf.
Niemand hatte ihn gesehen. Er wollte keine dummen
Fragen, keine Unannehmlichkeiten. Er fuhr die paar
hundert Yards bis zur Dyckman Street und hielt in der
Nähe einer Telefonzelle. Es herrschte genug Verkehr,
und auch auf dem Bürgersteig waren viele Leute
unterwegs.

Er betrat die blau geränderte Zelle mit der Glocke
von Bell Telephone. Er benutzte die Codeziffer seiner
AT&T-Karte, um Aldrich anzurufen.

Chaunce meldete sich.

Brent bestand darauf, nur mit Aldrich persönlich zu

sprechen, obwohl er wusste, dass Chaunce auf jeden Fall mithörte.

Er wollte indessen sichergehen, dass Aldrich die Nachricht auch so erhielt, wie er sie durchgab.

»Madison dreht jetzt durch!«, stieß er hervor. »Er hat mich überfallen, eben gerade, auf dem Golfplatz. Ich soll dir ausrichten, dass es dir an den Kragen geht. Er will sein Geld. Ich bin jetzt sicher, dass diese Bombengeschichte auf seinem Mist gewachsen ist.«

»Davon bin ich auch überzeugt«, brummte Aldrich. »Mach dir keine Sorgen, Lew. Wir werden schon mit ihm fertig.«

»Noch etwas. Er hat von einer Sondra Parsons gesponnen. Wer, in aller Welt, ist das?«

»Was für ein Zusammenhang?«

»Ich – ich hatte Eliot auf ihn angesetzt«, gab Brent zu.

»Und es ist schief gegangen.«

»Ja. – Irgendwie glaubt er wohl, dass diese Lady damit zu tun hatte«, sagte Brent rasch, um den anderen abzulenken.

»Wie war der Name?«

»Sondra Parsons.«

»Okay. Fahr nach Hause und verschwinde in der Versenkung. Auch dein Herzchen Abigail soll das Penthouse vorläufig nicht verlassen. Wir kümmern uns um die Sache.«

»Danke.«

»Dass Eliot festgenommen wurde, weißt du wahrscheinlich.«

»Um Himmels willen, nein!« Brent wurde bleich.

»Er hat unseren Anwalt angefordert. Er sitzt beim FBI im Zellentrakt. Wir werden ihn schon herauspauken. Ich hoffe, du kapierst, dass du dich an meine Anweisung halten musst. Keinen Schritt aus der Bude!«

Lewis Brent zitterten die Knie, als er in den Wagen zurückkehrte.

Madison war tatsächlich in seiner Wohnung.

Er wirkte gleichgültig, als er uns hereinließ, geradezu geistesabwesend.

»Hat die Nachbarin Ihnen gesagt, dass wir heute hier waren?«, fragte ich.

»Ich habe den Zettel gefunden.«

Ich gab mich mit der Antwort zufrieden. Madison führte uns in den Livingroom und zeigte auf die Sessel.

Wir setzten uns. Das Zimmer wirkte wie der Ausstellungsraum eines Ladens für Second-Hand-Möbel. Madison wanderte hin und her. Er hatte die Ärmel seines weißen Hemdes aufgekrempelt. Trotz seines maskenhaft starren Gesichts war ihm die innere Unruhe anzumerken. Er holte eine Dose Bier aus der Küche und stellte sie auf den Tisch. Fragend sah er uns an und tippte mit dem Zeigefinger auf die Dose. Budweiser. Wir schüttelten trotzdem den Kopf. Madison ging noch einmal in die Küche. Den Geräuschen nach hatte er vergessen, den Kühlschrank zu schließen. Er kehrte mit Zigaretten und einem Aschenbecher zurück, setzte sich uns gegenüber und riss die Bierdose auf.

Phil und ich genehmigten uns zur Gesellschaft eine Zigarette.

»Wir haben einen Punkt erreicht, an dem wir uns nichts mehr vorzumachen brauchen«, sagte ich.

Er hob den Kopf, zog die Stirn kraus und gab sich, als hätte ich ihm etwas Überraschendes eröffnet. »Fragt sich«, brummte er und ließ sich Bier in den Hals gluckern, »wer wem was vorgemacht hat.«

»Jack«, entgegnete ich eindringlich. »Wir brauchen uns nicht gegenseitig falsche Schuhe anzuziehen. Ich habe mit offenen Karten gespielt. Von Anfang an. Oder hatten Sie den Eindruck, dass ich Ihnen falsche Freundlichkeit vorgeheuchelt hätte?«

Er schüttelte den Kopf. »Das nicht.« Er beugte sich

vor, stützte die Unterarme auf die Knie und umschloss die Bierdose mit beiden Händen. Das Blech knisterte leise.

Die Zigarette qualmte in seinem Mundwinkel.

»Es gibt nur eine Sache, die ich nicht erwähnt habe«, fuhr ich fort. »Aber das ist bei laufenden Ermittlungen durchaus notwendig. Mein Kollege hat die alten Akten durchforstet. Ihm sind ein paar interessante Zusammenhänge klar geworden.«

»Mögliche Zusammenhänge«, ergänzte Phil. »Über den Namen Patrick Bailey bin ich auf eine außergewöhnliche Lady gestoßen. Seine erste Frau.«

Madison hob den Kopf. Er nahm die Zigarette aus dem Mundwinkel und starrte uns an. Einen Moment lang sah es so aus, als ob er etwas sagen wollte. Doch stattdessen setzte er mit einem Ruck die Bierdose an. Sein Adamsapfel bewegte sich rhythmisch auf und ab.

»Abigail Brent«, sagte Phil.

Madison blieb cool. Er knautschte die leere Dose zusammen. Das Knistergeräusch hallte in dem spärlich eingerichteten Zimmer nach. Er legte den Blechklumpen auf den Tisch, nahm noch einen Zug aus der Zigarette und stampfte sie in den Aschenbecher. »Natürlich weiß ich über Bailey Bescheid«, erwiderte er. »Kennen gelernt habe ich den Mann aber nie. Das muss Ihnen ja klar sein. Was sollte ich also mit seiner Frau oder seinen Frauen zu tun gehabt haben?«

»Lassen wir das Versteckspiel, Jack«, schlug ich vor. »Selbst wenn es die Beute von damals noch gäbe, würde sie Ihnen nichts nützen. Haben Sie ernsthaft vor, nach dreißig Jahren Gefängnis noch einmal vor uns davonzulaufen?«

»In Südamerika soll es sichere Verstecke geben.« Er grinste matt.

Ich winkte ab. »Sie haben dreißig Jahre lang nichts von New York mitgekriegt. Hier fühlen Sie sich zu Hause. Sie haben eine Menge nachzuholen. Und da

wollen Sie den Rest Ihrer Jahre in einer Umgebung verbringen, die Ihnen völlig fremd ist? Machen Sie sich
nichts vor, Jack. Die Millionenbeute existiert nicht
mehr. Das Geld ist gewaschen und in Kanäle geleitet
worden, die Sie nie im Leben rekonstruieren werden.
Wenn unsere Steuerfahnder nicht darauf stoßen – wie
wollen Sie es schaffen?«

Er schwieg.

»Abigail Brent ist der Schlüssel«, fügte Phil hinzu.
»Zumindest ist sie für uns die einzige Figur in dem
Spiel, an die wir uns halten können. Arbeiten Sie mit
uns zusammen, Jack. Mit Ihrer Hilfe können wir die
Männer im Hintergrund schneller fassen.«

»Und es könnte sein«, sagte ich gedehnt, »dass Sie
sich bei der Gelegenheit auch eine Gefahr vom Hals
schaffen.«

Er sah mich lange an. Ich hatte das Gefühl, dass ich
den Kern der Sache getroffen hatte. Aber er war ein
verstockter alter Hund.

Er schüttelte den Kopf. »Es hat keinen Zweck«, murmelte er. »Geben Sie sich keine Mühe, G-men. Ich bin
nicht hinter dem Geld her. Und ich will mich auch
nicht als der große Rächer aufspielen. Ich will nur
meine Ruhe haben. Mehr nicht.«

Er war der Typ, der so etwas nur einmal sagte. Vielleicht meinte er etwas anderes. Nur das eine war
sicher: Zusammenarbeiten würde er mit uns nicht.
Was er sich einmal in den Kopf gesetzt hatte, kriegte
man so schnell nicht heraus. In dreißig Jahren hatte er
gelernt, Entschlüsse von Dauer zu fassen. Entsprechend lange brauchte er, um sie umzustoßen.

»Sehen Sie zu, dass Sie damit nicht auf die Nase fallen«, sagte Phil, bevor wir gingen.

Wir blieben hinter der Mauerecke am Ende des
Korridors stehen. Ich spähte zurück.

Es dauerte keine zwei Minuten. Madison kam aus
seiner Wohnung. Ich wollte Phil das Zeichen geben,

dass wir uns zurückziehen mussten. Doch Madison blieb vor der Tür nebenan stehen und klingelte. Er versuchte es ausdauernd. Aber die Nachbarin meldete sich nicht. Wahrscheinlich hatte sie etwas Besseres zu tun, als abends in der Bude zu hocken und darauf zu warten, dass sich der Typ von nebenan eine Prise Salz borgen wollte. Madison schlurfte in seine vier Wände zurück. Er sah alt und gebeugt aus. Ich erinnerte mich an seine Worte. Er fühle sich wie sechsundsiebzig. In diesem Augenblick machte er tatsächlich den Eindruck. Seine Tür klappte zu.

Phil und ich verließen das Haus. Wir setzten uns in den Jaguar. Madison musste beschattet werden. Ab sofort und pausenlos. Phil nahm Funkverbindung mit dem Chef auf und schilderte den Stand der Dinge.

»Einverstanden«, sagte John D. High. »Übernehmen Sie und Jerry die ersten beiden Stunden. Vorher kann ich Ihnen keine Ablösung schicken. Over.«

»Verstanden, Sir. Danke. Over und Ende.« Phil klinkte das Mikro in die Halterung. Er schob eines der beiden Walkie-Talkies in die Tasche.

Ich fuhr an, setzte Phil an der Ecke West 47th Street ab und versteckte den Jaguar drei Blocks weiter in einer bewachten Hochgarage. Mein Walkie-Talkie nahm ich mit. In einem dunklen Hauseingang schaltete ich auf Senden und versuchte, Phil zu erreichen. Er meldete sich aus einem Coffee Shop, Madisons Apartment schräg gegenüber. Er musste einen stillen Winkel in dem Laden erwischt haben.

»Du kannst dir einen Drink gönnen«, sagte mein Freund und Kollege großzügig. »Es reicht, wenn du in einer halben Stunde übernimmst.«

»Das reicht sogar für ein Pizza-Viertel«, antwortete ich.

»Mach mich nicht neidisch. Hier gibt's nur heißes schwarzes Wasser und Sandwiches aus grau-weißer Pappe.«

Der neue Tag änderte nichts. Sondra hatte gehofft, die Dinge mit anderen Augen sehen zu können oder wenigstens in einer besseren Stimmung aufzuwachen. Nichts dergleichen war eingetreten.

Lustlos stocherte sie in dem Rest des Chop Suey. Sie hatte es sich hineingequält. Und jetzt streikte ihr Magen. Ihr wurde übel. Sie ließ das Besteck sinken. Das Restaurant war nicht schuld. Sie aß oft hier, bei Li Han Sung. Von der Schule bis zur West 44th Street waren es zu Fuß nur zehn Minuten. Die Menüs waren hervorragend und preiswert. In der Küche hatten sie bestimmt nicht gepfuscht.

Es lag an ihr selbst. Sie fühlte sich miserabler als gestern.

Nach acht Stunden Unterricht war sie wie gerädert. Sie sehnte sich nach ihrem Bett. Alle Viere von sich strecken, nichts mehr sehen, nichts mehr hören. Es musste himmlisch sein.

Andererseits war sie froh, dass sie noch nicht in ihre Wohnung zurückkehren konnte. Die Zensurenkonferenz, an der sie teilnehmen musste, begann in einer halben Stunde und würde nicht vor sieben Uhr abends enden.

Und dann?

Sondra war ratlos wie selten. Sie wusste, es hatte keinen Sinn, Jack aus dem Weg zu gehen. Wahrscheinlich tat er das von sich aus ohnehin. Doch der grausame Schmerz, den er ihr zugefügt hatte, saß so tief, dass sie sich vor einer Begegnung fürchtete. Sie hatte den Abend mit Jill verbracht, ihrer Freundin, der temperamentgeladenen Ulknudel. Nach einem Gespräch bis um ein Uhr hatte sie bei Jill auch übernachtet. Sie war von dort aus direkt zur Schule gegangen.

Sondra schob den Teller beiseite, trank einen Schluck Mineralwasser und zündete sich eine Zigarette an. Das Restaurant mit seinen Trennwänden aus dunklem Holz vermittelte Ruhe und Geborgenheit. Sie blickte über die Zigarettenglut hinweg ins Nichts. Jill hatte ihr geraten, Abstand zu gewinnen. Wenigstens für ein paar Tage. An der Tatsache selbst, an der Liebe zu einem wesentlich älteren Mann, hatte auch Jill nichts Anstößiges gefunden. Irgendwann, so meinte Sondras Freundin, müsse sie das Gespräch mit Jack Madison suchen. Der Vorwurf dürfe nicht ungeklärt bleiben. Sie habe ein Recht darauf, wenigstens zu erfahren, weshalb er sich ihr gegenüber so schroff verhalten hatte.

»Sie erlauben, Madam?«

Sondra erschrak. Die Stimme klang ölig wie in einem Schmachtfilm. Ruckartig hob sie den Kopf.

Die beiden Männer waren jung und lässig elegant. Helle Seidenanzüge, sommerlich locker. Der, der gefragt hatte, setzte sich Sondra gegenüber, ohne ihre Antwort abzuwarten. Der andere setzte sich neben sie.

Empört rutschte sie ein Stück zur Seite. »Aber …« Sie verstummte sofort wieder, denn der Mann neben ihr ergriff ihren Unterarm – nicht übermäßig fest, doch sie spürte, welche Kraft er hatte.

»Sehen Sie hier«, sagte er und schlug mit der Linken sein Jackett auf.

Der Perlmuttgriff eines Messers ragte aus einem angenähten Futteral.

Sondra erschauerte. Jähe Todesangst kroch ihren Rücken herauf wie eine kalte, feuchte Wand.

»Ihnen passiert nichts, wenn Sie brav sind«, sagte der Mann und schloss die Jacke wieder. Er hatte schwarzes, leicht gewelltes Haar und ein ebenmäßiges Gesicht, in dem nur die harten Linien störten. Auch seine Augen strahlten diese Härte aus.

»Sie rauchen in aller Ruhe Ihre Zigarette zu Ende«, erklärte der Mann auf der anderen Seite des Tisches. Er sah dem mit dem Messer ähnlich. Vielleicht waren sie Brüder. Oder Verwandte. »Wir gehen dann gemeinsam hinaus. An der Kasse reden wir ein bisschen. Wir sind ehemalige Studienfreunde, verstehen Sie? Wir haben uns nach Ihnen durchgefragt und Sie hier gefunden. Natürlich sprechen wir uns mit Vornamen an. Ich heiße Tony, mein Partner Chris. Und Sie sind Sondra, das wissen wir natürlich.«

Woher? wollte sie schreien, doch sie blieb stumm. Bei aller Angst war sie wütend auf sich selbst.

»Erlauben Sie noch einen Hinweis«, fuhr Tony in seiner öligen Art fort. »Chris und ich haben einen Auftrag auszuführen. Wir werden dafür bezahlt, dass es reibungslos klappt. Wenn Sie uns Schwierigkeiten machen sollten, gibt es nur eine einzige Alternative. Bedenken Sie bitte, dass wir dicht neben Ihnen gehen. Bevor jemand merkt, dass wir das Messer eingesetzt haben, sind wir bereits draußen.«

Sondra fror, als hätte sich das Restaurant in ein Kühlhaus verwandelt.

»Ich werde tun, was Sie sagen«, flüsterte sie.

»Das ist sehr vernünftig. Sie werden sehen, es ist nicht viel mehr als eine geschäftliche Besprechung, zu der wir Sie bringen. Wahrscheinlich ist für Sie schon morgen alles vergessen.«

Sondras Finger zitterten, als sie die Zigarette ausdrückte. Sie machte sich keine Illusionen, dass an den Nachbartischen jemand etwas mitgehört haben könnte. Die Trennwände waren zugleich eine sehr gute Schallisolierung.

Madison schwankte zwischen Wut und Enttäuschung. Er stieß die Wohnungstür zu, stapfte in die Küche und nahm die letzte Bierdose aus dem Sixpack. Es reichte jetzt. Er würde nicht noch einmal bei Sondra klingeln. Kein Versuch mehr, sich von ihr erklären zu lassen, wie sie ihn so hereinlegen konnte. Sie hatte die Erklärung selbst geliefert. Vielleicht hatte sie die Wohnung nebenan nur auf Anweisung ihrer Auftraggeber genommen – damit er ihr auf den Leim kriechen konnte. Und so war es ja auch passiert.

Er riss die Bierdose auf, klemmte sich eine Zigarette zwischen die Zähne, zündete sie an und nahm seine unstete Wanderung durch die Wohnung wieder auf.

Das Telefon schrillte.

Madison verharrte im Türrahmen zwischen Küche und Livingroom.

Sondra, dachte er.

Er wusste nicht, warum er es dachte, denn er wollte doch nichts mehr von ihr hören. Nie wieder. Warum, zum Teufel, fiel ihm als Erstes ihr Name ein, wenn das Telefon klingelte?

Er ging zu dem Sideboard, auf dem es stand, und nahm ab.

»Madison?«, fragte eine Männerstimme.

»Ja.«

»Der Name Sondra Parsons ist Ihnen ein Begriff, habe ich Recht?«

Etwas in ihm rastete ein. Verdammt, dies wurde ihm zu viel, dies ging über seinen Horizont. »Wer spricht da?«, knurrte er, obwohl er wusste, dass ihm diese Frage niemals beantwortet werden würde.

Der Mann am anderen Ende lachte kurz. »Himmel, selbst wenn Sie dreißig Jahre gesessen haben, können Sie doch nicht von gestern sein. Hören Sie, ich mache es kurz. Wir haben Sondra. Wenn Sie sie wiederhaben wollen – gesund und munter –, müssen Sie unsere Bedingungen erfüllen.«

Madison schüttelte den Kopf und grinste den Hörer an. Es war ein kaltes, mitleidloses Grinsen. »Irgendwas muss bei Ihnen nicht richtig einsortiert sein, Mann. Sie können das Girl behalten. Machen Sie von mir aus mit ihr, was Sie wollen!«

»Was? Was haben Sie gesagt?« Der Anrufer war fassungslos.

»Sie haben es genau verstanden.«

»Aber ich rede von Sondra Parsons!«

»Eben drum.«

»Was heißt das, eben drum?«

»Sie sind nicht auf dem Laufenden, Mister. Erstens gehört mir das Luder nicht, und zweitens wäre sie die Letzte, die ich wiederhaben wollte. Ist das klar?«

»Verdammt, nein!«, schrie der andere. »Menschenskind, sie stirbt, wenn Sie nicht parieren, Madison!«

»Soll sie«, sagte er und legte auf.

Phil und ich hatten die Beschattung am späten Nachmittag wieder übernommen. Diesmal benutzten wir den hellgrünen Chevrolet Monte Carlo. Wir wollten nicht schon wieder mit dem Jaguar aufkreuzen, und wir wollten die Coffee Shops, Luncheonettes und Delikatessen zwischen West 46th und 47th Street nicht noch gründlicher kennen lernen. Phil verbrachte die Wartezeit damit, an den Knöpfen und Reglern der Klimaanlage herumzufingern. Auf das Ergebnis seiner Überprüfung war ich nicht neugierig.

Fred Nagara und Hyram Wolfe waren schon unterwegs, um uns abzulösen.

Madison verließ das Haus. Zum ersten Mal seit ungefähr vierundzwanzig Stunden.

Phil startete den Sechszylinder. Ich rief die Zentrale per Funk und meldete die neue Lage. Fred und Hyram wurden zurückgepfiffen.

Madison nahm ein Taxi. Es war ein alter Checker, dessen Heckstoßstange schief hing. Einprägsam. Da wir auf der Gegenfahrbahn standen, fuhr Phil bis zur nächsten Kreuzung und wendete. Madison fuhr nach Uptown.

Es dauerte keine zehn Minuten.

Phil stieß einen lang gezogenen Pfiff aus, als das schwere Taxi von der Seventh Avenue in die West 57th Street abbog.

Phil zog in eine Parkbucht an der nächsten Ecke. Ich gab per Funk durch, dass wir das Fahrzeug verließen.

Wir kamen rechtzeitig, um zu sehen, wie Madison den prunkvollen Eingang des Metropolitan Center betrat.

Wir beschleunigten unsere Schritte.

Ein Expresslift war besetzt, die anderen frei. Wir hatten die Auswahl. Über das Ziel gab es keine Auseinandersetzung. 77. Stock.

Die Eingangstür zum Penthouse war dicht. Niemand reagierte auf unser Klingeln. Nicht einmal die fest eingebaute Videokamera hatte einen Schwenk für uns übrig. Es war mit Gefahr im Verzug zu rechnen – für Madison. Oder für die Brents. Deshalb mussten wir zu der ganz alten Methode greifen. Die Frage war nur, ob Wohnungstüren im Metropolitan Center gegen barbarischen Ansturm gesichert waren.

Phil übernahm den ersten Versuch.

Es blieb der letzte.

Mit Getöse, von Splitterholz flankiert, segelte er in die feine Penthouse-Halle. Als er sich aufrappelte, war ich schon zur Stelle. Wir liefen weiter. Er kannte die Örtlichkeiten schließlich. Aus einer offenen Tür lugte ein rundliches Girl mit erschrockenen Augen. Ihre hastige Geste besagte, dass sich im Dachgarten Unangenehmes abspielte.

Wir rannten schneller, zogen die Revolver.

Ein zurückweichender, bulliger Mann lief uns auf der Terrasse fast in die Arme. Wir kümmerten uns nicht um ihn. Denn das andere, was geschah, raubte uns den Atem.

Madison stand in seiner statuenhaften Art da. Er hatte nicht einmal eine Waffe. Trotzdem musste er ungeheuer einschüchternd auf Abigail wirken. Sie fluchte und schrie, als sie uns erblickte. Nur noch einen Schritt war sie von dem Gitter des Hundekäfigs entfernt.

»Zurück!«, rief ich schneidend.

Sie dachte nicht im Traum daran, auf mich zu hören.

Mit einem wilden Ruck riss sie die Verriegelung auf. Ihre Stimme gellte.

»Fass! Fass! Fass sie alle!«

Ich sprintete auf sie zu und stieß den Smith & Wesson ins Holster. Es waren nur fünf oder sechs Schritte. Ich konnte es schaffen, das Gitter noch wieder zuzuwerfen.

»Zurück!«, brüllte Phil. »Bist du denn ...?«

Abigail lachte schrill.

Das Gitter flog an meiner Hand vorbei. Haarscharf. Geistesgegenwärtig blieb ich in Schwung. Ich legte Tempo zu. Die Begrenzungsmauer an der Ostseite des Dachgartens war nur vier Yards entfernt. Dort hatte ich etwas im Rücken. Ich überwand einen Zierteich im Sprung, verharrte und wirbelte herum.

Der Mastino hatte sich gut erholt. Nachwirkungen meiner Handkantenhiebe waren ihm nicht anzumerken. Lauernd wie ein Löwe vor dem Angriff, bewegte er sich auf Madison zu. Der breitschultrige Mann stand noch immer da, als könnte er alle Probleme durch sein bloßes Erscheinungsbild lösen.

Phil hob den 357er.

Brent blinzelte von der Terrasse herüber, hielt sich mit beiden Händen am Tisch fest. Sein Gesicht hatte Schrammen. Mein Freund und Kollege zögerte. Ich konnte seine Gedanken lesen.

Nicht schon wieder ...

»Fass, Johnstone!«, schrie Abigail wieder. Sie krümmte sich vor Anstrengung. »Mach ihn kalt, zum Teufel! Mach sie alle kalt!«

Der Mastino verharrte plötzlich, legte den Kopf schief und wandte sich mir zu. Ich sah die kalte Glut in den blutunterlaufenen Augen. Die Lefzen entblößten die Reißzähne. Ein dumpfes Grollen entstand in der Tiefe des mächtigen Körpers.

116

Johnstone erinnerte sich.

Phil konnte nicht feuern, denn ich stand in der Schussrichtung. Ich brachte den Smith & Wesson noch aus dem Leder und wusste doch, dass es sinnlos war. Abigail riss den Mund auf, doch das beabsichtigte Geschrei blieb ihr im Hals stecken.

Der Mastino sprang aus dem Stand.

Nur einmal berührte er zwischendurch den Boden, knapp vor dem kleinen Teich.

Ich warf mich nach vorn. Einer seiner knochigen Hinterläufe traf mich an der Schulter.

Dann krachte und splitterte es hinter mir.

Abigails Schrei wollte nicht enden.

Ich rappelte mich auf, ruckte herum.

Ein mit Splittern gerändertes Loch klaffte in der Kunststoffblende über der Mauer. Aus der Tiefe wehte ein versiegender Heulton herauf. Ich wusste nicht, ob ich den Aufschlag wirklich hörte oder ob ich es mir nur einbildete. Abigail schrie noch immer.

Ich trat an die brusthohe Mauer. Phil erschien neben mir. Gleich darauf auch Madison und Lewis Brent.

Tief unten hatte sich ein Kreis aus stoppenden Autos und Fußgängern gebildet.

Der zerschmetterte Körper des Mastinos lag in der Mitte der Fahrbahn. Der heiße Asphalt, so schien mir, war von der Wucht des Aufpralls eingedrückt – genau zwischen den Fahrspuren. Kein Mensch war zu Schaden gekommen. Auf den Bürgersteigen legten einige den Kopf in den Nacken, um die Höhe zu ermessen.

Abigails Stimmbänder erzeugten nur noch ein Geräusch wie ein tonloses Husten.

»Ich muss nach Hause«, sagte Madison plötzlich, während wir noch nach unten blickten. »Verdammt, ich muss schnell nach Hause!«

Phil und ich blickten ihn an.

Madison sah aus, als erwachte er.

Er stürmte durch den Korridor, als müsste er an diesem Abend alles nachholen, was er verpasst hatte. In fliegender Hast schloss er auf. Phil folgte ihm. Er drückte die Tür zu und legte die Sicherungskette vor.

Das Telefon war stumm.

Madison blieb in der Mitte des Wohnzimmers stehen. Er schien nicht begreifen zu können, dass das, worauf er gehofft hatte, nicht eintrat. Unterwegs, im Wagen, hatte er dem G-man die ganze Geschichte erzählt. Er hatte seinen Denkfehler erkannt, hatte begriffen, wie aberwitzig sein Verdacht war. Menschen wie Abigail Brent und Sondra Parsons stammten aus völlig verschiedenen Welten.

Und welchen Grund sollte eine Lehrerin haben, ihren Beruf aufs Spiel zu setzen, in dem sie schon seit so vielen Jahren arbeitete?

Madison starrte das Telefon an.

»Vielleicht …«, flüsterte er. Seine Stimme drohte zu ersticken. »Mein Gott, vielleicht rufen sie gar nicht mehr an. Vielleicht ist Sondra schon …« Er ballte die Hände zu Fäusten.

Phil hatte bereits per Funk veranlasst, dass eine Fangschaltung auf Madisons Anschluss gelegt wurde. Techniker von Bell Telephone waren unterwegs, um einen zusätzlichen Apparat zu installieren. Außerdem würden FBI-Kollegen ein Funkgerät bringen, damit ständige Verbindung zum District Office möglich war.

Phil legte Madison die Hand auf die Schulter. »Keiner kann Ihnen abnehmen, was Sie jetzt durchmachen, Jack.«

Madison drehte sich um. Seine Mundwinkel zuckten. »Ich bin schuld, G-man. Ich bin schuld an ihrem Tod. Wenn diese Schweinehunde …« Abermals konnte er nicht weitersprechen.

»Es hat keinen Sinn, Jack. Machen Sie sich nicht verrückt. Es gibt eine reelle Chance. Wer auch angerufen hat – er will Sie. Niemanden sonst. Solange er Sie nicht hat, wird er nichts unternehmen, womit er sich selbst schadet.«

»Möglich. Kann aber auch sein, dass er ganz anders denkt. Wozu soll er sich mit Sondra noch belasten, wenn sie ihm sowieso nichts mehr nützt?«

Phil zog die Schultern hoch. Er wandte sich ab und zündete sich eine Zigarette an. Alles Hin und Her war überflüssig. Madison musste die Suppe auslöffeln, die er sich eingebrockt hatte. Alles Erforderliche war in die Wege geleitet. Und Jerry würde das Seine tun, um die Dinge voranzutreiben.

»Danke, Sir«, sagte ich und legte auf.

Abigail und Lewis Brent starrten mich an. Ihre Mienen spiegelten Furcht und Hoffnungslosigkeit. Unten in der Straßenschlucht war der Hundekadaver beseitigt worden. Die Cops hatten ein Protokoll aufgesetzt. Fall erledigt. Dass ich mit John D. High nicht über den toten Mastino gesprochen hatte, war trotz meiner knappen Antworten klar geworden.

Wir saßen uns im Livingroom gegenüber. Die weißen Ledersessel waren butterweich, handgearbeitet in einer traditionsreichen Mailänder Werkstatt.

»All right«, sagte ich. »Es geht nicht mehr nur um Geldwäscherei.«

»Sondern?«, fragte Lewis Brent, als ich nicht sofort weitersprach. Seine Stimme klang unsicher. Er erntete einen giftigen Seitenblick von seiner Frau.

»Um Kidnapping.« Ich beobachtete die Wirkung.

Abigail versuchte krampfhaft, ihr Gesicht zu einer undurchdringlichen Maske zu machen. Es gelang ihr nur unvollkommen. Der bullige Mann schwitzte, obwohl die Klimaanlage gut funktionierte. Er knetete seine Finger zwischen den Knien. Die Informationen, die mir der Chef gegeben hatte, mussten mit Madison zu tun haben. Also auch der Fall von Kidnapping. So viel konnte sich das saubere Ehepaar mindestens zusammenreimen.

Ich hatte den Punkt, an dem ich ansetzen konnte. Ich spürte es deutlich. »Der Name der Entführten ist Sondra Parsons«, erklärte ich. »Madisons Wohnungsnachbarin. Die beiden hatten sich angefreundet. Jetzt versucht der Entführer, Madison dazu zu bringen, dass er sich ausliefert.«

»Dann soll er es gefälligst tun«, zischte Abigail. »Was geht uns das an!«

Ich ließ ihre Ehehälfte nicht aus dem Auge. »Es geht Sie mindestens so viel an, wie Madison Sie angeht«, konterte ich. »Er hat nämlich einen schwerwiegenden Fehler begangen. Er hielt Miss Parsons für eine Verräterin. Er glaubte, dass sie ihn seinen Gegnern ans Messer geliefert hat. Deshalb hat er es abgelehnt, auf die Forderungen einzugehen.«

»Aber …«, entfuhr es Lewis Brent. Er unterbrach sich sofort.

Seine Frau funkelte ihn an.

»Haargenau«, nickte ich und lächelte. »Er hat eingesehen, dass Sondra Parsons unmöglich mit denen zusammenarbeiten kann, die ihm ans Leder wollen. Übrigens …«, ich zog die Silben in die Länge, »… ist vor dem Yachtclub North River ein Mordanschlag auf Madison verübt worden. Er hat meinem Kollegen gesagt, wie der Täter aussah. Die Beschreibung passt auf Ihren Bruder, Mrs. Brent. Er wird zur Zeit gerade verhört. Wollen Sie abwarten, was dabei heraus kommt?«

Abigail erbleichte. Sie kriegte den Mund nicht wieder zu.

»Es ist doch zwecklos!«, schrie Lewis Brent unvermittelt. Erregt schlug er sich mit den Handflächen auf die Knie. »Jetzt hilft nur noch die Flucht nach vorn, Abigail! Du hast doch selber gesagt, dass er uns damals übers Ohr gehauen hat! Jeder ist sich selbst der

Nächste! Daran müssen wir jetzt denken. Glaubst du denn, dass er uns aus dem Dreck zieht, wenn wir bis zum Hals drinstecken? Außerdem bin ich dran wegen Mittäterschaft, verdammt nochmal. Ich habe ihm den Tipp mit dieser Sondra gegeben. Weil Madison doch glaubte, sie hätte ihn reingelegt!«

Ich schwieg und wartete.

Abigail biss sich auf die Unterlippe. Mit zusammengezogenen Brauen sah sie ihren Mann an. »Das Dumme ist, dass Eliot im Schlamassel sitzt«, murmelte sie. Sie wandte sich mir zu – wie aus einer plötzlichen Hoffnung heraus. Ihre Augen waren schmal und forschend. »Angenommen, wir würden nachweisen, wo Madisons Millionen geblieben sind – angenommen, die Entführung würde dabei mit aufgeklärt werden – wie würden wir dann dastehen? Auch unter dem Gesichtspunkt, dass wir uns selbst belasten müssten?«

»Ich bin kein Richter«, entgegnete ich. »Welche Chancen wichtige Zeugen bei uns haben, brauche ich Ihnen doch wohl nicht auseinander zu setzen.«

Abigail schüttelte den Kopf. Ihre Lippen pressten sich zusammen, bewegten sich vor und zurück. Sie krampfte die Hände zusammen, dass ihre Fingerknöchel weiß hervortraten.

»Es ist die beste Lösung«, drängte ihr Mann. »Oder hast du Bedenken wegen Eliot? Mein Gott, er ist so oder so dran, auch ohne unser Zutun!«

Es gab den Ausschlag. Abigail fing an zu reden.

Ich erfuhr, dass ihr Bruder ein Bombenleger war und tatsächlich in ihrem Auftrag auch versucht hatte, Madison umzubringen. Denn das Ehepaar Brent hatte zu dem Zeitpunkt noch ein verteufeltes Interesse daran gehabt, dass Madison das Dunkel um seine verschwundenen Millionen niemals aufklärte. Seine Freilassung hatte auch ihre Aktionen durchkreuzt. Denn mit weiteren Bombenanschlägen hatten sie dem Mann Schaden zufügen wollen, mit dem sie damals zusammengearbeitet hatten. Es hatte ihre Rache dafür sein sollen, wie er sie übervorteilt hatte. Eliot Envy erhielt dafür seinen Lohn, und er setzte ihn postwendend in Spielhöllen und Bordellen um.

Abigail war noch nicht lange mit Lewis Brent verheiratet gewesen, als sie sich an ihren früheren Mann und seine Jagdhütte erinnert hatte. Ein Zeitungsbericht über Madisons soundsovielten Versuch, ein Wiederaufnahmeverfahren durchzusetzen, hatte sie darauf gebracht. Auch die Namen der Komplizen waren in dem Bericht erwähnt worden. Einer von ihnen war Abigail aufgefallen. Vincent Horner. Sie hatte den seinerzeit entlassenen Sträfling einmal bei Bailey im Büro gesehen, und dann noch einmal beim Bau der Jagdhütte.

Lewis Brent hatte seinen Geschäftspartner auf die Zusammenhänge aufmerksam gemacht. Der Rest war nur eine Sache guter Taktik gewesen. Bailey auszuquetschen und zu erfahren, dass alle Beteiligten über das Geldversteck unterrichtet waren, war noch die leichteste Übung gewesen. Die Unfälle mit tödlicher Folge zu arrangieren war auch nicht besonders kompliziert gewesen. Höchstes Geschick hatte es dann aber gekostet, die zwei Millionen in bar durch legale Geschäfte zu schleusen und damit zu waschen.

Raymond Aldrich, der Anlagefuchs, hatte auf diese Weise sein Firmen-Imperium aufgebaut. Die Brents standen auch nicht schlecht da. Durch ihre unstillbare Raffgier waren sie jedoch immer auf Aldrich neidisch gewesen.

Ich rief den Chef an. Aldrichs Grundstück auf Staten Island wurde ab sofort beschattet. Natürlich wäre es blauäugig gewesen, Sondra Parsons dort zu vermuten. Aber es war der Ansatzpunkt. Kollegen waren wenig später zur Stelle. Sie hatten meinen Jaguar mitgebracht. Sie nahmen die Brents in Gewahrsam.

Ich jagte los.

Ich schaltete Sirene und Rotlicht ein. Es half. Der abendliche Verkehr nach Büro- und Geschäftsschluss hatte zwar schon nachgelassen, aber die erlaubte Höchstgeschwindigkeit wurde dennoch nicht erreicht. Alle Fahrspuren waren voll ausgelastet. Ich sprang von Lücke zu Lücke, die sie mir nicht ohne Mühe frei machten. Gleichzeitig sprach ich mit Phil über Funk. Er hatte inzwischen ein leistungsstarkes Gerät in Madisons Wohnung. »Wo ist er?«, fragte ich.

»Nebenan in der Küche. Er hat eine Flasche Whisky. Mithören kann er trotzdem.«

»Verstanden. Hast du die Information über Telefon gekriegt?«

»Ja, von Mr. High.« Phil senkte die Stimme, sodass er eben noch zu verstehen war. »Ich habe Madison nichts davon gesagt.«

»Gut so. Dabei muss es auch bleiben. Unbedingt. Ich kann da draußen keinen wütenden Stier gebrauchen, der alles niederwalzt.«

»Wir warten immer noch auf einen Anruf«, antwortete Phil.

Ich lächelte. »Dann könnt ihr also die Wohnung auf keinen Fall verlassen.«

Phil verstand. »Natürlich nicht«, entgegnete er. Solange Madison weiter annahm, dass Sondra nicht gefunden werden konnte, würde er sich keine drei Yards vom Telefon wegbewegen.

»Wie sieht es bei euch aus?«, erkundigte ich mich, als ich die West 42nd Street überquerte. Da ich die Grünphase erwischte, brauchte ich mir keine Sorgen wegen störrischer Fahrer zu machen, die von links oder rechts kamen.

»Die Techniker und die Kollegen sind abgezogen«, antwortete Phil. »Es könnte ja sein, dass wir beobachtet werden. Die Fangschaltung steht. Der zweite Telefonanschluss funktioniert. Ich habe ständige Verbindung mit dem Chef.«

Ich beendete das Gespräch.

Eine halbe Stunde später erreichte ich endlich den Fähr-Terminal am Battery Park. Eines der Schiffe, die im ständigen Pendelverkehr zwischen Manhattans Südzipfel und Staten Island unterwegs sind, war abfahrbereit. Rotlicht und Sirene halfen mir auch hier. Die Rampe wurde noch einmal heruntergelassen. Im Autodeck war noch Platz.

Ich stieg aus. Auf dem unteren Achterdeck ließ ich mir den frischen Wind um die Nase wehen. Die Abendsonne legte goldenen Glanz auf das Wasser der Upper Bay zwischen Freiheits-Statue und Verrazano Narrows Bridge, zwischen Brooklyn und Jersey City.

Es war noch hell, als ich Staten Island erreichte. Auf dem Fähr-Terminal St. George herrschte weniger Betrieb als tagsüber. Die riesigen Parkplätze waren leer. Pendler, die auf Staten Island wohnten und ihren Arbeitsplatz in Manhattan hatten, ließen ihren Wagen in St. George zurück und benutzten die Fähre als Fußgänger-Passagiere.

Meist waren sie abends schneller zu Hause als diejenigen, die weit draußen in Queens oder in einem der Countys von Long Island wohnten.

Ich ließ den Jaguar im Pulk der Fahrzeuge über die Rampe rollen. Über die Betonpisten des Zu- und Abfahrtssystems erreichte ich die Bay Street, die in Ufernähe bis hin zur Verrazano Bridge verläuft. Ich nahm Funkverbindung mit der Zentrale auf. Der Kollege gab das Gespräch an John D. High weiter. Ich nannte dem Chef meine Position und erkundigte mich nach der Lage.

»Der Beschattungsring um die Villa Aldrich steht seit einer halben Stunde«, antwortete Mr. High. »Wir haben acht Kollegen mit vier Fahrzeugen draußen. Ausschließlich FBI. Steve Dillaggio ist der Einsatzleiter. Bis jetzt hat sich auf dem Grundstück noch nichts gerührt. Bei Phil beziehungsweise Madison ist noch immer nicht angerufen worden.« Der Chef nannte mir den Code für die direkte Verbindung mit den Kollegen. Wir beendeten das Gespräch.

Ich hatte wenig Hoffnung, als ich in die Van Duzer Street abbog. Vor mir lag das Hügelland von Staten Island im versiegenden Tageslicht. Vielleicht fanden wir nicht einmal eine Spur von Sondra Parsons. Möglich immerhin, dass Madison die Kidnapper durch sein unsinniges Verhalten am Telefon dazu gebracht hatte, ihre Pläne völlig zu ändern. Schmucke weiße Häuser krönten die grünen Hügel. Die Wohngebiete von Staten Island, offiziell Richmond, waren weitläufig. Viel unbebautes Land, in seiner Natürlichkeit belassen, trug dazu bei, dass dieser Stadtteil von New York am wenigsten großstädtisch aussah.

Ich ging mit dem Tempo herunter und schaltete das Funkgerät auf Senden. Steve meldete sich. Ich war noch eine Viertelstunde von dem Grundstück entfernt.

»Hier unverändert drei-drei-sechs«, sagte Steve.

»Verstanden«, antwortete ich. »Erwartet eins-fünf-eins.« Die Codeziffern 336 standen für gleich gebliebene Lage; 151 bedeutete, dass ich mich in den Beschattungsring einfügen würde.

»Eins-fünf-eins bestätigt«, erwiderte Steve. »Unbebautes Grundstück auf der linken Straßenseite in …« Er kam nicht mehr dazu, mir die genaue Position zu beschreiben. »Acht–null–null!«, rief er plötzlich. »Acht–null–null!« Seine Stimme klang nach höchster Alarmstufe.

Sie brachen aus.

Ich gab Gas. Der Jaguar machte einen Satz.

»Zwei Fahrzeuge«, erklärte Steve rasch. »Ein Nissan Pathfinder, schwarz. Und ein silbergrauer Oldsmobile Toronado. Fahrtrichtung Nord. Beide haben getönte Scheiben. Insassen nicht zu erkennen.«

Nord. Das war meine Richtung. Hölle und Teufel, und sie konnten noch nichts davon ahnen, dass ich aufkreuzte.

»Haltet euch zurück!«, entschied ich. Mehr brauchte ich nicht zu sagen. Ich warf das Funkmikro auf den Beifahrersitz. Steve wusste, dass sie die beiden Wagen im Auge behalten, sich unauffällig dranhängen mussten. Das war die Alternative zum gewaltsamen Stoppen.

Ich steigerte das Tempo weiter. Der Jaguar fegte eine Anhöhe hinauf. Auf beiden Seiten blieben Villengrundstücke zurück. Eine Buschzone folgte, einzelne Platanen am Fahrbahnrand. Häuser waren erst wieder in größerer Entfernung zu sehen. Ich erreichte den Scheitelpunkt der Anhöhe. Über gut fünfhundert Yards verlief die Straße durch eine flache Mulde. Ein Bungalow, weit rechts, markierte die jenseitige Hügelkuppe.

Sie schossen dort hervor, wie aus einer Klappe katapultiert.

Erst der Nissan, schwarz und bullig. Gleich dahinter der Olds. Es schien für einen Moment, als würden sie durch den Sprung abheben. Der Nissan Pathfinder hatte mächtige Stoßfänger aus Edelstahl. Aus der Entfernung wirkte der Wagen wie ein angreifendes schwarzes Raubtier. Der Oldsmobile wedelte hinter ihm – schnell, beweglich – und schien überholen zu wollen.

Mir blieb nur noch die Flucht nach vorn: vorbei, außer Sichtweite wenden und mich den Kollegen anschließen, die das Olds-Nissan-Gespann verfolgten. Ich nahm Gas weg, um nicht durch Raserei aufzufallen.

Im nächsten Atemzug stellten sich meine Haare senkrecht. Jedenfalls hatte ich das Gefühl.

Der bullige Nissan zog nach links, auf meine Hälfte der zweispurigen Fahrbahn. Der Oldsmobile setzte sich daneben. Kein Platz, um vorbeizuziehen. Sie rasten auf mich zu. Mir blieben nur noch Sekunden. Der Bürgersteig, der seinen Zweck nicht mehr erfüllte, war von Unkraut überwuchert. Zwischen Bordstein und Platanenstämmen konnte ich meinen Jaguar nicht hindurchquetschen. Sie mussten das Funkgespräch abgehört haben, ohne natürlich den Inhalt zu begreifen. Aber sie reimten sich etwas zusammen.

Und der rote Jaguar hatte Signalwirkung auf sie.

Sie stellten mich auf die Probe.

Noch dreihundert Yards, und die Distanz schrumpfte rasch.

Sie blieben Seite an Seite. Schlagartig begriff ich. Sie wollten herausfinden, wer ich war, hatten ein Spiel mit mir vor. Es war ein mörderisches Spiel. Die alte Mutprobe. Ich wusste plötzlich, dass ich darauf eingehen musste. Für Sondra Parsons. In welchem der beiden Wagen sie saß, konnte ich nicht einmal ahnen. Aber die Gangster würden sie als Geisel nicht ausspielen, solange sie keine Klarheit über ihre Lage hatten. Die Gedanken schossen mir durch den Kopf. In den wenigen Sekunden, die mir blieben, waren gründliche Überlegungen nicht möglich.

Noch zweihundert Yards.

Ich hielt das Lenkrad eisern, mit ausgestreckten Armen, alle Muskeln angespannt. Die schwarze Schnauze mit den Edelstahlzähnen wurde größer und größer. Daneben sah der Oldsmobile wie ein gefährlicher, glatthäutiger Hai aus. Mein Sicherheitsgurt saß einwandfrei. Trotzdem hatte ich bei einem Frontalzusammenstoß wenig Chancen. Der Pathfinder würde mich platt walzen, wenn es zum Schlimmsten kam.

Wer hatte die besseren Nerven?

Derjenige, der auswich, hatte verloren.

Noch hundert Yards.

Die Motoren brüllten. Ich konnte es nun deutlicher hören. In unserem Fall hatte der Ausweichende sowie-

so die schlechteren Karten. Der Platz zwischen Bordstein und Baumstämmen war für den Crash vorpro-
grammiert.

Ich hielt die Richtung, das Tempo, stemmte mich
gegen das Lenkrad. Meine Nerven spannten sich zum
Zerreißen, in meinem Kopf war nur noch Motorendröhnen. Die dunkel getönten Scheiben wirkten wie
Spiegel. Nicht einmal Silhouetten konnte ich in den
heranrasenden Wagen erkennen.

Ich würde nach links ziehen. Ja, nach links. Im letzten Sekundenbruchteil. Dann erwischte ich die Flanke
des Oldsmobile in spitzem Winkel. Das war besser, als
frontal gegen den Nissan zu krachen.

Ich zog den Kopf ein. Meine Nackenmuskeln wurden zu harten Strängen.

Fünfzig Yards.

Der Rest spulte sich ab wie auf einer rückwärts laufenden Digitalanzeige. Alles in mir vibrierte. Das
Motorendröhnen des Nissan schien sich durch das
Karosserieblech meines Jaguar zu fressen. Es wollte
mich verschlingen.

Ich wollte noch zwei Hundertstelsekunden riskie-
ren, wollte es in Kauf nehmen, den Nissan zu streifen.
Schon rechnete ich mit dem ohrenbetäubenden
Krachen von Stahlblech auf Stahlblech.

Jäh wischten die Stoßfänger vor mir weg.

Im nächsten Atemzug war die Fahrbahn frei. Der
Nissan polterte über den Bordstein. Links huschte das
Silbergrau des Oldsmobile vorbei. Ich stieg in die
Bremse. Im rechten Außenspiegel sah ich den schwar-
zen Off-Road-Wagen, wie er sich schwankend von einer
Seite auf die andere warf. Und noch im selben Moment
schrammte er mit der Flanke an den Platanen entlang.
Das Blech krachte und kreischte. Der Olds zog davon.

Ich brachte den Jaguar zum Stehen. Tür aufstoßen
und ins Freie schnellen waren eine fließende, blitzartige Bewegung. Ich rannte mit langen Sätzen. Zog

den Revolver. Eng an die Baumstämme geschmiegt, war der Nissan zum Stehen gekommen. Hundert Yards hatte ich hinter mich zu bringen. Himmel, wenn ich etwas ausrichten wollte, musste ich auf Schussweite herankommen. Wenn Sondra in dem schwarzen Wagen saß, wenn ihr Entführer noch in der Lage war, sie zu bedrohen, dann musste ich nahe genug dran sein, um ihn mit einer einzigen präzise gezielten Kugel auszuschalten.

Ich sprintete. Die Muskeln meines rechten Oberschenkels schmerzten noch von dem Bluterguss. Ich kümmerte mich nicht darum. Ich war bereit, schlimmere Schmerzen zu ertragen, wenn ich Sondra dadurch retten konnte.

Noch rührte sich nichts. Der Nissan blieb zu, stand scheinbar friedlich da, auf drei Viertel seiner Breite geschrumpft.

Hinter mir näherte sich Motorengeräusch. Nur kurz warf ich den Kopf herum. Ein Buick Skylark, hellgrau. Eindeutig ein Dienstwagen des FBI.

Ich schaffte noch einen federnden Riesenschritt, und es geschah.

Die Seitentüren des Nissan flogen auf. Das schwarze Blech spie zwei Gestalten aus. Sie hatten den Buick nicht gesehen. Ein Fehler, der sich nicht mehr korrigieren ließ. Ich fegte nach links, schlug den ersten Haken.

Feuerblüten platzten auf. Die Kerle standen breitbeinig, seitlich versetzt, und hatten keine schlechten Voraussetzungen. Die Schüsse krachten. Ich spürte das Sengen der Kugeln. Ich duckte mich im Laufen, beschleunigte mein Hakenschlagen. Vollmantelblei schlug auf den Bordstein und heulte als Querschläger davon. Sie benutzten 45er Automatics. Ich hielt auf die Baumstämme zu und feuerte im Laufen. Zweimal kurz hintereinander. Der 357er ruckte und wummerte in meiner Faust. Einen der beiden Männer riss es von den Beinen. Er trug einen hellen Seidenanzug wie der andere, er hatte schwarze Haare wie der andere.

Das Motorengeräusch war nahe. Bremsen knirschten, Reifen kreischten, Türen flogen auf. Der Gangster, der noch senkrecht stand, hatte sich in sein Ziel verbissen. Ich war sein Ziel. Die Kugeln sirrten. Eine zupfte hinten an meinem Hosenbein. Ich warf mich mit einem Sprung zwischen zwei Platanenstämme. Buschwerk schlug über mir zusammen.

Die Revolver der Kollegen krachten. Ein Schrei war zu hören.

Dann herrschte Stille.

Ich kam im selben Moment hoch und erreichte den Bürgersteig. Steve und Zeery standen sprungbereit beim Wagen und sahen zu mir herüber. Ich gab ihnen ein Handzeichen, während ich auf den Nissan zulief. Ich war noch zehn Yards entfernt, als sich eine Gestalt herauswälzte. Der Mann blutete am Kopf, war massig und blond, das rechte Glas seiner Brille zersplittert. Die Maschinenpistole in seinen Händen war eine Uzi.

Aus dem Stummellauf zuckten Blitze.

Ich war mit einem Satz hinter dem Heck des Nissan. Die Kugelgarbe sägte eine Furche in den Asphalt.

Wieder Stille.

Doch nur für ein halbes Atmen. Dann hörte ich die Schritte des schweren Mannes. Ich flankte hinter dem Wagenheck hervor und sah ihn, wie er ins Gebüsch floh. Ich lief weiter. Ein Blick in den Nissan genügte mir. Keine Spur von einer jungen Frau. Sondra Parsons musste sich in dem Oldsmobile befinden.

Ich gab den Kollegen das Zeichen, während ich den Fliehenden wie einen Bären durch das Buschwerk brechen hörte. Nur zwei Sekunden nahm ich mir, um die Waffen der Bewusstlosen außer Reichweite zu werfen. Den einen hatte es am Bein erwischt, den anderen in der Hüftgegend.

Der Buick Skylark fegte los. Steve und Zeery hatten alle Chancen, den fliehenden Oldsmobile noch zu orten. Mit Hilfe der Kollegen konnten sie die Fluchtwege schnell genug dichtmachen. Von der Van Duzer Street ging es entweder nach rechts in Richtung Verrazano Bridge oder nach links in Richtung St. George.

Ich folgte dem Buschbrecher. Der Buick fegte an mir vorbei.

Der schwergewichtige Mann hatte eine Schneise in das wuchernde Unterholz gewalzt. Er kam nur langsam voran. Ich hörte ihn keuchen, sah ihn aber nicht, denn das Gebüsch war mehr als mannshoch. Das Gelände stieg leicht an.

Im Laufen schwenkte ich die Trommel des 357 Magnum aus und ersetzte die beiden leeren Patronenhülsen durch neue Patronen. Das Buschdickicht roch nach Abfällen, nicht nach Natur. Ich sah halb verwitterte Pappkartons, weiter links einen aufgeplatzten Plastiksack, auf dessen undefinierbarem Inhalt Fliegen eine schwarze Schicht bildeten. Zerbrochene Ziegelsteine und verkrusteter Mörtel stammten offenbar aus einem Gebäude-Abbruch. Holunderbüsche und dünnblättriges Kraut sprossen aus den Ritzen des Schutts. Plötzlich hörte das Keuchen auf. Auch die schweren Schritte.

Ich warf mich hin.

Die Maschinenpistole ratterte. Kugeln zerfetzten Blätter und Zweige, schlugen hinter mir in die Baumstämme und in das Karosserieblech des Nissan. Ich konnte nur hoffen, dass sich niemand auf der Straße befand, dass kein Auto vorbeifuhr.

Der Schwergewichtige keuchte wieder. Erneut konnte ich ihn laufen hören. Wenn ich das Stangenmagazin seiner MPi richtig eingeschätzt hatte, blieben ihm bestenfalls noch zwei bis drei kurze Feuerstöße. Ich rappelte mich auf und lief weiter. Das Gebüsch lichtete sich. Eine freie Fläche erstreckte sich bis zur Hügelkuppe. Baufahrzeuge und Maschinen standen dort oben in Reih und Glied. Das Gelände musste erst vor kurzem planiert worden sein.

Ich sah den blonden Mann jetzt. Sein Vorsprung war auf weniger als sieben Yards zusammengeschmolzen. Bei jedem Schritt sackte er in der tiefen Erde ein. Er wusste um seine Schwerfälligkeit. Das machte ihn verzweifelt und gefährlich. Ich rief ihn an. Die übliche Warnung. Er zuckte zusammen, als würde er erst jetzt begreifen, dass er verfolgt wurde. Schwankend fuhr er herum.

In seinem Gesicht hatte sich Blut mit Schweiß vermischt. Das heile Brillenglas war beschlagen. Er riss sich die Brille weg, packte die Uzi wieder mit beiden Händen und starrte aus strichförmigen Augen herüber. Er schien einigermaßen sehen zu können. Ich machte mir nichts vor. Doch ich dachte nicht daran, auch nur einen Hauch von Unterlegenheit zu zeigen.

Am Rand des Gebüschs hob ich den Smith & Wesson langsam im Beidhandanschlag. »Geben Sie auf!«, sagte ich schneidend. »Sie haben keine Übung in solchen Dingen!«

»Bilden Sie sich bloß nichts ein!«, schrie er. »Eine MPi ist kein Spielzeug, Mann!«

»Lassen Sie die Waffe fallen!«, entgegnete ich kalt. »Oder ich muss schießen.«

»Umgekehrt wird ein Schuh draus!«, kreischte er. Und tatsächlich feuerte er.

Ich sah das Krümmen seines Zeigefingers und warf mich nach rechts. Die Uzi hackte ihr Blei aus dem kurzen Lauf. Das Rütteln des Rückstoßes brachte den Schwergewichtigen aus dem Gleichgewicht. Er stolperte mit kleinen Rückwärts-Schritten. Die Bleigarbe wanderte in den Abendhimmel.

Dann schnappte der Schlagbolzen leer und metallisch.

Ich rollte mich ab, federte auf die Füße und sprintete auf den Mann zu. Er fluchte und schrie vor Wut. Er fingerte und ruckte an der Waffe. Er fiel auf den

Rücken. Halb kam er wieder hoch und schleuderte die Uzi in meine Richtung.

Ich wich dem stählernen Wurfgeschoss mühelos aus. Im nächsten Moment war ich bei ihm und ließ ihn in die 357er-Mündung blicken. Seine Augen wölbten sich zu vorquellenden Kugeln. Blutgefärbter Schweiß rann in Bächen von seinem Gesicht, an den Ohren vorbei in den Nacken.

»Stehen Sie auf!«, befahl ich.

Er schaffte es nicht allein. Ich musste ihm dabei helfen. Er zitterte und keuchte. Ich legte ihm Handschellen an, nahm die Uzi auf und dirigierte ihn zur Straße. Neben dem Jaguar ließ ich ihn Aufstellung nehmen und überprüfte seine Papiere. Er hieß Cyrus Chaunce. Über Funk forderte ich Verstärkung an, damit der Mann mir abgenommen wurde. Der fliehende Oldsmobile, so erfuhr ich, war nach St. George gefahren.

Also zum Fähr-Terminal.

Unmerklich war es dunkler geworden. Das letzte Tageslicht versiegte jetzt rasch.

Entsetzensschreie ertönten, hielten an und pflanzten sich fort. Die Menschen unter dem weit geschwungenen Dach des Eingangs zur Fährstelle erfassten nur nach und nach, was geschah.

Der schlanke Mann lief an ihnen vorbei. Viele sahen die junge Frau nicht sofort, weil er sie mit der linken Hand gepackt hielt und sie gezwungen war, schräg neben ihm zu laufen. Aber im Licht der schon eingeschalteten Neonröhren war das Schimmern seiner Pistole deutlich zu sehen. Er zielte damit auf den Kopf der Frau.

Der Mann fing an zu brüllen, als er sich dem Eingang des Terminals näherte.

»Zurück! Weg da! Aus dem Weg! Oder sie stirbt!«

Die Schreie erstarben jetzt. Das Entsetzen der Menschen wich der Fassungslosigkeit. Die meisten begriffen schlagartig, dass es um Leben oder Tod ging. Diejenigen, die weniger schnell verstanden, wurden von den anderen zur Seite gezogen. Die Mehrzahl der Fährpassagiere war festlich gekleidet – für den abendlichen Besuch im Theatre District von Manhattan. Seinen teuren Wagen ließ man besser in St. George zurück und nahm drüben ein Taxi, das einen bis vor den Theatereingang fuhr.

Innerhalb von Sekunden erreichte der Mann die Fußgängerrampe, die aus der Terminal-Halle zum mittleren Schiffsdeck führte. Er zerrte die kreidebleiche Frau zum Niedergang an Backbord, in den abgeteilten Bereich, der der Crew vorbehalten war. Die hüfthohe Pforte vor dem Niedergang war jedoch nicht verschlossen.

Den drei Männern auf der Kommandobrücke war noch nicht klar, was sich abspielte. Entgeistert starrten sie den Geiselnehmer an. Die junge Frau war nahe davor, zusammenzubrechen.

»Schickt alles von Bord!«, bellte Aldrich. »Alle Fahrzeuge, alle Leute! Los, los! Ich will den ganzen verdammten Kahn für mich allein haben!«

Phil drückte seine Zigarette aus, als John D. High ihn über Funk rief.

»Keine Vorkommnisse, Sir«, sagte der G-man. »Es scheint hier ruhiger zu bleiben, als wir angenommen haben.«

»Das überrascht mich nicht«, entgegnete der Chef. »Wir haben die Erklärung dafür. Jerry ist mit einer null-fünf-null konfrontiert. Aber es ist alles getan, um die Lage in den Griff zu bekommen. Ich gebe Ihnen Nachricht, sobald Näheres bekannt ist. Ende.«

Phil klinkte das Mikro ein. Das kastenförmige Gerät

stand auf dem Tisch in Madisons Livingroom. Eine Antennenverbindung war auf den Dachboden des Hauses gelegt worden. Phil drehte sich um und nahm das Glas mit Mineralwasser.

Madison starrte ihn durchbohrend an. Wie in Trance stopfte er die noch nicht einmal halb zu Ende gerauchte Zigarette in den Aschenbecher. »Was ist das?«, fragte er tonlos. »Null-fünf-null?«

Phil trank einen Schluck. Seine Kehle war ausgedörrt. Madison war keine erbauliche Gesellschaft. Die meiste Zeit hatte er stumm dagehockt. »Null-fünf-null ist eine ungeklärte Lage«, antwortete der G-man. Sein Schutzbefohlener konnte den Code unmöglich kennen, würde also die wahre Bedeutung kaum ahnen können.

Madisons Ahnung ging in eine andere Richtung.

»Machen Sie mir nichts vor!«, flüsterte er. Seine Hände ballten sich auf der Tischplatte zu Fäusten. »Sondra ist tot. Das ist es. Sie ist tot! Und Ihr Kollege Jerry und die anderen haben die Täter noch nicht mal erwischt! Geben Sie es zu!«

»Nein!« Der G-man schüttelte energisch den Kopf. »Sie irren sich, Jack. Sondra lebt.«

Madison sprang ruckartig auf. »Damit macht man keine Scherze!«, brüllte er. Seine Schläfenadern schwollen an. »Wie können Sie so etwas tun! Mit menschlichen Gefühlen derart kaltschnäuzig umgehen! Wo ist sie? Wo ist es geschehen? Und wie? Verdammt, ich will es wissen! Wer auch immer sie auf dem Gewissen hat, ich werde diesen Bastard eigenhändig …«

»Es gibt keinen Mörder«, unterbrach Phil ihn.

Ohne erkennbaren Ansatz flankte Madison plötzlich um den Tisch herum und ging auf ihn los. Es geschah zu überraschend für den G-man. Er hätte einen solchen Wutausbruch bei dem sonst eher stoischen Mann nicht vermutet. Phil musste es geschehen lassen, dass

Madison ihn an den Oberarmen packte und vom Stuhl hochzog.

Der breitschultrige Mann hatte Bärenkräfte. Er versuchte, den G-man gegen die Wand zu drängen. Phil ergriff seine Handgelenke. Er widerstand dem Druck.

»Sagen Sie es!«, schrie Madison. »Sagen Sie es sofort, oder es passiert was! Zum Teufel, ich habe ein Recht darauf, es zu erfahren!«

»Nein, das haben Sie nicht. Noch nicht.« Phil ließ plötzlich los. Er fegte die Arme Madisons nach beiden Seiten weg, ehe dieser die Finte begreifen konnte.

Doch sofort ging er zum Angriff über. »Ich krieg's heraus!«, brüllte er. Seine Fäuste ruckten hoch, in Angriffsposition.

Phil wich nur einen halben Schritt zurück. Er ließ Madison eine zischende Gerade abfeuern. Hätte sie getroffen, wäre er mit gebrochenem Nasenbein oder ausgerenktem Kiefer zu Boden gegangen. Doch dank Phils blitzschnellem Reaktionsvermögens hieb Madison nicht mehr als ein Luftloch. Durch den eigenen Schwung riss er sich vorwärts.

Aus dem Sidestep heraus schlug Phil zu. Er hatte keine andere Wahl. Madison sackte mitten in der Bewegung zusammen. Phil packte ihn und ließ ihn zu Boden gleiten. Er hätte etwas darum gegeben, jetzt mit Sondra Parsons sprechen zu können. Er hätte ihr ziemlich genau sagen können, was Madison für sie empfand.

Aber andererseits war das wohl Madisons eigene Sache.

Zeerookah hatte mich über Funk informiert. Ich erfasste die Lage, als ich auf den Vorplatz des Terminals einbog. Menschen strömten mir entgegen. Ich bremste, fuhr Schritttempo. Limousinen rollten im Rückwärtsgang aus der Zufahrtspur. Ich zog nach links hinüber.

Es war dunkel geworden. Die Leuchtstoffröhren gaben dem Geschehen etwas Kalkiges. Die Fußgängerscharen wurden zu groß. Ich stoppte, stellte den Motor ab, zog die Handbremse an und sprang ins Freie. Weder die FBI-Dienstwagen noch die Kollegen konnte ich sehen. Aber ich wusste von Zeery, dass sie Sichtkontakt mit der Kommandobrücke des Fährschiffs hatten. Ich vergewisserte mich, dass ich mein Walkie-Talkie hatte.

Dann begann ich, gegen den Strom zu schwimmen. Über die Köpfe der Leute hinweg konnte ich den offenen Schlund der Fähre sehen. Die Kette der Leuchtstoffröhren setzte sich bis in den Laderaum fort. Ich musste meine Ellbogen einsetzen, um voranzukommen. Die Zeit, einen Bogen zu schlagen, wollte ich mir nicht nehmen. Wer wusste, ob ich dann überhaupt zum Ziel kam.

Vor den Rampen zum Schiff wurde es leerer. Nur noch die Fahrzeuge kamen mir entgegen – mit verhalten heulenden Getriebegeräuschen im Rückwärtsgang. Ich erreichte den Laderaum. Von der Kommandobrücke aus war ich nicht zu sehen.

Normalerweise standen hier Deckleute, die den Fahrzeugverkehr regelten und für die Verriegelung der Bug- oder Hecktore zuständig waren. Sie gaben ihr Okay über die Sprechanlage an die Kommandobrücke.

Ich verlangsamte meine Schritte, um sie in dem saalartigen Raum nicht dröhnen zu lassen. Die letzten beiden Wagen rollten von Bord. Ich zog meinen Smith & Wesson.

Aldrich würde sich überzeugen wollen, ob das Schiff leer war.

Ich hatte den Gedanken kaum zu Ende gebracht, als ich zurückprallte.

Er war plötzlich auf dem Vordeck aufgetaucht – lautlos für mich, weil ich die Motorgeräusche noch in meiner Nähe hatte. Ich zögerte nicht. Sofort setzte ich mich wieder in Bewegung, ging nicht überhastet, aber doch zügig.

Aldrich hatte seine Geisel fest im Griff. Es war ein fast malerischer Anblick, wie er mit ihr auf der Deckplattform stand – hinter sich die Weite der Upper Bay und als Begrenzung des Blickfelds das hoch aufragende Lichtermeer von Manhattan. Die Lichter spiegelten sich im Wasser. Es war ein hinreißendes und zugleich friedliches Bild. Jeder musste sich bei diesem Anblick gegen die Nähe des Todes sträuben. Aber er war da. Aldrich verkörperte ihn.

Er schien nicht sofort begriffen zu haben, was mein Auftauchen bedeutete. Dafür war es ihm in diesem Augenblick umso klarer. Der Revolver in meiner Rechten musste ihn darauf gebracht haben, dass ich kein gewöhnlicher Passagier war, der aus purer Begriffsstutzigkeit an Bord zurückkehrte.

»Stehen bleiben!«, peitschte seine Stimme. »Kehrt marsch! Runter vom Schiff! Das könnte euch so passen! Ich will hier keinen einzigen gottverdammten Bullen sehen! Madisons Schlampe hätte darunter zu leiden!«

Ich ging weiter. Noch war er nicht so weit, dass er bis zum Äußersten gehen würde. Aber es fehlten nur noch Sekunden.

»Stehen bleiben!«, schrie er. »Bist du schwerhörig, Mann? Hier, überzeugt dich dies?«

Ich sah die Pistole hochrucken. Er drückte die Laufmündung in Sondras Haar, knapp über dem rechten Ohr. Mir stockte der Atem. Ich verharrte regungslos. Vor dem Lichtermeer Manhattans zeichnete sich die Waffe deutlich ab.

»Hau ab, Mann!« Aldrichs Stimme steigerte sich zum Kreischen. »Willst du, dass sie stirbt, du Narr?«

»Ich bin G-man«, sagte ich. Es hörte sich dumpf an in dem Laderaumgewölbe.

»Na und?«

Ich schätzte die Entfernung. Fünfundzwanzig Yards waren es bestimmt, vielleicht noch ein oder zwei mehr. Eine schon riskante Distanz, zumal bei den schlechten Lichtverhältnissen. Das Geflimmer der abendlichen Skyline von Manhattan erschwerte meine Aufgabe – von der ich nicht einmal wusste, wie sie sich stellen würde. Wenn ich Aldrich hinhalten konnte, bis die Kollegen zur Stelle waren, konnte ich sicher eine Menge gewinnen. »Ich will Ihnen nur vor Augen halten, dass draußen weitere FBI-Agenten in Stellung gegangen sind.«

»Als ob mich das interessiert!«

»In ein paar Minuten wird es hier von Polizei wimmeln. Scharfschützen und …«

»Schluss jetzt!«, schrillte Aldrichs Stimme. »Hau ab! Kapierst du nicht? Ich muss die Kleine nicht sofort töten! Mann, das kann ich gar nicht! Dann stünde ich ja wehrlos da. Also wirst du sie erst mal schreien hören. Willst du das? Eine Kugel in den Arm zum Beispiel …«

Sondras Reaktion war der absolute Wahnsinn. Aber die Angst bewirkte es, die Vorstellung der Schmerzen.

Sie ließ sich fallen, schrie, um sich Mut zu machen. Verzweifelt versuchte sie, sich aus seinem Griff loszureißen, sich von seinen Schienbeinen abzustoßen.

Ungewollt war ihm die Beretta hochgeflogen. Er knurrte vor Wut, musste Sondra festhalten und gleichzeitig wieder auf sie anlegen.

Reflexartig hatte ich den 357er in Position.

Sondra zerrte vergeblich, so schien es. Einen Moment lang sah es so aus, als würde es Aldrich gelingen, sie wieder an sich zu reißen. Die Visierlinie seiner Waffe war ihrem Kopf verteufelt nahe. Aber noch einmal mobilisierte Sondra unerwartete Kräfte. Sie stieß ihm mit der freien Hand in die Hüfte, gewann Schwung und hing mit ausgestrecktem Arm in seinem Griff. Über Kimme und Korn meines Revolvers sah ich

Aldrichs Finger von Sondras Handgelenk abgleiten. Aber seine Beretta senkte sich in einen tödlichen Bereich.

Ich zog durch.

Der Smith & Wesson wummerte mit Urgewalt. Ich hielt ihn mit stählernem Griff, erlaubte ihm nur ein knappes Rucken. Sofort feuerte ich ein zweites Mal. Die Schüsse dröhnten wie Donner im Laderaum.

Ich sah Sondra fallen.

Aber Aldrich stand noch immer. Wo war seine Waffe? Im Gegenlicht konnte ich seine Arme nicht mehr sehen. Er schwankte wie ein Baum im Wind. Seine Arme schienen schlaff herabzuhängen.

Ich jagte die dritte Kugel aus dem Lauf.

Diesmal riss es ihn fast von den Füßen. Er flog auf die Reling zu, prallte mit der Körpermitte dagegen, knickte ein und kippte hinüber. Ich lief los. Als ich den klatschenden Aufschlag hörte, war ich schon auf dem Vordeck. Die Pistole lag dort, wo Aldrich eben noch gestanden hatte. Ich holsterte meinen Revolver, nahm die schwere Pistole auf und sicherte sie. Es war kein Schuss daraus abgegeben worden.

Sondra Parsons war bei Bewusstsein. Aber sie hatte keine Kraft mehr. Ich half ihr auf die Beine und stützte sie. Sie hängte sich auf meine Schulter. Ihr Atem ging stoßweise. Mit der freien Hand zog ich das Walkie-Talkie aus der Tasche und verständigte Zeery.

»Glückwunsch zu deinem gelungenen Alleingang«, klang seine Blechstimme aus dem kleinen Lautsprecher. Ich wusste, was er sagen wollte: wie höllisch riskant es gewesen war, wie sehr alles auf Messers Schneide gestanden hatte.

»Hättest du an meiner Stelle anders gehandelt?«, entgegnete ich

»Nein.«

»All right. Wir brauchen einen Ambulanzwagen für Miss Parsons. Und ein Taucherkommando, um Aldrich aus dem Wasser zu ziehen.«

Ich schaltete das Gerät aus und führte Sondra Richtung mittschiffs.

Sie erholte sich erstaunlich rasch. »Ich gehe auf keinen Fall ins Hospital«, erklärte sie energisch. »Ich kenne das. Da heißt es Verdacht auf Schock und so etwas. Ich habe keinen Schock. Vielleicht brauche ich ein leichtes Beruhigungsmittel. Das ist auch alles.«

»Himmel!«, rief ich und blieb stehen. Ich schmunzelte. »Erzählen Sie all das dem Arzt, und er wird Ihnen schnell den Kopf zurechtsetzen.«

»Ich bin hartnäckig«, versicherte sie.

Ich forderte sie ein bisschen heraus. »Was, in aller Welt, haben Sie dagegen, für ein paar Stunden ins Hospital zu gehen? Dann können Sie hinterher wenigstens sicher sein, dass Ihnen kein Kollaps droht.«

Sie sah mich mit forschendem Blick an. »Irgendwie habe ich das Gefühl, Sie wissen über mich Bescheid.«

»Hm.« Ich wusste so schnell keine Antwort.

»Na also. Sie wissen sehr genau, wohin ich muss. Und zwar so schnell wie möglich.«

Ich brachte Sondra mit dem Jaguar nach Manhattan. Der Notarzt hatte mir grünes Licht gegeben. Unterwegs erzählte mir Sondra, wie sie Jack Madison kennen und lieben gelernt hatte.

»Ich habe schlimme Enttäuschungen hinter mir«, sagte sie. Das Reden tat ihr sichtlich gut. »Ich hätte nie gedacht, dass es sie gibt, die berühmte Liebe auf den ersten Blick. Aber andererseits hatte ich immer die Hoffnung, dass genau das eines Tages passiert. Es war ein romantischer Traum. Und dann ist er plötzlich wahr geworden.«

»Sind Sie sicher, dass kein Mitleid im Spiel ist?«, fragte ich unverblümt.

Sondra nickte. »Ich finde es gut, dass Sie die Frage

stellen, Jerry. Ich habe selbst lange darüber nachgedacht, und ich weiß es jetzt: Es ist kein Mitleid – weder mit Jack noch mit mir selbst. Wir machen uns gegenseitig nichts vor. Ich habe noch nie einen Menschen gekannt, zu dem ich so offen sein kann. Deshalb hat es mich ja so aus dem Häuschen gebracht, als er mich plötzlich wegen einer Sache beschuldigte, von der ich überhaupt nichts wusste.«

Ich hatte ihr schon erklärt, wie Madison seinen Fehler eingesehen hatte – wie ihm die erschreckende Erkenntnis aufgegangen war, dass es ein tödlicher Fehler hätte werden können.

Phil und ich hielten uns an der Tenth Avenue nicht lange auf, nachdem ich Sondra hinaufgebracht hatte. Sie nahm Jack Madison mit in ihre Wohnung. Wir hatten ihn kein Wort sprechen hören. Wahrscheinlich würde es noch eine Weile dauern, ehe er seine Fassung so weit wiedergefunden hatte, dass er sich alles von der Seele reden konnte.

Wir fuhren nach Hause. Eine Stunde später nahm ich ein Taxi. Ich traf mich mit Phil bei ›Jacko's‹, einer gemütlichen Kneipe an der East 81st Street. Bei ›Jacko's‹ gab es Budweiser vom Fass.

Die nächste Runde ging an unsere Kollegen von der Steuerfahndung. Sie rollten Aldrichs Imperium von hinten auf. Stück für Stück wurde rekonstruiert, wie das gewaschene Geld in die verschiedenen Firmen des Syndikats geflossen war. Cyrus Chaunce, die Brents und Eliot Envy wurden zu hohen Gefängnisstrafen verurteilt. Auf Beschluss aller Beteiligten – einschließlich derer, denen vor zweiunddreißig Jahren das Geld gestohlen worden war – floss die entsprechende Summe aus Aldrichs illegal erworbenem Vermögen in eine Stiftung. Daraus sollte Menschen, die unverschuldet in Not geraten waren, geholfen werden.

Sondra Parsons und Jack Madison zogen aufs Land.

Sondra übernahm eine Lehrerstelle in Poquonock, Connecticut. Jack eröffnete eine Tischler-Werkstatt. Er hatte das Handwerk im Gefängnis gelernt. Leute brachten alte Möbel zu ihm, damit er sie restaurierte.

Ein halbes Jahr nach dem Geschehen auf der Staten-Island-Fähre erhielten Phil und ich eine Einladung nach Connecticut. Sondra und Jack heirateten.

Sie hatten eine Menge nachzuholen.

ENDE

Ich will nicht
vor die Hunde gehn!

Engel bewachten meinen Weg. Diese Sorte aus hellem Marmor. Ihre Flügel sahen so zerbrechlich und durchscheinend aus, wie sie waren. Licht von der Cortelyou Road bewirkte das. Zwischen hohen Lebensbäumen und Säulenzypressen standen auch biblische Gestalten und zarte Frauenstatuen. Letztere meist nackt. Der Geruch von Buchsbaum war alles umhüllend. Ich fragte mich, weshalb weibliche Skulpturen in Trauerhaltung fast immer nackt sein mussten. Warum, zum Teufel, waren diese Figuren nicht längst verschwunden? Militante Frauenrechtlerinnen mussten doch erkannt haben, für welche Art von Unterdrückung ihre Marmor gewordenen Geschlechtsgenossinnen auf amerikanischen Friedhöfen herzuhalten hatten. Erst als Engel genossen sie wohl das Recht, ein wallendes Gewand umgehängt zu kriegen.

Ich ging langsam und leichtfüßig. Parallel zum Bürgersteig. Der Weg war mit Splitt befestigt, in eine hauchdünne Asphaltschicht auf der stillen Erde gebettet. Das ewige Verkehrsrauschen von New York war zwar vorhanden, schien sich jedoch hinter wattige Nebelfelder zurückgezogen zu haben.

Ich fühlte mich wie auf der Insel des Todes. Holy Cross Cemetery, einer der kleinen Friedhöfe in Brooklyn.

Dieser Unglückswurm von einem Cop saß schräg gegenüber in seinem Wagen. Eigentlich alles, was falsch laufen konnte, lief falsch. Das Dumme war, dass wir den armen Kerl nicht zurückpfeifen durften. Endete die Sache aber in einer Katastrophe, ging es rund. Die großen Nummern aus der Gewerkschaft der Cops würden sich aufpumpen. Mit Recht. In den oberen Etagen des Police Department würden sie ein paar Stühle zum Wackeln bringen. Und zum Umkippen.

Ich schlich auf den schmalen Weg zwischen zwei Gräbern. Ein Engel mit Herkules-Statur und Geier-Flügeln ermahnte mich mittels erhobenem Zeigefinger. Ich hätte gern gewusst, worauf ich besonders zu achten hatte. Durch modrig riechendes Immergrün konnte ich das gusseiserne Gitter sehen. Und den Bürgersteig, die Platanen, die leere Straße, die Häuser auf der anderen Seite.

Etwas kreischte.

»Eins-eins-neun aus Süd!«, zischte das Walkie-Talkie in meiner Brusttasche. »East 42nd!«

Es traf mich wie ein Schlag. Ich schnellte los. Die ganze Zeit hatten wir damit gerechnet, dass etwas geschah. Und wenn es dann passierte, hielt man es doch für unwahrscheinlich. Wie ein Dschungelkämpfer stürmte ich durch das düstere Gebüsch. Ich sprang an dem brüchigen Mauerwerk des nächsten Zaunpfeilers hoch. Die Speerspitzen der Eisenstäbe überwand ich mit Schwung. Vom Nachfedern in den Kniegelenken ging ich in den Sprint über. Unter dem Blätterdach der Platanen zog ich den Smith & Wesson.

Das Eins-eins-neun kreischte nicht mehr, hatte das Anfahren oder das Herausschleudern aus der Kurve also schon hinter sich. Und einen Jaguar ohne Licht im Nacken. Eins-eins-neun ist Funkcode, heißt Fahrzeug. Ich begriff das nicht: Weshalb mussten sie ihre Auftritte immer als Lenkrad-Rambos einleiten? Um sich Mut zu machen? Mit weniger Reifengeheul hätten sie uns vielleicht austricksen können. Ich hetzte über den Bürgersteig. Die 42nd Street war zwei Blocks entfernt – die Einmündung Troy Avenue zehn Yards von mir.

Der einsame Cop war gewarnt.

Mehr auch nicht.

Eine Straßenlampe ließ die Windschutzscheibe seiner blau-weißen Limousine glänzen. Ich konnte ihn nicht sehen. Da war eine Bewegung, die ich eher nur ahnte. Motorbrüllen schwoll aus dem nächtlichen Dunst. Patrolman David Ryan hatte mit dem Funkgerät Phils Alarmruf empfangen. Völlig klar. Ich war noch im Schatten der Platanen. Scheinwerfer sah ich nicht. Auch unser Eins-ein-neun fuhr also ohne Licht.

Noch fünf Yards.

David Ryan beschloss, den Helden zu spielen.

Die Beifahrertür des Streifenwagens flog auf. Ich war fast auf gleicher Höhe. Ein Schatten fegte auf der Straße heran, aus südlicher Richtung. Wie angekündigt. Der junge Cop rollte sich ins Freie, kam hoch, ging hinter der Motorhaube in Stellung. Wieder kreischte es. Diesmal war es die Bremswirkung. Der flache, längliche Schatten wuchs sich zur Limousine aus. Der Schlitten schien seine Schnauze in den Asphalt bohren zu wollen. Das Heck federte hoch. Zwischen zwei Platanenstämmen rannte ich auf die Fahrbahn. Der dunkle Wagen spie Schatten aus – auf der mir abgewandten Seite. Der Fahrer sah mich. Sein Gesichtsfleck hinter der Scheibe wirkte erschrocken.

Schüsse zerhackten die Nachtruhe.

Der rote Jaguar glitt herbei. Ich feuerte in die Mündungsblitze beim Heck des Streifenwagens. Der Magnum-Revolver ruckte in meinen Fäusten und hämmerte sein Teilmantelblei über das Dach der Limousine hinweg. Zwei Kerle waren es, die schon die rechte Flanke des Streifenwagens erreicht hatten. Einer schrie. Der andere feuerte weiter. Auch David Ryan schrie. Der Motor des Wagens vor mir röhrte. Das Fahrergesicht war nicht mehr zu sehen. Ryan schraubte sich hinter dem vorderen Kotflügel hoch. Auch Phils Magnum wummerte. Die Antriebsräder der Limousine ließen schrillen Protest hören. Ich konzentrierte mich auf den einen Schatten, der noch da war – mit seinen verbissenen Mündungsblitzen. Ryan sackte in sich zusammen. Die Limousine schoss davon.

Phils und mein Revolver feuerten gleichzeitig. Die ungeheure Magnum-Wucht schleuderte den Schatten weg. Quer über den Bürgersteig. Auf einem Zaun blieb er hängen.

Mit drei, vier Riesensätzen war ich an der Beifahrertür meines roten Flitzers. Phil hatte von links über das Dach gefeuert. Er wuchtete sich hinter das Lenkrad.

265 PS drückten uns in die Rückenpolster. Ich füllte die leer geschossene Trommel mit Hilfe des Schnellladers nach. Der Laufstahl meines Smith & Wesson war noch heiß. Als ich ihn ins Schulterholster schob, stieg der Geruch von Leder und Waffenöl auf.

Ich hatte das Funkmikro schon in der Hand.

Der Vorsprung des Fliehenden betrug nicht mehr als einen halben Häuserblock.

»Dunkelblauer Pontiac Bonneville, 88er Modell«, sagte Phil. »Kennzeichen BGX 3151.«

Ich wiederholte die Angaben, nachdem sich Joe Brandenburg in der Zentrale gemeldet hatte. In Stichworten fügte ich hinzu, was an der Cortelyou Road passiert war. Ein aufgeregter Cop funkte dazwischen, meldete, dass er mit seinem Radio Car nur vier Blocks entfernt Streife fahre. Joe und ich knurrten ihn an, worauf er, verdammt nochmal, warte. Der Pontiac bog nach links ab in die Schenectady Avenue. Das Heck wedelte. Unser Mann war in Panik. Ich gab die Fahrtrichtung durch. Die Ringfahndung würden wir schnell zustande kriegen. Der Erfolg war so gut wie sicher. Es sei denn, der Panik-Pontiac fand vorher ein Schlupfloch.

Trevor Grant hatte so manches Mal in Kauf genommen, sich unter Umständen den Hals zu verrenken. Aus dem Bürofenster des vierten Stockwerks konnte er die Leuchtbuchstaben sehen. Mannsgroß und auffällig gelb strahlend klebten sie an der Dachkante. Man musste nur den Oberkörper und den Kopf drehen, und man sah die leuchtende Pracht unter dem Nachthimmel Brooklyns aufragen.

Flatbush Today.

Gelbe Lettern auf schwarzem Hintergrund.

Ein stolzes Lichtzeichen in der sonst eher glanzlosen Umgebung. Dieser Teil der Bedford Avenue beherbergte überwiegend Offices. Die Apartments, die es in den einzelnen Häusern gab, wurden von den Hausmeister-Familien bewohnt. Deshalb gab es so wenig erhellte Fenster. Und mit der Reklame konnten sich Großhandelsfirmen und Speditionen zurückhalten, da sie ihre Kunden sowieso ganz woanders hatten. Bei einer Lokalzeitung war das anders. In Flatbush für Flatbush gemacht. Zugkräftige Werbeslogans ergaben sich fast von selbst.

»Trevor, mein Gott!« Sanft vorwurfsvoll klang die Stimme aus der fernen Ecke des Büros. Palmen und Feigenbäume in Kübeln bildeten dort eine Oase in der nüchternen Atmosphäre der Computer-Terminals.

Grant schraubte sich zurück in Normalhaltung. »Danke für das Kompliment«, sagte er und grinste.

»Trev, hör auf! Auf deine blasphemischen Scherze fahre ich nicht mehr ab.«

Er schob die Hände tief in die Taschen seiner Jeans und schlenderte auf die Oase zu. Dann zupfte er die Zigarettenschachtel aus der Hemdentasche, klappte sie auf und streckte sie an Palmwedeln vorbei. »Akzeptiert. Dann störe mich aber in Zukunft nicht mehr, wenn ich meine Selbstbewunderung ungehemmt auslebe.«

Donna Ruskin lachte und nahm sich ein Nikotinstäbchen. »Früher warst du manchmal richtig schüchtern. Du liebe Güte, wie oft hättest du mich herumkriegen können! Wenn du nur gewollt hättest – ich meine, bevor du verheiratet warst.« Sie ließ sich gegen die nachgebende Lehne des Schreibtischsessels zurücksinken und trommelte mit dem Kugelschreiber auf der Schreibunterlage. Ein verträumtes Feuer entstand in der Tiefe ihrer Augen. »Und was für ein Bild von einem Mann du warst! Nein, du bist es noch! Der Football-Athlet aus der College-Mannschaft. Dieser große, durchtrainierte Kerl, der den Schnauzbart gar nicht nötig hatte, um seine Männlichkeit zu beweisen. Der Student der Anglistik, der Intelligenz und Sportlichkeit in sich vereint. Sag mal …« Donna beugte sich unvermittelt wieder vor, »… war dein Haar damals nicht heller? Lässt du es neuerdings dunkel färben, damit …«

»Jetzt reicht es«, unterbrach er sie mit gespieltem Unwillen. »Ich war immer dunkelblond, ich bin erst zweiundvierzig, und es stört mich nicht, wenn ich graue Haare kriege. Im Übrigen siehst du doch noch immer hinreißend aus und …«

»Trev! Ich bin zehn Jahre jünger als du!«

»Entschuldige.« Er biss sich auf die Unterlippe. »Ich hätte das nicht sagen dürfen. Ich wollte es nicht sagen, aber …« Er wusste nicht weiter, schnippte mit einer fahrigen Bewegung Zigarettenasche in den kristallenen Trog neben ihre Computertastatur.

»Die Formulierung ›noch immer‹? Trev, mein Gott, was hinter mir liegt, verdränge ich nicht mehr! Das müsstest du doch wissen. Jemand mit meiner Vergangenheit sieht normalerweise zehn Jahre älter aus. Mindestens. Völlig klar. Aber verstehst du denn nicht, dass ich stolz darauf bin, es geschafft zu haben? So, wie du stolz darauf bist, deine eigene Zeitung gegründet zu haben! Ich weiß, ich hab mal ausgesehen wie ein Wrack. Aber das ist drei Jahre her, und heute sieht man mir nichts mehr an. Dabei musste ich mich nicht mal liften lassen.« Sie griff zum Telefonhörer. Auf dem kleinen Control Panel hatte ein gelbes Lämpchen zu leuchten begonnen. »Redaktion Flatbush Today.«

Nur die Spanne eines Atemzugs verging. Schlagartig saß Donna senkrecht, wie von tausend Volt gepackt. »Ich höre«, sagte sie knapp und tonlos. Ihre Rechte glitt über das Panel. Mit einem schnellen Tastendruck schaltete sie den Mithör-Lautsprecher ein. Ihre Handbewegung ging fließend weiter. Sie erwischte den Kugelschreiber, und die ersten Buchstaben flogen auf den Notizblock.

»... Ecke Troy Avenue«, sagte eine Stimme aus dem Lautsprecher. »Wir haben noch nicht viel, aber so, wie es aussieht, ist es ein Mordanschlag auf einen Cop ...«

Augenblicklich stand Trevor Grant unter der gleichen Spannung wie seine Kollegin. Die Stimme war vertraut. Police Lieutenant Wes Adams. Ihr zuverlässigster Kontaktmann im Revier an der Bedford Avenue, nur ein paar Blocks entfernt.

»... ist die Sache erst drei Minuten alt ...«

Trevor kreiselte herum und lief zu seinem Schreibtisch. Er riss die große Schublade auf und wuchtete die Kameraausrüstung heraus. Mit fliegenden Fingern überzeugte er sich: Kamera geladen, Elektronenblitz geladen, Wechselobjektive und Filmmaterial vollzählig. Nach all den Jahren war es immer noch das Gleiche: Vor einem wirklich großen Einsatz fingen die Nerven an zu flattern.

»... liegt mir aber daran, dass ihr es in eurem Blatt bringt. Punkt für Punkt. Könnte sein, dass der Junge überlebt. Wenn ja, hat er es den G-men zu verdanken. Wenn nicht, wird es ein paar unangenehme Fragen für denjenigen geben, der den Dienstplan aufgestellt hat.«

Donna war aufgesprungen. »Wir fahren zum Tatort«, sagte sie entschlossen.

»Gut. Wir sehen uns dort. Lasst euch nicht abwimmeln, falls ich noch nicht da bin.«

»Wes!«, lachte die Journalistin. »Du solltest uns langsam kennen!«

Trevor wurde ruhiger. Er angelte sich den

Telefonhörer und tippte eine dreistellige Nummer. Drüben, hinter dem Zimmergrün, kam Donna in Fahrt. Sie wirbelte die Utensilien in ihre große Schultertasche, einschließlich der kleinen Sucherkamera. Das Ding reichte für schnelle Schüsse in eiligen Fällen. Donna sah hinreißend aus in ihrem hellblauen Jeansanzug. Eine Frau, die wusste, was sie wollte. Ein wenig sah man ihr an, dass in ihrer Ahnenreihe Mexikaner eine Rolle gespielt hatten. Ihr Körper war vollendet fraulich, noch ohne überschüssige Pfunde. Sie konnte einen Mann in Verwirrung bringen.

Docker meldete sich, der Schichtführer in der Technik. Die Rotationsmaschine war im Erdgeschoss untergebracht, mit einem Anbau nach hinten hinaus.

»Wann druckt ihr an?«, fragte Trevor hastig.

»Laut Plan. In zehn Minuten.«

»Aufschub möglich?«

»Fragt sich. Was habt ihr?«

»Einen Polizistenmord.«

»Ist das sicher?«

»Nicht hundertprozentig.«

»Dann überleg's dir, Trev. Kein anderes Blatt schafft es mehr, morgen früh damit rauszukommen.«

»Hm.«

»Ich schlag dir was vor. Wenn die Sache wirklich so heiß ist, wie du sagst, könnten wir es mit einem Extrablatt versuchen. Kostenmäßig stündest du nicht viel schlechter da, und die Wirkung ist bombig. Das weißt du.«

»Stimmt.« Trevor holte Luft und gab sich einen Ruck. »Okay, Dock. Lass die Rotation pünktlich losmarschieren. Ich rufe dich von unterwegs an. Du besorgst die Leute für den Sonderdruck, okay?«

»Ist gebucht.«

Trevor drückte auf die Gabel. Donna stand schon in der Tür. Sie hob die Hand. Ihr Blick war eilig und fra-

gend. Trevor nickte. Die Tür klappte zu. Als er die sie-
benstellige Nummer eintippte, war das Rumpeln des
Fahrstuhls zu hören. Donna kannte das Spiel. Wenn sie
gemeinsame Einsätze hatten, war sie stets die Erste,
die losjagte.

»Hallo?« Die Frauenstimme war mild, ein wenig
verschlafen.

»Ich bin's, Darling. Hör zu, wir haben …«

»Schon gut, du brauchst nichts zu sagen.« Ihre
Stimme hatte sich jäh verändert. Die plötzliche Schärfe
klirrte. »Es ist also mal wieder so weit. Jodie und Frank
sind im Kino. Ich habe einen Fernsehapparat, aber die
Leute da drin antworten nicht, wenn ich versuche, mit
ihnen zu reden.«

»Jennifer, bitte! Wir haben einen Polizistenmord! In
unserem Verbreitungsgebiet! Wes Adams war so verdammt anständig, uns anzurufen. Er weiß, wie wichtig
diese Zeitung für Flatbush ist.«

»Ach! Eine einfältige Hausfrau, die tagsüber deine
Sekretärin sein darf, erkennt so was natürlich nicht.«
Ihr Spott war bitter und beißend.

»Jennifer, sei jetzt nicht ungerecht. Hör mal, wir
kommen morgen früh mit einem Extrablatt raus! Das
bedeutet dass wir die Nacht durch …«

»Aber natürlich! Deine werte Kollegin ist ja nicht in
der Lage, das allein zu bewältigen. Viel Vergnügen in
der gemeinsamen Nacht! Ich stelle mir vor, wie
ungemütlich Schreibtische sind, Drehstühle, Teppich-
boden und …«

»Jennifer!«, brüllte er.

Es knackte in der Leitung.

Er starrte den Hörer an. Mit dieser Art von Schwierigkeiten hatte er nicht gerechnet. Ein halbes Jahr lief
der Laden jetzt, und er lief prächtig. An eine private
Katastrophe mochte er nicht glauben. Aber Jennifer
steigerte sich. Verdammt!

Die Wärme sickerte ihnen durch die Haut. Das Zimmer war überheizt. Die plüschige Einrichtung schien die Hitze zu speichern und abzustrahlen. Sun Rose glaubte, nicht mehr atmen zu können. Einigen Mädchen standen Schweißperlen auf der Stirn, im ganzen Gesicht. Brüste glänzten wie eingeölt. Die Abhörmikrofone konnte niemand sehen. Doch sie waren vorhanden. Sie erstickten jedes Gespräch, bevor es begann. Die Videokameras kontrollierten den Rest. Keine Zigarette, kein Drink. Die Kunden sollten den besten Eindruck haben.

Girls mussten angenehm duften, keine Wolken von kaltem Rauch oder Fusel-Nachgeschmack verbreiten, wenn sie artig Fragen beantworteten. Sun Rose hatte sich früher nie vorstellen können, wie schlimm die Hölle war.

Ihr Empfinden war richtig gewesen.

Diese Hölle, in die sie geraten war, lag außerhalb aller Vorstellungskraft.

Aisha stöhnte. Es klang laut in der Stille. Und entwürdigend. Sie lenkte die Blicke auf sich, wie sie den Oberkörper zurückbog und über die Kante der Chaiselongue auf den Teppich glitt. Aisha war Filipina – klein und voller Spannkraft. Ihre Gefährtinnen beobachteten sie wie erstarrt. Sie wand sich schlangengleich auf dem Boden, offenbarte ihre Nacktheit in obszönsten Blickwinkeln und ließ den eigenen Händen freien Lauf, als seien es die gierig Besitz ergreifenden Hände eines anderen.

Carmen, die Puertorikanerin, stieß einen heiseren Schrei aus und warf sich auf sie. Etwas wie ein Kampf setzte ein.

Sun Rose und den sieben anderen stockte das Blut in den Adern.

Wer auch immer an den Monitoren Wache hielt – er würde das Spiel eine Weile beobachten und dann ein brutales Ende setzen. Kein Aufpasser hatte jemals begriffen, dass man in diesen vier Wänden einen Koller kriegen konnte – wenn man ein Mädchen war und auf die Kerle warten musste, die dann schließlich vor einem auf- und abspazierten und stierten und stierten. Es dauerte lange, bis sie sich endlich entschieden.

Aisha und Carmen hatten den Koller. Es war eine stumme und doch frivole Art der Herausforderung. Denn sie bedienten sich der Mittel, die ihnen eingetrichtert worden waren. Zur Erbauung jener Kunden, die sich gern etwas vorführen ließen. Niemand, vor allem kein Mann, konnte erkennen, ob die Gefühle der beiden Mädchen echt oder nur gespielt waren. Sie schlangen ihre Körper ineinander, keuchten, pressten sich aneinander und trieben sich in die Ekstase.

Ihre Gefährtinnen waren noch immer fassungslos. Beinahe schien es so, als ob die stickige Luft schuld war an ihrer Bewegungsunfähigkeit. Aisha wimmerte und schrie. Ihr Körper versteifte sich.

Der Mann stand plötzlich da – mitten im Zimmer, als hätte er sich selbst hingezaubert. Die Mädchen starrten ihn an. Aishas Muskeln erschlafften. Sie sank zur Seite. Carmen lag auf dem Rücken, mit gespreizten Beinen vor dem riesenhaften Mann. Er war ein hellhäutiger Schwarzer, sah aus wie einer dieser Basketballspieler auf den Sportseiten der Zeitungen. Er grinste und rollte verzückt mit den Augen.

»Was für ein Empfang, Schwestern! Aber ich denke, ich werde trotzdem nicht den Draht zur Wirklichkeit verlieren.« Er griff unter seinen dunkelblauen Lederblouson.

Erst in diesem Augenblick wussten die Mädchen, dass sie es weder mit einem Kunden noch mit einem Aufpasser zu tun hatten.

Der Fremde brachte eine Pistole zum Vorschein. Eine mattschwarze Waffe, die selbst in seinen Riesenpranken groß aussah.

Unter den Schweißperlen der Girls bildete sich Gänsehaut.

Sun Rose sah aus den Augenwinkeln, dass die Tür zum hinteren Korridor noch ein Stück offen stand. Dort hatte er sich hereingeschlichen. Nicht durch die Halle, die die Kunden üblicherweise betraten und wo sie bei einem Drink warteten, wenn zu viel Andrang herrschte. Also kannte sich der Mann aus.

Er richtete die Waffe auf Carmen und blickte in die Videokamera, die im Kronleuchter nur schlecht verborgen war. »Ich leg sie der Reihe nach um, wenn es sein muss! Sag das den Bullen draußen!«

Ich stieg auf die Bremse. Das Sirenengeheul erstarb, als hätte jemand einer fetten Sopranistin den Hals zugedrückt. Ich stieß den Jaguar zurück und gab Gas. Auf dem Dach rotierte das Rotlicht. Mitten auf der Nostrand Avenue in Flatbush, Brooklyn, spielte ich den Geisterfahrer, der hinten Augen hat. Das bisschen, was da auf zwei Spuren zuckelte, hatte allerdings keine Mühe auszuweichen. Und den Cops, deren Radio Cars aus Parallel- und Seitenstraßen heranheulten, gab Phil die neue Marschrichtung per Funk.

Nur dreihundert Yards waren wir über das Ziel hinausgeschossen.

Länger hatte der Trick des Burschen nicht gereicht.

Aus der Lenox Road hinein in die Nostrand. Und dann so blitzschnell scharf rechts, dass wir es unmöglich sehen konnten. Der Ring war dicht. Wir hatten vorgehabt, ihn in einer Gegend zu stellen, wo keine Unbeteiligten gefährdet werden konnten. Aber nun hatte er sein Schlupfloch gefunden.

Einen Torweg.

Phil richtete den Suchscheinwerfer hinein. Unser Mann war dreist. Seinen Wagen hatte er nicht einmal versteckt. Mit Buchstaben und Ziffern unverkennbar, ragte das Hinterteil des Pontiac knapp über die Gebäudeecke hinaus. Ich versperrte die Einfahrt mit der Länge des roten Flitzers und zog die Handbremse an. Dann sprang ich ins Freie. Phil gab den neuesten Stand der Dinge durch.

Das Rotlicht fuhr mit seiner Kreisbahn in schöner Regelmäßigkeit über die dunkle Fassade eines Backsteingebäudes. Fünf Stockwerke hoch, frisch verfugt. Die Fenster waren moderne Schallschutzfenster, im alten Stil maßgearbeitet. Die hässliche Feuertreppe von einst war auf die Rückseite des Hauses verlegt worden.

Ein erster Streifenwagen jagte mit höchster Stimmlage aus Richtung Linden Boulevard heran. Der Rest der Sirenen kam als hohl klingende Heulgemeinschaft immer näher.

Schon an der Bordsteinkante wurde mir jeglicher Elan genommen.

Der Mann, der aus dem Eingang stürmte, schien daran interessiert zu sein, dass sein Haus sauber blieb. Er rannte mich fast um.

»Geiselnahme!«, kreischte er. »Geiselnahme, um Himmels willen!«

Ich fing ihn auf und hielt ihn fest, bis er sein Gleichgewicht selbst halten konnte. Auch Phil war jetzt zur Stelle. Die Radio-Car-Sirene heulte sich aus. Die beiden Rotlichter formten eine Kreisel-Acht.

Der Kreischer keuchte nur noch. Er hatte Mühe, uns mit dem Nötigsten an Informationen zu versorgen. Empörung und Entsetzen raubten ihm den Atem. Er war ein blassgesichtiger Kerl mit Strähnenhaar. Er stammelte von dem Wohnheim für unverheiratete Frauen, das er zu betreuen hatte. Wir standen davor. Und er schnaufte vor Zorn über die Verbrecher heutzutage, die sich nicht einmal scheuten, in so ein Haus einzudringen. Und dass er alles auf Video verfolgt habe.

Wir hatten den Laden dicht, noch bevor der unregelmäßige Wortfluss versiegt war. Radio Cars machten die Nostrand Avenue zwischen Linden Boulevard und Lenox Road zum Rotlicht-Distrikt. Cops rückten von allen Seiten vor, mit Marschrichtung auf das ehrenwerte Haus. Der Fahndungsring kam zum Stillstand. Noch hatte der Geiselnehmer keine Forderungen gestellt, noch wussten wir nicht einmal, ob er ein Geiselnehmer war.

»Er hat – er hat – gedroht, dass er – dass er – die Girls – der Reihe nach – umbringt!«, stammelte der empörte Hausbetreuer.

»Wie denn das?«, fragte ich höflich.

Phil grinste kalt.

»Was?« Der Betreuer blinzelte mich an.

»Wie haben Sie das mitgekriegt? Diese Morddrohung.«

»Na, über die Mikrofone. Und auf den Bildschirmen …« Er biss sich auf die Lippe.

Ich nickte. »Klar. Bei Simon Legg wird gespurt Die totale Überwachung macht es möglich. Richtig?«

Empörung, Entsetzen und Zorn waren weggewischt. Die Blässe des Mannes ging in ein Grau über, als ob er kränkelte. Allerdings ließen sich Farbnuancen bei dem vielen Rotlicht nicht genau einstufen. Meine Frage bekam keine Antwort. Er musste erkannt haben, wie lächerlich es wirkte, wenn eine Krähe versuchte, der anderen ein Auge auszuhacken. Und wenn diese schlimme Sache ausgestanden war, würden in dem trauten Wohnheim Untersuchungen beginnen, die Mr. Legg ganz und gar nicht gefallen konnten.

»Foltert ihr da drinnen auch?«, fragte Phil. »So mit Daumenschrauben, Streckbetten und diesen Scherzen aus dem Mittelalter?«

Ich klopfte dem nun Graugesichtigen auf die Schulter. »Der Geiselnehmer kennt das Haus. Bestimmt auch die allein stehenden Girls. Wie heißt er also?«

»Cyrus Mackey«, ächzte der Hausverwalter. Es klang wie eine Kapitulationserklärung.

Ich nickte Phil zu. Wir überprüften unsere Walkie-Talkies. Dann ging ich mit dem Geknickten ins Haus. Außer der groß über den Eingang gepinselten 1351 hatte es keine Verzierungen. Der Mann neben mir hatte eingesehen, dass er dem Situationsstress nicht gewachsen gewesen war. Geiselnahme und Morddrohung drinnen, Sirenenschrillen und Rotlicht draußen. Zu viel für ihn. Er war nicht mehr in der Lage gewesen, die Sache cool abzuwickeln – betriebsintern. Simon Legg würde darüber nicht erfreut sein.

»Wo bleiben die Revolverblätter?«, wunderte sich Phil. Er blickte in die Runde der Neugierigen, die von den Cops auf der anderen Straßenseite zurückgehalten wurden. Noch immer kreiste das Rotlicht. Funkgeräte quäkten aus offenen Wagentüren. Hinter den Fahrzeugen kauerten Beamte mit schwarzen Strickmützen und rußigen Gesichtern. Von Zeit zu Zeit, wenn sie ihre Gewehre neu in Stellung brachten, waren die großen glänzenden Glasaugen der Nachtsichtgeräte und Zielfernrohre zu sehen.

»Auf die Geier sind wir nicht scharf«, gab Trevor Grant zu.

»Jede Minute Zeitvorsprung bringt uns der Exklusiv-Story näher«, erklärte Donna Ruskin. »Das heißt, wenn die Kollegen noch ein bisschen wegbleiben, werden wir eher mit der Geschichte herauskommen als alle anderen.«

»Aber wie!« Phil verdrehte die Augen. »Die wirklich feinen Sachen bringt ihr doch nicht. Geiselnehmer und nackte Girls! So vertrieben sie sich die Zeit! Er nahm sich seinen Harem mit Gewalt! Da fallen ja sogar mir schon Schlagzeilen ein. Ich behaupte, daraus lassen sich die heißesten Artikel türken!« Er zwinkerte dem

Journalistengespann zu. Trevor und Donna hatten einen erstklassigen Ruf, waren schon bei etlichen Pressekonferenzen des FBI dabei gewesen und anschließend durch seriöse Berichterstattung stets angenehm aufgefallen.

Sie waren als Erste an der Cortelyou Road eingetroffen. Phil hatte nichts dagegen gehabt, sie auch hier ins Zentrum des Geschehens vorzulassen. Mit den beiden konnte man zusammenarbeiten. Sie hatten ein Gespür für die Zwänge, die sich bei kriminalistischen Ermittlungen ergeben konnten. Sie verstanden, welche Kluft häufig zwischen dem Informationsrecht der Öffentlichkeit und den Fahndungsinteressen von FBI und Police Department lag. Sie zogen immer mit, wenn es darauf ankam, bestimmte Einzelheiten so lange zurückzuhalten, bis ein Verdächtiger überführt oder ein Gesuchter gefasst war.

»Scherzartikel überlassen wir den Kollegen, die darauf spezialisiert sind«, sagte Trevor. »Darf ich fotografieren?«

Phil schüttelte bedauernd den Kopf. »Begnügt euch erst mal mit den Bildern von Cortelyou. Man weiß nie, wie ein Geiselnehmer darauf reagiert, wenn es in seiner Umgebung blitzt.«

»Verstehe«, nickte Trevor. »Wir warten, bis die Lage geklärt ist. Er spulte den Film in seiner Kamera zurück, nahm ihn heraus und drückte ihn Donna in die Hand. Während er einen neuen Film einlegte, sah er sie an. »Fahr schon los! Lass die Bilder entwickeln, und fang mit deinem Text an! Ich bin rechtzeitig da. Wir bauen das Extrablatt gemeinsam.«

»In Ordnung.« Donna verstaute den Film in ihrer Handtasche und wandte sich dem G-man zu. »Wo kann ich anrufen, falls Trev von Selbstvergessenheit gepackt wird?«

»Im Revier an der Bedford Avenue. Dann geht es per Funk weiter.«

Donna bedankte sich und eilte los. Trevor blickte ihr nach, wie sie mit zielstrebigen Schritten auf die Absperrung zuhielt. In den Augen des Journalisten lag eine Mischung aus Bewunderung und Stolz. Phil kannte die Gründe für Trevors Empfinden. Wenn Donna heute eine selbstbewusste, erfolgreiche und noch dazu hübsche Frau war, hatte sie es in erster Linie ihm zu verdanken.

Fünf Jahre war es her. Donna Ruskin und Trevor Grant hatten gemeinsam als Redakteure beim ›Chronicle‹ gearbeitet. Vom ständigen Stress hatte sich Donna in die Tablettensucht treiben lassen. Ihre Ehe war darüber in die Brüche gegangen, Scheidung die unausweichliche Folge. Was am schwerwiegendsten für Donna war: Sie hatte ihren Sohn und ihre Tochter an ihren Ex-Mann verloren. Kein Gericht der Welt wäre damals bereit gewesen, ihr das Sorgerecht zuzusprechen. Trevor, der sie schon seit seiner Ausbildungszeit kannte, hatte sie mühsam wieder aufgerichtet, als sie schließlich auch ihren Job verlor. Er hatte ihr einen fähigen Psychotherapeuten verschafft und ihr schließlich geholfen, in den alten Beruf zurückzukehren. Seiner Frau, das wusste Phil, fiel es manchmal schwer, Trevors Beziehung zu Donna nur für kollegial und freundschaftlich zu halten.

Wenn es Spannungen gab, dann mussten sie sich jetzt eher verschärfen, seit Trevor seine eigene Zeitung gegründet hatte – ›Flatbush Today‹. Donna hatte für die Anfangszeit auf ein festes Gehalt verzichtet. Sie begnügte sich mit dem, was der junge Verlag gerade abwarf – wie es auch Trevor hielt: Er beschränkte seine Privatentnahmen auf das absolut Notwendige. Eine konfliktreiche Situation, der denkbar beste Nährboden für verschärfte eheliche Probleme.

Das Gesicht grinste groß und breit aus dem Bildschirm. Es füllte fast die ganze Fläche aus. Nur unterhalb der Ohrläppchen war etwas Hintergrund zu sehen. Die Mädchen saßen auf den Chaiselongues, nackt, eng aneinander geschmiegt. Ihre Angst war sichtbar. Angst kannten sie ohnehin besser als jedes andere Gefühl.

Wir hatten Simon Legg im Verdacht, Menschenhandel zu betreiben. Unter anderem. Deshalb ermittelten wir gegen ihn.

Die Stimme des Grinsenden schepperte aus den Lautsprechern. »Eine halbe Stunde! Verstanden? In einer halben Stunde will ich den Schlitten haben. So einen großen schwarzen Cadillac, gepanzert. Ich probier es aus, verlasst euch drauf!« Er wich ein Stück zurück und hielt seine Pistole vor das Videoauge. Eine Beretta 92F, das neue 16-schüssige Modell. »Eine halbe Stunde!«, schrie er. »Wenn der Schlitten dann nicht da ist, stirbt die Erste von den Nutten!«

Ich sah Panik und Entsetzen in den Augen hinter ihm. Und zugleich eine dumpfe Schicksalsergebenheit.

»Wir besorgen den Wagen«, sprach ich in das Mikro.

»Ist ja wohl in eurem Interesse. Und jetzt raus aus dem Bau! Ich schicke eine von den Schlampen zum Nachsehen los. Und ich warne euch! Ist auch bloß noch ein einziger Bulle in der Bude, geht der Tanz los! Nachher verlege ich mein Hauptquartier sowieso in die Kommandozentrale. Dann sehe ich alles selber. Schluss des ersten Aktes.« Er hängte dunklen Stoff vor die Videokamera, die er unverhüllt gelassen hatte. Mackeys Stimme war noch einmal kurz zu hören. »Wie der zweite Akt ausgeht, liegt an euch, Freunde!«

Ich sagte ihm abermals zu, dass wir seine Bedingungen erfüllen würden. Dann schaltete ich das Mikro aus.

Harold McNamara folgte mir. So hieß er, der Hausverwalter.

Alle Blicke richteten sich auf uns. Im Vordergrund Phil und Trevor Grant. Der Mittel- und Hintergrund war voll von Streifenwagen mit ihren roten Glühkreiseln. Die Scharfschützen hielten sich im Verborgenen. Und die uniformierten Cops auf der anderen Straßenseite würden notfalls schnell genug sein, alle Neugierigen im Handumdrehen von der Bildfläche zu bugsieren.

Phil gab die Forderung Mackeys an die Zentrale durch. John D. High, unser Chef, war in seinem Office an der Federal Plaza eingetroffen. Er übernahm die Dinge, die wir nicht an Ort und Stelle regeln konnten. Trevor hörte mit und machte sich Notizen. Er würde nicht mehr lange der einzige Anwesende seiner Sorte bleiben. Die Hyänen aus der Presselandschaft mussten bereits im Anmarsch sein. Vielleicht war ihnen der Tatort Cortelyou Road vorerst wichtiger als der Schauplatz der Geiselnahme.

»Der Chef hat auch mit der Baubehörde Verbindung aufgenommen«, teilte Phil mit, nachdem er das Funkmikro weggehängt hatte. Die Jaguartür blieb offen. Das Gerät war auf Mithören geschaltet. Was in der Atmosphäre krachte, rumpelte und schepperte, begleitete die Blechstimmen im Lautsprecher.

»Wer ist der Hauseigentümer?«, fragte ich.

McNamara zündete sich mit höchster Konzentration eine Zigarette an. Er spielte den aus allen Wolken Fallenden, als ich ihm klar machte, dass er gemeint war. »Ein Kon – Kon …«, stotterte er.

»Konsortium?« Ich lächelte und sah, dass auch Phil und Trevor erheitert waren. »McNamara, mein Junge, wir haben in zehn Minuten die Unterlagen von der Baubehörde hier. Wenn es hochkommt, in einer Viertelstunde. Es kann noch nicht lange her sein, dass der Kasten renoviert wurde. Meinen Sie, in dem Genehmigungsverfahren wurde kein Bauherr genannt?«

»Jedenfalls nicht der, den Sie …« Schon wieder hatte

er sich verplappert. Seine dauernd benagte Unterlippe würde bald zu bluten anfangen.

»Natürlich nicht«, entgegnete ich. »Unser gemeinsamer Freund Simon Legg setzt in einem solchen Fall selbstverständlich einen Strohmann ein.«

Aus dem Vordereingang des Hauses tauchten die ersten Girls auf, die von Mackeys Späherin hinausgeschickt worden waren. Verstört blickende Männer folgten, die Handflächen halb erhoben, bereit, das Gesicht zu verdecken. Aber das befürchtete Blitzlichtgewitter blieb aus.

Trevor Grant sah mich an. »Ist das sicher – mit Legg?«

»Was das Haus betrifft«, nickte ich. »Selbst mit einem Strohmann als Eigentümer werden wir es ihm nachweisen.«

»Und das andere?«

»Ist noch nicht spruchreif«, antwortete ich. »Beschränken wir uns auf den versuchten Mord an einem Cop.«

Trevor nickte. Sein Blick war vielsagend. Was ich wusste, wusste auch er. Von Phil. Aber vorläufig herrschte Stillschweigen über die mutmaßlichen Hintergründe. Trevor würde sich daran halten, und kein anderer Journalist würde etwas davon erfahren.

Gegen Simon Legg liefen eine Menge Einzelmaßnahmen. Das organisierte Verbrechen in Brooklyn stand zu einem großen Teil unter seiner Kontrolle. Dabei verfügte er über keine eigene Organisation, die man als Syndikat hätte bezeichnen können. Er ließ die verschiedensten Erpresser und sonstigen Interessengemeinschaften für sich arbeiten. Sie profitierten von seinen Beziehungen, mit denen er ihnen die Geschäfte mit heißer Ware erst ermöglichte. Legg hatte nur eine Hand voll guter Verbündeter, die darauf achteten, dass niemand vergaß, die Provision für ihn abzuzweigen.

Der Observierungs-Einsatz Cortelyou Road Ecke

Troy Avenue lief unter der Verantwortung des Reviers Bedford Avenue. Patrolman David Ryan hatte den Einsatzbefehl erhalten, das Wohnhaus eines Neubürgers namens Nikolai Tilman zu beobachten und zu bewachen. Tilman war Ukrainer und hatte vor fünf Jahren zum ersten Mal amerikanischen Boden betreten. Aufenthalts- und Arbeitserlaubnis waren ihm erteilt worden, und er hatte schließlich den Einbürgerungsantrag gestellt. Dabei war er auf die Nase gefallen. Die Beamten im zuständigen Immigration Office hatten ihm vorgehalten, dass es bei der City Police eine Akte über ihn gebe. Tilman war über Monate beschattet worden, weil er im Verdacht stand, zu einem Drogenring zu gehören, der mit dem Teufelszeug Crack handelte. Der Dealer-Ring wiederum wurde eindeutig Legg als eine der Gruppierungen zugeschrieben, mit denen er zusammenarbeitete.

Tilman war sofort umgekippt. Die Immigrations-Beamten hatten ihm klar gemacht, was passieren würde: Entzug der Arbeitserlaubnis, Einbürgerungsverfahren zu den Akten, Befristung der Aufenthaltserlaubnis auf einen zumutbaren Zeitraum bis zur Abschiebung. Tilman hatte sich bereit erklärt, als Zeuge gegen die Dealer auszusagen. Sein Job als Automechaniker war ihm wichtiger als die fragwürdigen Crack-Geschäfte. Es hatte sich herausgestellt, dass Tilmans Beteiligung lediglich darin bestand, sein Haus für Dealer-Treffen zur Verfügung zu stellen. Er hatte die Bude von einem entfernten Onkel geerbt, dessen Vorfahren schon im letzten Jahrhundert eingewandert waren. Tilmans wertvollstes Wissen war, dass er eine Menge Gesichter und Namen kannte.

Er hatte unvorsichtige Bemerkungen gemacht. Sein Sinneswandel war durchgesickert. Von dem Moment an stand er unter Polizeischutz. Bei der Art und Weise jedoch, wie das durchgezogen wurde, hatten die Top-Beamten des zuständigen Reviers keine glückliche

Hand bewiesen. Phil und ich waren darauf gestoßen, weil wir uns einen Überblick über sämtliche Aktionen gegen Legg verschafft hatten.

Ein Hinweis von zwei V-Leuten aus Brooklyn hatte den Ausschlag gegeben. Obwohl beide sich nicht kannten, sich also nicht abgesprochen haben konnten, war der Hinweis identisch. Im Fall Tilman sollte hart durchgegriffen werden. Legg wollte diesem halsstarrigen Ukrainer klar machen, dass er und alles, was für ihn arbeitete, mächtig genug war, um selbst einen Mord an einem Cop heil zu überstehen.

Phil und ich waren losgejagt. Wir hatten den Patrolman auf seinem verlorenen Posten nicht warnen können. Denn wenn er sich zurückgezogen hätte, wäre denen, die ihn beobachteten, klar geworden, dass es Informanten gegeben hatte. Die Sicherheit unserer V-Leute konnten wir ebenfalls nicht aufs Spiel setzen. Also war uns nur die Möglichkeit geblieben, Ryan bis zum Ende seiner Schicht unauffällig zu bewachen.

Einen uniformierten Cop allein in einem regulären Streifenwagen vor dem Haus eines Zeugen zu postieren war eine Entscheidung, die zumindest erforscht werden musste. Personalmangel würde das gewichtigste Argument sein. Wir kannten das. Es war auch nicht vom Tisch zu fegen. Aber Personalmangel war kein Grund, einen jungen und möglicherweise noch unerfahrenen Beamten unnötigem Risiko auszusetzen. Cops in Zivil und in neutralen Fahrzeugen hätten für den Einsatz besser gepasst. Aber natürlich war auch das personelle Reservoir der Anti Crime Units, die solche Aufgaben mit Bravour meisterten, irgendwann erschöpft. Die Umstände zu erforschen, die zu Ryans Einsatz geführt hatten, würde keine befriedigende Erklärung nach sich ziehen. Das war uns schon jetzt klar.

Umso mehr waren wir froh über die Funknachricht, die wir in dieser Minute erhielten.

Patrolman David Ryan würde es schaffen. Er war über den Berg. Mehr als einen glatten Schulterdurchschuss hatte er nicht davongetragen. Und den verkraftete er spielend.

Mackeys Komplizen hatten ihren Mordanschlag indessen nicht überlebt.

Phil und ich waren rechtzeitig zur Stelle gewesen.

Jay Greenberg hatte mal diesen uralten Film gesehen. In Schwarz-Weiß noch. Da waren sie auch in diesen verdammten Stinkrohren herumgekrochen. Er hatte nicht viel kapiert, damals, als Zehn- oder Zwölfjähriger. Finstere Gestalten in einer finsteren Stadt. Und dann diese Gewölbe-Stadt unter der Stadt. Den Gestank hatte man sich natürlich nur vorstellen können. Einen Harry Sowieso hatten sie gejagt. Und dauernd hatte dazu einer auf einem Ding gezupft, das sich ein bisschen nach Hawaii-Gitarre anhörte. Aber nur ein bisschen.

Und jetzt war er mittendrin. Mitten in dieser stinkenden Unterwelt. Er, Jay Greenberg. Er hätte heulen können vor Selbstmitleid. Dass ihm nicht schlecht wurde, war das reinste Wunder.

Loraine, dieser eiskalte Hund!

Greenberg sah dauernd nur seinen Rücken, leicht gebeugt, weil die Kanalrohre nicht hoch genug waren. Der Hund legte ein Tempo vor, dass man kaum zum Luftholen kam. Die Betonkante neben der dahingurgelnden Brühe war schmal. Das Taschenlampenlicht wippte bei jedem Schritt. Alles verteufelt unsicher. In diesen halbflüssigen Gestank zu fallen! Allein die Vorstellung reichte. Jay Greenberg hätte würgen können. Er fühlte sich sowieso überflüssig. Loraine hätte es ganz gut allein erledigen können. Aber nein, der Hund fühlte sich ja als was Besonderes. Deshalb brauchte er seinen Bodyguard. Dabei waren nicht mal

Typen in der Nähe, vor denen er damit herumprahlen konnte.

Jay Greenberg stellte sich vor, was passieren würde, wenn jetzt halb Brooklyn gleichzeitig den kleinen Ort aufsuchte.

Eine Flutwelle.

Edmond Loraine verharrte unwillkürlich, als er das Geräusch hinter sich hörte. Er drehte sich um.

Greenberg beleuchtete seine Knie, weil er sich krümmte. Das Würgen aus der Tiefe seiner Kehle hörte sich an, als ob er sein Innerstes hochstülpen wollte.

Loraine richtete den Lichtkegel in das Gesicht des untersetzten Mannes. Es war grünlich verfärbt. »Reiß dich zusammen, verdammt nochmal! In einer Minute sind wir da, und in zwei Minuten sind wir wieder draußen. Klar?«

Greenberg gurgelte ein mühsames Ja. Loraine marschierte schon wieder los, in seinem Eilschritt. Es kostete nun erst recht höllische Anstrengung, mitzuhalten. Wenn Legg nicht dabei war, blies sich der Hund auf, als wäre er Legg persönlich. Oder noch mehr. In Augenblicken wie diesem sehnte Jay Greenberg sich danach, Loraine einen Tritt in den Hintern zu verpassen. Richtig mit Wonne. Wahrscheinlich würde das dürre Elend dabei in der Mitte durchbrechen.

Sie erreichten den Ausstieg, einen senkrechten Schacht.

»Lampen aus!«, zischte Loraine.

In der Dunkelheit kam es Greenberg vor, als würde der Gestank noch beißender. Loraine ließ ihm den Vortritt. Natürlich. Für die Dreckarbeit war er nicht zuständig, der Gentleman. Die Steigeisen waren rostig, stellenweise glitschig wie der Beton ringsherum. Greenberg wuchtete den Deckel vorsichtig hoch. Loraine hatte Recht gehabt. Draußen war es fast so finster wie unten in den Stinkrohren. Der Schacht mündete zwischen Müllkübeln und der Wand eines

Geräteschuppens ins Freie. Greenberg schob sich vorsichtig höher, ließ den Betondeckel zur Seite gleiten. Der Ausstieg war von Beobachtern nicht einzusehen. Der Schuppen bildete den denkbar besten Sichtschutz auf dem Weg zum Hintereingang. Sie schafften es in Sekunden dorthin.

Loraine zog vorsichtig die Schlüssel aus der Jackentasche. Mackey hatte von drinnen abgeschlossen, wie erwartet. Loraine öffnete die drei Schlösser – zwei Yale, ein Standard – und drin waren sie. Betäubender Parfümduft schlug ihnen entgegen. Greenberg konnte sich jetzt vorstellen, was er mal über diese alten Königshäuser in Europa gelesen hatte, wie sie vor ein paar Jahrhunderten gewesen waren. Hatten diese reichen Typen mit ihrem Hofstaat drei oder vier Monate in einem Palast gehaust, dann stank es dort wie die Pest. Also zog man in einen anderen Palast um – frisch einparfümiert.

Jay Greenberg fragte sich, ob er noch so stank wie die Umgebung, aus der er kam. Der Duft des Korridors, die plüschige Wandbespannung und das rote Licht waren gut für Frühlingsgefühle. Aber Loraine hatte es natürlich eilig. Davon würde er nicht abgehen.

Loraine schraubte den Schalldämpfer auf seine Pistole, eine Walther PP. Er lud durch. Hart und metallisch klang das Schnappen des Schlittens durch die Stille. Beide Männer horchten. Greenberg wusste, dass die Walther nur flüsterte, wenn damit geschossen wurde. Das Lauteste war wirklich der Selbstladevorgang. Loraine übernahm die Führung, nachdem Greenberg seiner weniger eleganten Beretta 951 den Dämpfer aufgepfropft hatte.

Ihre Schritte versanken im Teppichflausch.

Loraine wusste genau, welche Tür er zu öffnen hatte. Er tat es vorsichtig und lautlos. Greenberg spannte die Muskeln. Loraine schnellte in den Raum. Jay Greenberg konnte kaum alles auf einmal erfassen.

Loraine feuerte, während sein Bodyguard noch mit offenem Mund dastand. Die vielen nackten Girls auf einem Haufen! O verdammt! Und dafür war keine Zeit. Die Walther schnappte und klickte viermal hintereinander.

Mackey sackte zusammen, von den Einschüssen durchgeschüttelt, als kriegte er jedes Mal gleichzeitig einen Tritt.

Die nackten Babys waren stumm vor Entsetzen.

»Los, raus hier!«, zischte Loraine und stieß seinen Mitstreiter an.

Greenberg erwachte wie aus einem Traum. Er hatte gewusst, in was für einen Bau sich Mackey, der Idiot, verkrochen hatte. Aber dass die Girls dort so angeboten wurden, ohne einen Fetzen auf dem Leib – Hölle und Teufel, damit hatte er nicht gerechnet. Noch einmal bemitleidete er sich selbst. Es war wirklich zum Weinen, wie ihm mitgespielt wurde.

Er stellte sich vor, wie all die nackten Süßen auf ihn einstürmten und sich ihm voller Dankbarkeit an den Hals warfen. Er seufzte tief.

Unbehelligt erreichten die beiden Männer den Kanalschacht. Die Girls wagten nicht einmal zu schreien. Sie würden auch nicht wagen, den Mund aufzumachen. Niemand sprach gern sein eigenes Todesurteil aus. Legg und seine Mitarbeiter wussten eben, wie man für Disziplin sorgt.

»Die Baupläne sind unterwegs«, sagte Phil, noch bevor er das Funkmikro einhängte und sich zu uns umdrehte.

Eine Stimme hinter uns gab den Kommentar ab. »Hoffentlich mit einem Streifenwagen. Sonst wird die Zeit wohl langsam zu knapp.«

Ein ausgebildeter Schauspieler hätte es nicht flapsiger hingekriegt.

Wir konnten uns die Mühe einer Kehrtwendung

sparen. Der Eigentümer der Stimme trat an Trevor und mir vorbei und lehnte sich neben Phil an den Jaguar. Ich hörte, wie Trevor mit einem scharfen Laut die Luft ausstieß. Kein Wunder.

Der Typ war die reinste Augenweide.

Ein Seidenanzug, wie von Sahnecremetorte gefärbt. Passend dazu das hochgebauschte, strohblonde Haar. Für einen Shampoo-Werbespot hätte er damit vor die Windmaschine treten können. Die Athletenfigur stieg aus flachen weißen Sportschuhen auf, und die gebräunte Haut musste beim neidischen Betrachter einfach Sehnsucht nach Segeln, Surfen und Sommersonne hervorrufen.

Bruce Millen. Seine blauen Augen strahlten klare, fröhliche Überlegenheit aus. Nichts und niemand auf der Welt konnte ihm auch nur annähernd gewachsen sein. Phil und ich wussten, wie verteufelt gut Trevor auf diesen Sonnyboy zu sprechen war. Mindestens so gut, wie man eben auf seinen besten Feind zu sprechen ist.

»Hi, G-men, hi, Trevor«, sagte er, bevor wir uns zu einem Gruß durchringen konnten. »Schon alles durchgekaut?« Er deutete mit dem Daumen über seine Schulter. Jenseits der Absperrung waren Zeitungsleute zu sehen, die sich ihre Presseschilder an den Hut und sonst wohin gesteckt hatten. »Sieht so aus, als ob ich und die Kollegen an Informationsdefizit leiden.« Er sah mich dabei an.

Ich antwortete mit direktem Grinsen. »Wo haben Sie Ihre weiße Fahne, Bruce?«

Er stutzte nur kurz. Dann knipste er seine Strahlemann-Miene wieder an. »Ah, Sie sehen mich als Parlamentär?«

»Ohne Verhandlungsvollmacht«, nickte ich.

Er spielte Enttäuschung. »Sie unterschätzen meinen Ruf, Jerry. Ich arbeite für die Daily News.«

Trevor konnte nicht mehr an sich halten. »Jetzt bleib

aber auf dem Teppich, Bruce! So was kann jeder behaupten. Ich wette, wenn wir da drüben bei den Kollegen herumfragen, stoßen wir sehr schnell auf einen fest angestellten Reporter und einen Fotografen der Daily News.«

Millen schob die Hände in die Hosentaschen und musterte Grant von Kopf bis Fuß. Ein stummes Kräftemessen war das, wobei der Sonnyboy von vornherein zu erkennen gab, dass er sich so oder so nicht an den Karren fahren ließ. Sein Glanz war ein Schutzschild, an dem alles abprallte. Phil und ich sahen uns an. Trevors Reaktion war nicht gerade gelungen. Andererseits wussten wir, welche Mühe er hatte, angesichts dieses Blenders nicht die Beherrschung zu verlieren.

Noch bis vor einem Jahr hatten die beiden ungleichen Männer im selben Büro gearbeitet. Beide waren Redakteure beim ›Flatbush Chronicle‹ gewesen. Eine alteingesessene Zeitung, die allerdings den Anschluss an die Neuzeit verpasst hatte. Mit Manuskripten und Druckmaschinen, die Blei ausspuckten, war so ein Unternehmen wie eine Dampfmaschine auf einem Highway voller Limousinen, deren Fahrer auf dem Elektronik–Checkboard ablesen können, welchen Bedienungsfehler sie gerade gemacht haben. Im Zeitalter der Textsysteme, die in Sekundenschnelle seitenweise Druckreifes ausspuckten, war der ›Flatbush Chronicle‹ hoffnungslos baden gegangen. Der Verleger hatte ein Angebot genutzt, wie er es wahrscheinlich nie wieder gekriegt hätte. ›Die New York Post‹ hatte ihm die Lizenz abgekauft und den verstaubten Laden sofort geschlossen.

Seitdem gab es keine Lokalzeitung mehr, die ausschließlich in Flatbush in Brooklyn erschien und dort auch produziert wurde. Die ›Post‹ brachte nur ein- oder zweimal pro Woche eine Seite mit Berichten aus Flatbush und anderen Bezirken Brooklyns.

Trevor Grant hatte als Journalist seit vielen Jahren

einen hervorragenden Ruf. Er galt als zuverlässig und korrekt, obwohl er durchaus heiße Eisen anpackte und sich von den Drohungen der Mächtigen nicht einschüchtern ließ. Millen, der Sonnyboy, beeindruckte seinen Arbeitgeber, indem er von Zeit zu Zeit mit sensationellen Storys aufwartete. Weil schlampig recherchiert, endeten solche Geschichten fast immer im Katzenjammer. Millen hatte jede Menge Gerichtsverfahren verursacht. Bei den Schadensersatzforderungen der Betroffenen war sein Verleger nicht immer mit einem blauen Auge davongekommen. Millen musste sich Gehaltsabzüge gefallen lassen. Dann hatte er mit Nebengeschäften angefangen – von der Beteiligung an einer unseriösen Werbeagentur bis zum gelegentlichen Rauschgifthandel. Seit dem Ende des ›Flatbush Chronicle‹ war Bruce Millen arbeitslos. Er schlug sich durch.

Dass er versuchte, für die große ›Daily News‹ einen Artikel zu schreiben, war möglich. Dass er seinen Text auch verkaufen konnte, war indessen unwahrscheinlich. Gerade in der aktuellen Berichterstattung setzten die Zeitungen meist ihre festen Mitarbeiter ein.

Trevor Grant war seinen gradlinigen Weg gegangen. Nach dem Ladenschluss beim ›Chronicle‹ hatte Trevor einen lang gehegten Traum verwirklicht. Er verfügte über ein kleines Vermögen dank einer früheren Erbschaft. In all den Jahren hatte er eisern gespart und immer nur das eine Ziel vor Augen gehabt. Phil und ich hatten oft mit Trevor darüber gesprochen. Er war überzeugt gewesen, dass er eines Tages seine eigene Zeitung haben würde. Jetzt war es so weit. Der Untergang des ›Chronicle‹ hatte Trevor zum Sprung ins kalte Wasser gezwungen. Sein Kapital hatte nicht ausgereicht, er hatte Kredite aufnehmen müssen, um die hohen Investitionen zu ermöglichen. Jennifer Grant hätte ihren Mann lieber als Angestellten einer anderen New Yorker Zeitung gesehen. Aber Trevor hatten seinen Willen durchgesetzt. Und Jennifer leistete trotz allem ihren Beitrag, indem sie als Redaktions-Sekretärin mitarbeitete.

Millen lachte plötzlich. Keinen Atemzug lang war die Geringschätzigkeit aus seinem Blick gewichen. »Es ist doch nicht zu überhören. Wenn einer Verleger und Chefredakteur in einer Person ist, steht er natürlich hoch über den Dingen. Da hat er für die kleinen Herumkrebser, die als freie Journalisten klarkommen müssen, nur ein müdes Lächeln.« Er boxte sich mit der Rechten in die linke Handfläche. »He, wie wär's, wenn ich mich beim ›Flatbush Today‹ bewerbe? Ich würde sogar nochmal als einfacher kleiner Reporter anfangen.«

»Sorry«, sagte Trevor. Mühsam erzwang er seine Ruhe. »Ich habe noch keine Jobs zu vergeben.«

»Aha. Dachte ich mir. Du beutest Verwandte und Bekannte aus. He, wie viele Leute stehen bei dir mit null Komma null null auf der Lohnliste?«

Trevor wandte sich zur Seite, schickte einen Hilfe suchenden Blick zu Phil und mir. Sicher war es falsch, auf Bruce Millen humorlos zu reagieren. Andererseits konnten wir Trevor nur zu gut verstehen.

»Gehen Sie hinter die Absperrung, Bruce«, sagte Phil.

Der Sonnyboy hob die Augenbrauen. »Ach! Interessant! Genießen Verleger und Chefredakteure beim FBI Sonderrechte? Und einen Informationsvorsprung, von dem in unserem Pressegesetz nichts drinsteht?«

Es reichte mir nun auch. »Trevor war als Erster hier«, sagte ich schneidend. »Wir hatten noch keine Zeit, darüber nachzudenken, ob wir jemanden bevorzugen.«

Trevor nickte Phil und mir zu. »Ich gehe zu den Pressekollegen«, sagte er, bevor Millen eine neue Spitze abschießen konnte. »Gibt es eine Verlautbarung? Später?«

»Ich denke, ja«, antwortete ich. »Unser Chef ist auch auf dem Weg hierher.«

Trevor marschierte los. So musste es immer gewesen sein, in den Jahren beim ›Chronicle‹: Angesichts des lärmenden Wichtigtuers zog sich ein Mann wie Grant still zurück und leistete seine Arbeit – gründlich und ohne Getue.

Millen wartete noch einen Moment. Er musste seinen Abgang gestalten, wie konnte es anders sein. »Selbstverständlich will auch ich keine Sonderrechte«, sagte er. »Nicht mehr und nicht weniger wollte ich demonstrieren. Insofern war meine kleine Aktion als Parlamentär wohl doch erfolgreich.«

Ich nickte anerkennend und beeindruckt. »Sie haben es drauf, Bruce. Sie haben es wirklich drauf.«

Wieder schwand seine fröhliche Selbstsicherheit. Er starrte mich an, und sein Blick verfinsterte sich. Was ich meinte, wollte er nicht mehr ergründen. Abrupt drehte er sich um und verzog sich.

An der Lenox Road stiegen Phil und ich dem Geruch entgegen. Abwärts. Kurz vor der Einmündung in die Nostrand Avenue stand der gepanzerte schwarze Cadillac. John D. High war eingetroffen. Phil und ich hatten genau fünf Minuten. Dann rollte der Caddy los, von Special Agent Steve Dillaggio gelenkt. Ich hatte die Pläne in die Tasche gesteckt. Seit sie eingetroffen waren, hatte ich ein ungutes Gefühl. Es führte ein Weg in Leggs Bordell, von dem wir nichts geahnt hatten – nichts hatten ahnen können.

Bei den Cops hatten wir Stablampen ausgeliehen. Die Orientierung in dem übel riechenden Gewölbe war leicht. Es gab die eine Hauptröhre, die parallel zur Trasse der Nostrand Avenue verlief. Ich hatte den Eindruck, langschwänzige graue Tiere am Rand der dahinschwappenden Brühe zu sehen. Es konnte Einbildung sein. Wir mussten auf unseren Weg achten. Der schmale Betonpfad am Rand des Abwassergrabens war glitschig. Und wenn man Ratten sehen wollte, sah man sie auch. Immer und überall.

Was mir nicht in den Kopf wollte: Cyrus Mackey, der Geiselnehmer, hatte sich noch nicht wieder gemeldet. Keine weitere Forderung, keine Drohung. Das Haus war inzwischen leer, abgesehen vom Kontaktsalon. So nannten sie den Raum, in dem sich die Girls in der Gewalt des Gangsters befanden.

Wir fanden den richtigen Ausstiegsschacht. Zum Öffnen der Hintertür setzte Phil einen akkubetriebenen kleinen Bohrer ein, mit dem er kurzerhand die Schlosszylinder herausfräste.

Vorn auf der Straße musste in diesen Sekunden der Cadillac auf Samtpfoten herangleiten und stehen bleiben. Der gepanzerte Luxusschlitten sollte für die Ablenkung sorgen, die für uns wichtig war.

Lautlos drangen wir in den süßlich duftenden Korridor vor. Die Stablampen legten wir zu Boden. Kein Laut war aus dem Haus zu hören. Wir zogen die 357er. Drei Schritte vor der richtigen Tür verharrten wir. Dank der Baupläne kannten wir uns aus. Ein Blick genügte zur Verständigung mit Phil. Die Taktik stand fest: Ein Mann in der Lage Mackeys hatte eine geringe Chance, sofern er keine der Geiseln direkt bedrohte.

Zwei Sekunden später wussten wir es besser.

Mit dem Krachen der auffliegenden Tür schnellte ich in den Raum.

Ich überschlug mich, federte hoch, hatte den Smith & Wesson im Beidhandanschlag – breitbeinig, die Knie halb gebeugt.

Phil war zwei Schritte hinter mir, noch im Türrahmen, bereit, über mich hinweg zu feuern.

Kein Laut. Nur Blicke.

Ungläubig richtete ich mich auf. Irgendein Mechanismus ließ mich den 357er weiter in Anschlag halten, als ich auf den Mann zuging, der da in seinem Blut lag. Die große Beretta hatte er noch in der Hand. Seine toten Augen starrten zur Zimmerdecke. Niemand hatte ihm die Lider zugedrückt – seine Mörder nicht, die Girls erst recht nicht.

Phil trat neben mich. Beinahe gleichzeitig ließen wir unsere Waffen sinken. Diese starren Blicke, diese Lautlosigkeit! Zehn Mädchen waren zehn unterschiedliche Charaktere. Alle zehn konnten sich unmöglich in die gleiche Art von Geistesabwesenheit versenkt haben.

Warum hatten sie nicht geschrien, als die Schüsse gefallen waren? Wir hätten das Gebäude gestürmt – mit der gebotenen Vorsicht.

Noch war ich vor allem mit der Tatsache beschäftigt, dass jemand ein eiskaltes Interesse daran gehabt hatte, Mackey auszuschalten. Die Möglichkeit, dass der Mann uns lebend in die Hände gefallen wäre, musste für bestimmte Leute einfach zu riskant gewesen sein.

Legg und seine Komplizen?

Aber das Vordergründige sickerte nachhaltig in mein Bewusstsein. Phil holsterte seinen Smith & Wesson und schaltete das Walkie–Talkie ein. Während ich meinen Revolver ebenfalls in die Halfter stieß, sah ich mir die Girls genauer an. Wie Statuen saßen sie auf den Chaiselongues.

Als ob ihr Innenleben tiefgefroren wäre. Mein forschender Blick schien ihnen nichts auszumachen. Ihre Augen waren fast so leer wie die des Toten.

»Geiselnahme beendet«, sagte Phil in die Sprechmuschel. »Geiselnehmer außer Gefecht. Over und Ende.« Wir mussten uns überlegen, was wir der Presse sagen wollten.

Eines der Mädchen wich meinem Blick aus. Sie war schlank und bronzehäutig, hatte schwarzes Haar und einen unverkennbar indianischen Gesichtsschnitt. Ich ging vor ihr in die Knie. Sie bedeckte ihre Brüste mit den Armen. Ein zaghafter Blick aus den Augen eines Rehs traf mich. Die anderen schienen noch immer nichts mitzukriegen. Legg und seine Handlanger hatten sie zu völlig abgestumpften Wesen gemacht. Sie funktionierten wie Automaten.

Das Programm, das jetzt in ihnen ablief, hieß ›Verhalten im Fall einer Festnahme‹. Sie hatten den Schock noch nicht überwunden. Aber sie wussten allein instinktiv, was ihnen blühte, wenn sie auch nur eine Silbe von sich gaben. Nur bei der Indianerin schien die aus Schock und Angst gepaarte Apathie weniger stabil zu sein.

»Okay«, sagte ich behutsam zu ihr. »Ich heiße Jerry Cotton. Der Große hinter mir ist Phil Decker. Wir sind beide FBI-Agenten, und wir müssen herausfinden, was hier passiert ist.« Ich zeigte ihr meinen Dienstausweis und glaubte, einen schwachen Ausdruck von Erstaunen oder gar Ehrfurcht in ihrem Gesicht zu erkennen. Aber das konnte auch Wunschdenken von mir sein. »Wie heißen Sie?«, fügte ich hinzu.

Wieder dieses Erstaunen, diesmal jedoch deutlich. Sie öffnete die zarten Lippen und schloss sie sofort wieder. Ihr Versuch zu sprechen hatte sich selbst erstickt. Lag es an der Nähe der anderen? Ich richtete mich auf, blickte in die Runde.

Phil nickte mir zu und ging hinaus, um die Kollegen im Korridor zu empfangen.

»Ich spreche mit allen Anwesenden«, sagte ich laut und vernehmlich. »Wer schildert mir, was passiert ist?«

Keine Antwort.

Erste Schritte hallten jetzt durch das Haus. John D. High betrat das Zimmer. Mit raschem Blick erfasste er die Lage. Ich wandte mich von den Mädchen ab, ging auf den Chef zu und erstattete einen Bericht in Stichworten.

»Wir lassen sie ins Distriktgebäude bringen«, entschied Mr. High. »Alle zehn. Sie sind Zeuginnen eines Mordes. Der Mord geschah vor dem Hintergrund des organisierten Verbrechens. Der Attorney und der Haftrichter werden sich einig sein. Es gibt keine Freilassung gegen Kaution.«

Zwei oder drei der puppenhaft starren Wesen zuckten beim letzten Satz des Chefs zusammen. Das war aber auch alles. Auch die grazile Indianerin hatte sich wieder hinter einem beinahe trotzig wirkenden Schweigen verschanzt.

John D. High zögerte nicht mit seiner Entscheidung, was die Verlautbarung an die Presse betraf. Kein Fotograf, kein Kameramann und kein Reporter wurden in das Haus vorgelassen. Die Spurensicherer hatten den ganzen Bau für sich. Weibliche Cops waren eingetroffen; sie kümmerten sich um die Girls. Von den übrigen Mädchen und auch ihren Kunden waren die Personalien aufgenommen worden.

John D. High verschleierte die Wahrheit mit keinem Wort, als er auf dem Treppenabsatz des Eingangs stehen blieb und geduldig wartete, bis sich die Journalisten zusammengeschart hatten. Blitzlichter zuckten. Die harten Linien im schmalen Gesicht des Chefs waren unbewegt. Sein silbergraues Haar schimmerte. Auf seine Handbewegung hin stellten die Fotografen ihr Gewitter ein.

»Der Geiselnehmer ist tot«, sagte Mr. High. »Sein Name war Mackey. Über die Umstände seines Todes liegen uns noch keine Erkenntnisse vor. Alle zehn Geiseln sind unversehrt, stehen aber vermutlich unter Schock. Das ist im Moment alles, Gentlemen. Weitere Informationen erhalten Sie auf einer Pressekonferenz, die ich so bald wie möglich anberaumen werde – natürlich in Absprache mit dem Federal Attorney und dem zuständigen Richter.«

Die Gesichter sprachen für sich. Stumm und entgeistert. Einmal Luftholen noch, und die ganze Meute würde in Protestgeheul ausbrechen. Aber sie kamen nicht dazu.

»Bitte verlassen Sie jetzt die innere Absperrung«, ordnete der Chef mit metallisch klingender Stimme an. »Ich weise vorsorglich darauf hin, dass ich keinerlei Behinderung der Ermittlungsarbeit dulden werde.« Er nickte den Cops zu, die auf dem Sprung standen.

Nicht einmal Bruce Millen, der strahlende Paradiesvogel in der Schar, dachte noch daran, den Protest in Lautstärke umzusetzen. Willig ließen sie sich hinter die Linie geleiten, die bereits mit hölzernen Polizei-Barrieren markiert war. John D. Highs Ausstrahlung als unbeugsame Autorität verfehlte ihre Wirkung selten. In diesem Fall war seine Härte absolut angebracht. Praktisch unter unseren Augen war Cyrus Mackey hingerichtet worden. Er war selbst bereit gewesen, zu morden. Das gab aber niemandem das Recht, Lynchjustiz aus eigennützigen Motiven zu üben.

Mackey war der Komplize zweier Männer gewesen, deren Auftrag gelautet hatte, den Patrolman David Ryan zu töten.

Eine Gangster-Organisation, die zum Mord an einem Polizeibeamten bereit war, musste mit äußerster Härte bekämpft werden. Dazu gehörte, dass wir nicht wie Waschweiber losplappern konnten. Diejenigen, die es anging, mussten im Unklaren darüber bleiben, wie viel oder wie wenig wir wussten.

Im Erdgeschoss rumorte die Rotation. Die ersten Lieferwagen mit druckfrischen Zeitungsbündeln rollten vom Hof. Es war die ruhigste Stunde zwischen Nacht und Morgen. Keine anderen Fahrzeuge waren auf der Bedford Avenue unterwegs. Auch die Streifenwagen waren zur Ruhe gekommen.

Trevor Grant steckte sich die letzte Zigarette in den Mundwinkel, knüllte die Packung zusammen und warf sie zielsicher über die Schreibtischkante in den Papierkorb. Er ließ das Feuerzeug aufflammen, nahm den Hörer ab und tippte seine Privatnummer. Der Zigarettenrauch glitt an ihm ab, als er aufstand. Das Rufzeichen stach ihm ins Ohr. Seine Nerven waren hoch oben. Er sehnte sich nach versöhnlichen Worten.

Unten fuhren die Lieferwagen in rascher Folge vom Hof. Alle trugen den Werbeschriftzug ›Flatbush Today‹, doch kein einziges Fahrzeug gehörte der Firma. Trevor hatte den Kapitalbedarf für die Betriebsausstattung bewusst auf das Notwendigste beschränkt. Den Zeitungsvertrieb besorgten verschiedene kleine Speditionsunternehmen, mit denen er langfristige Verträge abgeschlossen hatte. Die Druckerei hatte sich schon in dem Gebäude befunden, bevor er mit Redaktion und kaufmännischer Verwaltung des frisch aus der Taufe gehobenen ›Flatbush Today‹ hier eingezogen war. Auch mit den Druckerei-Inhabern hatte Trevor einen Vertrag abgeschlossen, der seines Erachtens zukunftsweisend genug war. Erst in fünf Jahren war eine Vertragserneuerung fällig. Eine Sicherheitsklausel war allerdings eingebaut: Nur, falls das Unternehmen aus nicht selbstverschuldeten Gründen scheiterte, wurde der Vertrag mit sofortiger Wirkung ungültig.

Erstaunlich rasch, schon nach dem fünften Rufzeichen, wurde am anderen Ende abgenommen. »Hallo?« Die Stimme war weiblich, jugendlich und kein bisschen verschlafen.

»Jodie!«, rief Trevor erstaunt. »Ich wusste nicht, dass du ein Telefon am Bett hast. Bin ich neuerdings so selten zu Hause?«

Seine Tochter lachte. »So schlimm ist es noch nicht, Dad. Frank und ich sind gerade hereingekommen. Du weißt, wir waren im Kino. Und anschließend, beim Italiener, ist es später geworden, als wir gedacht hatten. Willst du Mom sprechen?«

Trevor überlegte es sich in dem Moment anders, in dem er schon mit ›ja‹ antworten wollte. Mit seiner erwachsenen Tochter konnte er jederzeit Verschwörungen anzetteln. Nur für gute Zwecke natürlich. »Du musst mir helfen, Jodie. Frank und du, ihr seid natürlich auch eingeladen …«

»Eingeladen?«

»Wir haben Grund zum Feiern. Hier, in der Redaktion. Unser Extrablatt ist fertig. Es wird gedruckt, wenn die Rotation mit den regulären Ausgaben durch ist. Und wir sind damit beim Leser, noch bevor irgendeine andere Zeitung auch nur eine Zeile darüber bringen kann. Die anderen werden es erst in ihren Mittags- oder Abendausgaben haben.«

»Toll, Dad, einfach toll!«

»Ich freue mich auch riesig. Wirst du Mom überreden können, mitzukommen? Mit euch beiden, meine ich.«

»Hattet ihr …?«

Er konnte Jodie vor sich sehen, wie ihre Freude in Betrübtheit umschlug. Sie war ihm wie aus dem Gesicht geschnitten. Dazu gehörte auch, dass man ihr jede Gefühlsregung sofort ansehen konnte. »Nein, keinen Streit«, sagte er rasch. »Nur eine Unstimmigkeit. Überrede Mom für mich. Tust du mir den Gefallen?«

»Sie wird sagen, du seist ein Feigling.«

»Du hast die passenden Gegenargumente. Halte ihr vor, dass sie mir nicht einmal zuhören würde.«

»Dir liegt daran, dass sie mitkommt?«

»Ja.«

»Okay, Dad. Ich tue mein Möglichstes.«

»Du bist die beste Tochter der Welt.«

»Deine Komplimente sind die schönsten der Welt, Dad.«

Er schmunzelte. »Bis später also.« Er legte auf, stopfte die Zigarette in den vollen Aschenbecher und ging zu dem großen Layout-Tisch, wo er mit Donna ge-

meinsam die Platzierung von Texten, Fotos und Überschriften entworfen hatte. Vier Seiten. Über die Titel-
zeile auf der ersten Seite hatten sie lange diskutiert.

MOB ERKLÄRT DEN KRIEG!

Donna hatte es für richtiger gehalten, den Satz als
Frage zu formulieren. Trevor hatte sich jedoch mit dem
Argument durchgesetzt, dass es für City Police und
FBI keine eindeutigere Kriegserklärung geben konnte
als einen Mordanschlag auf einen Polizeibeamten.
Insofern sei die Schlagzeile als Feststellung gerecht-
fertigt.

Donna hatte zustimmen müssen. Die Überschrift
war nicht zu reißerisch und spiegelte im Übrigen das
Empfinden der Bevölkerung wider. Es herrschte ein
wachsender Zorn gegen die Unsicherheit auf New
Yorks Straßen. Wenn die Gangster schon nicht mehr
davor zurückschreckten, auf einen nahezu wehrlosen
Cop das Feuer zu eröffnen, dann mussten endlich
spürbare Maßnahmen ergriffen werden.

Trevor Grant und Donna Ruskin waren indessen fair
genug, der abzusehenden Empörung der Bevölkerung
von vornherein entgegenzuhalten, dass FBI und City
Police schließlich das Schlimmste verhindert hatten.
Ausführlich wurde in dem Extrablatt berichtet, welche
Erfolge G-men und Cops immerhin zu verzeichnen
hatten.

DIE LEBENSRETTER

So lautete eine Überschrift auf Seite drei. Gleich darunter befanden sich Fotos der Special Agents Jerry
Cotton und Phil Decker. Im Text wurde geschildert,
wie es ihnen gelungen war, buchstäblich in letzter
Sekunde das Schlimmste zu verhindern. Donna, die
diesen Text verfasst hatte, maßte sich jedoch keine

Kritik an den internen Entscheidungen und an den Dienstplänen der City Police an. Wichtiger war die Nachricht, dass Patrolman David Ryan noch in der Nacht die Krise überwunden hatte und wahrscheinlich schon bei Erscheinen des Extrablatts von der Intensivstation in ein normales Krankenzimmer verlegt werden konnte.

Trevor hörte das Klappen der Fahrstuhltür. Gleich darauf betrat Donna das Redaktions–Office, bepackt mit Tüten und Kartons. Er lief ihr entgegen und nahm ihr die Hälfte der Sachen ab. Sandwiches, Cracker, Kaffee in Isolierbehältern, Dosenbier, Zigaretten und eine Flasche Sekt. Donna hatte in einer rund um die Uhr geöffneten Imbissstube beim Kings County Hospital eingekauft.

»Kommt Jennifer?«, fragte sie, während sie gemeinsam mit Trevor auspackten. Sie platzierten die bescheidenen Bestandteile ihrer nächtlichen Feier auf einem freien Layout–Tisch.

»Ich bin sicher. Sie hat sich halbwegs daran gewöhnt, dass ich mit dir zusammenarbeite. Aber wenn wir nun auch noch feiern, dann wird sie es sich nicht entgehen lassen, dabei zu sein.«

»Du bist gehässig«, sagte Donna lächelnd. »Vielleicht sollte ich ihr einmal von Frau zu Frau klar machen, dass ich wirklich nichts mit dir habe.«

Trevor war auf dem Weg, den Sekt in den Kühlschrank zu bringen. »Dir wird sie noch viel weniger glauben als mir!«, rief er. Der Eingang zur kleinen Küche war gleich neben dem Ausgang zum Korridor.

»Mach deine Frau nicht schlechter, als sie ist.« Donna leerte die Aschenbecher und öffnete Zigarettenschachteln.

Trevor kehrte zurück, bediente sich und schenkte sich einen Becher Kaffee ein. »Mich ärgert nur, dass sie sich jedem Argument verschließt«, murmelte er. »Der Laden kann noch so gut laufen, sie ist nie zufrieden.

Ich wette, wenn wir eines Tages Millionenumsätze machen, wird sie immer noch über das Risiko jammern.«

»Hat sie denn völlig Unrecht?«

»Sicher nicht. Aber es kommt doch auf die Art und Weise an, wie man seine Kritik verpackt.«

»Der Nachteil einer Ehe ist, dass die beiden Beteiligten immer weniger Wert auf die Wahrung von Formen legen – je länger sie verheiratet sind.« Donna biss in ein Sandwich.

»Das gebrannte Kind spricht.«

»In der Tat. Also wirf deiner Frau nicht dauernd etwas vor, was ganz natürlich und menschlich ist.«

Er schüttelte den Kopf und nippte an seinem Kaffee. »Ich verstehe nicht, weshalb du dauernd für Jennifer Partei ergreifst.«

Donna trat auf ihn zu und blieb so nahe vor ihm stehen, dass er sie hätte umarmen können. »Ich ergreife nicht für sie Partei, ich versuche, unparteiisch zu sein. Einfach deshalb, weil wir beide nur gute Freunde sind, Trev.«

Er seufzte, drückte die Zigarette aus und nahm sich ebenfalls ein Sandwich. »Schade«, sagte er verschmitzt. »Bei dir kann ich wirklich nicht landen, was?«

»Die Zeiten sind vorbei, Trev. Und ein paar Grundsätze habe ich noch. Einer heißt: Lass dich nie mit einem verheirateten Mann ein. Nie. Unter keinen Umständen.«

Trevor nickte. Er wurde ernst. »Du hast Recht. Es ist gut so. Ich wollte nur, Jennifer würde eben das wissen, was wir beide wissen.«

Donna klopfte ihm freundschaftlich auf die Schulter. »Wie gesagt, ich werde versuchen, es ihr klar zu machen.«

Das Fahrstuhlgeräusch war zu hören. Trevor rief noch einmal in der Technik an. Docker hatte den kompletten Satz für das Extrablatt bereits erhalten. Die Fotos wurden in diesen Minuten klischiert. Die Seitenmontage würde in einer halben Stunde mit der Arbeit anfangen. Trevor versprach, das Layout rechtzeitig nach unten zu bringen.

Als er Jennifer sah, fühlte er sich auf Anhieb erleichtert. Sie hatte sich hübsch zurechtgemacht, und sie lächelte. Das dunkelblaue Kostüm aus feinem Leder trug sie nur zu besonderen Anlässen – nie, wenn sie zur Arbeit ins Büro kam. Ihr dezentes Make-up passte zur Eleganz ihrer Erscheinung. Nichts war daran übertrieben. Kein Mensch sah Jennifer die 40 Jahre an. Sie war eine Frau, nach der sich die Männer immer noch umdrehten.

Sie küsste Trevor, und sie umarmte Donna zur Begrüßung. Trevor zwinkerte seiner Tochter und ihrem Freund zu. Worte waren überflüssig. Jodie hatte glänzende Überzeugungsarbeit geleistet. Andernfalls hätte sich Jennifer niemals mitten in der Nacht aufgerafft.

»Einen kurzen Blick auf unser Machwerk, wenn ich bitten darf!«, rief Trevor und führte die kleine Schar zu dem Tisch, wo die vier skizzierten Seiten des Extrablatts lagen. Donna und er erklärten abwechselnd, was die Überschriften bedeuteten und was auf den Fotos zu sehen sein würde.

Unter dem Lächeln wurden Jennifers Blicke gelegentlich forschend, während einer der beiden sprach. Trevor ärgerte sich auf einmal über sich selbst. Warum musste er beweisen, was Donna und er in den zurückliegenden Stunden geleistet hatten? Verdammt, das konnte den Eindruck erwecken, er habe ein schlechtes Gewissen. Er ließ sich nichts anmerken, um die gute Stimmung nicht zu verderben. Aber je länger er Jennifer unbemerkt beobachtete, desto mehr kam es ihm vor, als ob ihre blendende Laune auch nur aufgesetzt war.

»Irische Vorfahren?«, fragte ich auf unserem Rundgang durch das leere Haus. Die Spurensicherer hatten ihre Arbeit lediglich unterbrochen. Das Wichtigste, im Kontaktsalon, war erledigt. Bei Tagesanbruch würden neue Kommandos anrücken und sich jede Etage, jedes Zimmer vornehmen.

McNamara blieb stehen und sah mich erfreut an.

»Woher wissen Sie das?«, tat er einfältig. Er war sichtlich froh, dass ich ein Thema anschlug, das mit der quälenden Sache nichts zu tun hatte.

»Ihr Name ist irisch«, erwiderte ich.

»Oh, Sie kennen sich aus, Sir. Aber Sie haben Recht. Meine Urgroßeltern sind schuld daran, dass es mich hier und heute gibt.« Er lachte. Die Formulierung musste er irgendwann auswendig gelernt haben. Dass sie von ihm selbst stammte, brauchte ich nicht erst zu vermuten.

Wir durchstreiften einen Korridor im dritten Stock. Ich spähte in jedes Zimmer. Es war überall das Gleiche: samtig-dunkle Wände, Polstermöbel, Messinglampen. Auf etlichen Tischen standen benutzte Sekt– oder Longdrink-Gläser. Einige Girls verwendeten Videofilme, um ihre Gäste auf Touren zu bringen. In jedem Zimmer gab es auch die andere Art von Video. Jene, die zur Überwachung eingesetzt wurde.

»Waren Sie schon mal drüben?«, fragte ich.

»In Irland?« McNamara war spürbar bestrebt, das Thema so lang wie möglich auszudehnen.

»Hm«, brummte ich und betrachtete eine zweiarmige Wandlampe, in der das Abhörmikrofon nur schlecht verborgen war.

»Ich fahre jedes Jahr rüber«, erklärte McNamara stolz. »Das ist bei uns Familientradition. Und bislang haben wir es uns alle immer leisten können. Unser Heimatort heißt Enniskillen. Schon mal davon gehört? Kennen Sie Irland?«

Ich tippte auf die Wandlampe, dass das Messing

leise nachklang. »Wurde den Gästen eigentlich gesagt, dass sie belauscht wurden?«

»Wie bitte?« McNamara hatte Mühe, seine Enttäuschung zu verbergen.

Ich lächelte ihn an. »Sie haben mich schon verstanden, Harold.«

Er blinzelte.

»Ja, also – es war ja nicht so, dass es um die Gäste ging.« Er kratzte sich am Hinterkopf. Natürlich fiel es ihm schwer, zu entscheiden, was er sagen durfte und was nicht. Er wollte nicht bockig sein, denn er hatte den Ernst der Lage erkannt. Andererseits wusste er, wie nachtragend Simon Legg sein konnte. Darunter hatten schon Burschen zu leiden gehabt, die sich im Hochsicherheits-Trakt von Rikers Island sicher gefühlt hatten.

»Sondern?«, entgegnete ich. »Kommen Sie, gehen wir wieder nach unten.« Ich hatte genug gesehen. Phil würde seinen Rundgang außerhalb des Hauses inzwischen auch beendet haben. Wir mussten uns mit den Girls beschäftigen.

Im Vernehmungtrakt des FBI-Distriktgebäudes an der Federal Plaza sollten sie nicht zu lange ohne Gesellschaft bleiben.

»Also, Enniskillen ist eine nette kleine Stadt …«, begann McNamara, während wir auf den Fahrstuhl zusteuerten.

»Wenn es nicht um die Gäste ging«, zerstörte ich seine Hoffnung, »wie hat man es ihnen dann klar gemacht? Ich meine, kein Mensch kann in diesen Buden die Videokameras übersehen. Und die Mikrofone findet man auch, wenn man nicht gerade kurzsichtig ist.«

Wir stiegen in den Lift.

»Ja, also …«, quälte er sich seinen beliebtesten Satzanfang ab. »Die Gäste wurden nicht direkt darauf hingewiesen. Aber – also …«

Der Fahrstuhl rumpelte. McNamara hoffte, ich

würde mehr auf die Geräusche als auf ihn achten. Vergeblich.

»Also?«, fragte ich.

»Sie wussten es eben. Die meisten waren sowieso Stammgäste.«

»Sie wussten was?«

McNamara ächzte gequält. Er machte Fingerübungen, dass die Gelenke knackten. »Dass – dass …«

»Dass es nur um die Kontrolle der Girls ging?«

»Ja.« Er atmete schwer und schien in sich zusammenzusinken. Er sah aus, als hätte er soeben sein Todesurteil unterschrieben.

Im Erdgeschoss trafen wir Phil.

»Funknachricht vom Chef«, berichtete mein Freund und Kollege. »Haftbefehle für alle zehn Girls. Und für McNamara. In keinem Fall wird eine Kaution zugelassen.«

Der Spross irischer Einwanderer schien zwischen uns zu schrumpfen.

Wir legten ihm eine Stahl-Acht an und übergaben ihn den Cops, damit er hinüber nach Manhattan transportiert würde. Er sah mich noch einmal an, bevor sie ihn abführten, und ich konnte erkennen, wie enttäuscht er von mir war. Hm. Vielleicht hätte ich tatsächlich etwas ausführlicher mit ihm reden sollen – über die Heimat seiner Vorfahren.

Sie wankte Bruce Millen entgegen. Verschmierte Lidstriche waren noch das Wenigste, was an ihr in Unordnung geraten war. Sie war blond und zerzaust und sah aus, als ob sie auf dem Gelände der Long Island Rail Road übernachtet hätte. Güterzüge kreischten über Schienen. Puffer knallten mit Getöse zusammen. Die Gegend war nichts für Langschläfer.

Das Girl kam jedoch eindeutig aus dem rollenden Palast.

Millen blieb stehen, schob die Hände in die Hosentaschen und betrachtete sie grinsend. Sie musste an ihm vorbei. Die Gasse zwischen einem quittengelben Volkswagen Rabbit und einem roten Toyota Corolla führte auf den Haupteingang des riesigen Wohnmobils zu. Millen musterte die Kleine von Kopf bis Fuß. Was sie normalerweise unter dem Lappen von Kleid trug, musste sie auf Leggs Spielwiese vergessen haben. Eine Fahne wehte ihr voran. Nächte mit Simon Legg waren alkoholhaltig bis zum bitteren Ende. Sie versuchte, Millen nicht zu beachten und den Rabbit aufzuschließen.

Er trat auf sie zu und kniff ihr in eine der prallen Hinterbacken. Sie trug tatsächlich nichts unter dem Fummel.

Sie quiekte.

Er hielt ihre Hand fest, als sie schwankend herumfuhr. »Sei froh, dass du nicht zu Fuß gehen musst, Baby. Du würdest es nicht mal bis zur Straße schaffen, um ein Taxi zu rufen. Du würdest schon vorher auf der Nase liegen, und die bösen Jungs von den Brooklyn-Streetgangs hätten ein gefundenes Fressen. Wirklich unverantwortlich von Simon, dich erst durch die Mangel zu drehen und dann einfach so wegzuschicken.«

Tränen füllten ihre Augen. Sie schluchzte und heulte, wollte sich Millen an den Hals werfen. Er nahm ihr den Schlüssel aus der Hand, schloss rasch den Wagen auf und bugsierte sie auf den Sitz. Er ließ die Lehne nach hinten sinken. Als er der Kleinen die Wagenschlüssel in den Schoß warf, war sie bereits eingeschlafen. Er kurbelte die Scheibe ein Stück herunter und schlug die Tür zu.

Er ging auf den Eingang des Super-Wohnwagens zu.

»So kümmere ich mich um deine Opfer«, sagte er.

Legg hatte über Video mitgekriegt, was sich abspielte.

Er stand oben in der offenen Tür. Der Hausmantel aus weinroter Seide machte die kantigen Linien seines Körpers nicht weicher. Im Licht der Morgensonne sah Legg frisch und munter aus, als hätte er zehn Stunden Schlaf hinter sich. Die Girls, die zur großen Schar seiner Ehemaligen gehörten, erzählten sagenhafte Dinge über ihn. Was er ausstrahlte, war etwas Militärisches. Das kurze, dunkle Haar bedeckte seinen Kopf wie eine halbrunde Platte; die Kopfseiten über den Ohren waren kahl geschoren. Er sah aus, als hätte er nur seine Uniform abgelegt, die ihn als Mitglied einer südamerikanischen Generals-Junta ausweisen würde. Es musste dieser martialische Eindruck sein, der auf die Frauen wirkte. Er war nur mittelgroß und neigte zum Untersetzten, war also keineswegs das, was dem männlichen Schönheitsideal entsprochen hätte.

»Deine Fürsorge ist rührend«, knarrte Leggs Stimme. »Suchst du einen Job?«

»Als Betreuer deiner abgelegten Nutten?«

»Man könnte es auch eleganter ausdrücken. Ich sehe, du bist nicht interessiert. Was willst du also?«

»Dir ein Angebot machen.«

»Leute, die auf der Straße stehen, haben dauernd Angebote zu machen. Ich habe noch nicht gefrühstückt, Bruce. Geh mir nicht auf den Geist. Komm später wieder.«

Millen blieb hartnäckig. »Es ist ein ernsthaftes Angebot. Zumindest eine Idee.« Er holte das Extrablatt aus der Jackentasche und hielt es Legg unter die Nase.

Die eisgrauen Augen unter dem Kurzhaar wurden schmal. »Komm rein!« Legg riss dem Mann im sahnefarbenen Anzug das Blatt aus der Hand. Millen grinste.

Das Wohnmobil war das größte, was man auf dem Markt kriegen konnte. Basis war ein Überlandbus mit zwei Antriebsachsen. Auf dem Fahrgestell ruhte eine rollende Villa. Legg schätzte die Beweglichkeit ebenso wie den Luxus. Das Grundstück am Whitty Lane in Flatbush zählte zu seinen Stammquartieren. Dabei störte ihn die Nähe des Rangierbahnhofs überhaupt nicht. Für ihn zählten andere Gesichtspunkte, wenn er ein Abbruchgelände pachtete, auf dem vorerst noch nicht wieder gebaut wurde. Etwa, dass es keine Wohnhäuser in der Nachbarschaft gab. Keine ständigen Beobachter also.

Loraine und die Bodyguards hausten in einem Mobile Home, das weiter hinten stand, vor dem hohen Bretterzaun, der den Blick auf die Schienenanlagen verwehrte. Das Home sah aus wie ein Container mit Fenstern und musste mit Hilfe eines Krans auf einen Trailer gehievt werden, wenn es bewegt werden sollte.

In Leggs Luxusmobil gab es einen komfortablen Livingroom. Außerdem Schlafzimmer, Bad und Küche. Im Heck befand sich eine Garage mit einem Buggy darin. Legg war stolz darauf, das Geschütz selbst fahren zu können.

Im Cockpit waren Bildschirme eingebaut. Videokameras am Heck dienten als Rangierhilfe. Wenn das Wohnmobil nicht fuhr, waren die Kameras Bestandteil der Alarmanlage.

Simon Legg verlor den Appetit auf sein Frühstück, während er das Extrablatt studierte.

Millen setzte sich ihm unaufgefordert gegenüber und zierte sich nicht lange. Er bediente sich aus der Isolierkanne. Der Kaffee war frisch aufgebrüht. Millen hätte einen Wutausbruch erwartet. Leggs Stimme war jedoch erstaunlich leise, als er endlich anfing zu reden. Vielleicht aber bedeutete dies nur, dass er sich in einem unendlich gefährlicheren Zustand befand. Er glättete das Extrablatt mit bedächtigen Handbewegungen, als müsste er es besonders pfleglich behandeln.

»Das ist dieser Grant, nicht wahr? Dein früherer Kollege. Dieser Saubermann.«

»Durch und durch«, nickte Millen. Er schlürfte

Kaffee und zündete sich eine Zigarette an. Da sein Gegenüber keinerlei Reaktion zeigte, nahm er sich auch ein Stück Baguette mit zartem Schinken.

»Grant macht gefährliche Stimmung«, murmelte Legg. »Das ist einer, der Leute aufhetzen kann.«

»So sehe ich es auch«, entgegnete Millen kauend.

»Wie sieht es an der Nostrand Avenue aus?« Legg tippte auf das bedruckte Zeitungspapier. »So schlau, wie er ist, hat er doch nicht alles mitgekriegt.«

»Der FBI hat so was wie eine Nachrichtensperre verhängt. Die wissen natürlich genau, wie Mackey ums Leben gekommen ist.«

Legg grinste geschmeichelt. »Erzähl mir nicht, was ich schon weiß. Was ist mit den Weibern? Was mit McNamara? Loraine hat Greenberg losgeschickt, damit er sich unauffällig umsieht. Wir haben aber noch keine Nachricht.«

»Da bin ich natürlich schneller«, erklärte Millen. Er schenkte Kaffee nach und nahm das zweite Baguette. »Die zehn Geiseln wurden festgenommen. Und McNamara ist es auch nicht besser ergangen. Mehr ist im Moment nicht herauszukriegen. Ich bin dabei, wenn die Pressekonferenz stattfindet. Davor können sie sich nicht drücken.«

»Sie können«, knurrte Legg. »Verlass dich drauf.« Er presste die Lippen zusammen. Minutenlang schwieg er. Unvermittelt hob er den kantigen Kopf. Millens angestrengtes Kauen schien er nicht zu bemerken. »Du bist nicht hergekommen, nur um mir das Machwerk dieses Zeitungsschmierers zu zeigen.«

Millen schüttelte den Kopf und schluckte rasch hinunter. »Nein. Ich hab es schon gesagt. Ein Angebot. Eine Idee, wenn du so willst.«

»Diesen Grant betreffend?«

»Hautnah«, grinste der blonde Sonnyboy. »Wenn wir beide uns einig werden, hat mein Freund Trevor nichts mehr zu lachen.«

»Das würde dir wohl gefallen, was?«

»Ich würde alles tun, um ihn klein und hässlich am Boden zu sehen.«

»Wozu der Neid Menschen treiben kann!« Legg blies die Atemluft durch die Nase. »Grant hat es zu etwas gebracht. Du nicht. Das reicht dir, um ihn zu hassen?«

»Das nicht allein«, knurrte Millen. »Es ist diese verdammte Art, die er an den Tag legt. Erst so tun, als ob man nicht bis drei zählen kann, und dann mit einem Paukenschlag rauskommen. Hinterhältig nenne ich das. Außerdem hatte er die besseren Voraussetzungen. Mir fehlt das Kapital.«

»Und deshalb bist du hier.«

»Exakt.«

»Grant ist dir nie irgendwie persönlich an den Karren gefahren?«

»Nicht direkt, nein …«

»Und du ihm auch nicht?«

»Nein. Bei ihm war ich immer vorsichtig.«

»Gut.«

»Wieso denn das?«

Legg beugte sich vor und fixierte den blonden Mann mit kalten grauen Augen. »Wenn man eine Sache in Gang bringt, sollte es keine alten, unbezahlten Rechnungen geben.«

»Heißt das, wir könnten zusammenkommen?« Millen leerte seinen Becher mit einem Ruck und zündete sich eine Zigarette an.

»Durchaus.« Legg lehnte sich wieder zurück. »Dein Neid ist so verdammt stark, dass du es fertig bringst, einen anständigen Kerl wie Grant kaputtzumachen.«

Millen lächelte geschmeichelt. »Das mit dem anständigen Kerl meinst du doch wohl nicht ernst.«

Legg grinste nur. »Lass hören, was du dir gedacht hast.«

»Wir brauchen nur eine vernünftige Druckerei«, antwortete Millen rasch. »Die müsste nicht mal in Flatbush sein. Hauptsache ist eine Rotation, die uns mindestens fünfzigtausend Auflage pro Nacht ausspuckt. Den Rest stampfe ich innerhalb von drei, vier Tagen aus dem Boden: Redaktion, Anzeigenabteilung, Vertrieb.«

»Nimmst du den Mund nicht zu voll?«

»Nein. Ich kenne genug Leute, die herumsitzen und Däumchen drehen. Alles Überbleibsel vom Chronicle. Die wären froh, wenn sie morgen wieder eine richtige Aufgabe hätten.«

»Okay, dann gib sie ihnen! Wenn es dazu beiträgt, dass wir in Flatbush unsere Ruhe haben, hast du freie Hand.«

Bruce Millen sprang auf. Er nahm sich nicht einmal die Zeit, die Zigarette zu Ende zu rauchen.

Das alkoholselig schlummernde Girl im Rabbit hatte sich im Schlaf gewälzt und halb entblößt. Millen verschwendete keinen Blick. Hölle und Teufel, er hatte richtig kalkuliert, hatte Simon in der richtigen Stimmung erwischt!

Dies war sein Glückstag.

Der Seewind blies kühl. Die Luft trug die Weite des Atlantiks in sich – salzig und schwer. Nach der Sonnenglut in den Betonschluchten war es eine Erholung. Und die Klimaanlage in meinem Jaguar vermochte die Brise am Strand von Long Island nicht zu ersetzen.

»Es ist schön hier«, sagte Sun Rose. Der Wind fächerte ihr langes schwarzes Haar. Sie lächelte, als sie mich ansah.

Ich wusste, dass sie nicht nur die Küstenlandschaft meinte. Es machte mir zu schaffen. Sie konnte mir vorwerfen, dass ich kein faires Spiel mit ihr trieb. Ich musste mit ihr darüber reden. Bislang lastete das

Unausgesprochene zwischen uns, obwohl Sun Rose die Schein-Freiheit genoss. Es war der dritte Tag nach ihrer Festnahme. Und nach wie vor war sie die Einzige, bei der ich den Hauch einer Reaktion auf meine Fragen festgestellt hatte.

Wir verließen die Strandpromenade von Ocean Beach und nahmen den Weg, der zu einer der Klippen hinaufführte. Es ergab sich, dass ich meiner Begleiterin half. Sie zog meinen Arm um ihre Hüfte. Wie sie es tat, wirkte es fast selbstverständlich. Ich ließ es geschehen. Die Kolleginnen hatten Sun Rose einen leichten Hosenanzug besorgt. Der beigefarbene Baumwollstoff unterstrich ihren Bronzeteint. Sie bewegte sich leichtfüßig in den Tennisschuhen. Wir waren allein auf der Aussichtsplattform. Das Gedränge herrschte am Strand, zwischen Promenade und Brandung. Sun Rose löste sich von mir, als wir an die Balustrade traten. Sie wirkte verlegen.

»Ich möchte über das sprechen, was mir wichtig ist«, sagte sie leise. Sie wagte nicht, mich anzusehen.

»Ich höre zu«, antwortete ich behutsam.

Jetzt hob sie den Kopf. Ein Schleier lag über ihren Augen. »Ich will nicht egoistisch sein, Jerry. Aber ich kann nicht mit Ihnen reden, bevor ich nicht das Wichtige erklärt habe.«

»Ich weiß. Und ich werde keine Fragen stellen.«

Tränen sickerten aus ihren Augenwinkeln. Doch sie nahm sich zusammen. Sie wusste, ich war nicht ihr Therapeut, auch wenn ich eine Menge tat, um sie meinen Beruf vergessen zu lassen.

»Meine Eltern gehören dem Stamm der Creek an«, begann sie zaghaft. »Bis letztes Jahr habe ich bei ihnen gelebt, in einer Reservation in South Dakota. Meine Geschwister sind schon alle verheiratet. Ich war die Letzte, die noch zu Hause wohnte. Nur deshalb ...« Sie stockte.

»Sie müssen sich für nichts schämen«, sagte ich. »Sie

sind nicht vom FBI in Gewahrsam genommen worden, weil Sie etwas getan haben.«

»Ich weiß. Es ist nur – nun, ich will niemandem die alleinige Schuld an dem geben, was mit mir geschehen ist. Auch ich habe Schuld. Ich hatte nicht die Kraft zu fliehen, bevor ich in New York City ankam.«

»Ich glaube nicht, dass das möglich gewesen wäre.«

»Woher wissen Sie das?«

»Ich stelle mir vor, dass diejenigen, die Sie herbrachten, sehr gut aufgepasst haben.«

»Das stimmt.«

»Und in dem Haus an der Nostrand Avenue gab es keine Chance mehr, auch nur an Flucht zu denken.«

»Sie haben Recht, Jerry. All das ist wahr.« Ihre Stimme erstickte fast. »Es fällt mir so furchtbar schwer. Wissen Sie, ich habe meine Eltern immer sehr geschätzt. Trotz allem. Aber ich kann auch nicht vergessen, was sie mir angetan haben. Der Alkohol ist keine Entschuldigung dafür.«

»Sie haben Sie verkauft.«

Sun Rose zuckte zusammen. Die Wahrheit in unmissverständlichen Worten zu hören war wie ein Hieb für sie. »Ich kann es nicht beweisen«, murmelte sie. »Ich weiß nur, dass eines Tages Männer auftauchten und mich abholten. Wir fuhren in einem Wohnmobil bis New York. Ich war von Anfang an eine Gefangene. Ich durfte den Wagen nicht verlassen.«

»Wenn es uns gelingt, den Mann vor Gericht zu bringen, der hinter allem steht, können Sie dazu beitragen, dass er bestraft wird.«

»Ich weiß. Aber ich habe Angst. Ich habe ihn nie gesehen. Auch die anderen nicht. Trotzdem fürchten sich alle vor ihm. In 1351 war es, als ob er ständig anwesend wäre, in jedem Zimmer.«

»Dank seiner Überwachungsanlagen«, nickte ich. Ich wusste inzwischen, dass sie das Haus an der Nostrand Avenue nur mit der Nummer bezeichneten, wenn sie unter sich waren. »Der FBI hat Mittel und Wege, Sie zu schützen, Sun Rose. Wir werden Ihnen sogar helfen, ein völlig neues Leben anzufangen.«

»Haben Sie mich deshalb hierher gebracht?«

Ich glaubte, die Andeutung eines Vorwurfs herauszuhören. Es musste gesagt werden. Jetzt sofort. Denn es war die Barriere zwischen uns. »Ich spiele Ihnen nichts vor, Sun Rose. Ich habe von Anfang an nicht vorgehabt, Sie zu verletzen. Aber ich konnte mir Ihr Schicksal ungefähr vorstellen. In einer Vernehmungszelle kann ich Ihnen nicht vor Augen führen, wie die Freiheit aussieht. Ich kann es sicherlich auch nicht dadurch, dass ich Ihnen ein Stück Strand zeige. Aber Sie könnten eine Ahnung davon bekommen, was das Leben noch für Sie bereithält. Ihre Zukunft muss nicht aus Angst bestehen. Gemeinsam können wir die Ursache der Angst beseitigen.«

»Das glaube ich nicht. Es tut mir sehr Leid, Jerry. Ich habe so viel darüber gelesen, dass Verbrecher vor Gericht immer wieder mit einem blauen Auge davonkommen ...«

»Leider stimmt das«, nickte ich. Ich konnte ihr nichts vormachen. Mit Beschwichtigungen und Beschönigungen erreichte ich bei ihr überhaupt nichts. Und sie hatte es einfach nicht verdient, über irgendetwas im Unklaren gelassen zu werden. »In schwerwiegenden Fällen können wir auf das Federal Witness Program zurückgreifen«, erklärte ich. »Danach können Kronzeugen rund um die Uhr von US Marshals bewacht werden – an einem geheimen Ort! Außerdem können diese Zeugen eine völlig neue Identität erhalten, sogar ein anderes Gesicht. Unsere SchönheitsChirurgen sind da wahre Meister. Sie würden ein anderes Leben anfangen. An einem Ort, den niemand kennt, der in Ihrem früheren Leben eine Rolle gespielt hat.«

Sie runzelte die Stirn. »Bin ich so wichtig, Jerry?«

»Sie können es werden, Sun Rose.«

»Habe ich Bedenkzeit?«

»Aber ja. Vor morgen früh hören Sie von mir kein Wort mehr über dieses Thema.«

Sie lächelte. »Darf ich – einen Wunsch äußern? Wenn es nicht zu unverschämt ist …«

»Es ist weder unverschämt, noch will ich Ihre Zeugenaussage kaufen, Sun Rose. Sagen Sie einfach, was es ist.«

»Nehmen Sie mich in den Arm. Halten Sie mich fest, Jerry. Nur einen Augenblick. Ich möchte träumen. Einem Mann wie Ihnen bin ich noch nie begegnet.«

Ich war froh, ihren Wunsch erfüllen zu können. Denn so musste ich sie nicht ansehen. Bestimmt hätte sie in meinen Augen gesehen, dass sie mein Innerstes getroffen hatte. Ich fühlte mich hundsmiserabel. Ich wollte sie nicht ausnutzen, indem ich ihre Gefühle als Mittel zum Zweck verwendete.

Ich sagte es ihr, während sie sich noch fest an mich schmiegte.

Sie flüsterte an meiner Schulter: »Ich weiß, dass Sie ein Mann sind, den keine Frau jemals ganz erobern wird, Jerry. Ich hätte eine solche Hoffnung schon gar nicht, denn ich weiß, was uns trennt. Vielleicht ist es so, dass ich in Wahrheit Sie ausnutze, Jerry. Heute, in diesen paar Stunden.«

»Wirklich?« Mein Erstaunen war echt.

»Ja, im Ernst.« Sie lachte leise, schob sich von mir zurück und blickte zu mir auf. »Ich genieße diesen Ausflug so sehr – Sie können es sich nicht vorstellen. Und dabei habe ich Ihnen noch keinerlei Versprechungen gemacht, was meine Aussage angeht. Sie müssen wahrhaftig keine Bedenken haben, Jerry. Nicht meinetwegen.«

»Einverstanden.« Ich erwiderte ihr Lächeln.

»Und jetzt möchte ich Sie erst richtig ausnutzen.« Es klang regelrecht übermütig, wie sie es sagte.

»Nur zu.«

»Würden Sie mich in ein italienisches Restaurant einladen? Ich möchte einmal eine Pizza essen, die nicht in Styropor-Verpackung frei Haus geliefert wird.«

»Das fällt nicht unter die Rubrik Ausnutzen. Im Übrigen gibt es bei den Italienern nicht nur Pizza. Kommen Sie. Ich kenne ein erstklassiges Lokal drüben in Brightwater.«

»Pizza genügt mir. Fällt das bei Ihnen wenigstens unter Spesen?«

»Kriegen Sie jetzt um Himmels willen keine Gewissensbisse. Schluss der Debatte!«

Erstaunlicherweise widersprach sie nicht. Unternehmungslustig hakte sie sich bei mir ein.

»Schon wieder Schlussdienst?« Er sagte es auf eine spöttische Weise mitfühlend. In der Dunkelheit war kaum mehr als das Weiß seiner Augen und seiner Zähne zu erkennen.

Donna erschrak. Alles in ihr schrie danach, zurückzulaufen in den Gebäudeeingang. Aber sie hatte schon abgeschlossen. Und die Drucker hinten im Rotationstrakt waren meilenweit entfernt. Selten hatte sie sich in den letzten Jahren so allein und hilflos gefühlt.

Bruce Millen schaffte das auf Anhieb.

Es war kein Zufall, dass er einen dunklen Anzug trug, dunkle Schuhe, ein dunkles Hemd. Er hatte sich darauf vorbereitet, ihr in der unbeleuchteten Zone neben dem Eingang aufzulauern. Sie versuchte, ihren Mut zusammenzuraffen, sich nichts anmerken zu lassen. Doch schon im nächsten Moment verfluchte sie sich selbst, weil ihre Stimme so elend vibrierte.

»Es tut mir Leid, Bruce. Für diese Art von Begegnungen habe ich nichts übrig. Lass mich bitte in Ruhe! Ich möchte nach Hause.«

Er lachte. Seine Augen und Zähne blitzten. »Du

liebe Güte, ich habe schon überlegt, ob ich dich entführen soll! Dagegen ist dies doch harmlos – diese Art von Begegnung …« Er zerkaute die Silben förmlich.

»Bitte, Bruce! Ich möchte jetzt wirklich …«

»Um Himmels willen, reg dich nicht auf, Donna. Wie lange ist es her, dass wir mal die traute Zweisamkeit genossen haben? Fünf Jahre, sechs Jahre?«

»Ich erinnere mich nicht gern daran.« Sie suchte nach einem Weg, sich an ihm vorbeizuzwängen.

»Jetzt wirst du unfair, Donna. Das habe ich nicht verdient. Ich habe dich all die Jahre in Ruhe gelassen, nachdem ich gemerkt hatte, dass ich bei dir nicht mehr landen konnte.«

Sie ging nicht darauf ein. Sie wusste, wie gefährlich es war, sich in ein Gespräch mit ihm einzulassen. »Bruce, ich bitte dich zum letzten Mal! Lass mich vorbei. Was, in aller Welt, willst du von mir?«

»Ahnst du das denn nicht? Ich will dich verführen, entführen – meine besondere Art von Sabotage.«

»Mein Gott.« Sie schüttelte entnervt den Kopf und seufzte. »Für diese Sorte Spaß bin ich zu müde.«

»Der Spaß ist die Wahrheit. Aber okay. Gönnen wir uns doch gemeinsam einen Drink, und ich bin zufrieden. Ich werde dir nicht mehr auf die Nerven gehen. Es sei denn …«, er beugte sich vor, und im matten Lichtausläufer der fernen Straßenlampe zeichnete sich sein Schmunzeln ab, »… ich könnte nach dem einen Drink doch noch bei dir landen.«

»Himmel nochmal, du bist unverbesserlich, Bruce Millen.« Ihr war, als hörte sie eine andere reden – eine andere, die allen Widerstand aufgab.

Millen lachte zufrieden. »So gefällst du mir schon besser! Sag selbst: Was sollte ich denn machen? Wäre ich einfach bei euch in der Redaktion aufgekreuzt, hättest du es fertig gebracht, die Cops zu rufen.«

»Allerdings.« Sie empfand auch noch Stolz darüber, dass er sie für so resolut hielt. Oder fühlte sie sich geschmeichelt? Sie versuchte, sich selbst zu ergründen – in diesen wenigen Sekunden, die ihr noch blieben. Wenn sie erst mit ihm ging, war es zu spät. Das wusste sie. Und, zum Teufel, sie kannte ihn!

Nichts von dem, womit er Frauen an Land zog, war ernst gemeint. Er war der geborene Abenteurer. Einer, der nach dem Risiko regelrecht gierte und so manches Mal mit Pauken und Trompeten unterging. Dann wiederum gab es Momente, in denen er als strahlender Held dastand. An der Seite der Oscar-Preisträgerin aus Hollywood, und die Klatschseiten der Zeitungen brachten es mit Bild und Text. Die russische Primaballerina, die in New York Schlagzeilen machte, wurde plötzlich zusammen mit Bruce Millen gesehen. Und der Scheich aus dem fernen Golf-Emirat lud ihn auf seine Privatyacht ein, sobald sie an einem New Yorker Pier lag.

Schusterte er aber einen Artikel zusammen, der dann auch noch gedruckt wurde, gab es nicht selten eine Katastrophe. Fakten hieb- und stichfest zusammenzutragen war nicht die Stärke Bruce Millens. In den Jahren seiner journalistischen Tätigkeit hatte er jede Menge Schadensersatz-Prozesse ausgelöst. Dass er meist mit einem blauen Auge davongekommen war, hatte er allein den erstklassigen Rechtsanwälten seiner Verleger zu verdanken.

Donna sah sein Lächeln in der Dunkelheit. Sie wusste nicht, ob es spöttisch oder einfach freundlich war. Aber es führte dazu, dass sie sich ertappt fühlte. Es war unglaublich. Sie hatte ihre Gefühle ergründen wollen. Und was hatte sie getan? Über ihn nachgedacht, ihn in Gedanken angehimmelt! Unfassbar.

Seine Stimme durchsickerte ihr geschwächtes Selbstbewusstsein. »All right, Donna, lassen wir die Vergangenheit auf sich beruhen. Ich weiß, nach einem langen Tag ist es unverschämt von mir, dich noch in eine Bar schleppen zu wollen. Aber andererseits weiß ich, wie aufgedreht man nach so einem Schlussdienst ist. Und ich kann dich ja schlecht fragen, ob du mit zu mir kommst. Stimmt's?«

Donna lachte. Sie sträubte sich schon nicht einmal mehr dagegen, sich von ihm aufheitern zu lassen. »Mein Gott, Bruce, ich frage mich, ob du jemals ein ernst zu nehmender Mensch werden wirst!«

»Lass uns die Frage in etwas gemütlicherer Atmosphäre ergründen. Aber genau genommen bin ich an mir weniger interessiert als an dir.«

»Früher nannte man so was Süßholzraspeln.«

»Heute auch noch, glaube ich. Nur – ich kann doch schlecht mit der Wahrheit herausrücken.«

»Mit welcher von deinen vielen Wahrheiten?«

»Es gibt nur die eine. Ich werde dich aushorchen, um Sabotageakte gegen Trevors Laden vorzubereiten.«

»Eine Hinterhältigkeit, die man zugibt, ist schon gescheitert.«

»All right, dann bist du ja in Sicherheit.«

Donna hörte keinen Unterton. Deshalb verwarf sie den nur schwach aufkeimenden Gedanken, nachzuhaken, weshalb sie etwa nicht sicher sein sollte. »Ehrlich gesagt«, entgegnete sie stattdessen, »habe ich keine große Lust, mir in diesem zugigen Eingang die Nacht um die Ohren zu schlagen.«

»Als Sechzehnjährige hättest du Zugluft nur vom Hörensagen gekannt.«

Donna musste erneut lachen. »Um flotte Sprüche bist du immer noch nicht verlegen.«

»Ein Bestandteil meines Erfolgsgeheimnisses. Hören wir also auf, uns die Zugluft um die Ohren zu schlagen? Kennst du die Bar ›Prospect Light‹?«

»Nur dem Namen nach.«

»Der Laden ist an der Parkside Avenue. Erst vor ein paar Wochen eröffnet. Ein alter Gewölbekeller, den sie renoviert haben. Hat so etwas von Piraten-Romantik, verstehst du?«

»Eine passendere Umgebung könnte es für dich ja kaum geben.«

Diesmal lachte er.

Donna ging mit ihm. Ihren Dodge Omni ließ sie stehen. Drei Häuser weiter erlebte sie die nächste Überraschung, als Bruce auf einen Wagen zusteuerte, den er auch tatsächlich mit seinem eigenen Schlüssel aufschloss. Ein Cadillac Allanté in hellem Metallicblau, das neueste und aufsehenerregendste Modell aus der Produktion der Nobelfirma. Die Karosserie des zweisitzigen Roadsters wurde von Pininfarina in Italien gefertigt und zur Endmontage nach Detroit geflogen. Donna kannte diese Einzelheiten, da sie für die Wochenendausgabe des ›Flatbush Today‹ auch Autoseiten zusammenstellte.

Bruce Millen bemerkte das Staunen seiner Begleiterin. Über das Wagendach hinweg erklärte er ihr, dass man selbst ohne festen Job nicht untätig sein müsse. Sie nickte. So genannte kleine Nebengeschäfte waren schon immer seine Stärke gewesen. Als Lebenskünstler hatte er seine Talente. Wenn andere in seiner Lage abgebrannt waren, schleppte er dicke Bündel Geldscheine mit sich herum. Wenn andere auf die Subway angewiesen waren, kaufte er sich den neuesten Luxusschlitten.

Die Bar an der Südseite des Prospect Park war genau das, was Bruce beschrieben hatte. Ein Gewölbe zum Wohlfühlen. Schiffsschrauben, Fischernetze und Rettungsringe verbreiteten den rauen Hauch der Seefahrt. Behagliche Polsternischen luden ein, sich darin zu verkriechen. Donna entschied sich für einen Manhattan. Bruce prostete ihr mit seinem Whisky Sour zu, und schon nach zwei Zigarettenlängen spürte sie, wie innere Verkrampfung und Anspannung von ihr abfielen. Bruce war ein brillanter Plauderer, wie früher. Von der Zeitungsbranche sprach er indessen mit keinem Wort. Zum zweiten, dritten und vierten Drink brauchte er sie nicht zu überreden. Dass er sich zurückhielt und auf Alkoholfreies umstieg, schrieb sie der Tatsache zu, dass er nicht beabsichtigte, ein Taxi zu nehmen. Auf den eigenen Wagen wollte er nicht verzichten. Hatte er vor, die Liegesitze seines feinen Roadsters einzuweihen? Wenn sie nicht schon eingeweiht waren? Die guten alten Teenager-Praktiken hatten doch immer wieder ihren Reiz.

Ihre Vermutung schien sich zu bestätigen. Sie spürte, wie unsicher ihre Knie waren, und freute sich, dass er sie auf dem Weg zu seinem Italo-Cadillac stützte. Im fernen Osten, jenseits des Häusermeers von Brooklyn, stieg ein grauer Lichtstreifen aus dem Atlantik. Die Morgensonne schickte ihre Vorboten. Doch in den Backstein- und Betonschluchten des größten New Yorker Stadtbezirks war es noch dunkel. Die Straßenlampen formten Lichtbälle im heraufziehenden Nebel. Donna fröstelte und war Bruce dankbar dafür, dass er die Klimaanlage auf Heizleistung schaltete.

»Jetzt zeig ich dir was«, verkündete er, nachdem er angefahren war.

»Auf Briefmarkensammlungen bin ich nicht scharf.« Sie lachte glucksend in sich hinein und fühlte sich wie ein albernes Schulmädchen.

»Ich weiß, worauf Frauen scharf sind«, prahlte er. »Verlass dich drauf.«

»Das kaufe ich dir unbesehen ab. Ich nehme an, du hast nicht vor, mich nach Hause zu bringen.«

»Du vermutest richtig.« Seine Stimme strahlte Überlegenheit aus, Siegesgewissheit.

Donna fand nichts dabei, sich besiegen zu lassen.

Zehn Minuten später hielt er am Straßenrand vor einer riesigen Baustelle. Er half Donna aus dem Wagen. Stirnrunzelnd betrachtete sie den hohen Bretterzaun, der sich am Bürgersteig entlangzog. In der kühlen Nachtluft lag der Geruch von Beton, der am Vortag noch eine schlammige Masse gewesen war.

Donna legte den Kopf in den Nacken. Eine Konstruktion aus Stahl, Einschalungen und Gerüsten erhob sich und verlor sich in der Dunkelheit.

»Für eine fertige Wohnung hat dein Geld nicht gereicht, was?« Donna fand sich unsagbar humorvoll, als sie diese Bemerkung ersonnen hatte.

»Du liegst nicht ganz daneben«, grinste er und legte den Arm um ihre Hüfte. »Ich werde eine Wohnung in diesem Bau haben. Das Penthouse, um genau zu sein. Als Chefredakteur hat man auch seine Repräsentationspflichten.«

»Chefredakteur?«, echote sie, während sie sich von ihm an dem Zaun entlangführen ließ. »Du?«

»Ich habe das Penthouse nicht für einen anderen gekauft.«

»Herzlichen Glückwunsch!«

»Danke. Die Schlüssel habe ich schon.«

»Schlüssel?«

»Für meine neue Bleibe.«

»Aber …«

»Ich weiß, ich weiß, das ist alles ein bisschen viel auf einmal.« Er blieb stehen und öffnete das Schloss einer Tür im Bauzaun. »Aber was meinst du, wenn du erst vom ›Brooklyn Star‹ hörst!«

»Brooklyn Star?« Donna kam sich zunehmend einfältiger vor, da sie alles wiederholte. Sie kannte die Ursache, weshalb sie zu geistreichen Entgegnungen nicht mehr fähig war. Der Alkohol begann, ihren Verstand zu vernebeln. Die Erkenntnis allein bewirkte jedoch keine Besserung.

»Ein neuer Stern am Zeitungshimmel«, sagte Bruce Millen. Zielstrebig führte er Donna über Planken, vorbei an Stapeln von Gerüstteilen, an Baumaschinen und hohen Kränen. »Wir verändern die Landschaft. Was in Brooklyn pressemäßig läuft, wird nicht länger nur von Manhattan aus gesteuert.«

»Aber das wird es doch sowieso nicht«, entgegnete

Donna mit einiger Anstrengung. »Es gibt den ›Flatbush Today‹. Und es gibt …«

»Ein paar andere kleine Krauter. Ich weiß.« Millen öffnete die Frontklappe eines Bauaufzugs, für den er ebenfalls Schlüssel besaß. »Der ›Brooklyn Star‹ wird von Anfang an in großem Rahmen aufgezogen. Ich habe das Know-how, mein Geldgeber das Kapital. Natürlich können die Kleineren dabei auf der Strecke bleiben. Das ist nun mal so im Leben. Immer und überall. Wenn etwas aus der Landschaft verschwindet, ergeben sich neue Perspektiven. Das war eben der Fall, als der Chronicle dichtmachte.«

Donna sah ihn mit großen Augen an. »Ist das wahr?«, hauchte sie. »Ich meine – stimmt das – mit diesem ›Brooklyn Star‹?« Sie achtete nicht auf ihre Umgebung. Ihre Verblüffung war zu groß. Dass die Frontklappe zuschlug und ein starker Elektromotor ansprang, wurde ihr nicht bewusst.

»Würde ich dir sonst erzählen, dass ich Chefredakteur werde?«

Donna glaubte zu taumeln. Der Holzboden unter ihr schien sich in eine weiche Masse aufzulösen. Sie öffnete den Mund, schloss ihn und öffnete ihn wieder. Doch sie bekam kein Wort heraus. Ihre Gedanken fuhren Karussell. Im Zentrum war Trevor, an den sie in den letzten Stunden überhaupt nicht gedacht hatte. Schmerz erfüllte sie. Mitleid. All das Geld, das er investiert hatte, würde verloren sein. Die Kapitaldecke seines jungen Verlags war zu dünn. Jennifer würde sich mit ihren Befürchtungen bestätigt sehen. Die Katastrophe war in greifbare Nähe gerückt. Mindestens das.

Auf einmal hasste sich Donna dafür, dass sie Bruce Millen Gesellschaft geleistet hatte. Es war immer dasselbe mit ihm. Nichts hatte sich geändert. Er gaukelte den Menschen etwas vor und versetzte ihnen dann grinsend einen heimtückischen Hieb – dann, wenn sie gerade ein bisschen Vertrauen zu ihm gefasst hatten.

Erst als der Fahrstuhl stoppte, wurde ihr die Wirklichkeit wieder bewusst.

Millen stieß die Klappe auf. Er führte Donna hinaus auf eine Betonfläche. Stahlträger ragten auf und bildeten scharfkantige Rechtecke und Quadrate. Alles schien in einem wattig-schwarzen Nichts zu schweben.

»Dies wird der Livingroom«, erklärte Millen. »Man hat einen fantastischen Ausblick auf die Upper Bay. Die Lichter, die du da hinten siehst, gehören zu Staten Island. Weiter rechts ist Newark.« Er blieb mit ihr vor einem waagerecht in Hüfthöhe verlaufenden Träger stehen.

Donna schrie gellend.

Das Entsetzen hämmerte auf sie ein – im jäh rasenden Rhythmus ihres Herzschlags.

Die Tiefe sprang sie an. Das gähnende Schwarz war die grausame Macht eines riesigen Rachens, und die winzigen Lichter, kleiner als Stecknadelköpfe, funkelten auf dem Boden des Schlunds, der sie verschlingen wollte.

Donna konnte nicht aufhören zu schreien. Ihre Muskeln verkrampften sich, gehorchten nicht mehr. Sie wollte sich fallen lassen, um sich auf dem harten Betonboden festzukrallen. Es gelang ihr nicht. Die eigene Stimme schrillte betäubend in ihren Ohren. Eine scheinbare Nüchternheit führte ihr mit eisiger Klarheit das Grauen vor Augen.

Die Anziehungskraft der Tiefe begann zu wirken.

Die weite Betonfläche wurde zu einer winzigen Plattform auf einem schwankenden Turm, der geländerartige Stahlträger zu einer unbedeutenden Fußleiste.

»Ich muss noch mal weg«, sagte Millen wie aus zehn Yards Entfernung. »Aber es wird dir in meiner neuen Bleibe bestimmt nicht langweilig werden. Bei so einem Ausblick brauchst du nicht mal einen Fernsehapparat!« Sein Lachen klang wie eine Folge von trockenen Schlägen in ihrem Schrei. Das Geräusch des

Fahrstuhls hörte sie nicht. Die Muskelkrämpfe jagten Schmerzwogen durch ihren Körper. Ihre Stimmbänder fingen an zu versagen. Ihr war, als stürze sie. Der Turm schwankte heftiger, das Schwarz verschlang sie nun wirklich. Die Lichter rasten auf sie zu wie gleißende Pfeile. Trotz Panik und Todesangst konnte sie nur noch krächzen. Dann war es vorbei.

Unendliche Leere nahm sie auf. Finster und endgültig. Angst und Schmerzen hörten auf.

Sie erwachte im hellen Licht, und eine Ewigkeit lag hinter ihr. Ihr anfangs verschleierter Blick erfasste besorgte Gesichter. Wettergegerbt waren sie, und sie trugen verschiedenfarbige Helme.

Dann schrie und zitterte sie, als die Männer ihr auf die Beine halfen. Im Tageslicht war die Tiefe noch viel entsetzlicher als bei Nacht. Vierzig Stockwerke hoch, das erfuhr sie jetzt, nach ihrem gestammelten »Wo bin ich?«. Und dass ein gottverdammter Hundesohn Schlüssel verschachert haben musste. Die Männer palaverten auf dem Abwärtsweg im Fahrstuhl. Einen Abdruck zu machen war kein Problem. Und die Chance, den Hundesohn zu finden, war gleich null. Zu viele Burschen auf dem Bau waren schon gefeuert worden, zu viele neu eingestellt. Tagtäglich passierte das.

Donna zitterte noch immer, als sie auf festem Boden stand. Die Retter setzten sie in ein Taxi, und das Zittern hörte nicht auf. Wie in Trance erreichte sie ihre Wohnung. Sie war nicht imstande zu telefonieren. Auch unter der Dusche zitterte sie noch. Es ging einfach nicht vorbei, denn es lag nicht an der Kälte der Nacht.

In Badepantoffeln schlurfte sie in den Livingroom und trank Whisky aus der Flasche. Drei lange Schlucke.

Schon Sekunden danach wurde sie ruhig.

Sie wusste, dass sie sich selbst aufgegeben hatte.

Bruce Millen hatte die Fassade zum Einsturz gebracht, die sie mit Trevors Hilfe so mühsam aufgebaut hatte. Millen, der Teufel, kannte ihre Urängste. Er wusste, wie er auf dieser Klaviatur spielen musste.

Diese schwarzen Augen waren unergründlich. Aber in der Tiefe der Pupillen setzte sich mit kleinen Funken das Lächeln fort, das um ihre Lippen spielte. Ich war fasziniert. Ich fing an, den Zorn zu verstehen, den sie für ihre Eltern hegte. Was sie ihr angetan hatten, würde nie wieder gutzumachen sein.

»Ich sage aus«, erklärte sie. »Und ich will dafür keine Einladung in ein italienisches Restaurant und keinen Spaziergang am Strand. Ich sage es hier, in dieser Zelle.«

Ich nahm ihre Hände von dem kahlen Vernehmungstisch. Die Lampe war nicht eingeschaltet. »Sun Rose«, entgegnete ich leise, »haben Sie es sich gut überlegt?«

»Ja. Sie haben mich ein bisschen kennen gelernt, Jerry. Sie müssten wissen, dass ich mir diese Entscheidung nicht leicht gemacht habe.«

Ich nickte. »Dann brauche ich Ihnen die Konsequenzen nicht noch einmal vor Augen zu führen?«

»Nein.«

»Und haben Sie nicht das Gefühl, dass ich Sie überredet habe?«

»Das haben Sie nicht getan, Jerry. Ich werde so etwas auch niemals behaupten.«

»Ich wollte es Ihnen nicht unterstellen. Sagen Sie, wann wir anfangen können.«

»Sofort. Ich möchte vorweg betonen, dass ich mich nicht wichtig machen will. Ich habe meinen Entschluss gefasst, weil ich weiß, dass ich niemals wieder eine solche Chance bekomme, mein Leben zu ändern.«

»Das stimmt sicherlich. Es könnte sein, dass wir Sie trotz allem an einen sicheren Ort bringen müssen, Sun Rose. Das hängt vom Fortschritt der Ermittlungen ab. Wenn es uns nicht gelingen sollte, die Verantwortlichen sofort zu fassen ...«

»Ich weiß. Darüber bin ich mir im Klaren. Werden Sie meine Aussage auf Band aufnehmen?«

»Ja. Sie wird dann abgeschrieben, und Sie erhalten das schriftliche Protokoll zur Genehmigung. Es gilt nur mit Ihrer Unterschrift.«

Sun Rose nickte. Sie straffte ihre Haltung mit einem Ruck.

Ich schaltete den Recorder ein.

Zehn Minuten später hatte ich das Wichtigste. Ich rief Phil in unserem gemeinsamen Office an, damit er mich ablöste. Ich verabschiedete mich von Sun Rose. Nur für den Moment. Den Namen des Mörders hatte ich: Edmond Loraine.

Loraine war Leggs rechte Hand. Jay Greenberg, der den Killer begleitet hatte, spielte eine untergeordnete Rolle.

Es kostete mich drei Telefongespräche mit V-Leuten, den derzeitigen Aufenthalt Simon Leggs herauszufinden. Ich rief das zuständige Revier in Flatbush an und veranlasste die Kollegen, das Grundstück am Whitty Lane zu umstellen. Sie mussten dazu ein bisschen auf den Gleisanlagen der Long Island Rail Road herumstaksen.

Phil und ich schwangen uns in den Jaguar und fegten los. Steve Dillaggio übernahm es, das Gespräch mit Sun Rose fortzusetzen.

Die schlechte Nachricht kriegten wir schon, als wir gerade eben die Brooklyn Bridge überquert hatten.

Am Whitty Lane stand nur noch ein Mobile Home. Aber drinnen hielt sich keine Menschenseele mehr auf.

Die Kollegen hatten Zigarettenstummel gefunden, die noch warm waren. Und der Kaffee in der

Isolierkanne musste erst kurz vorher aufgebrüht worden sein.

Im Zellentrakt ließ sich nicht alles verheimlichen. Harold McNamara und die Girls von der Nostrand Avenue hatten mittlerweile Kontakt zu verschiedenen Rechtsanwälten. Wenn etwas über Sun Roses vorübergehende Abwesenheit durchgesickert war, so musste es durch einen Zufall geschehen sein. Gesehen worden waren wir nicht. Aber vielleicht hatte einer der Anwälte die Indianerin zu sprechen verlangt, als sie nicht da gewesen war. Ein entsprechender Hinweis reichte für einen Fuchs wie Simon Legg. Er hatte zwei und zwei zusammengezählt. Und die Konsequenzen gezogen.

Trevor Grant zündete sich eine Zigarette an und warf die Schachtel auf seinen Schreibtisch. Er gab sich so gelassen wie möglich, als er auf die Oase aus Zimmerpflanzen zuschlenderte. Unbeabsichtigt streifte er einen Palmwedel, bevor er sich auf die Schreibtischecke setzte.

»Wo bleibt deine Ermahnung?«, fragte er. »Dass auch Pflanzen nicht ruppig behandelt werden dürfen, weil sie möglicherweise eine Seele haben. Dass es nicht verkehrt wäre, sich bei ihnen zu entschuldigen, wenn man ihnen schon etwas Böses tun musste.« Er strich über das große fächerförmige Blatt und sprach wie mit einem kleinen Hund: »Brave Palme, ist ja gut. War keine Absicht …«

Donna blickte von einem Stapel Telexblätter auf, die sie seit einer halben Stunde sichtete. Ihre Miene wirkte versteinert. »Bislang war es nicht deine Art, verletzende Scherze zu machen. Was ist es, das dich dazu herausfordert?«

»Dein Gesicht.«

»Was?« Sie ließ die Fernschreiben sinken. Ihr Blick

wurde anklagend. Nicht die Andeutung eines Lächelns erschien in ihren Mundwinkeln.

»Dein Gesicht«, wiederholte Trevor. »Es sieht aus, als hättest du sieben Tage im Regen gestanden.« Er zog an seiner Zigarette und schnippte die Asche in den Kristalltrog neben dem Keyboard.

Donna warf die Blätter auf die Schreibtischplatte. »Ich – ich verstehe das nicht«, stieß sie hervor. Ihre Handbewegungen waren hilflos, fahrig, suchend. »Warum greifst du mich so an? Was willst du damit bezwecken? Wenn du irgendwelche Aggressionen austoben musst, versuche es bei Jennifer. Da wärest du an der besseren Adresse.«

»Ich entdecke Aggressionen an dir, Donna. Bei mir sind es keine.«

»Sondern?« Ihre Lippen zuckten.

»Sorge.«

»Ach, du liebe Güte.« Sie senkte den Blick. »Habe ich mir etwa den falschen Arbeitsplatz ausgesucht? Sorgen haben wir alle irgendwann einmal. Wenn du jedes Mal so bissig wirst, werde ich es wohl nicht mehr aushalten können.«

»Jetzt wirst du verletzend. Es ist die Sorge um dich, Donna.«

»Trev, hör endlich auf! Rede nicht solchen Unsinn!«

»Ich wollte, es wäre Unsinn.« Er drückte seine Zigarette aus und stand auf. Dann stemmte er die Fäuste auf den Schreibtisch und beugte sich vor, sodass sie gezwungen war, ihn anzusehen. »Wenn du nicht darüber reden willst, kann ich dir nicht helfen. Ich maße mir nicht an, für alles ein Patentrezept zu haben. Aber wir hatten in der Vergangenheit ein recht gutes Verhältnis zueinander. Darauf begründe ich zumindest mein Recht, mir Sorgen zu machen.«

»Gut. Nichts dagegen einzuwenden. Aber in mir brauchst du keinen Grund dafür zu sehen. Ich komme sehr gut allein zurecht.«

Im ersten Moment war er versucht, sie auf den Unsinn dieser letzteren Bemerkung hinzuweisen. Doch er spürte, in welcher Verfassung sie war. Sie an die Vergangenheit zu erinnern, daran, wie wenig gefestigt ihr Selbstbewusstsein letztlich noch war, hätte nur noch mehr Trotz bei ihr hervorgerufen. Daher sagte er: »Dein Wagen stand die ganze Nacht und den halben Tag unten vor der Tür. Ich will mir nicht anmaßen, nach der Ursache zu fragen. Ich würde es überhaupt nicht zur Sprache bringen, wenn du nicht in diesem Zustand hier aufgekreuzt wärst. Du bist bleich wie die Wand. Und in dieser einen Stunde, die du jetzt hier bist, hast du nicht ein einziges Mal telefoniert.«

»Muss ich das?«, schnappte sie zurück.

»Nein. Nur – wenn du dich selbst beobachten würdest, müsstest du dir zumindest komisch vorkommen.«

»Jeden Tag ist man eben nicht in der Stimmung zu telefonieren.«

»Du warst es. Du warst süchtig nach Kontakten. In der ersten halben Stunde hier im Office hattest du mindestens zehn Informanten angerufen und Termine vereinbart. Das war jeden Tag so, Donna.«

»Na und?« Sie schrie es fast.

»Warum redest du nicht mit mir? Hast du die alten Zeiten vergessen?«

Sekundenlang wurden ihre Lippen zum Strich. »Wenn du so sehr um das seelische Wohlergehen anderer bemüht bist …«, flüsterte sie. Einen Moment lang zögerte sie. Doch dann hielt sie es nicht mehr zurück. »… solltest du bei Jennifer anfangen. Wenn dir an deiner Ehe etwas liegt, hättest du die Chance, sie zu reparieren.«

Für Trevor war es der Tiefschlag, den er von ihr nicht erwartet hatte.

Wortlos richtete er sich auf, drehte sich um und kehrte hinter seinen Schreibtisch zurück.

Es dauerte lange, bis Donna ihm folgte. Dann, als sie es tat, schimmerten Tränen in ihren Augen. Ihre Hände zitterten. Wie eine kleine Sünderin stand sie vor ihm. Ihre Gesichtsmuskeln zuckten. »Es tut mir Leid«, sagte sie tonlos. »Es tut mir so Leid, Trev. Ich wollte das nicht – nicht sagen.«

»Schon gut«, brummte er, ohne den Kopf zu heben. Er redigierte ein Manuskript und tat, als müsste er sich konzentrieren.

»Es ist so, Trev …« Sie atmete schwer. »Du kannst wirklich unbesorgt sein. Es ist alles in Ordnung. Manchmal steht man eben mit dem linken Bein zuerst auf. Das kommt bei mir zwar selten vor, aber heute ist es nun mal vorgekommen.«

»Dann ist es ja gut«, murmelte Trevor scheinbar geistesabwesend. Er blickte auch diesmal nicht auf.

Der Mann sah aus, als könnte er nicht einmal eine Kakerlake daran hindern, auf das Gelände vorzudringen. Das Faltenmeer seines Gesichts wies ihn als jemanden aus, der die Uniform eines Security Guard längst an den Nagel gehängt haben sollte. Dessen Rente hinten und vorne nicht reichte. Wie in so vielen Fällen. Vielleicht war er sogar einmal Cop gewesen. Der Revolver hing schwer an seiner Hüfte. Der Patronengurt war auf dem besten Weg, ihm eine Wespentaille zu schnüren. Noch ein paar Monate Dienst dieser Art, und er würde als lebender rechter Winkel durch die Gegend laufen.

Doch er war fest entschlossen, wie er da hinter dem Schlagbaum stand. Er versuchte, der grimmige Torwächter zu sein, der alle Verantwortung trug. Wie groß die Verantwortung war, zeigten die Buchstaben in Bogenform hoch über ihm. Hoch genug, dass Busse durchfahren konnten.
BAY LINE

Auf der weiten Fläche des Hofes standen die Peitschenmastlampen noch mit blassen Lichtflecken in der beginnenden Abenddämmerung. Das flache Verwaltungsgebäude war dunkel. Nur ein einziger Bus stand in der entferntesten Ecke des Hofes – aufgebockt und ohne Räder. Die insgesamt drei Hallen waren verschlossen. Der Torwächter musterte Bruce Millen mit unverhohlenem Misstrauen. Jemand, der aus einem Cadillac Allanté stieg und dabei aussah wie ein Zuhälter, musste jeden aufrechten Wachmann ganz einfach in Alarmzustand versetzen.

Millen grinste und versuchte, etwas freundlicher auszusehen als ein Löwe vor der Mahlzeit.

Der Old Man legte die rechte Hand auf den Revolvergriff. »Hier kommt niemand durch«, behauptete er.

Millen blieb stehen. Legg hatte die wirklich guten Methoden drauf. Natürlich war die Sache mit dem jämmerlichen Wachtposten volle Absicht. Niemand vermutete hinter einer solchen Figur etwas wirklich Beachtenswertes.

»Ohne Ansehen der Person?«, fragte der Journalist zwinkernd. »Keine Ausweiskontrolle? Mann, vielleicht hab ich 'ne Besuchserlaubnis.«

»Hier gibt's niemanden zu besuchen. Alle Busse sind auf dem Ausweich-Grundstück in Carnasie. Es ist kein Fahrer hier. Kein Werkstattmann. Kein Bürohengst. Nobody.«

»Nur du«, feixte Millen.

»Präzise«, krächzte der Alte. »Also verzieh dich, Buddy. Oder ...«

Millen trat einen Schritt vor und tippte ihm respektlos mit dem Zeigefinger auf die magere Brust. »Oder du wirst ungemütlich, was?«

»Worauf du dich verlassen kannst, Mann. Für Typen von deiner Sorte hab ich verdammt wenig übrig, das kannst du mir glauben.«

»Ich glaube dir jedes Wort, Old Man. Und jetzt machen wir Schluss mit dem Palaver. Okay? Mr. Legg zerreißt dich in der Luft, wenn er rauskriegt, dass du ausgerechnet mir dein Schießeisen unter die Nase hältst.«

Im Faltenmeer blinzelten die kleinen Augen.

»Aber …«

»Ich bin nicht angemeldet? Okay, mein Name ist Millen. Geh hin, und frag nach. Du wirst sehen, er wartet auf mich. Wir hatten nur keinen festen Termin vereinbart.«

»Okay. Du bleibst hier stehen, Buddy, und rührst dich nicht vom Fleck.« Der Old Man wandte sich ab und wollte losmarschieren.

»Geh lieber nicht«, sagte Millen freundschaftlich. »Wer sich so leicht reinlegen lässt, wird seinen Job los. Wäre ich ein anderer, wüsste ich jetzt, dass Simon tatsächlich hier ist. Und wenn ich ihm als dieser andere was Böses wollte, brauchte ich dich bloß umzunieten. Schon könnte ich ihm auf den Pelz rücken.«

Der Torwächter erbleichte. Sein Kinn sackte ab.

Millen schwang sich über die Schranke. »Welche Halle?«, fragte er, als er drüben landete.

»Nummer eins.« Die Antwort klang fassungslos.

Millen beachtete ihn nicht mehr. Er ging mit großen, federnden Schritten, und er fühlte sich in seinem hellen Anzug allem und jedem überlegen. Die Welt konnte ihm jetzt praktisch zu Füßen liegen. Auch einen Simon Legg würde er eines Tages austricksen, wenn er erst einmal das nötige Kleingeld beiseite geschafft hatte.

Nummer eins war von der Straße aus nicht zu sehen. Der Office-Trakt versperrte die Sicht. Das Busgelände lag günstig. Vorn führte die 2nd Avenue vorüber, an die Rückseite des Grundstücks grenzte ein Hafenbecken, das in die Gowanus Bay mündete. Ortskundigen war die Namensgebung der Bus-Company damit erklärt. Die kleine Tür im Hallentor war verschlossen. Millen klopfte dreimal, wartete zwei Sekunden und klopfte dann erneut dreimal. In der Nacht vor dem Aufbruch Leggs hatte er Greenberg in einer Kneipe getroffen. Greenberg hatte Vollmacht gehabt, ihn wissen zu lassen, wohin Legg verschwinden würde. Auch das Klopfzeichen hatten sie verabredet.

Jay Greenberg öffnete.

Im Halbdunkel der Halle standen das große Wohnmobil und zwei kleinere. Außerdem die Limousinen, die die Beweglichkeit der Anwesenden jederzeit garantierten.

»Was Neues?«, fragte der untersetzte Mann.

»Nicht für dich«, antwortete Millen und grinste. »Nicht fürs Fußvolk.«

»Du kannst einen ganz schön beleidigen«, knurrte Greenberg und schloss die Tür hinter ihm. »Wenn du bei Mr. Legg nicht so gut angeschrieben wärst, könntest du was erleben.«

»Jeder muss wissen, wo er steht, mein Junge.« Millen klopfte ihm im Vorbeigehen auf die Schulter. »Nimm's nicht krumm, war nicht so gemeint.«

»Ich glaub dir kein Wort.«

Millen beachtete ihn nicht mehr. Er klopfte an die Eingangstür des rollenden Palastes. Lärm brandete ihm entgegen, als geöffnet wurde. Schüssekrachen und Indianergeheul.

Edmond Loraine leistete Legg Gesellschaft. Der Hagere winkte Millen herein. Auf dem Bildschirm des Fernsehers leuchteten die rot- und grünstichigen Bilder einer Pferdeoper aus der Frühzeit des Colorfilms.

»Es ist der Schreiberling!«, brüllte Loraine.

Legg bequemte sich, auf die Fernbedienung zu tippen. Der Lärm versiegte. Legg richtete sich im Sessel auf und wandte sich zur Seite. »Der Schreiberling kommt in den unpassendsten Momenten«, grinste er.

»Nur, weil es wichtig ist«, sagte Millen.

»Okay, setz dich. Gib ihm was zu trinken, Ed.«

Millen ließ sich in einen Sessel neben dem Fernseher sinken. Loraine fragte nicht nach seinen Wünschen. Der Hagere holte Bierdosen aus dem Kühlschrank und knallte sie auf den Tisch.

Millen nahm sich eine, ließ sie zischen und setzte sie an. »Lagebericht«, sagte er nach dem ersten Schluck.

Loraine suchte seinen Platz auf und gurgelte mit Bier aus einer schon angebrochenen Dose. Er sah Legg an und deutete mit einer Kopfbewegung in die Richtung des Sonnyboys. »Er sieht aus wie einer, der sich auf irgendwas eine verdammte Menge einbildet.«

»Ich kriege den Laden zum Laufen«, knurrte Millen. »Genau nach Zeitplan. Ist das etwa nichts?« Er zündete sich eine Zigarette an. »Ich möchte dich mal dabei sehen, Ed. Du würdest es gerade schaffen, ein gottverdammtes Office zu mieten.«

Loraines Augen wurden schmal.

»Schluss!«, befahl Legg. »Wir haben alle keine Zeit zu verschwenden. Lass hören, Bruce!«

»Den Vertrag für die Bude am Ocean Parkway habe ich unter Dach und Fach«, begann Millen. »Den Preis habe ich noch etwas gedrückt. Dreihundertfünfzigtausend jetzt. Schließlich hat der Bau zwei Jahre leer gestanden. War allerdings fertig renoviert. Das habe ich den Leuten positiv angerechnet. Mit den dreihundertfünfzigtausend liegen sie trotzdem um fünfzigtausend unter dem Richtwert für Flatbush. Sie haben es eben hinnehmen müssen.«

»Ausgezeichnet!«, rief Legg begeistert. »Weiter.«

Loraine verzog das Gesicht.

»Die Büroausstattung ist geordnet, wird morgen und übermorgen angeliefert«, fuhr Millen fort. »Das Textsystem wird morgen installiert, und die Telefonleute schalten uns die Standleitungen zur Druckerei auch morgen. Wenn alles klappt, bringen wir in fünf

Tagen die erste Ausgabe auf den Markt. Das wird natürlich noch nichts Großartiges. Aber es zeigt erst mal, dass wir da sind.«

»Und darauf kommt es dir ja hauptsächlich an«, nickte Legg. Er schmunzelte.

»Haargenau.« Millen drückte seine Zigarette aus und zündete sich eine neue an.

»Du hältst uns auf dem Laufenden«, bestimmte Legg. »Damit meine ich aber nicht nur deinen Zeitungskram. Die Sache an der Nostrand Avenue liegt mir quer im Magen. Ich habe keine Lust, für ewige Zeiten in der Versenkung zu verschwinden.«

Millen presste die Lippen aufeinander und schnaufte. »Ich sag es nicht gern. Aber die Jungs vom FBI waren am Whitty Lane.«

Legg hieb mit der Faust auf den Tisch. »Also wer?«, fauchte er.

Loraine räusperte sich angestrengt. »McNamara und mindestens neun von den zehn Girls sind okay. Es kann nur diese Rothaut gewesen sein.«

Legg stieß einen Knurrlaut aus. »Ich will Gewissheit. Wenn es so ist, darf dieses Miststück niemals vor Gericht aussagen. Niemals! Du kümmerst dich darum, Ed. Es liegt in deinem Interesse.«

»In deinem etwa nicht?«, entgegnete Loraine. Es hatte ihn wütend gemacht, wie Legg auf den Schreiberling abfuhr.

Simon Legg sah den Hageren nur an. Mehrere Sekunden lang.

»All right, schon gut«, sagte Loraine beschwichtigend. »Du weißt schon, wie es gemeint war, Simon. Das rote Flittchen kriegt den Gerichtssaal nie von innen zu sehen. Verlass dich drauf.«

Legg ließ sich zurücksinken. Er sah besänftigt aus. »Du gehst erst, wenn es dunkel ist, Bruce«, entschied er. »Und in Zukunft, wenn du herkommst, ziehst du dich unauffälliger an. Du lässt deinen eigenen Wagen zu Hause und nimmst ein Taxi. Und du steigst mindestens zwei Straßen entfernt aus.«

»Und du achtest auf Verfolger«, fügte Loraine mit grimmiger Genugtuung hinzu.

Bruce Millen schwieg betreten. Auf einmal hatte er das Gefühl, dass er verschiedene Dinge auf die leichte Schulter genommen hatte.

Wenn ein Mann wie Simon Legg Vorsichtsmaßnahmen ergriff, wurde es ernst.

Und verdammt, ihm lag schließlich daran, dass Legg ihm erhalten blieb.

Ein ganzer Konvoi von Möbelwagen parkte halb auf dem Bürgersteig. Männer in Overalls schleppten Schreibtische, Drehstühle, Aktentröge, Regalteile. Elektroniker trugen feineren Zwirn, und die Sachen, die sie zu transportieren hatten, waren weniger umfangreich und in stoßsicheren Kartons verpackt.

Zwischen dem dritten und dem vierten Stock waren die giftgrünen Buchstaben schon anmontiert worden.

Dass der ›Brooklyn Star‹ eine Zeitung werden sollte, konnte sich jeder Ahnungslose hier am Ocean Parkway zusammenreimen. Aber alle weiteren Einzelheiten brodelten als undefinierbares Durcheinander in der Gerüchteküche. In den Eingängen der Nachbarhäuser standen die stummen Beobachter scharenweise. Nicht nur Frauen. Möglich, dass sich die Männer von dem neuen Laden einen Job versprachen. Wenn sie ihn kriegten, würde es ihnen ziemlich egal sein, was aus der anderen Lokalzeitung wurde, dem beliebten ›Flatbush Today‹.

Phil und ich drangen zur zentralen Informationsquelle vor.

Bruce Millen rotierte in seinem halbfertigen Chefredakteurs-Büro im ersten Stock.

»... war zugesagt!«, schrie er in den Telefonhörer.

»Die Leitungen werden heute geschaltet, verstanden! Oder Sie haben morgen die Schadensersatzklage Ihres Lebens auf dem Tisch!« Er schmetterte den Hörer auf die Gabel.

Er griff nach einem anderen Telefon. Als er uns in der Tür sah, grinste er und lehnte sich zurück. »Hi, G-men! Ein Besuch vor der offiziellen Einweihung? Dabei kriegen Sie bestimmt eine Einladung. Eine Zeitung und der FBI müssen gut zusammenarbeiten.«

»Stimmt«, sagte ich und grinste zurück. Ich ging auf seinen Schreibtisch zu. »Deshalb sind wir hier.«

»Vor der Einladung«, fügte Phil hinzu. Er folgte mir.

»Ein aktueller Fall? Natürlich. Es kann nur diese Sache von der Nostrand sein. Habe ich Recht? Oder der Anschlag auf den jungen Cop. Wie geht es ihm eigentlich?«

»Er flirtet schon mit den Krankenschwestern«, erwiderte Phil.

»Hoffentlich vernascht er sie auch. Zu gönnen wäre es ihm.« Millen schmunzelte. Er stand auf. »Leider kann ich Ihnen noch keine Besuchersessel anbieten, Gentlemen. Sie sehen ja, es ist alles noch im Aufbau.«

Wir schlenderten zum Fenster und blickten auf die Dächer der Möbelwagen hinab. Millen bot uns Zigaretten an. Wir lehnten ab. Er rauchte allein.

»Es geht um Nummer 1351, in der Tat«, sagte ich.

»Das feine Haus an der Nostrand!« Millen lachte leise. »Es ist richtig, wenn Sie zu mir kommen, G-men. Ich habe das Ohr am Volk. Seit meiner Zeit beim Chronicle hat sich daran nichts geändert. Ein guter Lokaljournalist muss so sein. Er muss diese Signalwirkung auf die Leute haben, verstehen Sie? Wenn Sie einen sehen, müssen Sie richtig wild darauf sein, einem ihre Neuigkeiten anzuvertrauen. Bei mir ist das so. In Flatbush passiert nichts, wovon ich nichts weiß.«

Phil hob die Hand und wedelte imaginäre Staubschwaden weg.

»Fein«, sagte ich mit gespielter Freude. »Da könnten wir Sie ja direkt zur Vernehmung vorladen, Bruce!«

»Was?« Er sperrte den Mund auf, atmete Büroluft ungefiltert.

»Heute Nachmittag würde es uns passen. Und dann brauchen wir Sie noch mal morgen. Den ganzen Tag. Es ist ein riesiger Fragenkomplex.«

»Sind Sie verrückt geworden? Sie sehen, was hier läuft. Ich bin unentbehrlich. Es geht alles über Kopf, wenn ich nicht da bin. Verdammt nochmal, Sie können mich doch nicht einfach …«

»Sie sind ein wichtiger Zeuge«, belehrte Phil ihn. »Sie haben selbst darauf hingewiesen. In Flatbush passiert nichts, wovon Sie nichts wissen.«

»Ach, du meine Güte!« Er lachte breit und gekünstelt. »So was dürfen Sie doch nicht wörtlich nehmen. Ein bisschen Übertreibung ist in meiner Branche durchaus nicht verboten. Als Chefredakteur muss ich immer daran denken, dass ich ja auch mal mit potentiellen Anzeigenkunden spreche und …«

»Jetzt sprechen Sie mit uns«, bremste ich seinen Redeschwall. »Im Zusammenhang mit der Geiselnahme suchen wir zwei Männer. Edmond Loraine und Jay Greenberg. Das ist kein Geheimnis. Die Fahndungsdetails gehen noch im Laufe des Vormittags auch als Pressemitteilung hinaus. Wenn Sie schon im Verteiler sind …«

»Bin ich, bin ich! Aber leider bin ich noch nicht druckreif!«

Er lachte wieder.

»Loraine und Greenberg«, wiederholte Phil. »Die Namen sind Ihnen natürlich geläufig. Wer das Ohr am Volk hat, kennt die beiden.«

»Ja, also …« Seine Heiterkeit wurde gequält. »So können Sie mich ja nun auch nicht festnageln. Klar hab ich die Namen schon mal gehört, aber …«

»Noch ein Name, Bruce!« Ich gönnte ihm mein höf-

lichstes Lächeln. »Simon Legg. Nun sagen Sie bloß
nicht, dass Sie den nicht schon mal gehört haben! Jedes
Kind in Brooklyn würde darüber lachen. Und die
Junkies würden einen Schreikrampf kriegen, weil
jemand ihren wichtigsten Lieferanten nicht kennt.«

»Hab ich nicht gesagt«, knurrte Millen. »Ich hab ihn
früher sogar schon persönlich getroffen. Vielleicht
erinnern Sie sich: Ich hatte da diese Reportage über
einflussreiche Geschäftsleute in Flatbush. Natürlich
war das eine Satire. Jeder wusste, dass es um Mobster
ging. Nur die Burschen selbst haben es nicht kapiert.
Das macht die Eitelkeit, wissen Sie? Jedenfalls bin ich
damals mit den Storys ganz groß rausgekommen. War
eine Serie. So was macht einen beim kleinen Mann
beliebt. Heute kann ich es brauchen.« Er nickte selbst-
bekräftigend.

Phil und ich sahen uns an. Wenn wir jemals jemandem ein Brechmittel empfehlen mussten – jetzt wussten wir, wohin wir ihn schicken würden.

»Loraine an erster Stelle«, sagte ich. »Außerdem
Legg. Die Querverbindungen zwischen beiden brauche ich wohl nicht zu erklären. Greenberg ist ein kleines Licht.«

»Ich habe verstanden«, versicherte Millen. Sein
Grinsen zeigte, dass er wieder Oberwasser gewann.
»Wenn ich was rauskriege, hören Sie von mir, G-men.
Wo wir schon mal einen FBI-Fall in unserem Verbreitungsgebiet haben, werde ich mir doch nicht von vornherein die gute Zusammenarbeit mit euch Jungs verderben!«

Wir Jungs waren uns einig, dass wir möglichst
schnell hier raus mussten. Dazu brauchte ich nicht einmal die verbale Verständigung mit Phil.

»Simon Legg ist verschwunden«, sagte ich noch.
»Sie wissen, er fährt dieses gewaltige Wohnmobil.«

»Haben Sie überall nachgesehen? Ich meine, er hat
seine bevorzugten Standplätze.«

»Alles kontrolliert. Ohne Ergebnis.«

»Hm. Warten Sie …« Unvermittelt zog er die Augenbrauen hoch. »Ein Tipp vom Fachmann: Versuchen Sie es mit einer Funkortung. Oder Fangschaltung oder so was. Seine Autotelefon-Nummer werden Sie ja über Bell Telephone rauskriegen.«

Phil und ich sahen ihn mitleidig an.

»Ein schlechter Tipp, Bruce«, sagte ich, bevor wir gingen. »Legg hat kein Telefon in seiner fahrbaren Bude. Sie kennen die älteste Weisheit aller Dealer, Hehler und Pokerfaces?«

»Nein, welche?«

»Wirklich abhörsicher bist du nur in der Telefonzelle.«

»Legg in einer Telefonzelle?«

»Haargenau. Er kann sich seine Parkplätze entsprechend aussuchen.«

»Unvorstellbar!«

»Ist aber so, Bruce.« Ich beugte mich vor und legte ihm verschwörerisch-kumpelhaft die Hand auf die Schulter. »Auch ein Tipp vom Fachmann: Halten Sie Ihr Ohr noch dichter ans Volk. Dann können Sie auch in solchen kleinen Dingen mitreden.«

Er stand mit hängenden Schultern da, als wir ihn allein ließen.

»Mann, o Mann«, sagte Phil im Fahrstuhl. »Den zum Schweigen zu bringen ist schlimmer, als eine Qualle in eine Konservendose zu stopfen.«

Ich schüttelte mich.

Donna nahm den Türknauf in die Hand. »Dann werde ich mal meinen Rundkurs starten. Ich denke, ich bin in einer Stunde zurück, Trev, wenn alles zügig klappt.« Sie nickte Trevor und Jennifer noch einmal zu und verließ das Office.

Das Sekretariatsbüro, in dem Jennifer ihren

Arbeitsplatz hatte, ermöglichte dank seiner Glas-
wände einen Überblick über das angrenzende größere
Büro, in dem sechs junge Frauen an Datenverarbei-
tungs-Tischen beschäftigt waren. Buchhaltung, Vertrieb
und Anzeigenverwaltung wurden dort unter Jennifers
Regie bewältigt.

Jennifer stand auf, ging zur Straßenseite und blickte
aus dem Fenster. Sie trug einen hellblauen Hosenanzug aus leichtem Jeansstoff. Einen Augenblick lang
betrachtete Trevor sie. Sie hatte eine hinreißende Figur.
Daran würde sich wohl nie etwas ändern, und wenn
sie siebzig Jahre alt würde. Er stieß sich vom
Schreibtisch ab und trat neben sie.

Draußen stieg Donna in ihren weißen Dodge Omni,
diesen handlichen kleinen Wagen. Jeden Tag galt es,
die verschiedenen Pressestellen anzufahren: Stadtver-
waltung, City Police, Detective Division, kirchliche
Behörden. Bei den aktuellen Informationen, die dort
herausgegeben wurden, war ein persönliches
Gespräch immer nützlich. Trevor und Donna wechselten sich im Wochenturnus mit dem Abklappern der
Pressestellen ab.

»Hast du es gemerkt?«, fragte Jennifer, ohne den
Kopf zu wenden.

Der Dodge Omni scherte von der Bordsteinkante
aus und fädelte sich in den fließenden Verkehr ein.

»Was soll ich gemerkt haben?«

»Dass sie eine Fahne hat. Nachmittags.«

»Ich komme ihr nicht so nahe, dass ich es merken
müsste.«

Jennifer ruckte herum. Sie lächelte spöttisch.
Angriffslustig legte sie die Hände in die Hüften. »Ich
habe dich nicht um einen Beteuerungsversuch gebeten. Du musst es doch gemerkt haben.«

»Okay, habe ich.«

»Und?«

»Jennifer, ich kann das nicht auf diese Art und Weise

mit dir erörtern. Du redest mit mir, als ob du mich verhören willst.«

Ihr Lächeln verstärkte sich. »Das ist nur dein Eindruck, Darling, hervorgerufen durch ein schlechtes Gewissen. Du willst dich nicht dabei ertappen lassen, dass du dich in deinen Gedanken mehr mit Donna beschäftigst als mit irgendeinem anderen Menschen auf der Welt.« Sie lachte kurz. »Ach, nein, ich habe mich falsch ausgedrückt. Natürlich befasst du dich nicht nur in Gedanken mit ihr.«

»Jennifer! Ich habe keine Zeit, ausgerechnet jetzt mit dir diesen Unsinn zu erörtern. Wir gehen die Vertriebsstatistik durch, und dann muss ich mich um die Redaktion kümmern.«

»Es ist also Unsinn, wenn deine wichtigste Mitarbeiterin zu saufen anfängt. Eine Frau, die früher tablettensüchtig war, wird aus heiterem Himmel zur Alkoholikerin. Der Verdacht liegt doch immerhin nahe. Ist dir klar, was das für unser Geschäft bedeutet?«

»Natürlich ist mir das klar. Donna hat sich in den letzten Tagen merkwürdig verändert. Es ist mir längst aufgefallen. Ihr Humor ist weg. Sie ist menschenscheu geworden. Manchmal zittert sie, wenn man sie anspricht oder wenn ihr Telefon klingelt. All diese Symptome – wie damals.«

»Die Ärmste!«, spottete Jennifer. »Und welche Therapie gedenkst du diesmal anzuwenden?«

»Ich sehe, es hat keinen Zweck«, knurrte er. »Ich werde mit dir nicht mehr darüber reden.«

Jennifer stieß sich vom Fenster ab und ging mit energischem Schwung zu ihrem Schreibtisch zurück. Der Drehstuhl federte nach, als sie sich setzte. »Du machst es dir leicht, Darling. Ziehst dich einfach aus der Affäre, wenn ein Gespräch unangenehm wird. Weißt du, was ein normaler Verleger in deiner Situation tun würde?« Sie blickte zu ihm auf – herausfordernd, Zorn und Verbitterung hinter diesem immer noch spöttischen Lächeln verborgen. »Ein normaler Verleger würde einer solchen Angestellten höflich, aber bestimmt eine Verwarnung erteilen.«

»Bislang kriegt sie kein Gehalt.«

»Na und? Deswegen ist sie noch lange keine Teilhaberin. Es sei denn, ihre Beteiligung besteht in gewissen nichtfinanziellen Leistungen.«

Trevor presste die Lippen zusammen. Er wollte die Faust auf den Schreibtisch sausen lassen. Er bremste sich in letzter Sekunde.

»Nur zu«, schmunzelte Jennifer. »Dann haben sie nebenan für die nächsten Tage Gesprächsstoff. Ein Wutausbruch des Chefs …«

Sie winkte ab. »Lassen wir das. Ich war mit meinem Hinweis noch nicht fertig. Wenn sie sich nach der Verwarnung nicht zusammenreißt, wirfst du sie hinaus. Es gibt genügend andere Journalisten, die sich nach dem Job alle zehn Finger lecken würden. Auch mit dem Einstieg ohne festes Gehalt. Was sie hier haben, ist eine echte Aufgabe für Idealisten. Nichts für jemanden, der nur seine Stunden herunterreißt und über kurz oder lang den Führerschein verliert, weil er an der Flasche hängt.«

»Bist du jetzt fertig?«, zischte Trevor.

»Es gäbe noch eine Menge zu sagen. Aber du willst dich ja lieber den Statistiken widmen.«

»Ich pfeife darauf. Ich weiß, dass wir jede Menge Abonnenten dazugewonnen haben. Aber du wirst es natürlich wieder so drehen, dass die Geschäftslage immer noch kritisch ist.«

»Die Abonnenten werden morgen wieder abspringen, wenn sie statt vernünftiger Artikel das Gestammel einer Süchtigen lesen müssen.«

»Es reicht«, sagte Trevor mit mühsam erzwungener Ruhe. Er drehte sich um, ging hinaus und schloss die Officetür behutsam. Den Gesprächsstoff für die Angestellten wollte er zu guter Letzt doch nicht liefern.

Er brauchte lange, bis er sich beruhigte. Und er musste alle Willenskraft aufbringen, um nicht Donnas Schreibtisch zu öffnen und nach Flaschen zu forschen. Fing sie mit den Tabletten etwa auch wieder an?

Im Extremfall mochte Jennifer sogar Recht haben. Geschäftlich konnte er es sich nicht leisten, Donna noch einmal aus dem Sumpf ihrer Persönlichkeitsschwäche herauszuholen. Damals, unter den Fittichen des Chronicle, mit einem festen Gehalt, war es eine andere Sache gewesen. Heute brauchte er all seine Zeit, um das Beste aus dem ›Flatbush Today‹ zu machen. Wenn es mit Donna weiter bergab ging, geriet wirklich alles in Gefahr.

Tennessee, Great Smoky Mountains.

Ich fuhr einen dunkelblauen Saab 9000. Der Wagen stammte vom FBI-Distrikt New Jersey und war nicht als Dienstwagen zu erkennen. Neutrales New-Jersey-Kennzeichen, keine Funkantenne. Da war nur der gefederte Stummel, der für Radio und Autotelefon gleichzeitig herhielt.

Es war das reinste Paradies, in das wir vordrangen.

Trotzdem saß Sun Rose schweigsam neben mir.

Ich zwang ihr kein Gespräch auf. Es war nicht der Zeitpunkt, über das Wetter zu reden oder lauthals die Landschaft zu bewundern. Dabei konnte man tatsächlich in Begeisterung ausbrechen, wenn man nichts als Manhattans Schluchten aus Beton und Glas gewohnt war.

Die schmale Bergstraße führte in Serpentinen einen bewaldeten Hang hinauf. Fichten säumten die Fahrbahn mit ihren schlanken Stämmen. Die Kronen, hoch oben, formten ein Dach, das die Macht der Sonne dämpfte, aber nicht erstickte. Von Zeit zu Zeit führte die Straße über Lichtungen am Hang. Dann reichte der Blick weit in die Täler, in denen sich Bäche wie silbrige

Bänder schlängelten. Dächer einsamer Farmhäuser bildeten rote Farbtupfer. Vieh graste auf den Weiden. Ein Meer von Nadelwäldern überzog die Berge.

Ich tauche in ein dunkles Nichts.

Das hatte Sun Rose gesagt, bevor wir in New York abgefahren waren. Es ging mir nicht mehr aus dem Kopf. Sie hatte Recht. Wenn sie das Federal Witness Program in voller Konsequenz durchlief, würde ihr bisheriges Leben nach der Gerichtsverhandlung gegen Legg und Loraine zu Ende sein. Sie würde ein anderer Mensch sein – mit einem neuen Namen, neuem Äußeren und sogar völlig anderem Verhalten und veränderter Stimme. Psychotherapeuten würden ihr zusammen mit einem anderen Selbstbewusstsein auch eine andere Gestik und Mimik antrainieren. Sprachtherapeuten würden ihr den South-Dakota-Akzent abgewöhnen. Vielleicht redete sie hinterher wie eine Hopi aus Arizona oder eine Navaho aus Nevada. Denn eine Indianerin würde sie bleiben. Ihre Hautfarbe ließ sich nicht verändern.

Die Abzweigung zu der Jagdhütte war eine Waldschneise, kein ausgeschilderter Weg. Ich hatte mir die Skizze genau eingeprägt. Der Weg gabelte sich mehrfach. Etwa zwei Meilen weit mussten wir auf das bewaldete Hochplateau hinaus.

Die Hütte war gebaut wie ein Blockhaus aus dem vergangenen Jahrhundert. Rauch eines Kochfeuers kräuselte sich aus dem Schornstein. Das Stromaggregat arbeitete unhörbar in einem Erdloch und wurde nur für Licht, Kühlschrank, Radio, Fernsehen und Funkgeräte betrieben. Die Forstbehörde hatte das Grundstück mitsamt Hütte an das US-Justizministerium vermietet. Der Mietvertrag war Verschlusssache. Und an den Eigentumsverhältnissen hatte sich ja ohnehin nichts geändert.

Ich zog die Handbremse an und drehte den Zündschlüssel nach links.

Zwei Männer und eine Frau traten ins Freie. Sie mussten den Kopf einziehen, denn die Tür war sehr niedrig.

Sun Rose schwieg auch jetzt. Sie rührte sich nicht. Ihre Haltung verkrampfte sich.

»Noch ist nichts entschieden«, sagte ich. »Vielleicht finden wir weitere Zeugen. Es kann durchaus sein, dass Sie bleiben können, wer Sie sind, Sun Rose.« Ich wandte mich ihr zu. »Steigen wir jetzt aus. Die drei da draußen sind US Marshals.«

»Auch die Frau?« Zum ersten Mal sprach sie wieder, und sie sah mich dabei erstaunt an.

»Auch sie. Sie heißt Anne Rogers und stammt aus Knoxville. Die beiden Kollegen sind Buck Johnson und Fred Winniger. Buck ist aus Memphis, Fred aus Nashville. Bestimmt hat er seine Gitarre dabei und singt abends Country-and-Western-Songs. Wer aus Nashville stammt, muss ja mindestens Amateurmusiker sein.«

Sun Rose lächelte tapfer. »Steigen wir aus«, sagte sie mit fester Stimme. »Wann sehen wir uns wieder, Jerry? Es ist nur, weil – weil …« Sie holte tief Luft. »Ich fühle mich einfach sicherer, wenn ich weiß, dass Sie da sind. Sie müssen nicht einmal in meiner Nähe sein. Verstehen Sie das?«

Ich nickte nur.

Wir gingen zu den drei Marshals. Sie zeigten Sun Rose ihre Dienstausweise. Die Namen und Herkunftsorte, die ich ihr genannt hatte, stimmten. Die vier freundeten sich rasch an. Sun Roses Blick haftete nur kurz an dem großen Waffenschrank im Wohnraum. Sie hatte sich innerlich genügend auf den Grund ihrer Anwesenheit eingestellt. Ich blieb bis nach dem Mittagessen. Als ich abfuhr, war ich beruhigt. Die Voraussetzungen waren ideal.

Unsere Zeugin hatte alle Chancen.

Sie sah ihn durch den Spion. Die Weitwinkeloptik machte seine Nase groß und spitz und sein Lächeln albern. In Wirklichkeit war es tückisch. Donna wusste es. Die Angst kroch aus der Mitte ihres Körpers herauf wie ein bösartiges Reptil. Sie konnte nichts dagegen tun.

Nichts.

Wieder schrillte die Türklingel. Das scharfe Geräusch traf sie wie ein Peitschenhieb. Davor konnte sie sich nicht verkriechen. Er hatte Ausdauer, auch das wusste sie. Bestimmt hatte er so einen Schlüssel, mit dem er das Schloss knacken konnte. Oder er brach einfach die Tür auf. Von den Nachbarn war keine Hilfe zu erwarten.

Donna fühlte sich in der Wohnung wie in einer Falle.

Sie war versucht, in Panik durch die Zimmer zu rennen. Doch zugleich stand sie wie festgenagelt.

»Donna, Baby«, sagte seine dumpfe Stimme durch das Türholz. »Glaubst du, ich sehe dich nicht? Du bist ganz klein in deinem Guckloch. Soll ich dir sagen, was du anhast?«

Donna ballte die rechte Hand zur Faust und presste sich die Fingerknöchel in den Mund. Das Zittern ergriff Besitz von ihr.

»Ein einfaches weißes T-Shirt und Jeans. Sieht gut aus. Kein Büstenhalter unter dem Shirt, stimmt's? Himmel, Baby, du kannst dich wirklich sehen lassen! Ich sag dir, da kribbelt es einem richtig in den Fingern.«

Sie ergab sich in ihr Schicksal. Die Polizei anzurufen war genauso sinnlos wie alles andere. Er würde die Tür überwunden haben, bevor die Revier-Cops auch nur einen Streifenwagen angefunkt hatten.

Sie schloss auf und löste die Sicherungskette.

»Na also!«, sagte er, drängte sich neben sie und drückte die Tür von innen zu. Er erfasste ihre Brüste mit beiden Händen, und sie ließ es geschehen. »Wundervoll, einfach wundervoll, solche Schwergewichte.« Er schnaufte und tat, als müsse er sich gewaltsam losreißen. Mit der Linken klatschte er ihr auf das Hinterteil. »Komm, Baby, wir gehen aus. Zieh dir was anderes an. Du kannst natürlich auch bleiben, wie du bist, wenn es dir besser gefällt.«

»Bruce!«, flehte sie. »Bitte!« Aus einer merkwürdig unergründlichen Hoffnung heraus glaubte sie, bei ihm so etwas wie Gnade zu erwecken.

»Ja? Was ist denn noch?« Er blickte mit väterlicher Miene auf sie herab wie auf ein bockiges Kind, dem man mit allem Wohlwollen den letzten Rest von Geduld entgegenbringen konnte.

»Bruce – ich – ich möchte nicht mehr weg. Ich möchte zu Hause bleiben.«

»Du hast schon wieder getrunken«, sagte er stirnrunzelnd. »Hast du denn gar keinen Stolz? Die erfolgreiche Redakteurin – selbstbewusst und zielstrebig? Was ist davon geblieben?«

»Bruce!« Sie schrie es fast.

»Los, mach dich fertig«, sagte er barsch. »Wir schließen einen Kompromiss. Wir nehmen irgendwo ein paar gemütliche Drinks, und dann kommen wir hierher zurück und machen es uns hier gemütlich.«

»Ich will nicht«, hauchte sie matt.

»Natürlich willst du«, feixte er. »Du bist richtig scharf auf mich, gibst es bloß nicht zu. Am liebsten würdest du sofort mit mir ins Bett steigen, stimmt's?«

»Ja.« Sie flüsterte es in der Hoffnung, dass sie dann nicht mit ihm hinausmusste – irgendwohin, wo er sie quälen konnte.

»Dacht ich's mir doch!«, gluckste er. »Intelligente Frauen sind die schärfsten Luder. Da ist wirklich was dran. Kein bloßes Gerede.« Seine Stimme peitschte. »Du hast fünf Minuten Zeit. Länger brauche ich nicht für eine Zigarette.«

Donna wandte sich ab und schleppte sich ins Schlafzimmer. Ihre Knochen waren auf einmal bleischwer. Die halbe Flasche Whisky, die sie schon getrunken hatte, vervielfältigte ihre Wirkung. Mit größter Anstrengung zwang sie sich in weiße Jeans, weiße Bluse und hellbraune Lederjacke. Dazu flache Sportschuhe. Sie wäre nicht mehr imstande gewesen, sich auf Hochhackigem zu bewegen.

Bruce Millen führte sie zu seinem Cadillac Allanté und kurvte mit ihr durch Flatbush. Am Ocean Parkway hielt er kurz an.

»Heute haben sie die Beleuchtung angeschlossen«, erklärte er, als wäre es eine besondere persönliche Leistung von ihm gewesen.

Die Buchstaben schrillten förmlich, so giftig grün waren sie.

BROOKLYN STAR

Donna empfand es wie einen körperlichen Schmerz. Sie musste den Kopf senken, die Augen schließen, die aufsteigende Übelkeit bekämpfen.

»Da oben in der Redaktion ist jederzeit ein Schreibtisch für dich frei«, sagte Millen und startete den Wagen wieder. »Voraussetzung ist natürlich, dass du trocken bist. Aber dazu kriege ich dich schon, verlass dich drauf. Was dir fehlt, ist der richtige Partner im Bett. Du glaubst gar nicht, wie viel besser es dir geht, wenn in der Richtung alles stimmt.«

Das Übelkeitsgefühl wollte nicht weichen. Donna musste alle Willenskraft aufbringen, um sich zu beherrschen.

Millen betrat mit ihr eine Kneipe in der Hafengegend an der Gowanus Bay. Das Publikum war weniger elegant als beim letzten Mal im Prospect Light. Viele kannten Millen, begrüßten ihn mit Handschlag oder Schulterklopfen. Prostituierte ließen sich die Kehrseite von ihm tätscheln und kicherten dazu. Er bestellte Drinks an der Theke, mehrere rasch hintereinander. Donna kriegte mit, dass es Bourbon war, mit Soda, ohne Eis.

Als sie den Laden verließen, sah sie die Gesichter nur noch als tanzende Flecken in nebligen Schleiern. Sie spürte Millens Arm nicht, aber sie wusste, dass er sie hielt. Sie fing an, Vertrauen zu ihm zu fassen. Er kümmerte sich um sie, sorgte sich um sie. Trevor konnte nicht für sie da sein. Niemals.

Jennifer hatte Vorrang. Seine Familie hatte Vorrang. Seine berufliche und geschäftliche Zukunft hing davon ab. Himmel, Trev hatte alles, was er brauchte.

Warum also nicht einen harten Burschen wie Bruce akzeptieren, der einem aus Spaß schon mal den Mond vom Himmel holte?

Wieder fuhr er los, und sie wunderte sich, dass er nichts versuchte. Er hätte in diesem Augenblick immerhin alles von ihr haben können. Dann fiel ihr ein, dass der Platz an einer Bordsteinkante, vor einer Kneipe, nicht sehr geeignet war. Natürlich hatte er es jetzt eilig. Gemütlichkeit. In ihrer Wohnung. Sie schloss die Augen. Wenn es so weit war, musste sie besser auf Draht sein, musste ihm zeigen, dass sie einen Mann immer noch auf Hochtouren bringen konnte.

Als der Wagen stoppte, riss sie sich zusammen.

Und in der Tat, es funktionierte gut. Mühelos öffnete sie die Tür und stieg aus.

Der Schreck traf sie mit dumpfer Wucht.

Vor ihr dehnte sich schwarze Weite, von einem Lichtermeer eingerahmt. Tief unten glitten die Positionslampen eines Schiffes heran.

Donna schrie auf. Reflexartig packte sie die Oberkante der Tür. Krampfhaft hielt sie sich fest. Die Tiefe schien sie magisch anzuziehen.

»Ist es nicht herrlich hier?«, sagte Bruce Millen von der anderen Seite des Wagendachs. »Ich komme oft hierher – um diese Zeit. Sonst kann man ja nicht anhalten. Stell dir vor, du würdest tagsüber versuchen, auf der Verrazano Narrows Bridge anzuhalten! Die anderen Fahrer würden dich lynchen!« Er lachte.

Donna wimmerte. Krämpfe schüttelten ihren Körper. Die Wirkung des Alkohols verwandelte sich in Angst, alles verzehrende Angst. Sie wollte sich auf den Autositz zurückwerfen, aber es war wie vor ein paar Tagen. Die Tiefe war wie ein Magnet und erlaubte ihr weder die eine noch die andere Bewegung.

»Was du siehst, ist die Upper Bay«, erklärte Millen jovial. »Linker Hand Staten Island, rechts Brooklyn und im Hintergrund Manhattan, Jersey City und Bayonne. Wenn du dich umdrehst, siehst du die Lower Bay und den Atlantik.«

Donnas Wimmern wollte nicht enden.

Als Millen nach einer Ewigkeit um den Wagen herumkam und sie auf den Sitz bugsierte, empfand sie tiefe Dankbarkeit.

Sie fuhren weiter. Er wendete auf Staten Island. Zurück in Brooklyn, nahm er Donna mit in seine Wohnung an der Vanderbilt Street. Es war ihr einerlei. Sie trank auch den Whisky, den er ihr einschenkte. Sie war mit allem einverstanden, was er sich anschließend einfallen ließ.

Trevor Grant tippte auf die Enter-Taste. Grüne Zeilen rollten in das Grau des Bildschirms. Vor dem Titel standen Sternchen und Buchstaben-Zahlen-Symbole, die dem zentralen Rechner in der Druckerei Befehl gaben, welche Schriftgrößen er zu verwenden hatte.

GESUCHT:

Es folgte eine Codierung, die die Maße eines in den Text einzufügenden Fotos umsetzen würde. Dann die halbfett gesetzte Zeile direkt unter dem Bild:

Edmond Loraine

Der eigentliche Text begann:

In Zusammenhang mit der Geiselnahme an der Nostrand Avenue suchen FBI und City Police jetzt zwei dringend Tatverdächtige. Wie berichtet, wurde der Geiselnehmer Cyrus Mackey noch vor dem Eingreifen der G-men von bisher Unbekannten erschossen. Bei den mutmaßlichen Tätern handelt es sich nach dem jetzigen Stand der Ermittlungen um Edmond Loraine und Jay Greenberg (siehe Fotos).

»Das Bild von Greenberg steht dann unten rechts«, erklärte Trevor.

»Hm«, brummte Phil, der ihm über die Schulter blickte. Er las weiter.

Von beiden Verdächtigen fehlt bislang jede Spur. Loraine und Greenberg müssen sich aber bis unmittelbar nach der Geiselnahme noch in Flatbush, Brooklyn, aufgehalten haben, so wurde gestern während einer Pressekonferenz im FBI-Distriktgebäude an der Federal Plaza mitgeteilt. Sachdienliche Hinweise nimmt jedes Revier der City Police entgegen. Außerdem wurde beim FBI eine Hotline eingerichtet. Die Nummer steht am Schluss dieses Berichts.

Die erkennungsdienstlichen Untersuchungen im Haus Nummer 1351 an der Nostrand Avenue, so erklärte Special Agent in Charge John D. High gestern im Rahmen der Pressekonferenz, haben keine verwertbaren Spuren ergeben. Auf dem Weg der Besserung befindet sich unterdessen Patrolman David Ryan …

Phil richtete sich auf. »Ausgezeichnet. Du hast es genau getroffen. Loraine und Greenberg sind gleichermaßen verdächtig. Das muss jeder annehmen, der den Artikel liest. Vielleicht haben wir ein bisschen Glück damit. Weder Loraine noch Greenberg können ahnen, wie viel wir wissen.«

Trevor löschte den Bildschirm. Der Text war bereits unter einer Code-Nummer im Rechner gespeichert. »Trotzdem ist mir nicht ganz wohl bei der Sache«, sagte der Journalist, indem er sich auf dem Stuhl umwandte.

»Du meinst, du würdest zu weit vorpreschen?«

»Nicht aus eigener Verantwortung. Aber trotzdem. Es passiert selten, dass Fahndungen dieser Art in den Zeitungen veröffentlicht werden. Wenn sich die Tatverdächtigen als nicht verdächtig entpuppen, sehe ich verdammt alt aus. Schadensersatz-Verfahren kann ich mir noch nicht leisten.«

»Du bist von vornherein aus dem Schneider, Trevor. Das Ganze ist eindeutig als eine Mitteilung des FBI zu erkennen, vor allem vom Text her. Deine Formulierungen sind wasserdicht. Kein Rechtsanwalt kann dir an den Karren fahren.«

»Hoffentlich behältst du Recht«, seufzte Trevor. »Was ist eigentlich mit diesem Ukrainer, um den es ja hauptsächlich ging?«

»Er spielt keine Hauptrolle mehr. Er ist an einem sicheren Ort, genau wie die Zeugin aus dem Bordell. Mehr kann und darf ich dir darüber nicht sagen.«

Trevor hob die Hände. »Nein, nein, das wollte ich auch nicht bezwecken. Ich dachte nur, dass ihr vielleicht einen anderen Weg hättet, um an zusätzliche Zeugen oder Spuren heranzukommen.«

Phil nickte. »Verstehe. Aber wenn es so wäre, hätten wir den anderen Weg genutzt. Tilman ist seit dem Anschlag auf seinen Bewacher völlig verängstigt. Das Girl von der Nostrand Avenue zeigt da viel mehr Zivilcourage.«

»Jerry ist mit ihr unterwegs, nehme ich an.«

»Kein Kommentar.«

Trevor Grant lächelte müde. »Keine Sorge, Phil. Du und Jerry, ihr solltet mich gut genug kennen, um zu wissen, dass ich keine Geheimnisse ausplaudere. Zumal es dabei um die Gefährdung von Menschenleben gehen würde.«

»Ich weiß.« Phil zündete sich eine Zigarette an, nahm seinen Coke-Becher und schlenderte ein Stück im Redaktions-Office auf und ab. Es war später Abend.

Er hatte Trevor allein angetroffen. »Du hast Schlussdienst?«, fragte der G-man und deutete mit einer Kopfbewegung in die mit Zimmerpflanzen ausgefüllte Ecke.

»Das auch«, antwortete Trevor. »Aber es bleibt mir sowieso nichts anderes übrig. Donna war auch tagsüber nicht da. Es ist schon der zweite Tag heute, an dem sie sich nicht blicken lässt.«

»Kein Anruf?«

»Nein. Sie hat nichts von sich hören lassen. Und wenn ich ihre Privatnummer wähle, meldet sich niemand.«

»Bist du da gewesen?«

»Heute Morgen. Ich habe Jennifer nichts davon gesagt, sonst wäre wieder der Teufel los. In ihrer Wohnung scheint Donna jedenfalls auch nicht zu sein. Ich war bestimmt zehn Minuten da und habe immer wieder geklingelt. Sie würde es einfach nicht fertig bringen, darauf nicht zu reagieren. So gut kenne ich sie.«

Phil schüttelte bedauernd den Kopf. Er kannte Donna Ruskin fast ebenso gut wie Trevor. Die beiden waren seit Jahren ein sympathisches Team gewesen. »Welchen Grund könnte sie haben, dass sie dir sang– und klanglos die Freundschaft kündigt?«

»Ich habe mir darüber den Kopf zerbrochen, Phil, das kann ich dir sagen. Aber ich komme einfach zu keinem Ergebnis. Wegen Jennifers Eifersüchteleien würde Donna nicht einfach den Kopf in den Sand stecken. Als wir zuletzt richtig miteinander gesprochen haben, hat sie mir noch gesagt, dass sie mit Jennifer reden wolle.«

»Und daraus ist nichts geworden?«

»Nein. Donna hat sich merkwürdig verändert.« Trevor berichtete über die Wandlung, die mit Donna in den Tagen vor ihrem Verschwinden vor sich gegangen war.

»Ein Rückfall?«, sagte Phil stirnrunzelnd. »Ich dachte, sie hätte sich endgültig gefestigt.«

»Der Überzeugung war ich auch.«

»Hat sie Angehörige?«

»Ihre Eltern sind schon seit Jahren tot. Bei einem Zugunglück ums Leben gekommen. Geschwister hat sie nicht und ihre ehemalige Familie existiert für sie nicht mehr. Warum fragst du?«

»Wegen einer Fahndung. Du bist ihr Arbeitgeber. Da keine Verwandten vorhanden sind, hättest du das Recht, sie als vermisst zu melden.«

»Um Himmels willen, ich hoffe doch nicht, dass es so schlimm ist!«

»Es ist deine Entscheidung. Du hast aber sicher nichts dagegen, wenn wir unsere V-Leute anspitzen.«

»Die Augen offen zu halten?«

»Haargenau.«

»Nein, wie sollte ich etwas dagegen haben? Vielleicht wäre der Weg gar nicht einmal der Schlechteste.«

Phil setzte sich auf einen Drehstuhl an einem der Layout-Tische. Er drückte die Zigarette in einem Aschenbecher aus. »Wie willst du ohne Donna klarkommen? Auf die Dauer kannst du das doch nicht schaffen. Oder?«

»Nein, natürlich nicht.«

»Bemühst du dich um einen Ersatz?«

»Noch nicht. Ich habe es einfach nicht fertig gebracht.«

»Du wirst es wohl müssen. Selbst wenn sie wieder auftaucht, könnte es sein, dass sie keine große Hilfe mehr ist.«

»Es wird schwer sein, wenn nicht unmöglich, jemanden zu finden, der auf blauen Dunst und ohne Bezahlung arbeitet. Jennifer würde jedenfalls verrückt spielen, wenn ich auf die Idee käme, auch noch ein Redakteurs-Gehalt auszuspucken.«

Phil blies die Atemluft durch die Nase. »Bist du am Ocean Parkway gewesen?«

Trevor nickte düster. »Es sieht nicht gut aus für

mich. Verdammt, auf einmal scheint sich alles zusammenzuballen – gegen mich. Aber ich bin kein Schwächling, Phil. Wenn es sein muss, arbeite ich sechzehn oder auch achtzehn Stunden am Tag.«

»Fragt sich nur, wie lange.«

Trevor hatte keine Antwort darauf.

Der Zufall wollte es, dass morgendliche Sonnenstrahlen ihren Weg in unser gemeinsames Office fanden. Auf Phils Schreibtisch war auf Schnellheftern und losen Blättern zu erkennen, dass sie mit einer feinen Staubschicht bedeckt waren. Ähnliche Auswirkungen hatte die seltene frühe Helligkeit an meinem Arbeitsplatz. Es zeigte, wie sehr mein Kollege und ich den Papierkrieg schätzen. Wir tun alles, um ihm aus dem Weg zu gehen.

Harry, der Bote vom Dienst, legte einen dicken Stapel Post in die Sonnenstrahlen und marschierte sofort wieder ab.

Es war der reinste Hohn.

Was obenauf lag, hätte in schwefliges Gewitterlicht gepasst. Nicht aber in diesen hoffnungsvollen, freundlichen Tagesanfang. Die Kopfzeile der Zeitung sprang uns mit ihren dicken Lettern buchstäblich ins Gesicht.

BROOKLYN STAR

Die Überschrift darunter war kaum kleiner.

GEISELDRAMA NOSTRAND AVENUE:
FBI NOCH IMMER RATLOS!

»Man sollte ihm das Blättchen um die Ohren hauen«, knurrte Phil.

»Damit zwingst du keine Qualle in die Konservendose.«

Mein Freund und Kollege knurrte abermals. Ohne Worte.

Auf dem Einwickelblatt klebte ein Briefumschlag. Adressiert an die G-men Cotton und Decker. Ich zog die Einladungskarte heraus. Erhaben gedruckte Goldlettern baten uns zur Einweihung, die in einer Woche stattfinden sollte. Um Antwort wurde gebeten. Millen hatte handschriftlich unterzeichnet.

»Auf die Antwort wird er lange warten können«, erklärte Phil grimmig. Er löste das Einwickelblatt und faltete die Zeitung auseinander. Gespielt feierlich las er vor: »Liebe Leser! Was Sie in den Händen halten, ist die erste Ausgabe Ihrer neuen Lokalzeitung. Der ›Brooklyn Star‹ macht es sich zur Pflicht, Sie noch ausführlicher und vor allem noch aktueller als alles bisher Dagewesene über die Geschehnisse in unserer Stadt zu unterrichten – in Flatbush, in ganz Brooklyn, in New York City, in der Welt. Vorläufig erscheint der ›Star‹ in einer täglichen Ausgabe als Morgenzeitung. Wenn die Resonanz bei Ihnen aber positiv ist, was alle Mitarbeiter dieses Hauses hoffen, dann werden wir sicherlich auch bald mit einer zusätzlichen Abendausgabe herauskommen. Nun aber genug der Zukunftsmusik. Knallhart widmen wir uns in der Startausgabe dem Thema, das in Flatbush und im Rest von New York zur Zeit wichtigster Gesprächsstoff ist. Knallhart deshalb, weil der ›Brooklyn Star‹ kein Blatt vor den Mund nimmt. Wir sagen Ihnen, wie es wirklich ist. Und Tatsache ist bis jetzt, dass die Suche nach dem oder den Mördern von Cyrus Mackey nicht das geringste Ergebnis erbracht hat. Lesen Sie nebenstehenden Bericht, eine Zusammenfassung des bisher Geschehenen. Herzlichst, Ihr Bruce Millen, Chefredakteur.«

Phil warf die Zeitung auf meinen Schreibtisch. Er verzog das Gesicht, als hätte er etwas besonders Ekelhaftes in der Hand gehabt.

Ich hob die Schultern. »Ehrlich gesagt, ich hätte mir unseren gemeinsamen Freund noch schlimmer vorgestellt. Was er da bringt, ist doch nicht mehr als Mottenkisten-Kram.«

»Er fängt ja auch erst an. Steigerungsfähig ist er garantiert.«

Ich mochte nicht widersprechen.

Die Klimaanlage summte. Der Fernsehapparat rauschte und zeigte Bildschirm-Schnee. Ein weiteres Geräusch, tiefer als Summen und Rauschen, stammte vom Stromaggregat.

»Alles ausschalten«, sagte Simon Legg auf einmal.

Loraine schraubte sich erstaunt im Sessel hoch und starrte ihn an. »Alles? Doch wohl nur die verdammte Fernsehkiste, oder?«

Legg brüllte los, dass der Hagere den Kopf einzog. »Alles! Spreche ich etwa undeutlich? Alles!« Er hieb mit einer leeren Bierdose auf den Tisch. Es knallte wie ein Schuss.

Loraine stand auf wie in Zeitlupe. Er hätte den Kopf schütteln können. Die Gereiztheit Leggs war seiner Meinung nach total überzogen. In der Bushalle, im Wohnmobil, konnte man sich nach Loraines Empfinden hervorragend verkriechen. Ihn störte überhaupt nichts daran. Weder das ständige künstliche Licht noch die stickige Luft. Er fand es gemütlich, würde es noch wochenlang aushalten können. Allerdings musste er zugeben, dass Legg die Sache etwas anders sah. Legg wurde nicht wegen eines bestimmten Verdachts von den Bullen gesucht. »Aber was nicht ist, kann noch werden«, murmelte Loraine.

Ausgerechnet in diesem Moment schaltete Legg den Fernseher aus. »Was?«, bellte er. »Was hast du gesagt?« Wie eine Respektsperson sah er nicht gerade aus. Er trug nur eine Jogginghose und ein hellblaues T-Shirt. Das Shirt war durchgeschwitzt.

»Nichts«, brummte Loraine. »Überhaupt nichts.« Er wollte sich abwenden.

Leggs peitschende Stimme nagelte ihn auf der Stelle

fest. »Komm mir nicht so! Deinetwegen ziehen wir den ganzen Zirkus hier durch! Fang also nicht an, dich über mich lustig zu machen. Nimm dir das nicht heraus, Ed. Ich warne dich! ›Kann noch werden‹ oder so was hast du genuschelt. Was war es genau? Ich will es wissen. Ich schwöre dir, ich kriege es aus dir heraus!«

»Was nicht ist, kann noch werden«, knurrte Loraine, und diesmal konnte er sich ein verständnisloses Kopfschütteln nicht verkneifen.

»In welchem Zusammenhang? Verdammt, in welchem Zusammenhang?« Legg knallte von neuem die Bierdose auf den Tisch.

»Du bist gereizt, Simon. Es hat doch keinen Sinn …«

»Ich habe dich was gefragt, verdammt nochmal! In welchem Zusammenhang? Spuck es aus, oder …«

»Ich hab nur laut gedacht«, gab der Hagere zu. »Ich meine, dass sie hinter dir noch nicht direkt her sind, hat nicht viel zu sagen. Das war der Zusammenhang. Was nicht ist, kann noch werden. All right, jetzt weißt du es.« Legg ließ die leere Bierdose stehen, nahm eine volle und lehnte sich zurück. Langsam zog er die dünne Blechlasche auf und lauschte dem Zischen. Er grinste breit. »Schalte jetzt das Gedröhne aus, Ed.« Es hörte sich fast besänftigt an.

Loraine setzte sich achselzuckend in Bewegung. Im Fahrerhaus betätigte er die Schalter. Es wurde still und dunkel in dem rollenden Palast. Als er in den Livingroom zurückkehrte, hatte Legg eine Kerze und einen Zigarillo angezündet. Der schwarze Tabak klemmte in seinem Mundwinkel.

»Okay, Ed, jetzt mach die Tür auf, und dann setz dich her.«

Loraine gehorchte. Aus der Halle drang das Aggregate-Brummen der beiden kleineren Wohnmobile herein. Loraine rechnete damit, dass Legg wutentbrannt anordnen würde, auch die letzten Geräuschquellen zu löschen. Aber nichts dergleichen geschah.

»Ich hab das natürlich nicht so gemeint«, sagte der Hagere, nachdem er sich wieder in seinen Sessel versenkt hatte.

»Gemeint hast du es schon«, erwiderte Legg unerwartet freundlich. »Du hast nur noch nicht richtig begriffen, dass wir den ganzen Zirkus hier ausschließlich deinetwegen veranstalten.«

»Doch, das habe ich begriffen. Und was ist mit Greenberg?«

»Mach dich nicht lächerlich.«

»Okay«, knurrte Loraine. Er hieb eine Zigarette aus der Packung und lehnte sich zurück. Bedächtig ließ er das Feuerzeug aufflammen. Er beobachtete den Rauch, den er ausblies.

»Da bin ich mal gespannt, was du auf Lager hast«, sagte Legg spöttisch.

»Komisch, dass du nicht von selber draufkommst«, sagte Loraine, immer noch wütend. »Es ist ganz einfach: Wer hat mir den gottverdammten Auftrag gegeben, Mackey umzulegen? He, wer?«

»Keine Ahnung«, antwortete Legg scheinheilig. »Und das ist die reine Wahrheit, Ed. Ich habe nicht die geringste Ahnung. Niemand anders hat irgendeine Ahnung. So wird es sein, falls jemand dumme Fragen stellen sollte. Und gibt es einen Beweis dafür, dass ich dir den Auftrag erteilt habe? Gibt es den geringsten lausigen Beweis?«

Loraines Unterkiefer sackte ab. Es dauerte Sekunden, bis er es fassen konnte. »So ist das!«, hauchte er. »So hast du dir das ausgedacht! Mein Gott, ich hätte von dir ja alles Mögliche erwartet. Aber nicht das. Nein, nicht das.«

»Nun bleib mal auf dem Teppich«, sagte Legg väterlich. Er trank einen Schluck Bier und nuckelte an seinem Havanna-Zigarillo. »Ich habe dir nur mal vor Augen gehalten, wie die Dinge stehen könnten, wenn es hart auf hart geht. Aber so weit wollen wir es ja nicht kommen lassen, stimmt's? Ich stehe auf deiner Seite, Ed, und wir beide würden nicht zusammen in diesem Loch hocken, wenn es anders wäre.«

»Hm, ich weiß nicht«, murmelte Loraine. »Warum fängst du dann erst mit so einem Quatsch an?«

»Habe ich angefangen?« Legg schnitt mit der flachen Hand durch die Luft. »Lassen wir das! Es gibt jetzt wichtigere Sachen zu tun. Wir müssen uns auf die Zukunft vorbereiten, nicht allein versuchen, mit der Vergangenheit fertig zu werden.«

»Und das heißt im Klartext?«

»Hast du irgendetwas erreicht, was diese Nutte betrifft, die beim FBI umgekippt ist?«

»Bis jetzt nicht.« Loraine presste die Lippen aufeinander. »Meine Verbindungsleute sind aber dran.«

»Deine Verbindungsleute!« Legg lachte heiser. »Ich gehe jede Wette mit dir ein, dass nichts dabei herauskommt.«

»Das ist noch lange nicht gesagt.«

»Vergiss es. Ich sagte schon, dass wir uns nicht mehr nur mit der Vergangenheit befassen wollen. Die Weichen sind gestellt, Ed. Millen hat erstaunlich gute Arbeit geleistet. Ich glaube, ich habe mich nicht in ihm getäuscht. Mit dem Brooklyn Star werden wir bald ein Meinungsmonopol in der Hand haben. Das heißt, wir können ungehindert größeren Einfluss nehmen. In Zukunft werden beispielsweise Leute wie dieser Idiot Tilman von vornherein auf unserer Seite stehen. Mit einer Zeitung kann man eine Menge bewirken, glaub mir.«

»Ja, ich verstehe.« Loraine paffte Qualm ins Kerzenlicht. Was Millen betraf, war leider kein Haar in der Suppe zu finden. »Und weiter?«

»Millen macht ein hervorragendes Blatt. Es wird zweifellos noch besser werden. Er hat seinem Konkurrenten Grant einen entscheidenden Schlag verpasst.«

»Mit dieser Schlampe? Dieser Redakteurin?«

»Genau. Das reicht aber nicht, um einen Laden kaputtzumachen.«

»Natürlich nicht.« Loraine war zufrieden. Endlich wurde einmal klar, dass Millen kein Alleskönner war.

»Eben drum. Wir werden jetzt einen Katalog zusammenstellen. Es muss eine ganze Serie von Aktionen werden. Und am Ende steht knallhart nur das eine: Trevor Grants Untergang mit Pauken und Trompeten.«

»Endlich mal eine Aufgabe«, sagte der Hagere erfreut. »Da weiß man, wo man zuzupacken hat.«

»Wirklich? Weißt du es schon?«

»So was schüttele ich doch aus dem Handgelenk.« Den Beweis blieb Loraine nicht schuldig. Aus dem Stegreif zählte er auf, was man alles tun könnte.

Simon Legg war beeindruckt.

Zeit und Raum waren ihr verloren gegangen. Die Umgebung war gegenstandslos geworden. Es konnte ihre Wohnung sein. Auch jede andere Wohnung. Irgendein Ort. Sie vermochte die Erinnerung nicht wachzurufen. In der Dunkelheit, die sie umgab, waren nicht einmal Geräusche. Nur wenig Straßenverkehr aus sehr weiter Ferne.

Donna Ruskin hatte das Gefühl zu schweben.

Manchmal, wenn sie die Arme oder Beine bewegte, wurde sie von einer unerklärlich wogenden Kraft auf und ab getragen.

Das Knirschen eines Schlüssels drang in ihr Gehör. Dann das Schnappen eines Türschlosses. Sie staunte darüber, mit welcher Klarheit ihr der Ursprung der Geräusche bewusst wurde.

Licht flammte auf. Geblendet schloss sie die Augen. Die plötzliche Helligkeit verursachte einen stechenden Schmerz in ihrem Kopf. Die Stimme zwang sie in die Wirklichkeit.

Bruce Millens Stimme.

»Braves Mädchen. Ist es schon Treue, was dich hier hält? Oder nur die Macht der Gewohnheit?« Er lachte schallend.

»W-as? Wovon sprichst du?« Sie spürte die Schwere ihrer Zunge. Sie versuchte, sich aufzurichten, doch ihr Oberkörper wog Tonnen. Sie sah den blonden Mann verschwommen, doch sein Grinsen war deutlich. Er hielt zwei leere Flaschen hoch.

»Mein Gott, hast du zugeschlagen, Baby! War die Einsamkeit so schwer zu ertragen? Aber keine Sorge, jetzt bin ich da. Himmel, war das ein harter Tag! Und wie gut ist es für einen Mann, eine Frau vorzufinden, wenn er nach Hause kommt. Ein fantastisches Gefühl.«

Sie begriff sein Gerede nicht. Treue? Macht der Gewohnheit? Tief auf dem Boden ihres Bewusstseins entstand der Gedanke, dass sie nicht freiwillig hier war. Aber was hätte sie dagegen tun sollen?

»Steh jetzt auf, Baby«, sagte er. Es hörte sich fürsorglich an, »Du kannst doch nicht dauernd nur herumliegen und faulenzen. Mach dich ein bisschen zurecht. Lass uns einen gemütlichen Rest der Nacht verbringen. Nur wir beide, hier, in meiner Wohnung, die auch deine sein kann.«

»Zu – recht – mach…?« Sie schämte sich. Doch ihre Willensanstrengung reichte nicht aus. Sie brachte das Wort nicht zustande. Sie hörte die Lächerlichkeit ihres Lallens und entwickelte Zorn auf sich selbst, auf ihre Schwäche. Weshalb hatte sie sich nur so gehen lassen? Verstandesmäßig konnte sie nur allmählich erfassen, was geschehen war. Aber eine Erklärung für ihr Verhalten fand sie nicht.

Millens Umrisse wurden deutlicher. Er setzte sich zu ihr auf die Kante des französischen Betts. »Natürlich müssen Frauen sich zurechtmachen. Männer verlieren sonst das Interesse an ihnen. Wer mag schon eine Schlampe ansehen? Und außerdem …« Er lachte glucksend »... bestimme in meiner Wohnung immer noch ich, was passiert.«

Die Silben hallten in ihrem Kopf. Es dröhnte.

... meiner Wohnung immer noch ...

Unter größter Mühe wälzte sie sich auf die Seite. »Ich – will nach Hau-se!«

Wieder lachte er lauthals. Es klatschte, und erst mit einer Sekunde Verzögerung wurde ihr bewusst, dass seine flache Hand ihr Hinterteil getroffen hatte. Es schmerzte unnatürlich stark. Sie schrie. Gleich darauf ging ihr Schrei in ein Gurgeln über. Millen lachte noch immer.

»Nach Hause? Meine Güte, so was wie dich stößt man doch nicht aus dem Bett! Da müsste ich ja ganz schön blöd sein. Außerdem – wenn du wirklich gewollt hättest, wärst du schon längst in deiner eigenen Bude. Du hättest telefonieren können, den lieben, guten Trevor anrufen. Bestimmt wäre er sofort hergeeilt und hätte dich befreit. Erzähl mir bloß nicht, dass du für so was nicht clever genug bist. Du wolltest einfach nicht. Weil du scharf auf mich bist. Ja, scharf auf mich!« Er zündete sich eine Zigarette an. »Sieh dich doch bloß mal an. Eine Frau, die einen Mann so empfängt, will doch nur das eine. Die kann's doch gar nicht abwarten, dass er es ihr besorgt. Drei Tage geht das jetzt schon so. Du kannst den Hals nicht voll kriegen, Baby. Aber im Grunde kann es mir ja nur recht sein, dass du nicht zur Arbeit gegangen bist. Der liebe, gute Trevor ist mein Konkurrent, das weißt du schließlich. Was ihm schadet, nützt mir.«

Donna verstand nur die Hälfte. Sein Redefluss rauschte in ihren Ohren. Sie blickte an sich hinab und erschrak. Sie trug praktisch nichts auf dem Leib. Der weiße Hausmantel, den sie angehabt hatte, bedeckte ihre Blößen schon lange nicht mehr, klaffte weit auseinander, war praktisch nicht mehr als eine Decke, auf der sie lag. Auf einmal spürte sie seine Fingerkuppen auf ihrer Haut. Sie erschauerte. Ein Schub von Willenskraft erwachte in ihr. Sie wollte ihm nicht ausgeliefert sein. Nicht in dieser Hilflosigkeit. Es gelang ihr, sich aufzusetzen, und sie staunte über sich selbst. Sie hieb ihm sogar auf die Finger.

»He, he!«, protestierte er. »Was ist denn das?«

»Muss mich – zurechtmachen«, murmelte sie. »Hast du – selbst gesagt.«

»Okay, okay.« Er stopfte die Zigarette in den übervollen Aschenbecher auf dem Nachttisch. »Jetzt wirst du wieder clever, was? Jetzt schlägst du mich mit meinen eigenen Waffen, stimmt's?« Er stand auf und half ihr auf die Beine. Er stützte sie, führte sie durch das elegant eingerichtete Apartment.

Weiß überwog. Während sich Donna bemühte, auf seine stützenden Hände nicht angewiesen zu sein, erinnerte sie sich mehr und mehr. Die weißen Wände, die weißen Möbel. Farbtupfer wurden durch wirkungsvoll verstreute Bilder und Kissen erzielt. Teppiche und Fliesen wechselten einander ab. Trotzdem war es nicht kalt.

Vor einem Fenster blieb er mit ihr stehen.

Wieder war die Schwärze vor ihr. Diesen Teil der Erinnerung hatte sie verdrängt. Lichter funkelten. Im Mittelpunkt erstreckte sich ein gekräuselter grüner Teppichflor mit breiten Linien und Feldern darin. Die Bäume eines Parks, von Lampen auf hohen Masten erhellt.

Millen ergriff ihre Schultern von hinten und drängte sich an sie. »Wir sind hier im zehnten Stock«, flüsterte er in ihr Ohr. »Wir könnten den Fahrstuhl nehmen und nach oben fahren, aufs Dach. Das ist über dem zwanzigsten Stock. Aber es muss ja nicht sein. Nicht jetzt, nicht wahr?«

»Nein«, hauchte sie erschauernd. Der Alkohol wirkte noch genügend nach, um die Angst nicht mit voller Wucht durchschlagen zu lassen.

Millen führte sie vom Fenster weg, als er spürte, wie das Zittern bei ihr einsetzte. Die Helligkeit des Bades wirkte beruhigend auf sie.

»Die Tür lassen wir offen«, entschied er. »Du hast ja keine Geheimnisse vor mir. Und ich möchte wissen, wo du bist und was du tust.«

Sie widersprach nicht. Er nickte ihr noch einmal zu, grinste und wandte sich ab. Donna drehte den Hahn der Badewanne auf. Das Wasser perlte und rauschte in das hellblaue Emaille-Oval, das für zwei Personen ausreichend groß war und eine eingebaute Whirl-Düse hatte. Donna fühlte sich besser, obgleich die Wirkung des Alkohols noch in allen Gliedern zu spüren war.

Doch allein die Tatsache, dass ihr Verstand wieder einigermaßen klar arbeitete, wirkte beruhigend. Sie wusste, dass sie nicht die Kraft hatte, sich gegen Bruce Millen aufzulehnen, solange er bei ihr war. Aber sie würde fliehen, wenn er sie wieder allein ließ. Sie hatte Trevor im Stich gelassen, das dämmerte ihr jetzt. Die Konsequenzen, die sich daraus ergeben konnten, vermochte sie indessen nicht zu überblicken. Sie hatte keine Vorstellung davon, was außerhalb jener Insel geschehen war, die sie sich durch ihren anhaltenden Rauschzustand selbst geschaffen hatte. Sie war noch immer nicht imstande, Tage und Nächte auseinander zu halten und, vor allem, abzuschätzen, wie viele es gewesen waren. Sie ließ den Hausmantel von sich abfallen und stieg in die Wanne. Wohlige, belebende Wärme umfing sie. Als sie das Wasser abstellte, hörte sie Millens Stimme. Er telefonierte. Das Gespräch war rasch beendet. Sekunden später erschien er in der offenen Tür zum Bad. Donna wusste, womit sie zu rechnen hatte. Ihr Körper verkrampfte sich.

»Ich muss noch einmal weg«, sagte er, und diesmal grinste er nicht. Er wirkte verärgert. »Aber es dauert nicht lange. Höchstens eine halbe Stunde. Mach dich fein, Baby. Die Nacht fängt erst richtig an.«

Sie staunte noch, als sie die Wohnungstür zuklappen hörte. Der Schlüssel drehte sich mehrmals. Dann war Stille. Donna horchte auf ihren Herzschlag, wie er sich beschleunigte. War dies die Chance, auf die sie gewartet hatte? Millens Verschwinden musste mit dem Telefongespräch zu tun haben. Völlig klar. Und er ging nicht freiwillig. Jemand hatte ihn zu sich gerufen. Ihr fiel ein, was er über seine Zeitung erzählt hatte, wie er herumgeprahlt hatte. Natürlich. Er war von jemandem abhängig. Das Geld, um eine eigene Zeitung zu gründen, hätte er niemals aufbringen können. Wie anders war Trevor! Das ging ihr jetzt auf. Trev hatte seinen eigenen hohen Kapitalanteil. Gewiss, er war auch von seiner Bank abhängig. Aber die machte ihm keine Vorschriften, was seine beruflichen Entscheidungen betraf. Trevor war sein eigener Herr. Noch.

Donnas Herzschlag steigerte sich zum Hämmern.

Plötzliche Entschlossenheit veranlasste sie, aus der Wanne zu steigen. Einen Moment lang musste sie sich am Rand festhalten, um das aufwallende Schwindelgefühl zu bekämpfen. Dann trocknete sie sich eilends ab, schlüpfte in die großen Frottee-Pantoffeln und wickelte sich ein Handtuch um den Körper. Sie lief nach nebenan. Verräterische Wasserflecken würde sie nicht hinterlassen.

Das Telefon hatte diese verschiedenen Speichereinrichtungen und ein Display. Donna streckte die Hand aus, um den Hörer abzunehmen. Doch mitten in der Bewegung zuckte sie zurück. In der Redaktion hatten sie die gleichen Apparate. Die jeweils zuletzt angerufene Nummer wurde gespeichert. Zehn Minuten lang. Wenn sie Trevor anrief, würde Millen es sehen können – falls er vorzeitig zurückkam. Das Risiko war groß. Donna biss sich auf die Unterlippe, bis sie den Schmerz spürte. Erneut war die Angst da – ein Ungeheuer, das immer wieder mit brutaler Gewalt zur Oberfläche ihres Bewusstseins emporstampfen würde.

Der Gedanke kam von selbst, während sie das Telefon noch unschlüssig anstarrte. Wenn Millen jemanden angerufen hatte und nicht angerufen worden war ...

Sie nahm den Hörer mit dem Handtuchzipfel ab und drückte auf die Taste für die Rufwiederholung. Im Display erschienen Ziffern. Tatsächlich. 638–3144

Donna zitterte vor Aufregung. Die Elektronik wählte. Das Knacken drang überlaut aus dem Hörer. Sie stand wie auf dem Sprung. Sobald sich jemand meldete, würde sie nach dem Namen fragen und dann blitzschnell auflegen.

Das Rufzeichen ertönte.

Donnas Zittern verstärkte sich. Wen würden die fordernden, drängenden Doppeltöne erreichen? Wie würde der Betreffende darauf reagieren? Bestimmt meldete er sich nicht mit Namen. Nur mit ›Ja‹ oder ›Hallo‹. Donna wusste, das Problem war ihre Stimme. Sie hätte vorher üben sollen, ihre Stimme zu verstellen. So, dass sie sich wie ein Mann anhörte. Aber war das überhaupt möglich?

Am anderen Ende wurde nicht abgenommen.

Donna ließ den Hörer sinken. Vielleicht traf sich Millen mit dem, den er angerufen hatte, an einem neutralen Ort. Die Nummer erlosch auf dem Display. Donna hatte sie im Kopf. 638–3144. Sie fand ihre Handtasche neben dem Bett. Ihr Notizbuch war voll mit Telefonnummern. Sie kritzelte die 638–3144 in die Mitte einer vollen Seite. Vielleicht konnte Trevor irgendwann einmal etwas damit anfangen. Sie sehnte sich plötzlich nach ihm. Eilig stopfte sie das Notizbuch und den Kugelschreiber zurück in die Handtasche. Ihr Herz hämmerte noch immer. Abermals blieb sie vor dem Telefon stehen.

Ihre Angst war zu groß. Von Bruce Millen bei etwas Verbotenem ertappt zu werden, würde schlimme Folgen haben. Sie musste das Telefon tagsüber benutzen, wenn er mit Sicherheit für längere Zeit abwesend war. Und er hatte nicht vergessen abzuschließen. Es gab keine Chance. Nicht im Augenblick. Sie brauchte vor allem auch die Nervenstärke, die sie noch nicht wieder hatte.

Sie kehrte ins Bad zurück, und es war wie eine Niederlage, die sie sich selbst zufügte.

Länger als eine halbe Stunde hing unsere Maschine im Wartekreisel über Boston. Unten glitzerte das Wasser der Massachusetts Bay im Sonnenlicht. Zur Stadt hin verdichtete sich die Masse der vielen kleinen Inseln, die den Hafen schützten und die verschiedenen Hafeneinfahrten schwierig machten. Die Boeing landete weich und sicher auf Logan International Airport. Phil und ich ließen die Kontrollen über uns ergehen. Zwar hatten wir das Privileg, Stahl unter der Achsel tragen zu dürfen. Aber dafür wurden unsere Dienstausweise umso genauer untersucht, bis hin zum Durchleuchten. Dabei gelten die ID-Cards des FBI als fälschungssicher.

Als wir endlich vor dem Flughafengebäude in ein Taxi stiegen, hatte ich wieder das verdammt sichere Gefühl, dass wir mit dem Jaguar fast genauso schnell gewesen wären.

Der Taxifahrer kurvte mit uns von East Boston in den Sumner Tunnel. Ein bisschen Hafen sahen wir dann noch, als wir auf der anderen Tunnelseite in der City auftauchten. Die Seefahrer-Tradition dieser Stadt war allgegenwärtig. Piers streckten ihre Langfinger in die Bucht weit draußen. Hafenbecken schnitten im Gegenzug tief in das Stadtgebiet hinein, wo sie von Highways und Zubringerstraßen überquert wurden. Unser Driver riskierte es nicht, Umwege zu fahren. Wir sahen nicht aus und hörten uns nicht an wie Touristen, die mit Sicherheit noch niemals hier gewesen waren. Wir ließen ihn an der Munroe Street halten, fünfzig Hausnummern von unserem Ziel entfernt.

Wir trennten uns. Eine Viertelstunde lang marschierte ich durch Seitenstraßen, bevor ich auf die Munroe Street zurückkehrte und den Eingang eines Hochhauses betrat, in dessen Erdgeschoss sich die Ausstellungsräume eines Cadillac–Händlers befanden. Blitzblank und hinter Schaufensterglas sahen die Nobelschlitten noch ehrfurchtgebietender aus als irgendwo auf der Straße. Ich nahm einen Expresslift und traf Phil in der Halle im 31. Stock. Von hier zweigten Korridore zu insgesamt acht Apartments ab. Kleinere Wohnungen waren es, meist nur mit zwei oder zweieinhalb Zimmern, für betuchte Singles. In den unteren fünfzehn Stockwerken befanden sich Büros. Vom 16. bis zum 45. Stock war der Betonturm voll gestopft mit Miet- und Eigentumswohnungen.

Die Kollegen vom FBI-Distrikt Massachusetts hatten Nikolai Tilman in diesem Bienenkorb aus Beton untergebracht, weil sie überzeugt waren, ein einzelner Mann könne nirgendwo unauffälliger leben. Die Kollegen hatten Recht. US Marshals waren auch hier für die Bewachung zuständig. Unter falschem Namen wohnten sie in einem Apartment im 32. Stock, das zufällig noch frei gewesen war. Jeweils einer von den beiden hielt sich bei Tilman auf. Ich hielt meinen Dienstausweis unter die Optik der Videokamera. Phil folgte meinem Beispiel. Der Bewacher ließ uns ein. Er war ein schlanker, dunkelhaariger Mann, alles andere als der bullige Bodyguard aus dem Bilderbuch. Unaufgefordert zeigte er uns seine ID-Card. Wir bedankten uns. Er zeigte uns den Livingroom und ließ uns mit Tilman allein.

Der blonde Ukrainer war blasser geworden. Es musste daran liegen, dass er jetzt überhaupt nicht mehr an die frische Luft kam. Als Automechaniker bei einer Werkstatt in der Nähe der Gowanus-Piers von

Brooklyn hatte er allerdings auch nicht gerade die gesündeste Umgebung gehabt.

»Wir sitzen fest«, erklärte ich. »Wir haben neun Zeuginnen und einen Zeugen, die die Zähne nicht auseinander kriegen. Zeugin Nummer zehn hat ausgesagt und schwebt dafür in zehnmal größerer Gefahr als Sie, Nikolai.«

Er sah uns mit seinen matten blaugrauen Augen an und kam sofort auf den Punkt der Sache. »Wenn die Zeugin so verdammt gefährdet ist, können Sie doch nicht festsitzen. Dann muss ihre Aussage doch etwas gebracht haben.« Sein Englisch war fehlerfrei, doch mit einem harten, kehligen Akzent beladen.

Phil nickte mir zu, als ob er sagen wollte: Siehst du, so einfach nimmst du ihm die Angst nicht. Laut sagte mein Freund und Kollege: »Die Zeugin hat uns zwei Namen genannt. Einer von beiden ist der Mörder Cyrus Mackeys. Mackey war der Fahrer der beiden Schießer, die es auf Ihren Bewacher abgesehen hatten – Patrolman Ryan.«

»Spielen wir mit offenen Karten«, fügte ich hinzu. »Die Namen lauten Edmond Loraine und Jay Greenberg.«

»Dann war Loraine der Killer. Greenberg ist nur sein Schuhputzer.«

Ich zog überrascht die Augenbrauen hoch. »Woher die plötzliche Redefreude?«

Tilman schüttelte lächelnd den Kopf. »Ich habe nur gesagt, was Sie sowieso schon wissen. Oder wissen müssten. Okay. Was wollen Sie noch von mir? Warum schnappen Sie sich Loraine nicht? Wenn Sie ihn haben, können Sie den ganzen elenden Verein aufrollen.«

»Was Sie nicht sagen«, knurrte Phil. »Legg, Loraine und Konsorten haben sich abgeseilt. Wir wissen nur nicht, in welche Versenkung.«

»Und deshalb kreuzen Sie bei mir auf?«

»Wo sonst?«, entgegnete Phil.

»Wir brauchen Namen von Ihnen«, erklärte ich. »Sie sind nicht mehr die Nummer eins, Nikolai. Auf Sie wird sich niemand mehr einschießen. Dafür steht das Girl von der Nostrand Avenue zu sehr im Kreuzfeuer.«

»Sie werden doch wohl gut auf die Kleine aufpassen.«

»Natürlich. Aber es gibt nie Garantien.«

»Auch in meinem Fall nicht. Zerreden Sie nicht das Risiko, das ich trage.«

»Okay«, seufzte ich. »Dann erkläre ich es Ihnen noch genauer.« Ich setzte ihm auseinander, weshalb mir so sehr an Sun Roses Schicksal gelegen war. Ich schilderte den unglücklichen Lebensweg der jungen Indianerin. »Ich will, dass sie ihre Chance kriegt«, schloss ich. »Sie soll noch einmal neu anfangen können, ohne dass sie sich für den Rest ihres Lebens verstecken muss. Dazu müssen Legg und Loraine für immer hinter Gittern verschwinden. Verstehen Sie, Nikolai? Denken Sie nach. Versetzen Sie sich in die Lage dieses Mädchens.«

»Sie haben Ihre Chance gehabt, und Sie haben sie nutzen können«, sagte Phil. »Damals, als Sie in die Staaten kamen, standen Ihnen alle Wege offen. Zeigen Sie sich ein bisschen erkenntlich. Nicht für uns. Für Sun Rose.«

Er schwieg lange. Zündete sich eine Zigarette an. Rauchte. Schwieg weiter.

Dann griff er zu einem Schreibblock.

Jennifer Grant betrat ihr Büro pünktlich um Viertel nach acht. Ihre selbst gesetzte Zeit. Als Ehefrau des Verlegers musste sie Vorbild sein. Es hatte noch keinen einzigen Tag gegeben, an dem sie nicht eine Viertelstunde vor den Angestellten da gewesen war. Trevor begann seinen Redaktionsdienst nie vor zehn Uhr morgens. Er begründete das mit der langen Arbeitszeit am Abend.

Der Besucher kam um 8 Uhr 20.

»Mr. Egan!«, rief Jennifer verwundert. »Sind Sie aus dem Bett gefallen?« Ihr Lächeln verschwand im nächsten Moment.

Der elegant gekleidete junge Mann war sonst immer ein Lichtblick für sie gewesen, stets zu Scherzen aufgelegt. Doch heute hatte er die betrübteste Miene, die sie je gesehen hatte. Unaufgefordert setzte er sich auf den Besucherstuhl und klappte den Aktenkoffer auf seinen Knien auf. Er nahm einen Packen vorgedruckter Bögen heraus, schlug den Koffer wieder zu und blätterte den Packen durch. Das dünne Papier knisterte.

Es waren Auftragsbestätigungen. Jennifer bemerkte es stirnrunzelnd. Dann sah sie das andere. An jedes der Blätter war ein kleineres Blatt geheftet.

Bob Egan schluckte und suchte nach Worten. Es war nicht seine Art. Seinen Job bei der Werbeagentur hatte er unter anderem wegen seiner Redegewandtheit gekriegt. Seine Agentur vertrat die Supermarktkette ›Grocers‹. ›Grocers‹ war allein in Flatbush acht Mal vertreten. Der wichtigste Kunde. Kein anderer buchte wöchentlich zwei ganzseitige Anzeigenseiten.

»Es tut mir sehr – Leid«, sagte Egan stockend. »Bitte glauben Sie um Himmels willen nicht, dass ich mit der Entscheidung irgendetwas zu tun hätte.«

»Was ist?«, stieß Jennifer bestürzt hervor. »Wovon reden Sie, Bob?«

Er holte tief Luft. Dann gab er sich einen Ruck und schob ihr die Papiere auf den Schreibtisch. Es sah aus, als müsste er sich von einer schweren Last befreien. »Grocers hat alle Anzeigenaufträge storniert, Jennifer. Mit sofortiger Wirkung.« Er senkte den Kopf.

»Aber ...« Jennifer brachte nur das eine Wort heraus. Dann konnte sie ihr Gegenüber nur noch anstarren. Mit mechanischen Bewegungen nahm sie den Formularstapel in die Hand. Mit den angehefteten Blättern wurden die Aufträge widerrufen. Der Text

entsprach der diesbezüglichen Klausel in den Allge-
meinen Geschäftsbedingungen der Kette, und jedes
einzelne Blatt war rechtskräftig von zwei Prokuristen
unterschrieben.

Ein Grund war nirgendwo angegeben. Nicht ein
Wort.

»Ich weiß, was das für Ihren Verlag bedeutet«, murmelte Egan bedrückt. Er deutete mit einer matten
Kopfbewegung auf die Papiere. »Das da wären hun-
derttausend Dollar Umsatz gewesen – im kommenden
Vierteljahr. Ohne das stehen Sie schlecht da, sehr
schlecht, fürchte ich. Aber bedenken Sie, dass ich nur
der Übermittler bin. Unsere Agentur hat auf die Entscheidung von Grocers keinerlei Einfluss gehabt.«

»Wer denn?«, hauchte Jennifer tonlos.

»Ich weiß es nicht. Ich kann nur sagen, was gemun-
kelt wird. Aber erzählen Sie bitte niemandem, dass ich
so ein Gerücht weiterverbreite.«

»Nur meinem Mann. Er muss es wissen. Ihm müssen die Augen geöffnet werden, wenn es dafür noch
nicht zu spät ist.«

»Natürlich. Ich meine, natürlich muss er es erfahren.
Es ist so – wissen Sie, Jennifer, es ist fast ein offenes
Geheimnis. Der ›Brooklyn Star‹ fährt eine viel höhere
Startauflage als Ihre Zeitung. Es scheint auch mehr
Kapital dahinter zu stehen – und mehr Einfluss. Trotz
der hohen Auflage sollen die Anzeigenpreise nicht
nennenswert über den Ihren liegen.«

»Also Kampfpreise.«

»Wenn es so ist, müssten Sie nur die Durststrecke
überstehen. Das hieße – abwarten, bis dem ›Brooklyn
Star‹ finanziell die Luft ausgeht und er die Preise
erhöhen muss.«

»Sie widersprechen sich selbst, Bob«, entgegnete
Jennifer bitter. »Wenn so ein gewaltiges Kapital hinter
diesem Konkurrenzblatt steht, haben wir keine
Chance. Außerdem: In ähnlichen Fällen haben Anzei-

genkunden immer Fairness gezeigt. Ich weiß das von meinem Mann. Er hat lange genug bei anderen Zeitungen gearbeitet. In Gebieten, wo mehrere Zeitungen nebeneinander erscheinen, inserieren vor allem die Lebensmittelfirmen gleichzeitig in allen. In unserem Fall geht es um mehr, fürchte ich. Natürlich nehmen wir es Ihnen nicht persönlich übel, Bob. Aber ich fürchte, Sie haben uns das Aus gebracht.«

»Sie sollten das nicht so schwarz sehen«, entgegnete Egan lahm.

Er war sich darüber im Klaren, dass sie vermutlich Recht hatte.

Trevor Grant blickte zur Uhr. Kurz vor neun. Jodie und Frank waren eben losgefahren. Als Anzeigen- und Abonnentenwerber hatten die beiden schon Beträchtliches geleistet. Und sie waren nach wie vor mit Begeisterung bei der Sache. Das änderte allerdings nichts an den ungelösten Problemen.

Trevor nahm sich die zweite Scheibe Toast und schenkte Kaffee nach. Sein Appetit war mäßig. Etwas Unbestimmbares wühlte in seinem Bauch. Der Blick durch das Esszimmerfenster vermochte seine Nerven an diesem Morgen nicht zu beruhigen. Dabei war das Grundstück an der Church Avenue eine absolute Rarität. Buschgruppen und hohe alte Bäume schirmten das Anwesen von der Straße ab. Das Gebäude stammte aus den Zwanzigerjahren. Jeder, der es kannte, war überzeugt, es schon einmal in einem der alten Schwarz-Weiß-Filme mit Spencer Tracy gesehen zu haben.

Trevor hatte das Haus günstig erworben. Er hatte es renovieren lassen und beim Einzug vor versammelter Familie geschworen, dass er gedenke, bis zu seinem Tod in diesen vier Wänden zu leben. Und jetzt? Okay, er hatte schon manches Mal darüber nachgedacht, dass solche Schwüre höchst fragwürdig sind. Kein Mensch konnte über seine Zukunft schließlich absolut sicher sein. Andererseits musste er sich zusammenreißen. Es war geradezu lächerlich, sich von Jennifers ständigen Zweifeln anstecken zu lassen. Sie entwickelte sich zur notorischen Nörglerin. Auf der einen Seite hielt sie es für widersinnig, dass er sich allzu sehr auf Donnas Mitarbeit versteift hatte. Andererseits rieb sie ihm unter die Nase, dass er ohne Donna verraten und verkauft sei. Ihre Art von Logik konnte er beim besten Willen nicht mehr nachvollziehen.

Er musste sich zu einem Entschluss durchringen. Das stand fest. Wenn Donna auch heute nicht zur Arbeit kam, würde es der vierte Tag ihrer Abwesenheit sein. Und wenn sie auch heute nicht wenigstens ein Lebenszeichen gab, musste er Maßnahmen ergreifen. In jedem anderen Verlag wäre ihr Verhalten ein Grund gewesen, sie auf der Stelle zu feuern. In dem einen Punkt hatte Jennifer möglicherweise Recht: Die Redaktion des ›Flatbush Today‹ war kein Fürsorgezentrum für ehemals Suchtgeschädigte; und er war kein Therapeut, der die allein selig machende Behandlungsweise für sich gepachtet hatte. Blieb sie auch heute weg, musste er einen Ersatz anheuern.

Das Telefon summte. Trevor schluckte den letzten Bissen Toast hinunter, stand auf und ging zu dem kleinen Sekretär unter dem Erkerfenster. Er nahm ab. Wichtigen Informanten und guten Kunden hatte er das Recht eingeräumt, ihn auch privat anzurufen.

»Hallo, Trev, Ferd hier. Tut mir Leid, wenn ich Sie zu Hause störe. Aber was ich Ihnen zu sagen habe, sage ich Ihnen besser, solange Sie noch allein sind. Sie sind doch allein?«

»Ja, natürlich«, antwortete Trevor. Ein Krampf entwickelte sich in seiner Brustgegend. Ferdinand Townsend war der geschäftsführende Gesellschafter der Druckerei, mit der er zusammenarbeitete.

»Wissen Sie, Trev, es ist mir unangenehm, aber ich bin meinen Mitinhabern gegenüber verpflichtet. Die Burschen haben es mir aufgehalst, Sie anzurufen.« Townsends Versuch eines Lachens misslang. »Wir müssen erhöhen, Trev.«

»Was?«

»Es tut mir Leid, alter Knabe, aber unsere Kosten sind im letzten Vierteljahr derart gestiegen, dass es sich nicht mehr vermeiden lässt. Denken Sie allein an die gestiegenen Papierpreise. Dann die Stromkosten. Und die Gewerkschaften machen uns mit ihren Lohnforderungen langsam aber sicher kaputt.«

»Wie viel?«, entgegnete Trevor tonlos.

»Es wird bei dreißig Prozent liegen. Wir sind mit der Kalkulation noch nicht durch. Aber um den Dreh herum wird es sich bewegen.«

»Dreißig Prozent?« Trevor schrie es. »Das ist doch nicht Ihr Ernst, Ferd!«

»Es tut mir Leid, aber ...«

»Es tut Ihnen Leid, es tut Ihnen Leid! Das ist reine Willkür! Warum sagen Sie nicht gleich, dass Sie mich loswerden wollen! Haben Sie vergessen, dass wir einen Fünf-Jahres-Vertrag haben?«

»Trev, um Himmels willen, beruhigen Sie sich. Klar haben wir den Vertrag. Aber darin steht auch die Preisgleitklausel. Das muss einfach so sein, und Sie wissen es genau. Sie können doch nicht ernsthaft von uns erwarten, dass wir bis zum Vertragsende mit Verlust arbeiten.«

Trevor versuchte, sich zu beruhigen. »Ferd«, keuchte er, »Sie sollten diesen Unsinn nicht mit mir versuchen. Dreißig Prozent! Es gibt keine Kostensteigerungen, die das rechtfertigen. Niemals. Nicht in dem Maß.«

»Woher kennen Sie unsere Kalkulationen?«, erwiderte Townsend spitz.

»All right, dann suche ich mir eine andere Druckerei. Mir bleibt nichts anderes übrig.«

»Ich fürchte, ich fürchte, alter Junge, Sie werden keine finden.«

Trevor öffnete den Mund und konnte ihn nicht wieder schließen. Er nahm den Hörer vom Ohr und starrte ihn an.

»Trev, sind Sie noch da? He, Trev, sagen Sie doch was! Man kann doch über alles ...«

Er ließ den Hörer auf die Gabel fallen. Der Verdacht fraß sich in ihm fest. Ein Mann wie Bruce Millen hatte die Kontakte, um solche Hinterhältigkeiten in Gang zu bringen. Es waren die Methoden des Mobs, des organisierten Verbrechertums.

Abermals summte das Telefon.

Trevor wollte nicht abnehmen. Aus einem Impuls heraus wollte er fluchtartig das Haus verlassen, zu Millen jagen und ihn zur Rede stellen. Er verwarf den Gedanken sofort wieder. Er wollte sich nicht lächerlich machen. Den Triumph sollte Millen nicht haben.

Er hob den Hörer von der Gabel, und augenblicklich peitschte Jennifers Stimme in sein Ohr. »Weißt du, was los ist? Kannst du dir vorstellen, was hier passiert ist? Ich denke nicht daran, mir allein Sorgen zu machen.« Ihr Tonfall verwandelte sich in bissigen Hohn. »Leider muss ich dir das Frühstück verderben, Darling. Es würde mich auch nicht stören, wenn dir irgendein Bissen im Hals stecken bleibt. Grocers hat alle Anzeigenaufträge storniert. Dein sofortiges Erscheinen im Office wäre äußerst angebracht.«

Schmetternd legte sie auf.

Trevor hatte das Gefühl, in einen Abgrund zu fallen. Die Zeit, die er brauchte, um sich aus Bestürzung und Fassungslosigkeit loszureißen, kam ihm wie eine Ewigkeit vor. Dann stürmte er aus dem Haus, warf sich in seinen Wagen und jagte los.

Als er das Verlagsgebäude an der Bedford Avenue erreichte, hatte Jennifer die nächsten Hiobsbotschaften schon erhalten.

Die Vertriebsspeditionen hatten Erhöhungen ihrer Frachtraten zwischen dreißig und fünfzig Prozent angekündigt.

Die Frauen im großen Office hatten alle Hände voll zu tun, um die Anrufe anzunehmen, die pausenlos eingingen. Schon mehr als die Hälfte der Zusteller hatte gekündigt. Man brauchte seinen Geist nicht anzustrengen, um darauf zu kommen, welche Zeitung sie künftig austragen würden.

»Donna ist nicht freiwillig weggeblieben«, murmelte Trevor dumpf.

Jennifer starrte vom Schreibtischstuhl zu ihm empor. »Ist das dein Ernst?«, zischte sie ungläubig. »Das Wasser steht uns aus heiterem Himmel bis zum Hals, und du hast nichts anderes zu tun, als an deine Donna zu denken!«

»Du verstehst überhaupt nichts«, sagte er und ging hinaus. Hinter der zufallenden Tür hörte er sie schreien. Die Angestellten würden ihren Gesprächsstoff haben. Seine Beine waren schwer wie Blei. Unter größter Mühe stieg er die Treppe hinauf und betrat die Redaktion.

Er blieb stehen und betrachtete die Zimmerpflanzen. Dann setzte er sich in Donnas Oase. Auf einmal fühlte er sich in diesem Winkel wohl. Geborgen.

Dass es trügerisch war, wusste er. Dennoch versenkte er sich in dieses Gefühl.

Albert Gruff besaß ein Taxi. Wohl nur zur Tarnung. In der Einfahrt zu seiner Bruchbude an der Winthrop Street stand die gelbe Kiste mit hochgeklappter Motorhaube. Die Beine, die darunter hervorlugten, waren in ölverschmierte Jeans gehüllt. Speckige Turnschuhe stellten den Kontakt zum Erdboden her. Es musste Gruff sein, der da halb in den Motorraum gekrochen war.

Ich ließ den Jaguar quer vor der Einfahrt stehen, obwohl ich das Taxi nicht für sonderlich fahrbereit hielt. Ich fragte mich, auf welchen dunklen Wegen Gruff seine Lizenz erhalten hatte. Sein Name war der erste auf der Liste, die uns Nikolai Tilman mitgegeben hatte. Der Garten war verwildert, das Haus ein Bretterschuppen, auf dem man die Reste des letzten Anstrichs mit der Lupe suchen musste. Das Taxi war ein Checker, eines dieser zwei Tonnen schweren Monstren, die schon lange nicht mehr gebaut werden.

Phil ging an der Beifahrerseite des Wagens entlang. Ich hielt auf Öl-Jeans und Turnschuhe zu. Wen von uns beiden Gruff zuerst sah, war nicht festzustellen. Er kam hoch und stieß sich filmreif den Kopf an der Motorhaubenkante. Es klang nicht blechern, sondern dumpf und trocken. Der gute alte Stahl. Der Mann war auch oben herum ölverschmiert, sogar das eingefallene Gesicht und die graubraunen Haare. Er hielt sich den Hinterkopf und verschluckte sich an seinem Fluch. Letzteres, weil ich ihm meinen Dienstausweis unter die Nase hielt.

»Albert Gruff?«, fragte ich.

Er nickte. Auf einmal lächelte er freundlich, als ob er irgendwo unter dem Ölzeug einen Schalter hatte, mit dem er die bessere Miene anknipsen konnte. Phil umrundete die mächtige Motorhaube und zeigte ihm der Ordnung halber auch seinen FBI-Adler.

»Gehen wir doch ins Haus, Gents«, sagte er. »Die Nachbarn, wissen Sie?«

Wir nahmen ihn in die Mitte wie einen Freund, der Unterstützung braucht. Durch den Gartendschungel waren die Nachbarn zwar bestenfalls zu ahnen, aber er musste wohl seine Gründe haben. Dass er nicht fragte, was wir von ihm wollten, konnte man ihm nicht vorhalten. Taxifahrer werden oft verhört, fast immer als Zeugen. Außerdem waren in diesen Tagen in Flatbush ganze Heerscharen von Cops, Detectives und eben

G-men unterwegs, um den Mordanschlag auf den Kollegen Ryan und den Mord an dem Geiselnehmer Mackey aufzuklären. Es wurden sogar Leute ausgefragt, die die Namen Legg und Loraine noch nie gehört hatten.

Im Haus, wie Gruff es nannte, roch es nicht nach kaltem Kochdunst, sondern nach Öl und Benzin. Wie draußen. Die Ursache war ein Motorblock ohne Zylinderkopf auf dem Küchentisch. Jede Menge Kleinteile und eine Blechdose mit Waschbenzin garnierten das eiserne Menü.

Der Ölige griff nach einer Dose Expresskaffee, aber wir ließen ihn nicht erst dazu kommen, uns etwas anzurühren, das vermutlich nach Eisenspänen geschmeckt hätte.

»Sie kennen das Haus Nummer 1351 in der Nostrand Avenue«, sagte Phil. Eine Feststellung, keine Frage.

»Wer kennt das nicht?«, entgegnete Gruff. »Steht ja in allen Zeitungen, läuft im Fernsehen und so.« Er drehte die Kaffeedose mit den Fingern.

»Albert«, entgegnete ich lächelnd. »Wir kennen uns zwar erst drei Minuten, aber so sollten sie uns denn doch nicht kommen. Sie waren Lieferant für die Girls und ihre Aufpasser. Pizzas, Lasagne, Spaghetti, Hamburger, Sandwiches. Keine Drinks, die hatten sie im Haus.«

»Ach, das meinen Sie!« Er lachte lautlos, als hätte er etwas Nebensächliches nicht sofort bedacht. Er stellte die Dose in ein Regal zurück, in dem er auch rostige Schrauben in kleinen Gläsern aufbewahrte. »Warten Sie, da kann ich Ihnen sogar den Bestellplan zeigen, nach dem das lief. Sie brauchten mir über Funk nur Nummern zu sagen.« Er öffnete die Tür nach nebenan und nickte mir noch einmal mit einem freundlichen Lächeln zu.

Die Tür schloss sich knarrend, und Schritte entfernten sich rasch.

»Dieses Schlitzohr!«, knurrte Phil.

Ich startete bereits, erwischte den lackierten Knauf nach zwei schnellen Schritten. Auf meine Kopfbewegung hin lief Phil zur Vordertür hinaus. Das Nebenzimmer war ein Schlafzimmer im Chaos. Ein altes Messingbett inmitten von Gerümpel. Kisten mit Stahlteilen. Weitere Motorblöcke, Kupplungen, Bremszylinder, Kühler, Auspufftöpfe. Die noch nachschwingende Tür erreichte ich nicht.

Ein grauer Schatten fegte hinter einem Autositz hervor, auf dem leere Bierdosen lagen. Zähne blitzten mörderisch. Das heisere Grollen steigerte sich nicht zum Bellen. Umso gefährlicher. Den Smith & Wesson konnte ich nicht mehr ziehen. Ich versuchte auszuweichen. Keine leichte Sache in dem Durcheinander.

Ein Bündel aus Muskeln und Reißzähnen schnellte hoch – vom Boden bis in die Schulterhöhe.

Ich hakte mit dem Fuß hinter einen Reifen ohne Felge. Vielleicht meine Rettung. Hart ruckte es an meiner rechten Schulter. Das Muskelpaket streifte mich mit Wucht. Dann krachte es gegen das Bettgestell. Das Grollen entlud sich zum Gebrüll. Dieses Vieh kannte nicht mal die normale Hundesprache. Blechteile schepperten, während es sich freikämpfte. Ich wirbelte herum, hielt mein Gleichgewicht, indem ich mich rechts abstützte. Etwas kühles Hartes, sehr Schweres gab mir Halt. Es bewegte sich und ließ sich hochheben.

Albert Gruffs Wohngefährte war ein Pit Bull, das Mörderischste, was amerikanische Hundezüchter jemals ersonnen haben. Eine Kampfmaschine. Ich dachte an die vielen arglosen Cops, die auf Streifengängen krankenhausreif gebissen worden waren. Pit Bulls sind schneller als jeder Dienstrevolver.

Das Vieh hatte sich freigekämpft und sprang von neuem. Mordzähne blitzten, das Brüllen geriet noch immer nicht zum Bellen. Erst als ich zuschlug, sah ich, dass es eine Kurbelwelle war, die ich in der Hand hatte. Der blanke Stahl flirrte. Das Muskelpaket erschlaffte mitten im Flug und krachte auf einen leeren Tank. Der Einfüllstutzen bog sich durch den Aufprall krumm. Ich ließ die Kurbelwelle fallen, zog den 357er und gab der Bestie den Fangschuss. Es musste sein. Ich wollte dieses mörderische Gebiss nicht im Nacken haben, wenn ich hinausging.

Aus dem Dschungel führte Phil mir einen blassen Albert Gruff entgegen. Ich sah die Erleichterung im Gesicht meines Freundes. Gruff trug schon die Stahl-Acht, die ihm zustand.

»All right«, sagte ich rau. »Das war Mordversuch, Albert. Klar?«

Er presste die Lippen aufeinander.

»Legg und Loraine«, knurrte ich. »Was fällt Ihnen dazu ein?«

»Millen«, antwortete er, denn er wollte seine davonschwimmenden Felle retten.

Die Tür flog auf. Der Schrei stach herein, hörte nicht auf und füllte das Redaktionsbüro mit alles überlagerndem Schrillen. Erst nach der Schrecksekunde sah Trevor Grant, dass es seine Frau war. Ihm blieb nicht einmal Zeit aufzuspringen. Jennifer stürmte auf ihn zu. Ihr Schrei wurde zu einem abgehakten Kreischen, als sie versuchte, Wörter zu formen. Ihr Brustkorb hob und senkte sich in rasendem Rhythmus. Trevor empfand Mitleid, verspürte den Wunsch, ihr beizustehen – trotz allem. In diesem Moment klatschte sie das Foto auf den Schreibtisch. Ihre Stimme gellte.

»Da! Sieh das an!« Plötzlich, übergangslos, brach sie in Schluchzen aus. Sie stützte sich mit beiden Händen auf, war kurz vor dem Zusammenbruch. Ihre Tränen tropften auf den Kunststoffbelag des Schreibtischs.

Trevor starrte auf das Bild. Eine Polaroidaufnahme, vermutlich aus einem langsam fahrenden Auto aufge nommen. Denn der niedrige Gartenzaun im Vordergrund war leicht unscharf. Umso deutlicher waren aber Jodie und Frank zu erkennen. Die beiden standen vor der offenen Tür des Bungalows. Die Frau, die herausschaute und mit ihnen redete, trug einen Haushaltskittel. Der weiße Streifen unter dem Bild enthielt einen handschriftlichen Hinweis.

Herzliche Grüße! Ein wohlmeinender Freund.

»Weißt du, was das ist!«, schrie Jennifer. »Ist dir klar, was das bedeutet!« Abermals verfiel sie in ein Schluchzen, wie nach übermenschlicher Anstrengung. Ihr Oberkörper bebte und zuckte.

Trevor war blass geworden. »Ja«, flüsterte er. »Ich weiß, was es heißt. Es ist eine Drohung. Klar und unmissverständlich.«

»Ach, ja? Und das lässt dich völlig kalt?«

»Nein, es macht mir wahnsinnige Angst.«

»Du siehst nicht so aus!«

»Sei bitte nicht ungerecht.«

Jennifer richtete sich vor ihm auf, straffte ihre Haltung, hob den Kopf. »Ich gehe«, sagte sie, und ihre Stimme zitterte dabei, als würde sie jeden Moment wieder in Schreien ausbrechen. »Ich gehe, Trevor! Ich verlasse dieses Office, und ich verlasse das Haus, in dem wir wohnen. Ich werde Jodie und Frank sagen, dass sie mit mir an einen sicheren Ort gehen sollen. Diese Zeitung ist zu einer Gefahr für uns alle geworden. Nicht nur zu einer wirtschaftlichen Gefahr. Wir wollen am Leben bleiben.«

»Jennifer, bitte, ich …«

Sie wandte sich einfach ab, sah ihn nicht einmal mehr an. Mit kurzen, schnellen Schritten eilte sie hinaus.

Er wusste jetzt, dass sie es ernst meinte. Sie hatte nicht das geringste Interesse an seiner Antwort, an seiner Reaktion. Der Sturz in den Abgrund war zu schnell und zu grausam. Sie konnte es nicht verkraften, und

Trevor war nicht sicher, ob er selbst damit fertig werden konnte. Er starrte auf das Foto und versuchte nicht erst, sich einzureden, dass dies etwas anderes sein könnte als die uralte Methode des organisierten Verbrechens, des Mobs.

Er griff zum Telefonhörer. Ihm war, als stünde er neben seinem Stuhl und beobachtete sich selbst dabei, wie er die Nummer des FBI–Distrikts wählte.

Millens Sekretärin hatte die Aufgabe, Besucher vor allem zu verwirren. Und ihrem Chef die Pluspunkte an Konzentration zu verschaffen, die ihm nützten. Anders konnte es nicht sein. Die Vorzimmerlady führte einen Pulloverausschnitt spazieren, der einen fürchten ließ, vom prallen Inhalt angesprungen zu werden. Die Enge des kurzen Rocks verkürzte ihre Bein- und sonstigen Bewegungen auf ein Minimum. Doch dieses Minimum hatte es in sich.

»Mr. Millen befindet sich auf Recherchen-Fahrt«, ließ sie uns wissen, indem sie sich über den Terminkalender auf dem Empfangspult beugte. »Wenn Sie es wünschen, kann ich versuchen, ihn über Autotelefon zu erreichen.«

»Wir wünschen es«, sagte ich.

Phil ließ sich nicht davon abhalten, den Bewegungsablauf vom Pult bis zum Schreibtisch gründlich zu beobachten.

»Mr. Millen meldet sich nicht«, erfuhren wir nach einigem Hantieren.

»Versuchen Sie es bei ihm zu Hause«, bat Phil.

»Um diese Zeit? Da ist er doch bestimmt nicht ...«

»Die Zeit spielt keine Rolle.«

»Und geben Sie uns beide Telefonnummern«, fügte ich hinzu.

Mit der Gewissheit, dass Bruce Millen mit unbekanntem Ziel unterwegs war, verließen wir das Vorzimmer. Phil rief die Zentrale per Funk und gab Millens Daten durch. Cadillac Allanté, die Nummer des Autotelefons, die Personenbeschreibung. Seine Wohnung war greifbar. Dort konnten wir selber nachsehen.

Zehn Minuten später stiegen wir in dem Apartmentgebäude an der Vanderbilt Street in den Fahrstuhl. Im zehnten Stock herrschte Stille, wie vermutlich in den anderen Etagen auch. Leute, die hier wohnten, verbrachten den Tag damit, das Geld zu verdienen, das sie brauchten, um hier wohnen zu können.

Wir klingelten lange. Etliche Minuten.

»Ich besorge einen Durchsuchungsbefehl«, sagte Phil schon und wollte hinunter zum Jaguar, zum Funkgerät.

Jemand hämmerte von drinnen gegen die Tür.

Wir sahen uns an. Zum Staunen blieb keine Zeit. Eine dumpfe Stimme war plötzlich von der anderen Seite des Türblatts zu hören. Trotzdem auf Anhieb zu erkennen.

»Jerry! Phil!« Es hörte sich verzweifelt an.

Auf einen Schlag klärten sich alle Probleme, die Trevor mit seiner Kollegin gehabt hatte. Es gab nichts zu überlegen. Nicht, wenn ein Mensch aus einer gefährlichen Situation gerettet werden musste. Da brauchten wir nicht einmal einen Durchsuchungsbefehl. Phil trat zur Seite.

»Weg von der Tür!«, rief ich.

Dann rannte ich dagegen an. Krachend flog das Holz aus Schloss und Sicherungskette. In der Nachbarschaft war niemand, der sich darüber aufgeregt hätte.

Donna stand im Durchgang zum Livingroom. Mit offenem Mund und geweiteten Augen stand sie da und sah uns an, als müsste sie erst noch ergründen, ob wir Außerirdische oder menschliche Wesen waren.

»Ich – ich habe mich nicht – an die Tür getraut«, stammelte sie. »Und ich konnte euch im Spion nicht erkennen. Weil ihr nicht genau davor gestanden habt und...«

»Wo ist Millen?«, fragte ich.

»Ich weiß es nicht«, antwortete sie.

Ich schloss die Tür wieder. Phil sah sich bereits nach dem Telefon um. Mr. High musste verständigt werden. Wir brauchten eine verschärfte Fahndung nach dem frisch in den Sattel gehobenen Chefredakteur. Ich legte Donna den Arm um die Schulter, führte sie in den Livingroom und ließ sie reden. Ich hörte etwas über den Psychoterror, den Millen auf sie ausgeübt hatte. Dann über die tagelange Gefangenschaft und über eine Telefonnummer, die Millen angerufen hatte. Ich horchte auf, erkundigte mich eilends nach den Einzelheiten und gab Phil ein Handzeichen zu warten.

Donna holte ihr Notizbuch.

Phil gab die Nummer durch. 638–3144. Die Nachfrage bei Bell Telephone musste sofort in die Wege geleitet werden. Gleich darauf hatte Phil den Chef am Apparat und erklärte ihm den Stand der Dinge. Alle verfügbaren Kräfte, so versicherte Mr. High, würden innerhalb der nächsten Minuten auf Millen angesetzt werden. Wenn wir Glück hatten, saß er nur in irgendeiner Luncheonette, trank einen Kaffee und flirtete mit der Serviererin. Phil nannte Millens Nummer und legte auf.

Donna akzeptierte die Zigarette, die ich ihr anbot. Mit den Auswirkungen des Alkohols, den sie in den letzten Tagen konsumiert hatte, schien sie einigermaßen fertig geworden zu sein. Sie sah frisch und ausgeruht aus. Ihre Kleidung war adrett – flache Sportschuhe, weiße Jeans, weiße Bluse und hellbraune Lederjacke. Sie erzählte uns von ihrer Angst und davon, wie sie noch immer gezögert hatte zu telefonieren, weil Millen so unberechenbar war.

»Ich würde gern Trevor anrufen«, sagte sie leise. »Ich glaube, ich habe einiges wieder gutzumachen.«

»Nichts Selbstverschuldetes«, entgegnete Phil.

Die Türklingel schlug an. Phil und ich sprangen auf, hatten die Waffen reflexartig schussbereit. Zwar würde Millen kaum an seiner eigenen Wohnungstür klingeln, noch dazu, wo sie völlig demoliert war. Aber sicher konnten wir nicht sein. In keiner Beziehung.

Das zersplitterte Holz ließ genügend Blickfeld frei. Ich sah ein bisschen dunkelblondes Haar, einen halben Schnauzbart und eine sechs Fuß große Statur in einem leichten hellgrauen Einreiher.

»Wenn man vom Teufel spricht«, murmelte ich und holsterte den 357er.

Phil hob das Türblatt zur Seite, und wir ließen Trevor Grant eintreten. Er wirkte bedrückt. Aber seine Miene erhellte sich ein wenig, als er Donna erblickte. Sie lief ihm entgegen, und er schloss sie in die Arme.

»Fred Nagara meldete sich bei euch in der Zentrale«, sagte Trevor über Donnas bebende Schulter hinweg. »Da wir uns ja gut kennen, hat er mir gesagt, wo ich euch finde. Ich muss dringend mit euch reden.«

Von diesem Augenblick an überschlug sich alles.

Das Telefon summte. Die Nachricht aus dem Distriktgebäude elektrisierte uns.

638–3144 war die Nummer einer Telefonzelle. Den genauen Standort ermittelten die Fernmeldetechniker gerade.

Trevor berichtete uns von der Gefahr, in der Jodie und Frank schwebten. Wir versprachen, uns auch darum zu kümmern. Phil gab einen entsprechenden Hinweis an die Zentrale durch. Mr. High würde veranlassen, dass Jodie und Frank gesucht und ab sofort unter Schutz gestellt wurden. Ich bat Trevor, Donna von hier wegzubringen. Dann stürmten wir bereits hinaus. Sobald wir im Jaguar saßen, würden wir Näheres über die Telefonzelle erfahren.

Es war eines dieser einfachen, aber gepflegten Einfamilienhäuser an der Glenwood Road. Frank Harris nickte seiner Freundin aufmunternd zu, als sie den Klingelknopf betätigte.

Im Glasauge des Spions bewegte sich ein kleineres Auge. Die Tür wurde bis zur Länge der Sicherungskette geöffnet.

»Ja?«, tönte es barsch unter Lockenwicklern hervor.

»Jodie Grant und Frank Harris vom Flatbush Today«, sagte Jodie höflich. Sie versuchte, ein zusammengerolltes Freiexemplar der Zeitung durch den Türspalt zu schieben. Niemand griff danach. »Wir möchten Ihnen gern den ›Today‹ für eine Woche kostenlos anbieten, Madam. Dann können Sie sich in aller Ruhe überzeugen, ob Ihnen unsere Zeitung …«

Das Zuknallen der Tür schnitt ihr den Rest des Satzes ab. Die Zeitung hing mit einem Zipfel fest. Jodie wich verdutzt zurück. Sie wollte nach der Zeitung greifen.

»Lass ihr die eine!«, rief Frank lachend. »Himmel, nicht alle Menschen haben ständig gute Laune!«

Jodie brauchte eine Sekunde, um ihren Ärger zu verdauen. Dann ließ sie sich von seinem Lachen anstecken. Frank legte den Arm um ihre Hüfte. Sie schlenderten über den Gartenweg zurück zum Bürgersteig. »Und nicht alle Menschen lesen Zeitung«, schmunzelte Jodie. »Das muss man wohl auch berücksichtigen, selbst wenn es unsereinem schwer fällt.«

»Wir können mit uns zufrieden sein.« Frank öffnete die Pforte und zog den Abreißblock mit den Bestellzetteln aus der Jackentasche. Er hielt Jodie die nummerierte Seite des freien Vordrucks vor das Gesicht. »Eine stramme Tagesleistung. Dreiundzwanzig Abonnements bis jetzt. Warte nur ab, bis wir ganz Flatbush abgegrast haben!«

Jodie strahlte. »Dann gibt es bald keinen Haushalt mehr, in dem nicht der ›Today‹ gelesen wird.«

»Nur noch die mit den schlecht gelaunten Ladys, denen die Lockenwickler an den Haarwurzeln kneifen.«

Lachend traten sie auf Franks dunkelgrünen Volkswagen Rabbit zu. Für die Fahrten, die er im Auftrag der Zeitung machte, erhielt er von Trevor Meilengeld. Jodie öffnete die Tür an der Beifahrerseite und warf die Leinentasche mit den restlichen Probeexemplaren auf die hintere Sitzbank. Frank umrundete die Motorhaube.

Der schwarze Wagen war plötzlich da. Ein Buick Riviera. Reifen wimmerten. Türen flogen auf. Drei Männer schnellten heraus – leichtfüßig in Turnschuhen, Jeans und T-Shirts. Frank erstarrte neben der offenen Fahrertür des Rabbit. Die Männer sahen merkwürdig aus. Frank begriff nicht sofort, woran es lag. Er überwand seine Schrecksekunde in dem Sekundenbruchteil, in dem sie Jodie packten.

Ihr Schrei traf Franks Trommelfelle wie ein Stich. Jodie hatte keine Chance. Verzweifelt klammerte sie sich an der Tür fest. Die Kerle zerrten sie mühelos weg, hoben sie hoch. Ihr leichter sommerlicher Rock mit dem stilisierten Schottenkaro wehte hoch. Wut durchwühlte Franks Bauch, als er sich abstieß. Er rannte Richtung Wagenheck, um den Kerlen den Weg abzuschneiden. Einer hielt Jodie den Mund zu. Ihr Angstschrei vergurgelte. Ein anderer packte ungeniert in die roséfarbene Seide ihrer Bluse. Franks Wut war kurz vor dem Überkochen. Jetzt erst wurde ihm bewusst, dass die Gangster Strumpfmasken trugen. Das war es, was ihm merkwürdig vorgekommen war. Er erreichte das Wagenheck und war sicher, es zu schaffen.

Im Fahrerfenster des Buick blitzte es blassrot. Dreimal hintereinander.

Frank hörte nur klatschende Laute.

Er spürte keinen Schmerz. Mit grenzenlosem

Staunen nahm er noch wahr, dass er in den Beinen ein-
knickte. Dann verhüllte sich die Welt um ihn herum
mit Schwarz.

Trevor sah sich noch einmal in der Wohnung um. Er
wollte nicht, dass etwas zurückblieb, was Donna
gehörte. Bruce Millen leistete sich einen Luxus, den
man vom Nichtstun wohl kaum finanzieren konnte.
Irgendwann, wenn es überhaupt noch eine Zukunft
gab, würde es angebracht sein, über seine krummen
Geschäfte zu recherchieren. Nicht aus Missgunst, nicht
aus Rache. Nur, weil Verbrechen eben Verbrechen blieb
– auch wenn man es so elegant und weltmännisch ver-
packte wie Bruce Millen.
    Trevor drehte sich um.
    Donna war leise hinter ihn getreten. Sie hatte ihre
Tasche umgehängt. Ihre Augen waren weit. Scham-
gefühl und Besorgnis vereinten sich darin. Sie
schluckte. Ihr Mund öffnete und schloss sich.
    Trevor schüttelte den Kopf und ergriff sanft ihre
Schultern. »Du brauchst nichts zu sagen, Donna. Dich
trifft keinerlei Schuld. Ich kenne Bruce Millen genauso
gut wie du. Es ist auch nicht mehr das Ausschlaggebende.« Einen Moment lang senkte er den Kopf und
presste die Lippen zusammen.
    »Trev!«, rief sie bestürzt. »Um Himmels willen, was
ist mit dir?«
    »Mit mir?« Sein kurzes, bitteres Lachen verstummte
sofort wieder. Gepresst sprach er weiter. »Wenn es nur
um mich persönlich ginge, wäre es nicht der Rede
wert.«
    »Um Himmels willen, sprich nicht in solchen
Phrasen! Wie kannst du behaupten, du seist nicht der
Rede wert!«
    Er schloss die Augen, ohne den Kopf zu heben. Sein
Gesicht verzog sich zu einer gequälten Grimasse.

»Vielleicht hast du Recht. Aber wenn ich an die vielen anderen Menschen denke …«

»Mein Gott, Trev, sag endlich, was geschehen ist!«

Unvermittelt sah er sie wieder an. Die unendliche Traurigkeit in seinem Blick tat ihr weh. Für sie war er immer stark gewesen. Sein Durchsetzungsvermögen hatte selbst in den schwierigsten Situationen nicht versagt.

Stockend schilderte er, was geschehen war.

Dann, als er geendet hatte, sahen sie sich schweigend an – sekundenlang, minutenlang.

»Nein!«, hauchte Donna.

»Es ist wahr«, sagte Trevor kaum hörbar. »Jedes Wort ist wahr.« Ohne dass es ihm selbst bewusst wurde, krampften sich seine Finger in ihre Schultern. Seine Stimme senkte sich zum Flüstern. »Solange ich dich nicht gefunden hatte, war ich verzweifelt. Ich hatte keine Hoffnung mehr. Ein wenig besser wurde mir, als ich erfuhr, wo Jerry und Phil waren. Und dann, als ich dich sah …« Er schluckte. »Donna, ich brauche deine Hilfe. Jetzt bin ich es, der dich anfleht. Im Beruf habe ich niemanden mehr. Niemanden! Ich brauche dich, Donna, denn ich will nicht vor die Hunde gehn!«

Der Schmerz trieb ihr Tränen in die Augen. Doch sie biss die Zähne fest zusammen. Er sollte sie nicht weinen sehen.

Sie nahm seinen Kopf in beide Hände. Dann faltete sie die Hände hinter seinem Nacken und schmiegte ihr Gesicht an das seine.

»Man will das traute Glück ja nicht unbedingt stören«, sagte eine höhnische Stimme von der Tür her. »Aber ich werde doch wohl fragen dürfen, was das zu bedeuten hat – in meiner Wohnung …«

Donna zuckte zusammen. Die Angst stand ihr im Gesicht geschrieben. Trevor schob sie sacht von sich. Er spürte ihr beginnendes Zittern. Wut erbebte in seinem Inneren.

Bruce Millen stand da und grinste. Die Hände hatte er in den Hosentaschen seines beigefarbenen Anzugs vergraben.

Trevor Grants Wut steigerte sich in der Zeitspanne eines Atemzugs zu vulkanischem Ausbruch. Aus dem Stand schnellte er mit einem Riesensatz auf Millen zu. Dessen Grinsen schwand jäh. Er schaffte es noch, die Hände aus den Taschen zu ziehen.

Trevors Fäuste schmetterten ihn gegen den Türrahmen. Millen wollte die Arme zur Deckung hochreißen. Brüllender Schmerz von Handkantenhieben explodierten in seinen Muskeln und schien sie zu zerfetzen. Seine Arme hingen schlaff herab wie Fremdkörper. Ein Uppercut rammte seinen Hinterkopf gegen die Wand. Seine Augäpfel wurden zu Kreiseln. Er sackte an der Tür abwärts. Trevor hämmerte die Fäuste in ihn hinein. Er konnte nicht innehalten. Erst als er Donnas Hände auf seinen Schultern spürte und ihre Stimme hörte, ließ er von dem anderen ab. Er wich zurück.

»Ruf das Revier an«, sagte er matt und doch erleichtert. »Der FBI kann die Fahndung nach Bruce Millen abblasen.«

Donna lief zum Telefon.

Millen lag zusammengekrümmt im Winkel zwischen Wand und Fußboden. Bis die Cops eintrafen, würde er aus seiner Bewusstlosigkeit nicht erwachen.

»Hier kommt keiner durch«, sagte der alte Mann in Uniform. Er sah so aus, als ob er in seinem ganzen Leben keinen besseren Spruch gelernt hätte.

Phil und ich hatten weder Zeit noch Verständnis für Sprüche. Die Telefonzelle stand schräg gegenüber der Einfahrt zum Betriebsgelände der Bay Linie. Über Funk hatten wir unterwegs auch erfahren, dass Jodie Grant von Unbekannten entführt worden war, ihr

Freund lag mit zwei Oberschenkeldurchschüssen im Kings County Hospital. Jennifer wusste nichts davon, Trevor wusste nichts davon.

Verstärkung für uns war im Anmarsch. Trotzdem warteten wir nicht. Wir scheuchten den Old Man mit unseren ID-Cards aus dem Weg und flankten über die Schranke.

Wir hatten vor, den Hof zu überqueren und höflich anzuklopfen. Da gab es diese kleinen Türen in den großen Toren der Bushallen. Aber sie ließen uns keine Chance, es auf friedliche Weise zu erledigen. Zehn Schritte schafften wir. Die Tür in Tor eins flog auf. Hinter uns hörten wir den Alten hastig verschwinden. Er schien eine gute Witterung zu haben.

Es war, als würden die Kerle von einem unsichtbaren Katapult ins Freie geschleudert. Den Ersten trieb es nach links, den Zweiten geradeaus, den Dritten nach rechts. Der Mittlere war Greenberg. Die beiden anderen kannten wir nicht. Alle drei hatten handliche Maschinenpistolen. Dieses deutsche Fabrikat. Heckler & Koch.

Phil und ich sprinteten voneinander weg.

Das Hämmern setzte ein, als ich meinen 357er eben aus dem Holster hatte. Bleihummeln schrammten über das Betonpflaster des Hofes und gaben ein Zwitscherkonzert. Ich schlug einen Salto in einem Yard Höhe. Heißes Blei kam mir sengend nahe. Irgendwann in dieser Drehbewegung sah ich Phil Haken schlagen. Kugeln prallten gegen den Stahl der Schranke, und das schrille Orgeln von Querschlägern setzte ein. Ich rollte mich über die rechte Schulter ab.

Im Hochfedern war ich nur eine Zehntelsekunde lang auf den Beinen.

Genug, um den Abzug des Revolvers zweimal durchzuziehen. Die schwere Waffe bäumte sich in meinen Fäusten auf. Die Schüsse wummerten. Phils Revolver stimmte mit ein.

Ich startete durch, indem ich volle Kraft über die Sprunggelenke auf den Boden brachte. Im Losschnellen sah ich noch, wie Greenberg auf das Betonpflaster gefegt wurde. Sein Komplize versuchte, mir den Weg mit einem Vorhang aus Blei zu versperren. Ich sah die Mündungsblitze vor mir, kaum zehn Yards entfernt. Er fächerte über das Pflaster, erwartete meinen zweiten Überschlag und wusste, dass er mich erwischen würde.

Noch im Ansatz zum Sprung warf ich mich nach links. Drei, vier Kugeln zischten an meiner rechten Schulter vorbei. Über die linke rollte ich mich ab und war im nächsten Atemzug wieder in der Senkrechten. Der MPi-Schießer schwenkte eben den Stummellauf seiner Heckler herum.

Meine Kugel riss ihn herum. Er brüllte vor Schmerzen. Die MPi flog von ihm weg. Der getroffene Arm hing schlaff herab. Der Nachhall meines Schusses war noch nicht versiegt, als ich auf den Mann zujagte. Wankend versuchte er zu fliehen. Den getroffenen Arm hielt er mit der gesunden Hand. Er geriet vom Regen in die Traufe, wie ich sah. Denn Phil hatte seinen unmittelbaren Gegner mit einem Schulterschuss flachgelegt.

In der Halle röhrte ein Motor los.

Ich kümmerte mich um nichts mehr und rannte an der Seitenwand entlang.

Phil verharrte geduckt, breitbeinig, den schweren Smith & Wesson im Beidhandanschlag. »Halt, stehen bleiben!«, brüllte er.

Der Mann hörte nicht auf ihn. Sein Arm schlenkerte, als gehörte er zu einer Marionette, der ein Faden fehlte. Die Tür, die noch offen stand, gaukelte ihm zu viel vor. Zwanzig Yards waren es, die er noch zu überwinden hatte. In der Halle schwoll das Motorendröhnen an.

Phil versuchte es noch einmal. »Letzte Warnung!«, rief er schneidend. »Bleiben Sie stehen, oder ...«

Ein Peitschen schnitt ihm das Wort ab. Der Mann mit dem verwundeten Arm lief in die Kugel hinein. Sie bremste ihn mit der zehnfachen Wucht eines Fausthiebs. Eine zweite Kugel riss ihn senkrecht hoch.

Phil jagte eine Magnum-Kugel in das Türrechteck. Die schattenhafte Gestalt huschte zu schnell zurück ins Halbdunkel, um getroffen worden zu sein. Phil sprintete. Das Hallentor bewegte sich plötzlich. Mit der offen stehenden kleinen Tür darin rollte es nach rechts.

Dem G-man blieb keine Zeit mehr, seine Richtung zu ändern oder eine neue Taktik zu entwickeln.

Ein bulliger Motor brüllte ihn an wie ein Raubtier. Im nächsten Atemzug jagte das Wohnmobil aus der Halle hervor. Die Türöffnung reichte eben aus. Das Fahrzeug, groß und wuchtig wie ein Reisebus, entwickelte eine enorme Beschleunigung. Phil versuchte, mit langen Sätzen davonzukommen. Er hob den Revolver im Laufen, feuerte einhändig. Es waren seine letzten beiden Kugeln, die er in das dunkel getönte Glas der Windschutzscheibe jagte.

Das Riesenmobil rauschte an ihm vorbei – haarscharf. Er spürte den Luftzug und glaubte fast, davon umgerissen zu werden. Phil sah, dass die Garagenluke des rollenden Palastes offen stand.

Er verharrte, hielt sein Gleichgewicht.

Das Wohnmobil neigte sich nach rechts und ging auf einen Schrägkurs nach links. Das Officegebäude der Company stand quer im Weg. Gebäude und Fahrzeug waren tote Massen, die einander nicht wahrnahmen.

Es krachte ohrenbetäubend. Fensterglas und Mauerbrocken wirbelten empor. Das Fahrzeug mahlte sich mit Getöse voran. Dann, nach einer langen Sekunde, kam es mit einem durchdringenden Knirschen zum Stehen.

Phil lief darauf zu. Staubwolken stiegen auf. Die

vordere Wand des Bürogebäudes war auf voller Länge eingestürzt. Das Fahrerhaus des Wohnmobils stand frei in einem Großraum–Office, zwischen Schreibmaschinentischen und umgestürzten Aktenschränken. Mit einer mechanischen Bewegung schwenkte Phil die Revolvertrommel aus, betätigte den Ejektor und stieß den Schnellader mit sechs neuen Patronen in die Trommel.

Er brauchte sie nicht mehr.

Von der anderen Seite tauchte der alte Mann auf und spähte in das Fahrerhaus.

Der Tote, der über dem Lenkrad hing, war Edmond Loraine.

An der Rückseite gab es nur ein kleineres Tor. Es stand bereits offen, als ich um die Ecke der Halle bog. Ich hörte das Motorengeräusch aus allernächster Nähe und wusste es zu deuten. Ich stoppte meine Schritte, riss den Revolver hoch und stützte die rechte Schießhand mit der Linken. Der Motorenlärm brach aus der Halle hervor.

Der Buggy fegte auf das Hafengelände zu. Legg sah mich nicht. Er duckte sich über das Lenkrad, steuerte mit der Linken.

Ich ließ den Revolver sinken.

Mit der Rechten hielt er das Girl an sich gepresst. Ich erkannte es an ihrem dunkelblonden Haar.

Jodie Grant.

Ich konnte nicht feuern, ohne sie zu gefährden. Ich rannte los. Die betonierte Fläche bis zum Rand des Hafenbeckens war gut zweitausend Quadratyards groß. Hohe Maschendrahtzäune grenzten die Nachbargrundstücke ab. Die verschiedenen Firmen hatten ihre eigenen Zufahrten, ihre eigenen Kais. Keine Frage, dass Legg auf dem Wasserweg entkommen wollte. Ich sah die Gowanus Bay und einen Teil der

Upper Bay. Jenseits der schillernden Wasserfläche erhoben sich die Hügel von Staten Island im sonnig flirrenden Licht.

Legg stoppte den Buggy an der langen Seite des Hafenbeckens.

In das ausklingende Motorgeräusch mischte sich ein anderes, hohl und blubbernd.

Ich verkürzte die Entfernung. Noch fünfzig Yards. Ich rechnete damit, Motoryachten in dem Hafenbecken zu sehen. Luxusschiffe, die Legg und seinen wohlhabenden Freunden gehörten. Aber nichts dergleichen.

Der Mann mit dem militärisch kurz geschnittenen Haar zerrte Jodie aus dem Buggy. Trevors Tochter wirkte apathisch, als ob sie sich in ihr Schicksal ergeben hätte. Ebenso wie Legg schien auch sie mich noch nicht wahrgenommen zu haben. Vielleicht aber war es in seinem Fall eher so, dass er mich nicht sehen wollte.

Das Wasser stand hoch in dem Becken mit seinen düsteren Spundwänden. Schuten lagen in Dreierreihe. Das hohle Maschinengeräusch stammte von einem Schiffsdiesel. Ein bulliger Schlepper bugsierte im Eingang des Beckens.

Legg stieß Jodie voran. Sie war gezwungen, auf die Heckplattform eines der Lastkähne zu springen. Er folgte ihr mit einem Schritt Abstand. Sie hatte keine Chance, sich etwa durch einen Sprung ins Wasser zu retten.

Ich erreichte den Rand der langen Spundwand.

Legg hatte eine Pistole gezogen. Er hatte bereits die zweite Schute erreicht, und er hielt Jodies Oberarm mit der Linken. Er hastete weiter, zerrte sie voran. Ihre Schritte waren unsicher auf dem hässlichen schwarzen Schutzanstrich der stählernen Kähne.

Mir stockte der Atem.

Die dritte Reihe der Schuten setzte sich in Bewegung – langsam nur, kaum merklich. Der Schlepper, weit vorn, hatte seine Position eingenommen und die schweren Stahltrossen belegt. Die Kähne waren durchgehend schwarz, der Inhalt der Laderäume so finster wie die dickbauchigen Schiffskörper. Der Schleppzug bestand aus vier Kähnen. Legg und seine Geisel erreichten die vorletzte Heckplattform.

Ich sprang über die Betonkante des Hafenbeckens. Eineinhalb Yards tiefer landete ich auf dem dumpf tönenden Stahl.

In diesem Moment hörte ich Jodies Schrei. Sie sah mich, und ihre Nerven spielten nicht mehr mit. Ich stoppte meine Bewegung auf einen Schlag. Reflexartig hatte ich den Smith & Wesson in Schussposition. Legg erblickte mich im selben Atemzug.

Ich feuerte in den Ansatz seiner Bewegung hinein.

Die 375er-Kugel stieß seinen Arm nach hinten, riss ihn von Jodie weg und schleuderte die Pistole weit entfernt ins Wasser.

Trotz ihrer panischen Angst reagierte Jodie prächtig auf die unverhoffte Freiheit. Von der noch langsam dahingleitenden Schute sprang sie zurück auf eine der vertäut Liegenden. Der Abstand betrug noch nicht einmal einen halben Yard.

Ich sah Phil herbeieilen. Mit einer Handbewegung gab ich ihm zu verstehen, dass er sich um das Girl kümmern sollte. Ich verschwendete keine Sekunde. Legg wankte auf der Heckplattform, hielt sich mühsam senkrecht und suchte stierend den schwarzen Stahlboden zu seinen Füßen ab, als könnte er die Waffe dort finden. Mit einem aufmunternden Blick lief ich an Jodie vorbei. Ich war gezwungen, auf die Bugplattform von Schute Nummer drei zu springen. Legg zuckte wie unter einem Hieb zusammen, als er mich so nahe sah. Sein rechter Jackenärmel war blutdurchtränkt. Er stierte mich an und schwankte.

Als er sich halb umdrehte, sah ich an seinem

Gesichtsausdruck, dass er eine Chance zu erkennen glaubte. Die Kähne waren gut fünf Yards voneinander entfernt, Stahltrossen waren straff unter der Last.

Die schwarze Masse in den Laderäumen war Schlamm. Klärschlamm aus einer der New Yorker Abwasseranlagen. Das Zeug wurde in nahe gelegene Küstenregionen verschifft. Farmer düngten damit ihre Felder.

Legg setzte sich schwankend in Bewegung und fing an zu gestikulieren. Aber die kleine Schlepper–Crew hoch oben im Ruderstand hatte weder ihn noch mich bemerkt. Legg hielt auf die schmale Längsseite der Schute zu, an Steuerbord.

Ich musste ihn haben. Jetzt sofort und lebend. Er durfte keine Chance mehr nutzen. Nie wieder. Kurz entschlossen holsterte ich den Revolver. Ich ließ mich zu Boden gleiten, auf den Bug zu, und packte die Trosse. Mit Beinarbeit schob ich mich seitlich herum, und gleich darauf hangelte ich an allen Vieren auf die vorausfahrende Schute zu. Ich konnte Legg nicht mehr sehen, und ich hoffte, dass er keine Falschspieler-Pistole im Jackenärmel trug.

Der Schleppzug gewann an Fahrt. Die vertäuten Kähne blieben zurück. Links und rechts war freies Wasser.

Über dem strudelnden Heckwasser der zweiten Schute zog ich mich hoch.

Legg und ich erblickten uns gegenseitig – in dem Moment, in dem ich die Heckplattform erreichte.

Mir gefror das Blut in den Adern.

Auf dem nur einen Fuß breiten Grad zwischen Außenbordwand und Laderaumkante hatte er sich umgedreht, noch im Gehen. Die Wunde machte ihm zu schaffen. Er presste sie mit der unversehrten Linken. Der Schreck, seinen Verfolger so verteufelt nahe zu sehen, traf ihn mit ungeheurer Wucht. Er krümmte sich, verlor das Gleichgewicht und kippte.

Mit einem Klimmzug erreichte ich die Stahlplatt-form. Ich jagte einen Schuss in die Luft, damit die Schlepper-Crew mich bemerkte. Noch im selben Moment rannte ich los.

Ich sah Leggs Schuhsohlen im vorderen Drittel des Laderaums. Er bewegte die Füße noch schwach hin und her, bevor er versank. Ich konnte nichts tun.

Vorn auf dem Schlepper setzten sie ein Beiboot aus, während der Schiffsführer langsam Fahrt wegnahm. Die Zeit, die die beiden Männer im Boot brauchten, kam mir endlos vor. Dann, als wir endlich mit den langen Ruderstangen in der schwarzen Masse rühren konnten, wusste ich schon, dass es zu spät war.

In dem schlammverschmierten Körper, den wir schließlich bargen, war kein Leben mehr. Ich hatte es nicht geschafft, Simon Legg vor Gericht zu stellen.

Doch die Gefahr war beseitigt. Sun Rose konnte ihre Identität behalten, sich mit ihren Eltern aussöhnen und ein neues Leben anfangen – irgendwo im Mittleren Westen, wo es diese anheimelnden Kleinstädte gibt. Ein neues Leben begann auch für Nikolai Tilman, der nach New York City zurückkehrte, wieder in das Haus einzog, das er geerbt hatte, und wieder seinen ursprünglichen Job annahm.

Vom ›Brooklyn Star‹ kriegten die Zeitungsleser nach der Erstausgabe keine weitere Nummer zu sehen. Der Laden wurde sang- und klanglos geschlossen, während Bruce Millen in einer Zelle des Stadtgefängnisses auf Rikers Island auf seinen Prozess wartete. Drogenhandel und Kreditwucher waren seine Spezialitäten gewesen – abgesehen von der besonderen Art von Menschenhandel, an der er sich unter Leggs Regie auch beteiligt hatte.

Insgesamt acht verschiedene Etablissements wur-den geschlossen. Überall war es das Gleiche wie an der

Nostrand Avenue. Die Mädchen waren gegen ihren Willen hergebracht und in ein solches Abhängigkeitsverhältnis verstrickt worden, dass sie keine Chance gehabt hatten, sich aus eigener Kraft zu befreien.

Millen hatte wegen der Anklagepunkte mit ›lebenslänglich‹ zu rechnen. Er konnte bestenfalls hoffen, als alter Mann für ein paar Jahre begnadigt zu werden.

Dann aber konnte er Trevor Grants berufliche Ziele niemals mehr durchkreuzen.

Wochen nach Leggs Schlammtod trafen Phil und ich pünktlich in der Redaktion an der Bedford Avenue ein. Im Mittelpunkt der kleinen Feier stand Patrolman David Ryan, inzwischen wieder vollständig genesen. Trevor nutzte die Gelegenheit, Fotos von ihm zu schießen und ein kurzes Interview mit ihm zu führen. Und dann kamen wir nicht darum herum, dass auch noch ein Bild von David und Phil und mir gemacht wurde. Wie Trevor den Text dazu gestalten würde, konnten wir uns schon vorstellen.

Unter den restlichen Party-Teilnehmern herrschte beste Eintracht. Jennifer, die natürlich nie weggelaufen war, hatte sich mit Donna ausgesprochen. Frank Harris trug noch dicke Verbände, war aber bereits vor drei Tagen aus dem Hospital entlassen worden. Jodie umarmte mich stürmisch, nachdem sie bekannt gegeben hatte, dass in Kürze Verlobung gefeiert würde und dass sie es Phil und mir zu verdanken hätte, dass sie …

Ich ließ sie nicht zu Ende sprechen.

»Das Wort Lebensretter möchte ich heute Abend nicht mehr hören!«, rief ich. »Von keinem!«

Phil schloss sich an. Und alle hatten Verständnis, dass wir es vorzogen, den Fortbestand des ›Flatbush Today‹ zu feiern. Preiserhöhungen und Kündigungen waren wunderbarerweise zurückgezogen worden.

ENDE

Die Nacht
der Vollstrecker

Die Reißzähne blitzten weiß und mit tödlicher Schärfe. Schaumfetzen wehten aus dem geifernden Fang des Dobermanns. Tief aus seiner Kehle drang ein heiseres Grollen.

Ich erwachte, als es zum Bellen anschwoll. Es klang wie wütendes Gebrüll.

Die Phase zwischen Traum und Wirklichkeit dauerte nur Sekunden. Als ich begriff, war ich mit einem Schlag hellwach.

Aus einem Hund wurden drei oder vier. Das Gebell ging in schrille Misstöne über.

Ich wusste, das waren auf den Mann dressierte Bestien, die ihr Opfer schon vor sich sahen. Und sie wurden fast verrückt, weil sie immer noch an der Leine gehalten wurden.

Vorsichtig, um in der unbekannten Umgebung nirgendwo anzustoßen, richtete ich mich von meinem Nachtlager auf. Es roch nach dem Öl und dem Rostschutz eingemotteter Gerätschaften. Mein Kopf wurde klar. Die Reißzähne waren das Traumbild gewesen, das die Wirklichkeit mir eingegeben hatte. Ein Schutzmechanismus, der funktionierte, trotz der mörderischen Strapazen, die Eric Morgan und ich hinter uns hatten.

Matte Helligkeit sickerte durch die beschlagenen Scheiben eines kleinen Fensters. Der Tag war wenige Stunden jung. Sie wollten uns vor Sonnenaufgang erwischen.

Die Gewissheit packte mich wie eine Eisenfaust.

Das wilde Gebell, das nicht enden wollte, wurde fast zur Nebensache. Die Tatsache, dass man uns aufgespürt hatte, war alles andere als ein Zufall. Dass so etwas passieren konnte, hatte ich nicht für ausgeschlossen gehalten. Denn andernfalls hätte ich mich nicht bereit erklärt, diesen Einsatz zu übernehmen. Aber irgendwo, in einem kleinen Winkel meines Denkens, hatte ich mir Zweifel bewahrt. Etwas derart Ungeheuerliches konnte nicht, durfte nicht geschehen.

Aber die Wirklichkeit war manchmal grausamer als jede Vorstellungskraft.

»Eric!«, flüsterte ich drängend. »Wach auf!«

Keine Antwort. Das Gebell zerrte wieder an meinen Nerven. Vorsichtig schlich ich über den rauen Steinfußboden und tastete mich an das andere Nachtlager heran. Wie meins bestand es aus Segeltuchplanen, die wir von den Geräten genommen und zusammengefaltet hatten.

Eric Morgan wachzurütteln, war ungefähr so zeitraubend, wie einen Grizzlybären aus dem Winterschlaf zu wecken.

Barsche Männerstimmen drangen jetzt durch das Hundegebell. Wer auch immer da draußen aufmarschiert war, sie hatten Mühe, ihre Bestien noch länger zu bändigen.

Eric fuhr auf seiner Planenrolle hoch und riss den Mund auf.

Ich legte ihm die flache Hand drauf, bevor er einen erschrockenen Ton von sich geben konnte.

»Still«, zischte ich. »Vielleicht wissen sie noch nicht genau, wo wir stecken. Wenn sie die Viecher erst mal loslassen, sehen wir verdammt alt aus.«

Ich war John Crawford, ein kleiner Gangster aus Chicago. Ich musste wie John Crawford sprechen.

Ich legte die Hand auf Erics Schulter und spürte, dass er zu zittern begann.

»Eine Polizeistreife, was?« Er keuchte die Worte hervor. »O Mann, der Typ in Chicago hat doch gesagt, hier wären wir so sicher wie in ...«

Ich unterbrach ihn mit einer energischen Handbewegung. »Sagen kann man viel. Und dass man übers Ohr gehauen worden ist, weiß man immer erst hinterher. Wir müssen jedenfalls sehen, wie wir hier rauskommen. Sieht so aus, als ob wir, nicht mehr viel Zeit haben. Das Problem sind die Köter. Also nichts wie weg hier, bevor die Mistviecher uns im Nacken sitzen!«

»Das schaffen wir nie«, hauchte Eric. Es hörte sich fast wie ein Wimmern an. »Die reißen uns in Stücke, wenn wir nur einen Schritt machen. Wir hätten uns doch eine Kanone besorgen sollen. Verdammt nochmal, warum haben wir uns keine Kanone besorgt?« Es fehlte nicht viel, und er fing an zu schreien.

»Halt jetzt den Rand!«, knurrte ich. »Die Sache ist ganz klar. Ich stelle fest, wo die Kerle mit ihren Kötern stehen. Und dann verschwinden wir zur anderen Seite hin.«

Eric Morgan richtete sich auf. Im Halbdunkel sah der drahtige kleine Mann grau und kläglich aus. Mit Gewalttätigkeiten hatte er nie etwas im Sinn gehabt. Und ausgerechnet er redete jetzt von einer Waffe! Das Weiße in seinen Augen schien zu flackern. Er hatte erbärmliche Angst.

»John«, flüsterte er, »das sind bestimmt Bluthunde da draußen. Wie wollen wir uns denn gegen so was wehren? Selbst wenn wir rauskommen, ohne dass sie uns sehen – die hetzen sie hinter uns her, und die erwischen uns so oder so.«

Ich packte ihn und schüttelte ihn. »Hast du einen besseren Vorschlag?«

Er schüttelte den Kopf in stummer Verzweiflung.

»Na also.« Ich ging ans Fenster. Ich musste mich auf die Zehenspitzen stellen, um etwas zu sehen.

Das Gebell versiegte plötzlich. Die Kerle dort draußen waren also in der Lage, Wutausbrüche und Friedfertigkeit ihrer vierbeinigen Jäger genau zu steuern.

Ich spähte durch die beschlagene Scheibe. Zum Glück hatte ich mich am Abend vorher gründlich umgesehen. Der Geräteschuppen, in dem Eric Morgan und ich untergekrochen waren, hatte zwei Ausgänge und war von Buschgruppen umgeben. Eine gepflegte Rasenfläche schloss sich an. Erst dann folgten die schmucken Gebäude des Golfclubs und des dazugehörigen Restaurants. Das Ganze war in eine waldreiche Umgebung eingebettet. Die Leute, die hier den Zeitvertreib suchten, liebten es ruhig und beschaulich, und sie konnten es sich leisten.

Bevor ich Einzelheiten erblickte, dröhnte eine Stimme. Jemand brüllte durch ein Megafon: »Herhören, ihr Halunken! Wir wissen, dass ihr irgendwo da drin seid! Also macht kein Theater! Kommt raus und streckt die Hände hoch! Ihr habt die Hunde gehört. Wollt ihr, dass wir sie loslassen?«

Ich versuchte, mich nach dem Schall der Stimme zu orientieren. Was ich durch das Fenster sehen konnte, war zwar nur ein milchiges Bild, aber es klappte trotzdem.

Nur schemenhaft erkannte ich die Silhouetten auf dem Parkplatz hinter dem großen Gebäude. Die Hunde waren eine unruhig hin und her zerrende schwarze Masse. Ich konnte nicht einmal genau sagen, ob sie von zwei oder von drei Männern gehalten wurden. Bäume und Ziersträucher verschleierten mein Blickfeld.

Ich drehte mich um. Wir mussten den Ausgang nach Süden nehmen. Ich sagte es Eric. Er nickte mit zusammengepressten Lippen.

»Erst mal versuchen wir, Abstand zu gewinnen«, erklärte ich ihm. »Wenn das geklappt hat, verstecken wir uns und warten ab.«

»Aber die Hunde, John, die verdammten Hunde!« Trotz seines Flüsterns klang es wie ein Aufschrei.

Ich nickte und sah mich um. Irgendetwas, was ich

gesehen hatte, war mir vom Vorabend im Gedächtnis geblieben. Auf einmal schoss es mir wieder in den Sinn. Beile! In einem der vielen Regale lagen Beile. Die Platzwärter benutzten sie wahrscheinlich, um Büsche und Baumkronen zu stutzen. An einem Ort wie diesem durfte die Natur nicht ungehindert wachsen.

Ich holte zwei Beile und drückte eins davon dem kleinen Mann in die Hand, der mich für seinen Kumpel hielt. Ich hätte ihm in diesem Moment gern gesagt, wie die Dinge wirklich standen. Aber es ging nicht. Das Spiel hatte gerade erst begonnen. Wenn ich es jetzt abbrach, würde ich an die Schweinehunde, die es sich ausgedacht hatten, nie herankommen.

»Wenn so ein Vieh wirklich auf dich losgeht«, sagte ich grimmig, »dann schlag ihm damit den Schädel ein!«

Eric nickte und blickte zu mir auf. Sein Gesicht war noch immer verkrampft, aber er atmete tief durch. Das ganz aus Stahl gefertigte Beil mit dem Hartgummigriff schien eine beruhigende Wirkung zu haben. »In Ordnung.« Er versuchte zu grinsen. »Packen wir es an, Partner!«

Ich zeigte auf den Ausgang an der Südseite des Schuppens. Beide Türen waren unverschlossen gewesen. Unser freundlicher Helfer in Chicago hatte das versprochen, und es hatte geklappt.

Unser Nachtquartier war gewissermaßen vorbereitet worden.

Auch das Wecken im Morgengrauen?

Wir verloren keine Zeit mehr. Lautlos drückte ich die Tür auf.

Wieder donnerte die Megafonstimme los, als hätte sie nur auf uns gewartet. »Tut nicht so, als ob ihr taub seid, ihr Strolche! Glaubt bloß nicht, dass ihr euch verzupfen könnt! Wir geben euch noch eine Minute. Wenn ihr euch dann immer noch nicht blicken lasst, geht's rund! Verlasst euch drauf!«

Noch halb in der offenen Tür, packte Eric meinen Arm und hielt mich zurück. »Warum sagt der nicht, wer er ist?«, hauchte er. »Die Bullen sind doch sonst nicht so komisch. Oder?«

»Vielleicht sind es keine Bullen.«

Die Möglichkeit war nicht abwegig. Es gibt in den Vereinigten Staaten jede Menge private Bewachungsunternehmen. Mietpolizisten für die Aufgaben, die die reguläre Polizei nicht wahrnehmen kann.

Eric nickte nur. Er gab sich mit der Erklärung zufrieden. Wenn er die Wahrheit erfahren hätte, dann wäre ihm klar geworden, dass ich nicht der war, für den ich mich ausgab.

Ich huschte nach hinten hinaus und duckte mich unter einen Ulmenstrauch.

»Letzte Warnung!«, brüllte der Megafonmann. »Wenn ihr jetzt nicht pariert, Freunde, habt ihr selber Schuld! Hölle und Teufel, das ist kein Scherz, was wir hier veranstalten!«

Das glaubte ich ihm aufs Wort. Ich winkte Eric zu mir heran. Sein Atem ging rasselnd, als er sich neben mich kauerte und sein Beil auf den Boden stützte.

Ich zeigte mit der freien Hand auf den Birkenwald, der in nur zwanzig Yards Entfernung begann und sich bis auf eine Hügelkuppe erstreckte.

Ich ließ Eric zuerst losrennen. Er war wieselflink. Das Laufen hatte er gelernt. Bei seinen Einbrüchen und den erbärmlichen Überfällen auf kleine Läden hatte er nie Glück gehabt. Immer hatte ihm irgendjemand im Nacken gesessen, und regelmäßig war er eingebuchtet worden. Deshalb glaubte ihm auch keiner mehr, obwohl er Stein und Bein schwor, dass sie diesmal den Falschen erwischt hätten.

Er schaffte es bis in den Wald und ging in einer Bodenmulde in Deckung.

Ich folgte ihm und achtete beim Laufen darauf, dass ich das Beil mit der Klinge nach unten hielt. Wenn man stolperte, konnte man sich mit dem Ding glatt selbst umbringen.

Mit einem flachen Sprung warf ich mich neben Eric in die Mulde.

Atemlos beobachteten wir die freie Fläche zwischen dem Buschwerk hinter dem Schuppen und dem Rand unseres Wäldchens. Vom Parkplatz beim großen Gebäude aus hatten sie uns tatsächlich nicht sehen können.

Kein Laut war zu hören. Nirgends bewegte sich etwas. Alles wirkte auf einmal wie tot an diesem dunstigen, feuchtkalten Morgen. Man konnte glauben, dass die geifernden Hunde tatsächlich nur Bestandteil eines verrückten Traums gewesen waren.

Jäh hetzten sie hinter dem Schuppen hervor. Gestreckt und flach wie Windhunde.

Nur zwei Hunde. Dobermänner!

Die Unbekannten waren nicht so einfältig, sofort die ganze Meute auf uns loszulassen. Aber sie sollten sich verrechnen. Das war mein Ziel. Und ich würde es erreichen.

Nur für einen Moment wurden die schwarzen Bestien unsicher. Unschlüssig hechelnd liefen sie an der Südseite des Schuppens hin und her.

Ich bedeutete Eric, das Beil mit der stumpfen Seite nach unten zu drehen.

Und fast im selben Moment hatten sie unsere Fährte aufgenommen.

Die weißen Fangzähne blitzten, als sie auf den Wald zujagten.

Ich wusste nicht, ob der zitternde kleine Mann neben mir überhaupt fähig war, sich zur Wehr zu setzen. Innerlich richtete ich mich darauf ein, mit beiden Bestien kämpfen zu müssen.

Nur noch zehn Yards waren sie entfernt. Schaumfetzen wehten von den Fangzähnen, und der heisere Atem war zu hören.

Ich spannte die Muskeln, packte das Beil fester und klopfte Eric mit der Linken auf die Schulter. »Ganz ruhig bleiben!«, sagte ich.

Ich spähte zum Geräteschuppen. Dort rührte sich noch nichts. Ich zögerte keinen Atemzug lang. Mit einem federnden Sprung schnellte ich aus der Mulde hoch. Ich dachte nicht daran, die Dobermänner im Liegen und damit fast hilflos zu empfangen.

Ich duckte mich.

Aus dem wilden Ansturm heraus setzten die Hunde zum Sprung an.

Blitzartig riss ich meine Schlagwaffe hoch und ließ sie mit sausendem Hieb nach unten schwingen. Im selben Sekundenbruchteil warf ich mich nach rechts.

Einen winzigen Moment lang sah ich die Reißzähne der einen Bestie riesengroß vor mir. Dann, schon im Fallen, hörte ich den trockenen Laut des Hiebes. Die Bestie gab ein Winseln von sich. Mehr nicht.

Ich rollte mich ab, und war sofort wieder auf den Beinen. Denn ich rechnete mit dem Angriff des zweiten Dobermanns. Aber ich irrte mich.

Der pechschwarze Schatten schnellte mit einem heiseren Laut der Wut auf die Bodenmulde zu.

Verzweifelt riss Eric Morgan das Beil hoch. Viel zu langsam kam er auf die Beine. Und er setzte erst in dem Moment zum Hieb an, in dem das Tier schon sprang.

Erics Hieb ging fehl. Er traf den Dobermann nur irgendwo in der hinteren Körpergegend. Eric schrie gellend auf. Der Hund ließ einen Laut hören, der wie heiseres Wut- und Schmerzgebrüll klang. Der Schlag hatte ihn aus der Bahn gebracht. Statt an der Kehle, bekam er den drahtigen kleinen Mann an der rechten Schulter zu fassen. Eric schrie abermals. Seine Stimme überschlug sich in panischer Angst.

Ich war schon unterwegs. Ich warf das Beil weg, denn ich würde meinen Kumpel damit gefährden.

Schon im Sprung sah ich Erics weit aufgerissene Augen. Er schrie noch immer. Über ihm war der zuckende schwarze Leib, der wie ein einziger Muskelstrang wirkte.

Ich packte mit beiden Fäusten zu, erwischte die Bestie im Nacken, rollte mich nach rechts und zerrte sie mit mir von Eric weg. Noch immer gellte sein Schrei und stach nervenzerfetzend in meine Trommelfelle. Eine Sekunde lang zappelten die Beine des Hundes in der Luft, als er mit dem Rücken über mir lag. Ich spürte die ungeheure Kraft und die Beweglichkeit des Tiers.

In meinem Griff steigerte sich die Bestie zu wahnsinniger Wut. Sie warf den Kopf hin und her und versuchte, sich meinem Griff zu entwinden und gleichzeitig nach mir zu schnappen.

Um Eric konnte ich mich nicht kümmern, nur seinen Schrei hörte ich noch immer. Ich musste diesen Wahnwitz beenden. Lange konnte ich nicht mehr durchhalten.

Ich bot alle Kraft meiner Armmuskeln auf und schleuderte den Hundekörper zur Seite weg. Doch ich lockerte meinen Griff nicht. Durch den Schwung kam ich selbst mit auf die Beine. Der Hund versuchte, sich mit den langen Beinen von mir abzustoßen. Eine der Pfoten traf mich spürbar in die Magengrube.

Eric schrie und schrie.

Ich knallte den Hundeschädel gegen den nächstbesten Baumstamm. Der pechschwarze Körper erschlaffte in meinem Griff. Ich ließ ihn fallen und wollte zurück in die Mulde, um zu sehen, wie schlimm es um Erics Bisswunde bestellt war.

Die Mulde war leer. Ich riss die Augen weit auf. Ruckte herum. Und da sah ich ihn.

Er rannte in panischer Hast, und er sah nicht einmal, wohin. Die Arme hatte er hochgerissen. Er fuchtelte wie wild, als säße ihm der Hund noch immer im

Nacken. Und dabei rannte er über die freie Fläche nach links weg, als gäbe es keinen besseren Fluchtweg. Er war blind vor Todesangst, das wusste ich.

Ich wollte ihn anbrüllen und zurückrufen.

Die Worte blieben mir in der Kehle stecken.

Hinter dem Schuppen tauchte ein Mann auf. Ich sah die Bewegung erst nur aus den Augenwinkeln heraus.

Dann ruckte ich herum. Mir gefror das Blut in den Adern …

Der Mann, groß und bullig gebaut, blieb breitbeinig stehen und zog ein Schnellfeuergewehr an die Schulter – ruhig und sorgfältig, wie auf dem Schießstand. Trotz der Entfernung glaubte ich ein Grinsen in seinem schnauzbärtigen Gesicht zu erkennen.

Irgendwo in mir riss der Faden. Ich hatte 50 Yards zurückzulegen, um den Kerl zu fassen zu kriegen. Ich wusste, dass er Komplizen hatte. Dass sie mich wahrscheinlich abknallen würden, bevor ich auch nur die halbe Entfernung geschafft hatte.

Ich sprintete mit aller Kraft.

Der grinsende Kerl visierte behutsam an, setzte das Gewehr sogar einmal ab und hob es dann erneut an die Schulter.

Und Eric Morgan rannte und rannte.

Das Blut raste in meinen Adern. Das Gefühl, es doch nicht zu schaffen, brachte mich fast um den Verstand. Der Bullige mit dem Schnellfeuergewehr bemerkte mich nicht einmal, so sehr konzentrierte er sich auf sein Zielen.

Langsam krümmte er den Zeigefinger.

»Nicht schießen!«, brüllte ich. »Verdammt nochmal, nicht …«

Er zog durch. Das Gewehr hämmerte in Dauerfeuer. Drei, vier, fünf Kugeln wurden von bläulich weißen Mündungsblitzen ausgespien.

Unwillkürlich gerieten meine Schritte ins Stocken. Entsetzen packte mich. Ich sah, wie Erics magerer

Körper von den Einschüssen durchgeschüttelt wurde, als hätte ihn eine unsichtbare Faust gepackt, die ihn im nächsten Moment achtlos zu Boden fallen ließ.

Ich hatte keinen Gedanken mehr. Nur noch Zorn, ohnmächtigen Zorn.

Der Kerl drehte sich zu mir um. Jäh erstarb sein Grinsen, als er sah, wie nahe ich schon heran war. Er hatte nicht mit mir gerechnet. Wer erwartet schon, dass ein Unbewaffneter auf jemanden losgeht, der ein Schnellfeuergewehr in den Händen hält?

Er schaffte es noch, die Waffe anzuschlagen. Und er jagte auch noch eine Kugel aus dem Lauf – in dem Moment, in dem ich sprang. Das Blei sirrte haarscharf über mich hinweg.

Und dann hatte ich ihn. Unter meinem Rammstoß ging er zu Boden. Noch im Fallen schmetterte ich ihm mit brettharter Handkante das Gewehr weg. Er stöhnte und knurrte vor Schreck und vor Wut. Ich war als Erster wieder auf den Beinen, packte das Schnellfeuergewehr und rannte sofort zum Waldrand los.

Zehn Schritte schaffte ich.

Ein Schuss bellte hinter mir.

Augenblicklich streckte ich mich in die Waagerechte. Drei Yards weit schlidderte ich über den Grasboden.

Das Blei fauchte über mich hinweg und klatschte weit vor mir in einen Birkenstamm. Ich rollte mich herum und hatte das Schnellfeuergewehr im nächsten Atemzug im Liegendanschlag.

Der Schnauzbärtige hielt einen Coltrevolver in den Fäusten und legte zum zweiten Mal auf mich an. Ich zog durch. Eine Kugel genügte. Sie schlug ihm in die linke Schulter und drehte ihn wie einen Kreisel. Sein Colt blaffte den Himmel an.

Ich wartete nicht ab, bis er zu Boden stürzte. Sofort rappelte ich mich auf und rannte Haken schlagend auf die Mulde zu, in der Eric Morgan und ich zuvor schon Deckung gefunden hatten.

Die Kugeln, mit denen ich rechnete, blieben aus. Wieder kehrte diese beklemmende Stille ein.

Ich beobachtete das vor mir liegende Gelände. Der Verwundete war mühsam auf die Beine gelangt und wankte auf den Geräteschuppen zu. Ich hätte jede Menge Zeit gehabt, ihn wie einen Hasen abzuschießen. Und ich hätte ihm damit nur das heimgezahlt, was er Eric Morgan angetan hatte. Aber Unrecht bleibt Unrecht. Ich brachte es nicht fertig.

Der Mann schleppte sich in Deckung, und das Gelände war wie leer gefegt.

Etwa hundert Yards entfernt, schräg links von mir, musste Eric Morgan liegen. Ich konnte ihn nicht sehen, denn der Boden war zu wellig. Aber ich wusste, dass Eric nicht mehr am Leben war. Ich hatte gesehen, wie er von den Kugeln getroffen wurde.

Der Schießer hatte ihm nicht den Hauch einer Chance gegeben – keinen Warnruf, keinen Warnschuss, nichts. Er hatte den Fliehenden kaltblütig erschossen. Ein Vollstrecker von eigenen Gnaden. Der Zorn fraß in mir wie eine lodernde Flamme.

Wo blieben die anderen? Wo blieben die übrigen Hundebestien? Ich glaubte nicht daran, dass sie aufgeben würden. Sie verlegten sich aufs Belauern, wollten mich mürbe machen und meine Flucht vereiteln. Wenn es sich so verhielt, dann gab es nur eine einzige logische Schlussfolgerung: Sie würden versuchen, mir in den Rücken zu gelangen, um mir dadurch den Weg abzuschneiden.

Ich dachte nicht länger darüber nach. Haargenau so würden sie es anstellen. Denn sie glaubten, dass ich in der Falle saß und vor Angst schlotterte. Sie hielten mich für einen einfältigen kleinen Ganoven, der nie in seinem Leben über Ladendiebstähle und Einbrüche hinausgekommen war.

Sie sollten ihr blaues Wunder erleben. Das schwor ich mir in diesem Moment. Ich presste die Zähne aufeinander, dass es knirschte. Mit meinem Beruf als Special Agent des FBI lässt es sich normalerweise nicht vereinbaren, dass man Wut empfindet oder sich gar davon leiten lässt.

Auch in diesem Fall würde ich mich danach richten. Aber im Augenblick fühlte ich mich wie John Crawford, der Kumpel von Eric Morgan.

Ich hatte ihn sterben sehen, durch eine bodenlose Ungerechtigkeit. Es war glatter Mord. Ich sagte mir, dass es besser war, wenn ich jetzt keinen der Kerle in die Finger kriegte. Ich konnte im Moment nicht einmal vor mir selbst garantieren, dass ich mich beherrschen würde.

Ich überzeugte mich noch einmal, dass sich auf dem Gelände zum Geräteschuppen hin nichts rührte. Dann drehte ich mich auf der Gürtelschnalle und kroch nach Süden aus der Mulde. Ich legte den Vorderschaft des Gewehrs in den Winkel zwischen Daumen und Zeigefinger der rechten Hand, klemmte den Trageriemen unter die anderen Finger und zog die Waffe nach bewährter Infanteristenart mit mir.

Flach auf den Boden gepresst, robbte ich immer tiefer in den Wald. Je mehr ich mich vom Waldrand entfernte, desto dunkler wurde es. Das trübe Licht des frühen Morgens reichte noch nicht aus, um durch die dichten Baumkronen zu dringen.

Nach etwa zwanzig Yards verharrte ich hinter einem Birkenstamm, lag flach und ruhig und legte das linke Ohr auf den mit modrigem Laub bedeckten Boden.

Ein leichtes Vibrieren war zu vernehmen, hervorgerufen durch Erschütterungen, die noch ziemlich weit entfernt sein mussten. Fünfzig Yards mindestens, aber bestimmt nicht mehr als hundert.

Sollte ich weiterrobben? Lieber nicht! Das Rascheln des Laubes würde zu hören sein. Und wenn der Kerl einen Hund bei sich hatte, dann würde dieser nur umso eher die Witterung aufnehmen.

Was auch immer mir aus der Dunkelheit heraus blühte – ich musste es auf mich zukommen lassen.

Das Warten hatte einen weiteren Vorteil. Meine Augen gewöhnten sich an die Lichtverhältnisse.

Und plötzlich sah ich die Silhouette.

Ein einzelner Mann. Vorsichtig schleichend bewegte er sich von Baumstamm zu Baumstamm und horchte immer wieder, ob sich etwas rührte. Ich schätzte, dass er noch vierzig Yards entfernt war. Aber trotz aller Vorsicht bewegte er sich zügig.

Ich hielt den Atem an.

Nach zwei Minuten wusste ich, dass er allein war. Natürlich – einen von ihnen hatte ich verwundet. Und vielleicht war nur noch ein Dritter vorhanden, der dafür sorgen konnte, dass ich von zwei Seiten in die Zange genommen wurde.

Der Mann war jetzt auf dreißig Yards heran. Ich stellte fest, dass er keinen Hund bei sich hatte. Wahrscheinlich reichte es ihnen, dass sie zwei ihrer vierbeinigen Tötungsmaschinen verloren hatten. Weitere wollten sie nicht aufs Spiel setzen.

Der Mann hatte mich noch immer nicht entdeckt, auch nach weiteren zehn Yards nicht. Garantiert nahm er an, dass ich in meiner Mulde hockte und ein Stoßgebet nach dem anderen zum Himmel schickte.

Ich konnte ihn jetzt deutlich erkennen. Er war etwa so groß wie ich und trug einen Stetsonhut. Fransen an seiner Lederjacke ließen vermuten, dass er etwas für Cowboys übrig hatte. Er trug einen Hüftgurt mit Patronen in den Lederschlaufen. Aus dem Holster ragte der Griff eines Colts, und in den Händen hielt er eine einläufige Pump-Action-Schrotflinte. Der Mann war von leicht untersetzter Statur. Unter dem Schatten der breiten Hutkrempe war zu erkennen, dass er einen graumelierten Spitzbart hatte.

Er bewegte sich geduckt und mit federnden Bewegungen wie ein heranschleichendes Raubtier.

Mein Vorteil war, dass ich dunkle Kleidung trug. Abgerissene Klamotten, mit denen ich fast wie ein Tramp aussah. Aber das Zeug tarnte mich. Langsam, lautlos und unbemerkt drehte ich das Gewehr in meinen Händen und verbarg es senkrecht hinter dem Baumstamm.

Bis auf fünf Yards ließ ich ihn herankommen. Dann riskierte ich nichts mehr. Mit einem gewaltigen Satz schnellte ich auf den Mann zu. Das Gewehr schwang ich wie eine Keule. Er zuckte zusammen, als hätte mein Hieb ihn schon getroffen. Er wollte die Shotgun hochreißen. Aber er hatte die Schrecksekunde nicht schnell genug überwunden. Der Gewehrkolben schmetterte ihm die Waffe aus der Hand.

Ich war sofort bei ihm, ließ das Gewehr fallen und feuerte meine Handkanten auf ihn ab. Schon der erste Schlag reichte vermutlich, aber ich musste sicher gehen. Deshalb schickte ich ihn mit einer ganzen Serie auf den Waldboden.

Der Stetsonhut verrutschte, als er stürzte. Sein Haar war bereits silbergrau und schütter, die Ringe unter seinen Augen waren tief. Ein alter Wolf, den man noch auf die Jagd gehen ließ, musste besondere Fähigkeiten haben.

Ich hob das Schnellfeuergewehr wieder auf, nahm auch die Shotgun und den Colt des Bewusstlosen an mich und lief in lautlosem Trab nach Süden. Niemand auf dem Gelände des Golfclubs konnte etwas mitgekriegt haben. Der Grauhaarige war geräuschlos ins Traumland abgewandert. Eben das verschaffte mir den Vorsprung, den ich brauchte.

Am jenseitigen Waldrand versteckte ich die Waffen unter einem Dornbusch. Die Stelle konnte ich mir leicht einprägen, da eine Birke gleich neben dem Busch von einem Blitz gespalten war.

Ich lief weiter, überquerte unbehelligt eine Weide und erreichte den nächsten Wald. Sie mussten schon etwas auf die Beine stellen, wenn sie mich noch erwischen wollten. Aber ich war mir darüber im Klaren, dass sie Himmel und Hölle in Bewegung setzen würden.

Der Dienstwagen der County Police war ein verbeulter schmutzig grauer Pontiac. Die Karosserie ächzte und schüttelte sich, als der Motor auf dem Vorplatz der Villa erstarb. Blasser Sonnenschein fiel auf die gepflegten Gartenanlagen und das große weiße Gebäude. Die Bewölkung hatte sich noch immer nicht ganz aufgelöst.

Lieutenant Pawlowski und Sergeant Freeman, der gefahren hatte, stiegen aus, reckten die Knochen und sahen sich um. Der Anblick war jedes Mal von neuem eindrucksvoll. Zwar ging es den Menschen im LaSalle County nicht schlecht, und richtige Armut gab es praktisch nicht.

Aber die Villa Kirk mit ihren Außenanlagen war denn doch der Inbegriff des Reichtums. Pawlowski schob die Hände in die Hosentaschen und marschierte auf das Portal zu.

Die schwere Eingangstür wurde geöffnet, bevor die beiden Beamten klingeln mussten. Immerhin hatten sie sich durch die Sprechanlage am Tor angekündigt, waren von der Videokontrolle beäugt worden, und man hatte sie eingelassen. Lieutenant Pawlowski stieß einen Knurrlaut aus. Ungebetene Besucher hatten hier nichts zu lachen.

Samantha Kirk trat ins Freie, lächelte und breitete die Arme aus, als empfinge sie einen guten Bekannten. »Lieutenant! Sie glauben nicht, wie froh ich bin, dass Sie so schnell gekommen sind. Manchmal glaube ich, ich ertrage es nicht mehr. Warum muss es immer wieder Menschen geben, die sich am Eigentum anderer vergreifen?«

»Die Frage kann ich Ihnen nicht beantworten, Madam«, antwortete Pawlowski höflich. Er deutete mit einer Handbewegung auf seinen Kollegen. »Sergeant Freeman. Er war schon ein paar Mal hier.«

Samantha Kirk nickte gnädig. Sie war eine Frau von schwer schätzbarem Alter. Nur ein Fachmann konnte feststellen, ob das lange blonde Haar gefärbt war oder nicht. Ihr Gesicht wies keine Falten auf und hatte einen gesunden braunen Teint, der auf viel frische Luft schließen ließ. Die grauen Augen waren für Lieutenant Pawlowski immer rätselhaft gewesen. Sie konnten kühl und abweisend sein, im nächsten Moment aber Freundlichkeit und Herzlichkeit spiegeln. Aber man wusste nie genau, ob der Ausdruck dieser Augen wirklich echt war. Ihre Figur war makellos. Sie wirkte sportlich wie eine Zwanzigjährige. Ihr Hosenanzug aus khakifarbenem Baumwollstoff unterstrich diesen Eindruck.

»Sind Sie allein gekommen?«, fragte Samantha Kirk.

Ihr Blick wanderte an dem Lieutenant vorbei die von Platanen gesäumte Zufahrt entlang.

»Nein, Madam«, antwortete Pawlowski. »Wir sind nur die Vorhut. Der Erkennungsdienst und die Transportfahrzeuge werden gleich hier sein.«

Sein Blick fiel auf den Mann, der lautlos aus dem Halbdunkel der Halle hinter die Hausherrin getreten war. Ein hagerer Mann, dessen raubvogelartiges Gesicht nur aus Haut und Knochen zu bestehen schien. Marvin Shand. Er war einer der Leibwächter und Bewacher, die im Hause Kirk für Sicherheit sorgten. Nach Pawlowskis Geschmack taten sie das ein bisschen übereifrig. Aber sie wussten anscheinend, womit sie ihrer Brötchengeberin gefallen konnten.

»Gut«, sagte Samantha Kirk. »Dann gehen wir! Ich möchte mir durch dieses verfluchte Gesindel nicht den ganzen Tag durcheinander bringen lassen.« Ohne eine Antwort abzuwarten, ging sie voraus, die Portalstufen hinunter, an den Rosenbeeten vor der Hausfassade entlang. Shand marschierte wie selbstverständlich mit einem Yard Abstand schräg hinter ihr.

Pawlowski holte mit langen Schritten auf und war neben der Frau, als sie die Gebäudeecke erreichten. »Madam, sagen Sie mir, was passiert ist!«

Sie sprach, ohne zur Seite zu blicken. »Die Einzelheiten müssen Sie sich von Mr. Shand und seinen Kollegen schildern lassen. Ich weiß nur, dass es zwei Kerle waren, die auf mein Grundstück eindringen wollten. Natürlich hat die Alarmanlage eingesetzt, und die Hunde waren wenig später zur Stelle.« Sie holte tief Luft, als müsse sie sich gegen eine besonders unangenehme Vorstellung erst wappnen. Sekundenlang war nur das Knirschen der Schritte auf dem Kiesweg zu hören. »Diese Verbrecher haben beide Hunde erschlagen. Und einer von den Kerlen ist auch noch entkommen.«

Der Lieutenant blickte sie überrascht von der Seite an, kam aber nicht gleich zu Wort.

»Wir haben eine genaue Personenbeschreibung«, sagte Shand mit knarrender Stimme. »Die geben wir nachher zu Protokoll. Sie sollten dann sofort eine Fahndung einleiten, Lieutenant.«

Pawlowski verzog das Gesicht. »Vielen Dank. Ich wüsste nicht, was ich ohne Ihre guten Ratschläge tun sollte.« Er übersah Shands Grinsen und wandte sich wieder der Hauseigentümerin zu. »Die Einbrecher müssen gut ausgerüstet gewesen sein, wenn sie sich gegen die Hunde zur Wehr setzen konnten.«

Der Garten war ein Park von unüberschaubaren Ausmaßen. An der Rückfront des Hauses befand sich der Zwinger mit den Dobermännern. Er war gut schallisoliert. Der Stadtrand von Mendota war nur ein paar hundert Yards entfernt. Die nächsten Nachbarn, die dort wohnten, hatten sich wegen des ständigen Gekläffs beschwert. Angefangen hatte das nach dem Tod von Robert Kirk, Samanthas Ehemann.

Auf dem hinteren Teil des Grundstücks gab es einen Tennisplatz, einen Swimmingpool und ein Gartenhäuschen – alles eingebettet in ein Grünen und Blühen, das von Gärtnerhand sorgfältig angelegt worden war.

»Es ist schade um die wertvollen Tiere«, sagte Samantha Kirk ärgerlich. »Vielleicht waren sie noch nicht gut genug abgerichtet. Wir werden mehr Sorgfalt an den Tag legen müssen.«

Pawlowski zog die Brauen hoch. »Meinen Sie nicht, dass Sie ein wenig übertreiben, Madam?« Er konnte sich die Frage nicht verkneifen.

Sie blieb stehen und wandte ruckartig den Kopf zur Seite. »Wie meinen Sie das?«, fragte sie scharf. »Was übertreibe ich?«

»Ihr – hm – Sicherheitsbedürfnis, Madam. Es ist ungewöhnlich, dass jemand drei Leibwächter beschäftigt und ein Dutzend Hunde besitzt, von denen ich nicht einem einzigen nachts über den Weg laufen möch...«

Sie unterbrach ihn mit einer heftigen Handbewegung. »Lassen Sie sich ruhig weiter aus! Erwähnen Sie auch noch die elektronische Sicherungsanlage mit der Videoaufzeichnung! Und ich sage Ihnen trotzdem, dass ich es eher für untertrieben halte. Jeder Durchschnittsbürger hat eine Pistole im Haus, um sich zu schützen. Wenn Sie bedenken, welche Vermögenswerte hier bewacht werden müssen, ist der Aufwand ja wohl gerechtfertigt. Im Übrigen ...«, sie stemmte die Fäuste in die Hüften und sah den Beamten mit funkelndem Blick an, »... müssen Sie zugeben, dass die Polizei nicht imstande ist, die Bürger dieses Landes zu schützen. Man ist gezwungen, sich selbst zu helfen. Wenn mein Mann nur ein bisschen an seine Sicherheit gedacht hätte, dann wäre er heute noch am Leben.«

Pawlowski schluckte. Der Vorwurf machte es ihm schwer, höflich zu bleiben. »Madam«, sagte er ruhig, »bitte verdrehen Sie nicht die Tatsachen. Ich bin über den Fall unterrichtet. Damals war ich gerade zur Mordkommission in Earlville versetzt worden.«

Samantha Kirk zog die gepflegten Augenbrauen zusammen.

»Was reden Sie da? Was verdrehe ich denn?« In ihrem Blick lag unverhohlener Zorn.

Pawlowski zwang sich, ein Lächeln zu unterdrücken. Er kannte ihre Angewohnheit, bei einem Gespräch die Worte des anderen in eine Frage umzukehren. Es war ein Zeichen dafür, dass sie nicht schlagfertig war.

»Das Ganze liegt jetzt sechs Jahre zurück«, sagte der Lieutenant. »Ich denke, auf Pietät darf ich verzichten. Sie verdrehen Folgendes, Madam: Ihr Mann hat an seine Sicherheit gedacht. Er war mit einem 45er Colt bewaffnet, als er in seinem Garten auf Einbrecherjagd ging. Einen der Eindringlinge hat er auch angeschossen und einen weiteren leicht verletzt. Er hat aber nicht damit gerechnet, dass er es mit drei Kerlen zu tun haben würde. Auch nicht damit, dass sie bewaffnet sein würden.«

»Das ist eine Unterstellung«, fauchte die blonde Frau. »Einbrecher sind fast immer bewaffnet. Mein Mann hätte das Pack mit einer Maschinenpistole umlegen sollen. Aber er hat nie auf mich gehört. Er war immer zu leichtsinnig.«

»Madam«, sagte Pawlowski mit mühsamer Beherrschung. »Ich denke, wir sollten diese Diskussion abbrechen. Ich müsste sonst ernsthaft darüber nachdenken, ob nicht Selbstjustiz als Gesichtspunkt in Frage ...«

»Das vergessen Sie lieber!«, schnitt ihm Shand das Wort ab. »Von so was kann hier überhaupt keine Rede sein. Und wenn Sie meinen, solche Töne anschlagen zu müssen, dann werden wir erst mal unseren Anwalt benachrichtigen.«

Samantha Kirk warf ihrem Leibwächter einen dankbaren Seitenblick zu. »Völlig richtig«, bekräftigte sie grimmig. »Wir haben Sie nicht gerufen, Lieutenant, damit Sie uns mit Ihren privaten Meinungen langweilen. Sie sind hier, um ein Einbruchsdelikt aufzunehmen.«

Pawlowskis Augen verengten sich. Er hörte, wie Freeman zischend einatmete. Auch er war kurz vor dem Explodieren.

»Ich nehme Ihre Äußerungen zur Kenntnis«, sagte Pawlowski schneidend. »Ich weise darauf hin, dass es sich nicht um ein einfaches Einbruchs-, sondern auch um ein Tötungsdelikt handelt. Ob der Notwehrparagraf angewendet werden kann, liegt nicht in meinem Ermessen. Das heißt, ich habe den Tatbestand aufzunehmen wie in jedem anderen Fall eines unnatürlichen Todes. Mit einer Vorzugsabfertigung, wie Sie es vielleicht nennen könnten, brauchen Sie also nicht zu rechnen, Mrs. Kirk.«

Sie starrte ihn entgeistert an. »Sagen Sie mal, haben Sie den Verstand ver…?«

Diesmal war der Lieutenant es, der sie lächelnd unterbrach. »Ich darf auf einen weiteren Punkt hinweisen, Madam. Solange ich auf Ihrem Grund und Boden meine Ermittlungen führe, vertrete ich die Staatsgewalt. Ich verbitte mir also, dass mir Ihre Bediensteten über den Mund fahren.« Er bedachte den hageren Leibwächter mit einem verächtlichen Blick. »Ich könnte mich unter Umständen gezwungen sehen, sein Verhalten als Widerstand gegen die Staatsgewalt zu werten.«

Shand schluckte heftig. Sein Adamsapfel ruckte auf und ab. Die Hausherrin blinzelte sekundenlang, als habe sie sich verhört. Dann straffte sich ihre Haltung, und sie reckte das Kinn vor. »Sie sollten Ihre Ermittlungen nicht weiter hinauszögern, Lieutenant.« Ohne eine Antwort abzuwarten, ging sie voraus. Ihre Schritte knirschten in heftigem Rhythmus auf dem Kies des Weges.

Pawlowski wechselte einen Blick mit dem Sergeant. Freeman zeigte, was er von der Angelegenheit hielt, er verdrehte die Augen zum Himmel.

Der Rest des Weges führte durch dichtes Rhododendrongebüsch. Tautropfen perlten von klatschenden Zweigen. Samantha Kirk schien es nicht zu kümmern. In ihrem Zorn nahm sie die Wasserflecken auf ihrem Hosenanzug in Kauf.

Dann standen sie vor dem Zaun.

Die beiden Polizeibeamten glaubten ihren Augen nicht zu trauen. Diesen Teil der Sicherungsanlagen hatten sie noch nicht gesehen.

Ein Doppelzaun aus Maschendraht, mannshoch, mit Stacheldrahtkrone. Zwischen den beiden Zäunen ein ein Yard breiter Pfad, der offenbar als Patrouillenweg für die Wachhunde diente.

Der Tote lag verkrümmt zwischen den Zäunen. Ein drahtiger, kleiner Mann. Sein Gesicht hatte sich in den Dreck gegraben, und zu sehen war nur seine rechte Hand, wie eine Kralle. Ein Beil, ganz aus Stahl gefertigt, lag unmittelbar neben der Krallenhand.

In der Umgebung des Toten gab es ein Gewirr von Fußspuren. Die toten Hunde lagen etwa drei Yards entfernt, dicht nebeneinander, als wären sie im Tod ihrem Urinstinkt gefolgt, die Geborgenheit des Rudels zu suchen.

Pawlowski wandte sich zur Seite.

»Wer hat den Mann erschossen?«

»Ich«, antwortete Shand. »Mit einem Schnellfeuergewehr. Die Waffe befindet sich im Haus, falls Sie sie sehen möchten.«

»Ist als Beweisstück beschlagnahmt«, sagte Pawlowski frostig. »Waren Sie allein?«

»Nein.« Shand presste für einen Moment die Lippen aufeinander, ehe er fortfuhr. »Rock Hoagey, mein Kollege, war mit einer Taschenlampe dabei. Anschließend hat er versucht, den zweiten Kerl zu erwischen. Dabei hat er Prügel bezogen.«

»Und die Einbrecher haben die Hunde mit dem Beil erschlagen?«, meldete sich Sergeant Freeman zum ersten Mal zu Wort.

»Das sehen Sie doch«, entgegnete Samantha Kirk giftig.

»Sorry, Madam. In die Vergangenheit kann ich nicht sehen.« Freeman grinste herausfordernd. Er hielt nicht so viel von Höflichkeit wie sein Vorgesetzter. »Ich sehe einen Toten und ein Beil. Ich sehe nicht, was der Mann zu Lebzeiten mit dem Beil gemacht hat. Einleuchtend?«

Die Hausherrin öffnete und schloss den Mund, als ob sie an Atemnot litte. Einen Moment lang schien es, als würde sie ihre Wut an dem unverfrorenen Polizeibeamten auslassen. Dann jedoch wandte sie sich mit einem Ruck an den Lieutenant. »Wenn Sie mich noch brauchen, Mr. Pawlowski, stehe ich im Haus zu Ihrer Verfügung. Im Übrigen weise ich darauf hin, dass ich in etwa einer Stunde dringende Besorgungen zu erledigen habe.«

»Wie Sie wünschen«, sagte der Lieutenant mit einer angedeuteten Verbeugung. »In einer Stunde werden die Vernehmungen längst abgeschlossen sein.«

»Das hoffe ich.« Samantha Kirk drehte sich um und verschwand mit schnellen, trippelnden Schritten durch das Gebüsch.

Pawlowski sah den Leibwächter an. »Und Sie können den Mann beschreiben, der geflohen ist?«

»Das sagte ich schon, Lieutenant.«

»Gut, dann geben Sie die Beschreibung nachher zu Protokoll!«

Von der Vorderseite des Grundstücks war Motorengeräusch zu hören. Fünf Minuten später durchstreiften die Beamten des Erkennungsdienstes den rückwärtigen Teil des Grundstücks und auch das jenseits des Zauns angrenzende Brachland. Spuren wurden markiert, Fotos geschossen, Gipsabdrücke genommen und Fundstücke gesichert.

In der Halle führten Pawlowskis Beamte die Vernehmungen durch. Anwesend waren neben Samantha Kirk, Marvin Shand und Rock Hoagey die Bediensteten – zwei Küchenmädchen, zwei Zimmermädchen, ein Butler und ein Chauffeur. Letzterer werkelte auch als Gärtner, wenn es nichts zu fahren oder mit den Autos zu tun gab.

Nachdem der District Attorney eingetroffen war und die Leiche zum Abtransport freigegeben hatte, erhielt Lieutenant Pawlowski vom Erkennungsdienst die Mitteilung, dass der Tote identifiziert worden sei. Es handelte sich um Eric Morgan, nach dem in Chicago eine Fahndung lief. Morgan war auf Bewährung aus dem Gefängnis entlassen worden und wurde jetzt wegen Beteiligung an einer Einbruchsserie erneut gesucht. Seinem Bewährungshelfer war er entwischt.

Pawlowski war in keiner Weise überrascht. Erkenntnisse dieser Art fachten nur noch seinen Grimm an.

Er ließ auch die Großfahndung nach dem zweiten Einbrecher ankurbeln, von dem die Personenbeschreibung vorlag und an alle Dienststellen im Umkreis weitergegeben wurde. Pawlowski war entschlossen, diesen Mann aufzuspüren. Doch in erster Linie benötigte er ihn als Tatzeugen. Er dachte allerdings nicht im Traum daran, Samantha Kirk und ihrer Schutztruppe seine Überlegungen auf die Nase zu binden.

Das Glashaus war ein Traum. Tropische Pflanzen wucherten üppig.

Kleine Wasserfälle plätscherten. In den Volieren

keiften und kicherten Papageienvögel. Sonnenstrahlen fielen durch die großen Glasflächen. Wilbur Sebring hatte einige Schiebetüren geöffnet, um die Luft nicht zu stickig werden zu lassen.

Die Sitzecke befand sich auf einem gepflasterten Steinplateau oberhalb eines Wasserfalls, von Bananen- und Feigenbäumen mit ihrem mächtigen Blätterwuchs umgeben. Samantha fühlte sich jedes Mal wie in einer anderen, einer berauschend schönen Welt, wenn sie ihren Freund und Verbündeten besuchte. An diesem Vormittag jedoch hatte sie keinen Blick für die Pflanzenwelt. Sie nickte geistesabwesend, als Sebring auf den Servierwagen mit dem silbernen Kaffeege- schirr und dem feinen chinesischen Porzellan deutete.

Wilbur Sebring war ein hoch gewachsener Mann mit einem sehnigen, gebräunten Körper ohne ein Gramm Übergewicht. Tennis, Golf und Segeln waren die Freizeitbeschäftigungen, die ihn stählten. Wie Samanthas Ehemann hatte er dem Aufsichtsrat von MICHIGAN & WESTERN INDUSTRIES angehört, einem Mischkonzern, der in Earlville eine Fabrik mit fünfhundert Beschäftigten unterhielt. Kugelgelenke und Lenkgetriebe für Autos wurden dort hergestellt.

Aus der beruflichen Beziehung zwischen Wilbur Sebring und Robert Kirk hatte sich eine private Freundschaft entwickelt. Sebring war seit vier Jahren Witwer, und seit zwei Jahren genoss er den Ruhestand.

Samantha bedankte sich flüchtig, als er ihr eine Tasse Kaffee einschenkte. Hastig zerrte sie Zigaretten und Feuerzeug aus ihrer Handtasche, klopfte einen Glimmstängel aus der Packung und zündete ihn an. Sie rauchte in kurzen, schnellen Zügen und blickte ungeduldig auf die Armbanduhr. »Ich verstehe nicht, wo Des bleibt. Himmel nochmal, sonst ist er doch immer pünktlich!«

Sebring setzte sich ihr gegenüber, schlürfte heißen Kaffee und schüttelte kaum merklich den Kopf. »Er ist gerade zwei Minuten überfällig, Sam. Nun übertreibe mal nicht!«

Ihre Augen funkelten ihn an. »Das hat heute schon jemand anders zu mir gesagt. Dieses Polizistenpack wird immer unverschämter. Da liefert man ihnen die Gangster frei Haus, und was tun sie? Spielen sich auf und klopfen einem zum Dank auch noch auf die Finger!« Sie beugte sich über den Tisch. »Stell dir das bitte mal vor, Wilbur! Da taucht so ein hergelaufener Lieutenant auf und erdreistet sich, mir seine Ansichten über mein persönliches Verhalten zu erläutern!«

»Du bist vielleicht nur gereizt.« Sebring lehnte sich zurück. »Was sich abgespielt hat, zerrt an deinen Nerven.«

»Wieso? Was hat sich denn schon abgespielt?«

»Immerhin ist einer der beiden Halunken entwischt. So etwas ist deinen Leuten noch nicht passiert.«

»Meine Leute! Wieso sprichst du von meinen Leuten? Bist du nicht auch daran beteiligt? Und Des?«

Sebring winkte ab. »Über die Grundsätze sollten wir uns nun wirklich einig sein, Sam. Des und ich stehen voll hinter dir. Aber wir waren uns darüber einig, dass wir gewissermaßen nur als stille Teilhaber dabei sind. Die erste Geige spielst du, Samantha. Das hast du immer gewollt. Du stellst Leute ein und entlässt sie. Du kümmerst dich um die Organisation. Du steuerst die Einsätze. Tu jetzt nicht so, als ob dich das alles nichts mehr angeht – nur, weil sich ein kleiner Lieutenant ein bisschen wichtig machen wollte! Und was den Flüchtigen anbelangt, so solltest du deinen Männern unmissverständlich klar machen, dass sie die Sache zu bereinigen haben. Und zwar schleunigst!«

»Bist du jetzt fertig?«, murmelte sie erbost und zermalmte die Zigarette im Aschenbecher. »Wenn etwas schief läuft, bin ich plötzlich allein verantwortlich. Aber sonst freut ihr euch gern über die Erfolge und tut so, als ob das alles eure Idee gewesen sei.«

»So kommen wir nicht weiter«, entgegnete Sebring. »Reg dich erst mal ab! Dann sprechen wir das Ganze noch mal in aller Ruhe durch.«

Samantha wollte erneut aufbrausen, kam aber nicht mehr dazu. Schritte hallten durch das Glashaus. Zwei Männer tauchten auf dem Plattenweg zwischen Blatt– und Schlingpflanzen auf.

Desmond Wheeler war mittelgroß und rundlich. Sein stets freundliches Kugelgesicht glänzte wie immer schweißnass. Manchen Geschäftspartner hatte dieser Mann durch seine scheinbar kumpelhafte Freundlichkeit hereingelegt. Wheeler betrieb ein Maklergeschäft in Mendota. Es gab im LaSalle County kaum ein Grundstück, das nicht durch seine Bücher gegangen war. Alle Konkurrenten hatte er an die Wand gedrückt.

Bruce Terrell folgte Wheeler mit gesenktem Kopf. Der Schnauzbärtige wirkte bedrückt. Samantha hatte ihn selten so erlebt. Für sie war er stets der unerschütterliche Draufgänger gewesen, der erst zuschlug und dann Fragen stellte. Es schien ihm höllisch zu schaffen zu machen, dass er die Niederlage erlitten hatte.

»Irgendwelche Probleme?«, rief Wheeler dröhnend. Er wuchtete sich auf seinen Stuhl und wies Terrell an, neben ihm Platz zu nehmen. »Ihr seht ja aus wie drei Tage Regenwetter!«

»Du triffst den Nagel auf den Kopf«, erwiderte Samantha schnippisch. Sie betrachtete Terrells linke Schulter. Unter der Jacke zeichnete sich ein dicker Verband ab. »Wie ist es gelaufen?«

Wheeler lachte breit und ließ sich von Sebring Kaffee mit einem Schuss Cognac geben. »So ein guter alter Landarzt stellt keine überflüssigen Fragen, meine Liebe. Außerdem – ein Jagdunfall kann schließlich jeden Tag vorkommen. Oder?«

»Zum Glück ist es ein Durchschuss«, antwortete Terrell auf Samanthas fragenden Blick. »Der Doc brauchte sich also über die Kugel keine Gedanken zu machen.«

»Gut und schön.« Samantha nickte. »Aber du solltest dir über das Gewehr Gedanken machen. Dieser Crawford ist damit über alle Berge, und wahrscheinlich weiß er ganz genau, was für ein prächtiges Beweisstück er da hat.«

Terrell wich ihrem Blick aus und zündete sich eine Zigarette an. »Er hat auch Hoageys Schießeisen mitgehen lassen.«

»Umso schneller müsst ihr euch den Mann schnappen«, sagte Wheeler. »Aber da habe ich überhaupt keine Bedenken. Oder, Terrell?« Jovial stieß er den Schnauzbärtigen mit dem Ellbogen an.

Terrell bedankte sich mit einem matten Lächeln. »Eins wundert mich. Hoagey sagt, dass er mächtig gestaunt hat, als der Bursche auf ihn losgegangen ist. Ein richtiger Kämpfer! Ohne diese Überraschung hätte sich Hoagey doch nicht die Kanonen abnehmen lassen!«

»Und was besagt das?«, fragte Sebring.

Terrell hob den Kopf und sah ihn an. »Normalerweise nehmen diese Strolche lieber Reißaus, anstatt sich auf einen Kampf einzulassen. Wer Automaten, Autos oder Schaufenster knackt, muss vor allem gut laufen können. Was anderes zählt doch bei denen nicht.«

»Und dieser Crawford ist einer von der Sorte?«, wollte Samantha wissen.

»Klar, Madam. Sie haben doch selbst mit unserem Mann in Chicago gesprochen.«

Samantha nickte. »Schon gut.« Sie wandte sich an ihre beiden Verbündeten. »Ich denke, wir brauchen Bruce jetzt nicht mehr. Oder habt ihr noch Fragen?«

Sebring und Wheeler verneinten. Terrell stand auf und verzog sich, ohne auf eine ausdrückliche Aufforderung zu warten. Er würde gemeinsam mit

Samantha zur Villa Kirk zurückfahren. Die Polizeibeamten hatten inzwischen das Feld geräumt.

Samantha zündete sich eine neue Zigarette an und wartete, bis Terrell das Glashaus verlassen hatte. »Wilbur, Des«, sagte sie gedehnt, »wir müssen uns über ein paar grundsätzliche Dinge klar werden. Punkt eins: Die Leiche dieses Morgan wird nach Chicago überführt, wie ich gehört habe. Das heißt, man wird dort noch mehr als bisher auf uns aufmerksam werden.«

Wheeler hob ruckartig den Kopf und starrte sie von der Seite an. »He, Mädchen, du willst doch wohl nicht die Flinte ins Korn werfen? Was ist denn auf einmal los mit dir? Du gefällst mir nicht, seit ich dich vor ein paar Minuten zum ersten Mal gesehen habe.«

»Ihr sind ein paar Polizisten auf die Füße getreten«, sagte Sebring. »Das hat sie noch nicht verdaut.«

»Wieso?« Wheeler runzelte die Stirn. »Ist denn irgendwas nicht in Ordnung – ich meine, abgesehen davon, dass der eine Halunke entkommen ist? Terrell und die anderen werden doch wohl alle Spuren beim Golfclub beseitigt haben.«

»Es gibt nicht den winzigsten Hinweis«, sagte Samantha. »Ihr versteht nicht, was ich meine. Ich will mich nicht zurückziehen. Im Gegenteil. Jetzt erst recht! Wir müssen mit noch größerer Härte zuschlagen.«

»Du sprichst in Rätseln«, gestand Wheeler blinzelnd.

Samantha nickte grimmig. Einen Moment blickte sie die beiden Männer durchbohrend an. »Wir müssen zuschlagen, solange wir noch können«, sagte sie dann. Sie senkte ihre Stimme zum Flüsterton. »Man wird auf uns aufmerksam. Zeitungen berichten über unser Werk, ohne es zu wissen. Aber auch die Krämerseelen der Polizisten werden wach. Es wäre schon gut, wenn wir jemanden aufrütteln könnten. Aber die Leute, die begreifen, was wir wollen, haben keine Chance, sich durchzusetzen. Man wird also versuchen, uns Knüppel zwischen die Beine zu werfen. Deshalb müssen wir schneller arbeiten. Wir müssen schaffen, was noch zu schaffen ist.«

Einen Moment lang blieb es still. Die beiden Männer waren nachdenklich geworden.

»Torschlusspanik?«, fragte Wilbur Sebring leise. »Dazu besteht doch überhaupt kein Grund.«

»Ich habe das Gefühl«, sagte Samantha mit wildem Lächeln. »In der Beziehung sind Frauen den Männern manchmal weit voraus.« Ihre Miene verfinsterte sich. »Aber so schnell geben wir nicht auf, das schwöre ich euch. Wir werden so viel wie möglich von diesem nichtsnutzigen Gesindel beseitigen, bevor uns die verweichlichten Gesetzeshüter daran hindern.«

Der Hass, der in den Augen der Frau loderte, jagte ihren beiden Verbündeten einen Schauer über den Rücken.

Die Luft erwärmte sich rasch. Feuchtigkeit und Dunstschwaden, wie sie noch vor einer Stunde über dem Grasland gelegen hatten, waren fast vollständig verflogen.

Die Sonne tauchte die hüglige Gegend in ein freundliches Licht.

Für mich, John Crawford, hatte das LaSalle County nichts Anheimelndes an sich.

Gnadenlos würden sie mich jagen – mich, den Lockvogel. Und ich musste mir darüber im Klaren sein, dass auch die Polizei hinter mir her sein würde. Es war meine eigene Idee gewesen, in Chicago als Exsträfling aufzutauchen, der sich in New York City nicht mehr blicken lassen durfte, weil er dort gegen die Bewährungsauflagen verstoßen hatte.

John D. High, mein Chef, hatte erst nach langem Zögern zugestimmt. »Niemand kann Ihnen helfen, Jerry«, hatte er gesagt. »Wir können nicht einmal die zuständige County Police verständigen. Denn wir wissen nicht, wie weit persönliche Beziehungen am Ort reichen.«

Ich ließ mich im Schatten eines offenen Weideschuppens nieder und verschnaufte. Bäche von Schweiß sickerten in meine Kleidung. Ich war stramm marschiert, hatte mindestens fünf Meilen durch ein Gelände zurückgelegt, das alles andere als fußgängerfreundlich war.

Öfter als zuvor musste ich an die Worte Mr. Highs denken. Hatte ich die Gefahr unterschätzt? Hatte ich das Risiko nicht ernst genug genommen? Hatte ich nicht gut genug auf Eric Morgan aufgepasst?

Meine innere Gegenstimme war laut und vernehmlich: Nein, du hast ihm eingeschärft, wie er sich verhalten sollte, hast versucht, ihn zu schützen. Dass er so wahnwitzig die Nerven verlieren würde, konntest du nicht vorhersehen.

Es gab jedoch einen anderen, wesentlichen Punkt: Nie im Leben hätte ich erwartet, dass dieser Kerl beim Golfclub nichts anderes als ein Vollstrecker war. Ein Mörder, der noch immer frei herumlief, weil die, die sie zur Strecke brachten, Gesetzesbrecher waren – Opfer mit vorprogrammierter Hilflosigkeit, denn alle staatlichen Instanzen befanden sich für sie sowieso auf der gegnerischen Seite.

Ich verscheuchte die bohrenden Gedanken aus meinem Bewusstsein. Die Gegenwart zu bewältigen stand für mich an erster Stelle. Ich hatte nicht vor, wie Eric Morgan zu enden. Ich wollte seinen Mörder und die Komplizen stellen.

Das Hungergefühl hatte sich schon vor einiger Zeit eingestellt. Jetzt machte es sich beinahe schmerzhaft bemerkbar. Durst hatte ich nicht, denn ich war auf einen Bachlauf mit kristallklarem Wasser gestoßen.

Ich hatte mir die Landkarte eingeprägt. Über kurz

oder lang musste ich auf den State Highway 34 stoßen. Die nächsten Ortschaften waren Earlville im Osten und Mendota im Westen. Beide Städte lagen unmittelbar am Highway. Ich hoffte, nicht bis nach Mendota vordringen zu müssen. Vielleicht stieß ich vorher auf eine abseits gelegene Farm. Wenn ich dann noch Glück hatte, hielt man mich für einen Tramp, der um Essbares bettelte.

Warum hatte ich nicht wenigstens den Colt des Grauhaarigen mitgenommen?

Nein. Wenn ich meine Rolle weiterspielen wollte, durfte ich keine Waffe bei mir haben. Männer vom Schlage eines John Crawford hatten eine abgrundtiefe Abneigung dagegen. Schießeisen gehörten nicht zu ihren Jobs. Sie brachten ihnen nur Schwierigkeiten ein. Auch Eric Morgan hatte stets die Finger von brüniertem Stahl gelassen.

Ich rappelte mich auf und setzte meinen Weg fort. Die nächste halbe Meile führte über freies Weideland. Es gab keinerlei Sichtschutz. Mehrmals drehte ich mich um. Doch ich wusste längst, dass es keine unmittelbare Bedrohung gab. Sie verfolgten mich nicht auf direktem Weg, denn sie waren beim Golfclub noch beschäftigt gewesen.

Aber sie würden wissen, wo sie mich zu suchen hatten. Sie kannten das County besser als ich. Wer sich verstecken wollte, hatte hier wenig Chancen. In der Unterwelt ist es bekannt, dass man in einer Großstadt leichter untertauchen kann als auf dem flachen Land.

Ich erreichte ein Waldstück. Ein Weg war nicht zu entdecken. Da ich meine Marschrichtung Südwesten einhalten wollte, arbeitete ich mich durch dichtes Unterholz voran. Eine höllische Plackerei. Schon nach wenigen Minuten lief mir der Schweiß in Strömen von der Stirn. Zweige und Dornensträucher zerrten an meiner Kleidung und peitschten mir ins Gesicht. Blut und Schweiß vermischten sich. Ich kümmerte mich nicht darum. Mein Empfinden bestand nur noch aus eisernem Überlebenswillen.

Ich brauchte etwas zu essen, und ich musste mich vor den Mördern schützen. Gleichzeitig musste ich sie aber auch auf meine Fährte locken. Genau genommen eine fast irrsinnige Aufgabe.

Es wurde heller. Der jenseitige Waldrand kam in Sicht. Einen Moment lang verharrte ich, lehnte mich mit dem Rücken an einen Baumstamm und wischte mir über die Stirn.

Ich horchte auf. Ein Rauschen war zu hören, unablässig, anschwellend und nachlassend. Vorbeiziehende Fahrzeuge auf einer Straße. Es konnte sich nur um den Highway handeln. Freude beflügelte mich. In der Nähe des Highways musste es Ansiedlungen geben.

Ich kämpfte mich weiter voran, durch den Rest des Unterholzes bis zum Waldrand. Vor mir lagen sauber gepflügte Felder, geradlinig durchzogen von schmalen Wegen, auf denen Traktoren und sonstige Maschinen gerade Platz hatten.

Und eine halbe Meile entfernt zog sich das Betonband des Highways durch die Felder. Chrom und Lack vorbeifahrender Autos funkelten im Sonnenlicht. Unter normalen Umständen hätte ich einfach weitermarschieren, einen Wagen anhalten und mich in die nächste größere Stadt bringen lassen können.

Aber die Umstände im LaSalle County waren weit davon entfernt, normal zu sein.

Ich ging am Waldrand entlang nach Westen, etwa parallel zum Highway.

Höchstens eine Viertelstunde mochte vergangen sein, als ich am westlichen Horizont kantige Umrisse erblickte. Ein paar hingewürfelte Klötze, unmittelbar am Highway. Ich marschierte weiter und erkannte gleich darauf, dass es sich um eine Tankstelle mit Reparaturwerkstatt handelte. Mendota musste noch ein ziemliches Stück entfernt sein, wenn sich ein solcher Laden hier in der Einöde niederließ.

Als ich näher herankam, sah ich, dass die Dinge anders lagen. Hinter der Werkstatt gab es ein unüberschaubares Durcheinander – verrostete Wracks von Traktoren, Mähdreschern und sonstigen Gerätschaften, daneben funkelnagelneue Exemplare, die offenbar darauf warteten, abgeholt zu werden. Der Verkehr auf dem Highway war nur ein Teil des Geschäfts. Die Folgerung aus dem Maschinengerümpel war für mich, dass ich mit Einheimischen rechnen musste.

Ich umrundete die Anhäufung von Rost und Lack und näherte mich dem Anwesen von der Vorderseite her. Neben den Zapfsäulen stand nur ein Fahrzeug, eine Limousine mit hochgeklappter Motorhaube. Ein Mann in organgefarbenem Overall wischte einen Ölmessstab ab und versenkte ihn wieder in den Motorraum.

Ich blickte an mir hinunter. Hose und Jacke waren an mehreren Stellen eingerissen. Daran, wie mein Gesicht aussah, mochte ich gar nicht erst denken. Vertrauenerweckend wirkte ich garantiert nicht. Trotzdem ging ich zielstrebig auf die Tankstelle zu. Neben dem Verkaufsraum gab es eine kleine Imbissstube. Immerhin hatte ich ein bisschen Kleingeld in der Tasche.

Für einen Hamburger und eine Dose Limonade würde es noch reichen.

Ich begrüßte den Overall-Mann im Vorbeigehen. Er knallte die Motorhaube zu, starrte mich an und blieb stumm. Er war dunkelhäutig und schien in Motoröl gebadet zu haben. Jedenfalls roch er danach. Aus der Limousine blicke mir ein älteres Ehepaar furchtsam nach.

Stimmen brachen ab, als ich die Tür der Imbissbude hinter mir schloss.

Am Ecktisch hinten rechts, hockten drei Männer.

Blicke aus drei Augenpaaren hefteten sich auf mich. Blicke aus geröteten Farmergesichtern. Einer schob seine Schirmmütze in den Nacken.

Ich setzte mich auf einen Barhocker, kramte umständlich mein spärliches Kleingeld heraus und ließ es auf die Theke klimpern.

»Guten Morgen, Gents«, sagte ich dann und nickte den roten Gesichtern zu. »Bin nicht ganz gesellschaftsfähig. Der Mann, der aus der Wildnis kam sozusagen.« Ich lachte, als hätte ich einen besonders guten Witz gerissen.

Keiner lachte mit. Keiner grüßte zurück. Sie dachten nicht daran, ihr Gespräch fortzusetzen. Sie starrten mich nur an.

Der nach Öl riechende Overall-Mann trat ein, baute sich hinter der Theke auf und kniff die Augen zusammen. Sein Blick fiel auf die Münzen, die ich mit spitzem Finger hin und her bewegte. »Was willst du haben?«, knurrte er. »Und wenn du es gehabt hast, verschwindest du. Klar?«

»Sicher«, nickte ich. »Einen Hamburger, einen Orangedrink, und den Rest meines Kapitals lege ich in Zigaretten an.« Wieder lachte ich, aber auch diesmal konnte ich bei der Runde keinen Heiterkeitserfolg erringen.

Der Tankstelleninhaber grinste, nickte, wischte das Kleingeld weg und ließ es in die Kasse fallen. Aus dem Kühlschrank nahm er mit Ölfingern einen vorgefertigten Hamburger, riss die Folienverpackung auf und schob das Ding ins Mikrowellengerät. Ich erhielt das Dosengetränk, und aus einer Packung Pall Mall zählte er mir drei Zigaretten vor die Nase.

»Hoffentlich ist Feuer auch noch drin«, sagte ich vorsichtig.

Der Ölige klatsche wortlos ein Streichholzheft neben die Zigaretten. Dann war wieder Stille. Die Schaltuhr des Mikrowellengeräts vertickte, und ich wurde mit einem dampfenden Hamburger beliefert. Ich verschlang das Ding mit Heißhunger und spülte nach, um den Geschmack von Pappe und Kunststofffolie loszuwerden. Der Ölige lehnte am anderen Ende seiner Theke. Die Farmerblicke verfolgten jede meiner Kaubewegungen, jeden Schluck, das Anreißen des Streichholzes. Die Art, wie ich den Zigarettenrauch inhalierte, interessierte sie genauso wie alles andere.

»Geoff«, sagte plötzlich der eine, der die Mütze im Nacken hängen hatte.

Hinter der Theke hob der Ölige den Kopf in träger Dienstbeflissenheit. »Was soll's sein, Harry?«

»Bring uns noch 'ne Runde Bier und schalt den Fernseher ein!«

Der Ölige nuschelte Zustimmung und führte die Order aus. In den Regalen flammte die Bildröhre eines Portable-Apparats mit ölverschmiertem weißem Plastikgehäuse auf. Der Ton ließ Sekunden auf sich warten. Dann heulte die Hawaiigitarre einer Countrygruppe. Die Rotgesichter starrten wieder zu mir, nachdem sie ihre neuen Bierdosen geknackt hatten.

Ich ließ den Orangedrink durch meine Kehle rinnen und setzte unbeirrt die zweite Zigarette in Brand.

Der Song der Countrygruppe verendete mit ausklingendem Echohall. Eine Erkennungsmelodie folgte. Dann flimmerte das Zeichen des Lokalsenders WRAC in Earlville auf dem Bildschirm. Eine Uhr erschien und erlosch gleich darauf im melodischen Klang eines Gongs.

Eine Sprecherin mit reichlich übertriebenem Make-up begrüßte die Zuschauer zur Nachrichtensendung am späten Vormittag. Mit überregionalen Meldungen aus dem Bundesstaat Illinois begann es. Die Farmerrunde lauschte wie gebannt, ohne selbst einen Ton von sich zu geben.

Ich begriff plötzlich, was es mit dem Fernsehwunsch der Rotgesichter auf sich hatte. Doch ich ließ mir nichts anmerken, rauchte ruhig weiter und leerte meine Drinkdose. Als die Sprecherin bei den Nachrichten aus dem County angelangt war, drückte ich meine Zigarette aus und wollte mich erheben.

»Sitzen bleiben!«, brüllte Harry, sprang auf und zog seine Mütze in die Stirn.

Ich tat ahnungslos, schüttelte verwirrt blinzelnd den Kopf und ließ ihn gewähren, als er zur Tür eilte, sich dort breitbeinig aufbaute und die Arme vor der Brust verschränkte.

»Wirkliche Gastfreundschaft erkennt man nicht sofort«, sagte ich achselzuckend und holte die letzte Zigarette hervor, die ich schon in die Tasche gesteckt hatte. »Erst denkt man, man ist unerwünscht, und dann auf einmal ...«

»Halt den Rand!«, brüllte Harry.

Ich zog respektvoll den Kopf zwischen die Schultern und spielte weiter den ahnungslosen Engel. Der Ölige stand regungslos an seinem Stammplatz hinter der Theke und musterte mich mit dem wohlgefälligen Bedauern des Unbeteiligten, der einen Delinquenten auf seinem letzten Weg beobachtet. Harrys Biergesellen stierten unverändert.

»... und nun, verehrte Zuschauer, bitten wir zum Abschluss der Vormittagsnachrichten um Ihre Auf merksamkeit für eine Durchsage der County Police! Ich übergebe an Lieutenant Pawlowski vom Headquarters in Earlville.«

Ein väterlich aussehender Mann erschien auf dem Bildschirm. Dunkelgrauer Anzug, korrekt sitzende Krawatte und darüber ein temperamentlos wirkendes Gesicht mit harten Furchen. Pawlowski war breitschultrig und untersetzt. Ich hatte den Eindruck, dass er kraftvoll zuzupacken verstand.

Als er schilderte, was sich angeblich bei der Villa Kirk in Mendota abgespielt hatte, glaubte ich, meinen Ohren nicht zu trauen.

»Wir suchen den Mann, der vom Tatort geflohen ist«, fuhr Pawlowski fort. »Ich gebe Ihnen jetzt die genaue Personenbeschreibung und anschließend sehen Sie ein Phantombild, das unser Zeichner zusammengesetzt hat.«

Ich brauchte nicht mehr hinzuhören, um zu wissen, dass der Lieutenant mich, den vermeintlichen zweiten Einbrecher beschrieb.

Warum aber sprach er vom Tatort? Die Wahl des Wortes war ungewöhnlich, denn zu einer Notwehrhandlung passte es wahrhaftig nicht.

Ich wurde wieder aufmerksam, als das Bild erschien. In der Tat hatte der Zeichner sorgfältig in seinem Bastelkasten gekramt. Ich erkannte mich selbst wieder. Kein Zweifel also, dass auch andere genau das vermochten.

»Sachdienliche Hinweise …«, sagte die Sprecherin.

Geoff, der Ölige, drehte ihr den Ton weg.

»Das sollte wohl ich sein«, sagte ich mit gespielter Verlegenheit. Ich drehte die Zigarette zwischen Daumen und Zeigefinger. »Komisch nur, dass ich nie im Leben eine Villa Kirk gesehen habe.«

Der Ölige lachte glucksend. Die anderen blieben stumm.

Ich drehte mich auf dem Barhocker um und blickte zur Tür.

»Und?« Ich ließ die Heiterkeit von mir abfallen. Meine Stimme war barsch. »Was hast du jetzt vor, Partner?«

Harry beachtete mich nicht. Er sah seine beiden Kumpels am Biertisch an.

»Hab ich es doch sofort gemerkt!«, verkündete er großspurig. »Das haben sie schon in den Nachrichten vor einer Stunde gesendet. Also werden wir dem guten Lieutenant in Earlville mal einen Gefallen tun.«

»Alle Achtung, Harry«, entgegnete eins der Rotgesichter. »Hast gut aufgepasst, Junge!«

Jetzt lachten sie alle meckernd. Es war die Art von Humor, die man hierzulande zu verstehen schien.

Während sie noch mit ihrer Heiterkeit beschäftigt waren, ließ ich meine halb gerauchte Zigarette in den Aschenbecher fallen und rutschte vom Barhocker. Mit drei schnellen Schritten war ich bei Harry. Weit hinter mir polterten Stühle. Harrys Kinnlade sackte nach unten. Er stierte mich fassungslos an. Dass ich mich nicht zitternd in eine Ecke verkroch, schien ihm nicht in den Kopf zu wollen.

»Aus dem Weg!«, sagte ich schneidend. »Keiner von euch wird mich aufhalten.«

Jetzt überwand er seine Überraschung. Ein grollendes Lachen brachte seinen Brustkasten zum Erbeben. Niemand in der kleinen Imbissstube rechnete damit, dass ich es schaffen würde, Harry beiseite zu räumen. Andernfalls hätten der Ölige und die beiden Rotgesichter längst eingegriffen und meine Chancen wären gleich null gewesen. Unvermittelt zuckten Harrys grobe Fäuste vor. Wo er hinfasste, wuchs kein Gras mehr, darüber war ich mir im Klaren.

Aber statt meiner Jacke erwischte er nur Luft. Er blinzelte verdutzt, als ich plötzlich einen halben Schritt weiter rechts stand, ohne dass er meine Bewegung richtig mitgekriegt hatte.

Ich hatte keine Zeit mehr für Geplänkel und brachte die Sache zum Abschluss.

Als er erneut nach mir greifen wollte, hieb ich ihm die Pranken nach beiden Seiten weg. Und dann schmetterte ich je eine Handkante hinterher. Alles ging so rasend schnell, dass Harry im ersten Moment nur entgeistert auf seine wie gelähmt herabhängenden Arme starrte. Dann, als ich ihn an den Oberarmen packte und von der Tür wegzog, brüllte er vor Schmerzen.

»Halt!«, schrie jemand hinter mir. »Keinen Schritt weiter!«

Ich wirbelte Harry herum und hatte ihn im nächsten Moment als Schutzschild vor mir.

Der Ölige hatte in eine Schublade gegriffen und eine Beretta zum Vorschein gebracht. Eine altertümliche Waffe, die er wahrscheinlich irgendwo auf dem schwarzen Markt aufgegabelt hatte. Der Lauf begann zu schwanken, als ihm bewusst wurde, dass er damit auf Harry zielte. Seine beiden Kumpels harrten in fünf Schritt Entfernung zögernd aus.

Harrys Brüllen ging in ein schmerzerfülltes Stöhnen über.

»Legen Sie die Pistole auf die Theke!«, befahl ich. »Und dann gehen Sie zurück ans andere Ende!«

Der Tankstelleninhaber gehorchte.

Ich hielt den Stöhnenden mit der Linken und schnappte mir die Beretta mit der Rechten. Mit geübtem Griff ließ ich einhändig das Magazin blitzschnell aus- und einrasten und überzeugte mich so, dass die Waffe tatsächlich geladen war.

Die Männer beobachteten es und kriegten Stielaugen.

»Wo ist das Telefon?«, fragte ich.

»Hier drin haben wir keins«, sagte der Ölige. »Nur draußen bei den Zapfsäulen eine Zelle.«

»Gut«, nickte ich. »Leihen Sie mir bitte einen Dollar! Sie bekommen das Geld in den nächsten Tagen zurück.«

Er sah mich mit weit aufgerissenen Augen an, als hätte ich Chinesisch gesprochen.

»Einen Dollar zum Telefonieren!«, wiederholte ich. »Leihweise. Was ist daran ungewöhnlich?«

»Alles«, keuchte der Tankstellenmann. Er griff in seine Kasse und schob zwei Fünfzig-Cent-Münzen auf mich zu. Sofort wich er wieder zurück.

Ich bugsierte Harry in die Mitte des Raumes. »Gehen Sie zu den anderen!«, sagte ich und nahm das Kleingeld an mich. Mit der Pistole zielte ich auf Harrys

Rücken, doch ich hatte den Finger nicht am Abzug. Er gehorchte. »Keiner verlässt den Raum!«, fuhr ich fort. »Ich habe zu telefonieren. Sobald sich einer von euch blicken lässt, schieße ich.«

Dass es reiner Bluff war, ahnten sie nicht. Aber es wirkte. Offenbar hielten sie mich inzwischen für einen höllisch gefährlichen Burschen.

Rückwärts gehend verließ ich die Bude und ließ die Waffe sinken. Kein Vorbeifahrender brauchte zu sehen, was sich abspielte. Von der Telefonzelle aus hatte ich den Eingang der Imbissstube im Blickfeld.

Es war eine Wohltat, diese unvergleichlich rauchige Altstimme unserer Telefonistin Myrna zu hören.

»Ich stehe in einer kalten, zugigen Telefonzelle mitten in der schlimmsten Einöde«, sagte ich, als sie sich gemeldet hatte.

»Ich nehme an, Sie wollen Mr. High sprechen.«

Ich bejahte. Es knackte ein paar Mal in der Leitung. Beim Eingang der Imbissstube rührte sich noch immer nichts. Harry und seine Biergesellen nahmen die Warnung ernst. Was sie von mir, dem vermeintlichen Einbrecher, gesehen und erlebt hatten, reichte zur langfristigen Einschüchterung aus.

»Die erste Nachrichtensendung aus Earlville ist uns bereits übermittelt worden«, sagte der Chef am anderen Ende der Leitung. »Hat es sich tatsächlich so abgespielt?«

Mr. High wusste nicht, was sich seit meinem Untertauchen in Chicago ereignet hatte. Natürlich hätte es sein können, dass Eric Morgan mich im Laufe unserer gemeinsamen Flucht zu einem Einbruch überredete und ich zum Schein mitmachte.

»Nichts an der Geschichte ist wahr«, erwiderte ich und spulte meinen gerafften Bericht ab. »Morgan und ich sind in Chicago an einen Vermittler geraten, nachdem wir durchsickern ließen, dass wir uns gern heimlich von der Szene absetzen wollten.«

»Eine Art Fluchthelfer also.«

»Ja, Sir. Er nannte uns eine Reihe von Stationen, wo wir unterwegs unterkriechen konnten. Der Golfclub bei Leland war eine davon, und es war eine sorgfältig vorbereitete Falle.« Ich schilderte, was ich mit eigenen Augen angesehen hatte.

»Unglaublich«, sagte John D. High erschüttert. Selten erlebte man eine solche Reaktion bei ihm. Doch der Mord an Eric Morgan war in der Tat eines der verabscheuungswürdigsten Verbrechen, das man sich vorstellen konnte. Nach einer Atempause fuhr der Chef fort: »Damit dürften die Zusammenhänge klarer geworden sein. Die Opfer werden von den Fluchthelfern in Chicago aufgespürt und dann in die Falle geleitet. So einfach ist das.«

»Werden Sie mit der County Police in Earlville Verbindung aufnehmen, Sir?«

»Noch nicht, Jerry. Spielen Sie Ihre Rolle weiter, bis wir die nötige Beweislast zusammenhaben! Morgans Leiche wird morgen nach Chicago überführt. Phil wird sich um die Angelegenheit kümmern. Wir werden allerdings die Kollegen in Chicago bitten, diese so genannten Fluchthelfer schon einmal unter die Lupe zu nehmen.«

Ich versprach, mich mit meinem nächsten Bericht so bald wie möglich zu melden. Dann hängte ich ein und trat ins Freie. Ich hatte Glück, dass noch kein Wagen vom Highway abgebogen und bei den Zapfsäulen vorgefahren war.

In der Imbissstube verhielten sie sich nach wie vor ruhig. Ein Telefon schien es dort tatsächlich nicht zu geben. Denn sonst hätte ich längst mit einem Patrolcar der County Police rechnen müssen.

Ich umrundete die Werkstatt und verschwand auf dem Weg, auf dem ich gekommen war. Die Beretta warf ich auf einen der roststarrenden Schutthaufen. Im Trab lief ich einen Feldweg entlang. Fünf Minuten später erreichte ich ein Waldstück und verschnaufte.

Drüben bei der Tankstelle rührte sich noch immer nichts. Ich musste Harry und seinen Freunden mächtigen Respekt eingejagt haben. Sie glaubten anscheinend wirklich, dass ich noch in der Nähe lauerte und von meiner Waffe auch Gebrauch machen würde.

Ich gönnte mir nur eine kurze Rast. Irgendwo in der Weite der Landschaft musste ich untertauchen. Und ich musste es so anstellen, dass die Menschenjäger mich aufspürten – nicht aber die Polizei.

Denn die Arbeitsweise der Vollstrecker war mir jetzt klar. Was uns vom FBI anfangs als ein Rätsel erschienen war, ließ nun kaum noch Fragen offen.

Von Earlville bis nach Chicago waren es etwa siebzig Meilen. Damit hatte es seine besondere Bewandtnis. Das LaSalle County, dessen Kreisstadt Earlville war, lag also in unmittelbarer Nachbarschaft der Riesenstadt am Lake Michigan.

Und eben hier hatten sich jene Fälle gehäuft, die anfangs die Polizeibehörden, die Attorneys und die Richter in Chicago aufmerksam werden ließen. Kurze Zeit später gingen die Meldungen an die Federal Attorneys. Dann war es nur noch eine Frage von Tagen, bis der FBI in Washington eingeschaltet wurde. Für den Einsatz im LaSalle County, so entschied das Hauptquartier, brauchte man ortsfremde G-men. Und irgendeiner der cleveren Assistenten des Direktors in Washington musste sich an mich erinnert haben.

Man hatte es mir freigestellt, wie ich an die Sache herangehen wollte. Ich hatte beschlossen, mit der Wühlarbeit ganz unten zu beginnen und die Nase selbst in den Dreck zu stecken.

Tatsache war, dass sich seit mindestens einem halben Jahr Todesfälle von polizeilich gesuchten Gangstern und Ganoven häuften.

Allesamt stammten sie aus Chicago, und allesamt waren sie irgendwo im LaSalle County aufgefunden worden – in der Einöde der Wälder und Felder, auf Highway-Parkplätzen, an Straßenrändern und an allen nur erdenklichen sonstigen Orten.

Unsere Kollegen in Chicago hatten sich an weiter zurückliegende Fälle erinnert. Gangster, nach denen eine Fahndung lief, waren plötzlich irgendwo bei einer ländlichen Polizeidienststelle abgeliefert worden – lebend. In den meisten Fällen hatten die Festgenommenen behauptet, von berufsmäßigen Menschenjägern geschnappt worden zu sein.

Solche Aussagen hatte man seinerzeit nicht ernst genommen, weil man überzeugt war, dass es sich nur um Schutzbehauptungen der Gangster handelte. Vor kurzem aber, als die ersten Todesfälle gemeldet wurden, erinnerten sich die Chicagoer Kollegen wieder an die damaligen Protokolle. Die entsprechenden Vermutungen führten im Wesentlichen dazu, dass der FBI eingeschaltet wurde.

Hier war ein organisiertes Verbrechen zu ahnen – Verbrecher, die Verbrecher aus dem Weg räumten. In einem solchen Fall waren wir so oder so zuständig.

Nachdem ich den Einsatzbefehl erhalten hatte, war ich also kurz entschlossen in die Rolle eines Gesuchten geschlüpft und hatte mich in der Chicagoer Unterwelt umgetan. Eric Morgan war mir in einer Kneipe über den Weg gelaufen. Wir hatten uns angefreundet. Alles Weitere war gelaufen wie geschmiert. Wir hatten hier und da ein Wort darüber fallen lassen, dass wir uns gern aus der Chicago-Szene absetzen wollten, aber keinen Zufluchtsort wüssten.

Prompt waren wir ein paar Abende später von einem Unbekannten angesprochen worden. Fünfhundert Dollar pro Nase hatten wir auch noch dafür bezahlen müssen, dass wir kalt lächelnd in eine tödliche Falle geschickt worden waren.

Der Himmel über Chicago war grauschwarz. Aus den schweren Wolken strömte es bindfadenstark herab. Die Autos krochen im Schritttempo durch die Straßenschluchten, denn die Sichtweite betrug kaum mehr als eine Fahrzeuglänge. Phil Decker hatte die Scheibenwischer des FBI-Dienstwagens auf höchste Stufe gestellt.

Sylvie Morgan hielt die schmalen Hände verkrampft auf den Knien. Sie war eine zierliche junge Frau, etwa Mitte zwanzig. Die brünetten Haare trug sie in einer etwas längeren Jeanne-d'Arc-Frisur. Mit Lederjeans und einem dunkelblauen Baumwollblouson machte sie einen gepflegten Eindruck.

Sie spähte durch die Windschutzscheibe auf der Beifahrerseite, als könnte sie etwas entdecken, wonach sie verzweifelt suchte.

Phil Decker blickte besorgt zur Seite. Sie hatte sich termingemäß beim örtlichen FBI-Distrikt gemeldet, und er war gleich darauf mit ihr losgefahren. Seither hatte sie nicht mehr als drei Worte geredet. Ihre ganze Haltung war so verkrampft wie ihre Hände.

»Es ist furchtbar«, sagte sie, als sie seinen Blick bemerkte. »Warum muss immer an solchen schlimmen Tagen ausgerechnet so ein Wetter herrschen?«

»Das sind doch nur Zufälle, Miss Morgan.«

»Sagen Sie Sylvie zu mir, ja? Ich denke, wir werden noch öfter miteinander zu tun haben.« Einen Moment lang sah sie ihn aus ihren rehbraunen Augen an.

Er wusste nicht, wovon sie redete. Normalerweise hatte er nur den Besuch im Leichenschauhaus mit ihr zu erledigen. Dann trennten sich ihre Wege. Glaubte sie, dass sie noch pausenlos verhört werden oder dass man ihr ihres Bruders wegen die Hölle heiß machen würde? Aus Mitleid wollte er ihr jedoch nicht widersprechen. Sie hatte genug durchzumachen.

»Sylvie«, sagte er. »Ich heiße Phil.«

»Freut mich«, murmelte sie. »Sie werden also beim

FBI mein Ansprechpartner sein. Das hoffe ich jedenfalls.«

In der Tat. Sie glaubte wirklich, dass der FBI von nun an ständig ein Auge auf sie haben würde. Nahm sie etwa an, dass man sie verdächtigte, über die Unterweltkontakte ihres Bruders Bescheid zu wissen?

Phil beschloss, sie bei passender Gelegenheit darüber gründlich aufzuklären. Schließlich konnte man Eric Morgan nichts mehr zur Last legen.

Das Leichenschauhaus war ein düsteres Gebäude, aus grauen Steinen gemauert. Der weiträumige Parkplatz war nur zu einem Drittel belegt. Niemand schien ein Verlangen danach zu haben, an einem solchen Tag einen solchen Ort aufzusuchen. Phil rangierte den Dienstwagen in eine freie Bucht gleich neben dem Eingang. Es goss noch immer wie aus Kübeln.

Phil angelte den Regenschirm vom Rücksitz und stieg als Erster aus. Sylvie wartete, bis er auf ihrer Seite war. Dann hakte sie sich dankbar bei ihm ein. Trotz ihrer niedergeschlagenen Stimmung bewegte sie sich mit Entschlossenheit.

Ihre Schritte hatten fast etwas Energisches. Wollte sie es so schnell wie möglich hinter sich bringen? Eine verständliche Reaktion.

Ein uniformierter Wachmann führte sie in den Gebäudetrakt, in dem die Leiche Eric Morgans untergebracht worden war. Die Anweisung des Federal Attorneys lautete, dass der Tote von einem der nächsten Angehörigen identifiziert werden musste. Es genügte nicht, dass seine Papiere ihn zweifelsfrei richtig ausweisten. Die Obduktion sollte erst dann stattfinden, wenn Sylvie ihre Aufgabe bewältigt hatte.

Den großen, weiß gekachelten Raum betraten sie gemeinsam mit dem Chefpathologen, zwei Assistenzärzten und einem Helfer.

Phil spürte, wie sich Sylvies Hand fest um seinen

Unterarm klammerte. Er nickte ihr zu. Er wollte sie beruhigen.

Der Helfer zog das Schubfach aus der Kühlwand. Das Geräusch der Metallrollen ließ Sylvie erschauern. Phil spürte es, und er zog sie an sich. Er wusste, dass sie und ihr Bruder fast noch Kinder gewesen waren, als die Eltern bei einem Flugzeugabsturz ums Leben kamen. Es ließ sich denken, dass die beiden in ihrem weiteren Leben eine verschworene Zweiergemeinschaft gewesen waren. Vielleicht war das auch der Grund, weshalb Sylvie für sich selbst noch keinen Partner gefunden hatte.

Der Helfer schlug das weiße Laken zurück.

Sylvies Haltung versteifte sich. Sie wollte es tapfer durchstehen. Sie hatte sich vorgenommen, nicht etwa hysterisch zu reagieren.

»Miss Morgan«, sagte der Chefpathologe fürsorglich. »Ihr Bruder hat nicht gelitten. Wenn es überhaupt einen Trost gibt, dann den, dass er einen schnellen Tod hatte.«

Sylvie nickte ruckartig. Ihre Augen waren starr auf das wächserne Gesicht gerichtet, das von dem Laken enthüllt worden war. Ein Ausdruck fassungslosen Entsetzens stand in den fahlen Zügen des Toten. Er wirkte noch kleiner und unscheinbarer als zu Lebzeiten.

»Das ist mein Bruder, Eric Morgan«, sagte Sylvie mit unnatürlich harter Stimme, die in dem gefliesten Raum ein Echo hervorrief.

»Ich danke Ihnen, Miss Morgan«, entgegnete der Pathologe mit väterlichem Nicken. »Wenn Sie Ihre Unterschrift geleistet haben, ist alles überstanden.«

Er gab dem Helfer einen Wink. Der schob das Rollfach zurück in die metallene Wand.

Bei dem dumpfen Laut des Zuschlagens zuckte Sylvie zusammen. Schluchzend warf sie sich an die Brust des G-man, und Phil empfand es als die natürlichste Sache der Welt, seine Arme um sie zu legen. Rasch beruhigte sie sich wieder, und er konnte sie hinausführen.

»Entschuldigen Sie, Phil«, hauchte sie auf dem Korridor. »Nun habe ich doch noch die Beherrschung verloren. Dabei hatte ich mir fest vorgenommen, mir nichts anmerken zu lassen. Aber der Moment, in dem mein toter Bruder wieder in das Kühlfach geschoben wurde, hatte so etwas Endgültiges. Ich glaube, mir wurde in dem Augenblick klar, dass ich ihn nie mehr wiedersehen werde. Und jetzt werden sie ihn zerschneiden und …« Ihre Stimme versiegte. Mit einem erneuten Schluchzen barg sie das Gesicht in den Händen.

Phil strich ihr über das Haar. »Es ist nicht so furchtbar, wie Sie denken«, sagte er leise. »Und es geschieht vor allem, um die Umstände seines Todes aufzuklären.«

Sylvie nickte tapfer, zupfte ein Taschentuch aus ihrer Handtasche und trocknete ihr Gesicht von den Tränen. »Ich weiß, dass all diese Dinge notwendig sind, Phil. Das Schlimme ist nur, dass Eric nun nicht mehr in der Lage ist, seine Unschuld zu beweisen.«

»Dafür sind meine Kollegen und ich da.«

Sie blickte mit immer noch tränenfeuchten Augen zu ihm auf. »Welches Interesse könnten Sie denn daran haben? Er ist doch sowieso tot. Ein Fall, den man zu den Akten legen kann, nicht wahr?«

Phil schüttelte energisch den Kopf. »So einfach können wir es uns nun wirklich nicht machen. Die Kollegen vom Chicagoer Einbruchsdezernat, die Eric suchten, müssen ihre Ermittlungen weiterführen und abschließen. Es wird sich dabei mit Sicherheit herausstellen, ob er zu den Tätern gehörte oder nicht.«

»Warten wir es ab!«, entgegnete Sylvie pessimistisch. Sie gab sich einen Ruck. »Wo muss ich unterschreiben?«

Der Chefpathologe und die beiden Assistenzärzte gingen voraus. In einem kärglich eingerichteten Geschäftszimmer wurden die Formalitäten erledigt. Es dauerte nur Minuten. Der Regen tröpfelte nur noch, als Phil mit seiner zierlichen Begleiterin zum Wagen ging.

»Ein wenig fühle ich mich mitschuldig«, murmelte sie und starrte wieder durch die Windschutzscheibe.

»Warum? Was konnten Sie tun?«

»Das letzte Lebenszeichen von Eric war ein Anruf bei mir. Vor Wochen. Er sagte, er hätte die Nase endgültig voll und werde verschwinden. Es war ein Fehler. Ich habe es ihm gesagt, aber ich konnte ihn nicht davon überzeugen! Wenn ich bessere Argumente gehabt hätte, vielleicht …«

Ihre Stimme erstickte in einem Schluchzen.

»Hatte er keinen Bewährungshelfer? Konnte der Mann ihn nicht zur Vernunft bringen?«

»Der?« Sylvie stieß ein bitteres Lachen aus. »Ich habe ihn zwar nie kennen gelernt, aber erzählen Sie mir nichts über Bewährungshelfer, Phil! Eric erlebte so etwas nicht zum ersten Mal. Diese Burschen fühlen sich manchmal wie kleine Diktatoren. Sie schikanieren ihre Schützlinge mit allen möglichen Ungerechtigkeiten. Erics Bewährungshelfer hat jedenfalls nichts getan, um sein Alibi zu untermauern. Vielleicht hat er ihn sogar absichtlich angeschwärzt, weil ihm seine Nase nicht passte.«

»Ich kann Ihren Kummer verstehen, Sylvie. Aber Sie sollten deshalb nicht ungerecht werden.« Er bot ihr eine Zigarette an, die sie mit dankbarem Lächeln annahm.

»Ich weiß«, murmelte sie. »Man muss versuchen, einen klaren Kopf zu bewahren.«

»Sie werden es schaffen. Ich bringe Sie jetzt nach Hause. Wenn Sie irgendwelche Fragen haben, rufen Sie mich an. Ich stehe jederzeit zu Ihrer Verfügung.«

Sie blickte ihn von der Seite an und zog die Augenbrauen hoch. »Ich werde Sie sicherlich noch ein paar Mal belästigen. Ich weiß, dass mein Bruder unschuldig war. Die Beweise dafür werde ich selbst beschaffen, denn ich kann mich nicht auf andere verlassen.«

Phil begriff jetzt, weshalb sie von Anfang an so viel Wert darauf legte, ihn als Ansprechpartner zu haben. Ihm war auch klar, dass es so gut wie unmöglich sein würde, sie von ihrem Entschluss abzubringen.

Der kleine Übungsplatz wurde an allen vier Seiten von einer mehr als mannshohen Hecke umgeben. Auf dem Rasen standen verschiedene Arten von Hindernissen – glatte Bretterwände mit und ohne Fenster, Sprossen- und Balkenkonstruktionen und ein Stahlring, an dem man benzingetränkte Lappen festbinden und anzünden konnte.

Marvin Shand trug einen Schutzanzug aus dickem, wattiertem Stoff. Seinen rechten Arm überzog eine schwere Manschette aus hartem Leder. Er sah aus wie ein Ritter aus dem Mittelalter, der vergessen hatte, zu seiner Rüstung den Helm aufzusetzen.

Rock Hoagey hielt den hechelnden Dobermann an der kurzen Leine und blickte fragend zu Samantha Kirk hinüber.

Die blonde Frau stand gemeinsam mit Bruce Terrell an der seitlichen Barriere des Platzes. Über dem Gespräch, in das sie mit ihm vertieft war, hatte sie ihre Umgebung vergessen.

»Es gibt daran nichts zu beschönigen«, sagte sie eindringlich. »Ihr habt euch einen schwerwiegenden Fehler geleistet. Wenn du ihn ausbügelst, werde ich dir keine Vorwürfe machen. Aber so, wie die Dinge stehen, können wir sie nicht auf sich beruhen lassen.«

Terrell holte Luft. »Madam, ich konnte doch nicht

ahnen, dass der zweite Kerl so ein verdammtes Schlitzohr ist! Tut erst so, als ob er genauso die Hosen voll hat wie sein Kumpel. Dann stellt sich heraus, dass er ein eiskalter Hund ist. Rock kann das bestätigen, Madam, ich sagte es schon.«

»Himmel, das ist doch keine Entschuldigung!«, brauste Samantha auf. »Ich habe euch immer gesagt, dass ihr jedes Risiko gründlich abwägen sollt. Außerdem müsstet ihr das selber wissen. Ihr könnt einen Fremden nicht so einstufen, wie er eurer Meinung nach sein sollte, sondern müsst damit rechnen, dass er Fähigkeiten hat, die ihr nicht kennt.«

Terrell wedelte heftig mit der rechten Hand. »Unsere Information lautete, dass Morgan und Crawford kleine Ganoven sind, die Automaten und Ladenkassen knacken.«

Samantha wollte zu einer heftigen Erwiderung ansetzen, wurde jedoch abgelenkt.

»Madam!«, rief Hoagey. »Wollen Sie die Übung nochmal sehen?«

Samantha wandte sich unwillig um. Der Hund war anderthalb Jahre alt und befand sich noch im Anfangsstadium der Ausbildung. Ein Tier, das vom Charakter her nicht stabil zu sein schien. Samantha Kirk erkannte sofort, ob ein Dobermann tötungswillig war oder nicht. Nur etwa jeder dritte ihrer Hunde würde dafür geeignet sein, Menschen zu jagen und zur Strecke zu bringen. Der Fall Morgan und Crawford hatte ein Anfang sein sollen. Später, in nicht allzu langer Zeit, würde man keine Schusswaffen mehr brauchen, um Verbrecher unschädlich zu machen.

Wenigstens im LaSalle County sollten wieder Recht und Ordnung herrschen. Die Polizei und der Staat würden begreifen müssen, dass sie unfähig waren! Eine eiserne Hand brauchte man, um das Gesindel auszuradieren! Ihr krankhafter Fanatismus war grenzenlos.

Sie verscheuchte die Gedanken und riss sich in die Wirklichkeit zurück. »Einverstanden, Rock«, antwortete sie und hob die Hand. »Gib ihm noch eine Chance für heute!«

Hoagey und Shand führten das kurze Schauspiel noch einmal vor. Shand hob einen Knüppel auf und begann, mit Drohgebärden auf den Dobermann loszugehen, der von Hoagey gehalten wurde. Dann zog Hoagey unvermittelt einen Schreckschussrevolver und feuerte eine Platzpatrone ab.

Shand tat erschrocken, wich zurück, kreiselte herum und rannte weg.

»Fass!«, brüllte Hoagey und öffnete den Karabinerhaken der Hundeleine.

Der Dobermann schnellte los, fast lautlos, nur mit einem heiseren Knurren. Ohne sonderliche Begeisterung beobachtete Samantha Kirk das Muskelspiel des jungen Tieres.

Mit einem gewaltigen Satz schnellte der Hund auf den scheinbar Fliehenden los und erwischte ihn irgendwo in der Gegend des Schulterblatts. Shand duckte sich blitzartig, stoppte seine Bewegung und ruckte herum. Der Dobermann wirbelte durch die Luft und wurde von ihm geschleudert.

Samantha stieß einen ärgerlichen Laut aus und schüttelte den Kopf. »An die Kehle muss er ihm gehen, sofort an die Kehle. Rock!«

»Madam?«

»Abbrechen! Lassen wir ihn noch ein Vierteljahr in der Ausbildung! Wenn es dann nicht klappt, wird er ausgesondert. Ich erwarte euch in zehn Minuten im Kaminzimmer.«

»Wie Sie wünschen, Madam!« Hoagey deutete eine Verbeugung an und wandte sich seinem Kollegen zu, der den erneut angreifenden Dobermann mühelos abwehrte, ihn mit der behandschuhten Linken packte und zu Boden drückte. »Mach Schluss, Marvin!«

Shand nickte, grinste und packte das Tier im Nackenfell. Der Dobermann zappelte und winselte. Shand hob ihn mühelos hoch. Dann, als es fallen gelassen wurde, schlich das gedemütigte Tier mit eingezogenem Schwanz zum Zwinger davon.

Hoagey ging hinüber, um die Einlassluke zu öffnen und zu schließen. Für Sekunden war aus dem schallisolierten Gebäudetrakt vielstimmiges heiseres Gebell zu hören.

Hoagey und Shand wuschen sich, zogen sich eilends um und waren rechtzeitig zur Stelle. Birkenscheite brannten prasselnd im offenen Kamin, vor dem sich Samantha Kirk und Bruce Terrell bereits gegenübersaßen.

»Bedient euch und setzt euch«, sagte die Hausherrin und deutet auf die Bar.

Hoagey und Shand rüsteten sich mit Bourbon-Soda aus, ließen sich in den Sesseln zwischen Samantha und Bruce nieder und zündeten dünne Zigarillos an, die sie beide bevorzugten. Samantha schob eine lange weiße Zigarette in eine Perlmuttspitze und ließ sich von Shand Feuer geben.

»Ich bin unzufrieden«, sagte sie und lehnte sich zurück. »Ich weiß, dass jeder mal einen Fehler begehen kann. Aber so etwas, wie es draußen beim Golfclub passiert ist, darf nicht noch einmal passieren. Ich will, dass dieser Crawford schleunigst geschnappt wird. Wenn die Polizei ihn vor uns erwischt, könnte er ein unangenehmer Belastungszeuge werden. Denkt daran, wie sich dieser Pawlowski mir gegenüber aufgeführt hat!«

»Den Hundesohn greife ich mir höchstpersönlich«, knurrte Terrell. »Wir können ausrechnen, wie weit er ungefähr gekommen sein kann. Wegen der Polizeifahndung kann er es nicht riskieren, sich mit einem Wagen davonzumachen.«

Samantha schnitt mit der flachen Hand durch die

Luft. »Ihr wisst noch nicht alles, Freunde. Mr. Sebring rief mich vorhin an. Wie ihr wisst, hat er gute Beziehungen zu den maßgeblichen Leuten in Earlville. Es heißt, dass Crawford gesehen worden ist, und zwar bei Fergusons Tankstelle am Highway. Der Hunger muss ihn getrieben haben. Aber es ist ihm leider gelungen, sich wieder abzusetzen.«

Terrell und die anderen starrten die Frau an.

»Ist wenigstens die Fluchtrichtung bekannt?«, fragte Hoagey.

»Das schon«, antwortete Samantha. »Aber es ist nicht der einzige Punkt, um den wir uns kümmern müssen. Ihr wisst, dass wir morgen, spätestens übermorgen, mit einem neuen Job zu rechnen haben.«

»Barry Nolan«, sagte Shand und nickte. »Ein kleines Licht. Den machen wir kalt, bevor er Piep sagen kann.«

Samantha schüttelte unwillig den Kopf. »Hör auf mit dieser Großspurigkeit, Marvin! Im Moment ist das wohl nicht angebracht.« Sekundenlang blickte sie schweigend in das Kaminfeuer. Dann sah sie die Männer wieder an. »Ich will diesen Crawford. Ich muss ihn haben! An dem Kerl gibt es irgendetwas, das wir nicht wissen.«

»Kann man wohl sagen«, knurrte Hoagey. »Ich hab allen Ernstes gedacht, ich komme unter eine Dampfwalze, als der auf mich losging!«

Samantha Kirks Augen verengten sich. Sie schwieg. Doch Hoagey und die anderen spürten, was sie dachte. Von diesem Crawford musste für sie eine Menge abhängen. Sie schien zu ahnen, dass er die Aufgabe, die sie sich gestellt hatte, null und nichtig machen konnte.

Man brauchte sich nur die Leitungsmasten für Strom und Telefon, die Straßenlampen, den Asphalt und die Autos wegzudenken. Dann hätte die Kleinstadt eine brauchbare Kulisse für jeden Westernfilm abgegeben. Earlville bestand im Wesentlichen aus der Hauptstraße und den Häusern, die sich beiderseits an die Fahrbahn reihten. Es handelte sich um den State Highway 34, der mitten durch den Ort führte. Es gab nur wenige Abzweigungen, und die meisten führten bereits nach wenigen Yards als Feldwege in die freie Landschaft.

Eine Seitenstraße mündete in eine kleine Plaza. Die Kronen hoher Platanen beschirmten einen einladend gestalteten Fußgängerbereich, in dem es eine Reihe von modernen Geschäften gab. Das Rathaus auf der anderen Seite der Plaza beherbergte auch das Hauptquartier der County Police.

Phil Decker stieg aus seinem Dienstwagen und ging steifbeinig die Eingangsstufen hinauf. Er meldete sich ordnungsgemäß an und wurde in den ersten Stock geschickt, wo sich die Büros der leitenden Beamten befanden.

»Freut mich, Sie kennen zu lernen, Sir«, sagte Lieutenant Pawlowski, und es war herauszuhören, dass er es so meinte, wie er es sagte.

Phil schüttelte ihm die Hand, setzte sich und bedankte sich für den Kaffee, den eine Sekretärin wie auf ein geheimes Kommando hereintrug. Nach der eintönigen Fahrt auf dem Highway konnte er einen Muntermacher gebrauchen. Er hatte mit Mr. High einen Kompromiss geschlossen. In die Ermittlungen in Earlville würde er sich einschalten, doch er würde vorläufig kein Wort über die Rolle verlieren, die Jerry irgendwo draußen in der Einöde spielte.

Phil erklärte dem Lieutenant in kurzen Zügen, weshalb sich der FBI in die mysteriösen Fälle eingeschaltet hatte. Und er schilderte den bisherigen Stand der Erkenntnisse.

»Ich komme direkt aus – Chicago«, fügte er hinzu.

»Dort wurde Eric Morgans Leiche inzwischen obduziert.«

Pawlowski zog die Brauen hoch. »Und? Haben Sie ein Ergebnis?«

»Es steht fest, dass Morgan von hinten erschossen wurde. Zwei Kugeln trafen seinen Rücken knapp unterhalb der Schulterblätter. Eine weitere zerschlug ihm das rechte Oberarmgelenk. Die vierte und die fünfte Kugel drangen ihm schräg von hinten in den Kopf. Fast jede Kugel war tödlich. Überlebt hätte er nur die Oberarmwunde.«

Pawlowski fischte einen Schnellhefter aus dem Schreibtisch. »Sehen Sie sich das an, Sir! Die Tatortfotos. Wenn Sie mich fragen, ist Morgan nie und nimmer an dieser Stelle erschossen worden.« Er tippte mit dem Zeigefinger auf eins der Schwarzweißbilder. »Jemand, der so von hinten getroffen wird, wie Sie es eben beschrieben haben, fällt anders zu Boden. Aber wem sage ich das!«

Phil war aufgestanden und beugte sich über die Fotos. Er brauchte nur kurz hinzusehen, um zu wissen, was der Lieutenant meinte.

»Konnten Sie Spuren sichern, die auf den wirklichen Tatort hindeuten?«, fragte er und setzte sich wieder.

Pawlowski schüttelte bedauernd den Kopf. »Wir haben andererseits auch keine eindeutigen Spuren, die beweisen, dass Morgan und Crawford wirklich versucht haben, auf das Villengrundstück vorzudringen. Außerhalb des Zauns gab es nur undeutliche Trampelei. Aber vielleicht können uns die Ballistiker weiterhelfen. Ich habe die angebliche Tatwaffe sichergestellt.«

»Gut«, sagte Phil. »Die Pathologen konnten uns ein deformiertes und zwei gut erhaltene Geschosse übergeben. Kaliber 7,65, wahrscheinlich aus einem Schnellfeuergewehr AR–15 verschossen.«

»Haargenau«, sagte Pawlowski. »Ein solches Gewehr wurde mir als Tatwaffe ausgehändigt. Soll ich es direkt an das District Office in Chicago schicken?«

»Tun Sie das, Lieutenant. Ich werde mich ein bisschen in der Stadt umsehen. Diese Tankstelle, wo Crawford gesehen wurde, liegt am Highway?«

»Zehn Meilen von hier in Richtung Mendota. Der Inhaber heißt Ferguson. Haben Sie schon ein Hotelzimmer?«

»Noch nicht. Ich gebe Ihnen Nachricht, wo ich untergekommen bin.«

Nachdenklich verließ er das Gebäude. Pawlowski war also nicht im Mindesten davon überzeugt, dass Morgan und sein vermeintlicher Komplize versucht hatten, in die Villa Kirk einzubrechen. Phil konnte ihm nicht sagen, dass er den wirklichen Tatort kannte. Beim Golfclub würden die Menschenjäger alle Spuren verwischt haben. Aber es gab die Aussage Jerry Cottons. Und es gab die Tatwaffe, die er sichergestellt hatte. All das konnte ausgewertet werden, sobald es gelang, die Verbindung der Vollstrecker zu ihren Auftraggebern zu beweisen.

Phil bemerkte die junge Frau erst, als er nur noch drei Schritte von seinem Wagen entfernt war.

Sylvie Morgan lehnte lächelnd am vorderen rechten Kotflügel. »Denken Sie nicht, dass ich hinter Ihnen her bin!«, sagte sie leise. »Ich habe den Linienbus genommen, bin durch die Stadt gelaufen und habe zufällig Ihr Auto wiedererkannt. Warum haben Sie mich nicht angerufen und mir gesagt, dass Sie Chicago verlassen würden?«

Phil verdaute seine Überraschung. An einen Zufall glaubte er nicht. »Sie haben zwei und zwei zusammengezählt«, sagte er. »Also war Ihnen klar, dass ich nach Earlville fahren würde. Ich habe Sie deshalb nicht angerufen, weil ich Ihnen keine Ergebnisse vorlegen konnte.«

»Das erwarte ich auch nicht. Ich sagte schon, dass ich die Unschuld meines Bruders selbst beweisen werde.«

»Das können Sie in Chicago besser als hier in Earl-ville.«

Sylvie schüttelte den Kopf. »Ich weiß, dass Sie diesen Mann suchen, der mit Eric zusammen war und dem die Flucht geglückt ist. Crawford. Ich will dabei sein, wenn Sie ihn haben. Eric wird ihm eine Menge erzählt haben. Ich könnte in Chicago lange suchen, um das herauszufinden, was Crawford über Eric weiß.«

Ihre Begründung war einleuchtend. Trotzdem war sie hier fehl am Platz. Über kurz oder lang würde sie in Gefahr geraten, wenn sie blieb. Die Leute, die Eric Morgans wahre Todesursache vertuschten, würden über ihre Anwesenheit nicht glücklich sein.

»Fahren Sie zurück nach Chicago!«, sagte Phil rau. »Tun Sie mir einen Gefallen, und nehmen Sie den nächsten Bus!«

Ihre Miene spiegelte Empörung. »Das wäre das Letzte, was ich tun würde. Im Übrigen: Verbieten können Sie mir ja wohl nichts. Dies ist ein freies Land.«

»Allerdings«, nickte Phil grimmig. »Ein freies Land, in dem die Mörder Ihres Bruders frei herumlaufen.«

Sylvies Gesicht versteinerte. Sie senkte den Kopf.

»Entschuldigen Sie«, sagte sie leise. »Ich verstehe, was Sie meinen.« Sie blickte ihn wieder an, und Tränen standen in ihren Augen. »Ich danke Ihnen dafür, dass Sie sich meinetwegen Gedanken machen. Aber bitte verstehen Sie auch, dass ich hier bleiben muss! Ich finde keine ruhige Minute mehr, solange ich nicht die Wahrheit über Eric herausgefunden habe. Er hat mir geschworen, dass er in seiner Bewährungszeit nichts Ungesetzliches getan hat. Und er war mir gegenüber immer ehrlich. Das vergesse ich nicht.«

Phil sah sie nur an und zog die Schultern hoch. Gegen den eisernen Willen dieser kleinen Person konnte er nichts ausrichten.

Sonnenstrahlen fielen flach durch die Baumreihen und wurden vom Unterholz zu einem unwirklichen Zwielicht gefiltert.

Der Oldsmobile Toronado, dunkelgrün und altersschwach, war auf einer winzigen Lichtung vom Gestrüpp eingeklemmt und fiel selbst aus wenigen Yards Entfernung kaum auf.

Chet Rivkin richtete sich auf der Liegefläche auf, die er mit wenigen Handgriffen aus den heruntergeklappten Sitzen zurechtgezaubert hatte – vor Stunden. Zeit und Raum waren vergessen. Zumindest für Lucinda. Das sah er am verklärten Blick des molligen dunkelhaarigen Girls. Teufel auch, die Kleine hatte einen Körper, der jeden in Verzückung versetzen konnte.

Aus dem Fußraum vor dem Fahrersitz holte er einen Picknickkorb, füllte Becher mit rotem kalifornischem Wein und stellte dazu Sandwichhäppchen auf ein kleines Tablett.

»Bei dir könnte eine Hausfrau noch in die Lehre gehen«, sagte Lucinda staunend. Sie stützte den Ellbogen auf, legte ihr Puppengesicht in die Hand und betrachtete Chets athletischen Oberkörper mit schwärmerischem Blick.

»Ein Mann muss in allem perfekt sein«, sagte er prahlerisch. »Es darf nichts geben, worin ihm eine Frau etwas vormachen kann. Nur dann ist das vollkommene Zusammenleben möglich. Cheers!«

Sie stießen mit den Pappbechern an.

»Perfekt bist du wirklich«, sagte Lucinda kichernd und nahm eine Zigarette entgegen, die er angezündet hatte. »Und zwar in jeder Beziehung.«

Sein Blick verschleierte sich, als er sie ansah. Dann streckte er unvermittelt die Hand nach ihr aus und strich mit den Fingerspitzen über die pralle Haut ihrer großen Brüste.

Lucinda schloss die Augen, und er sah, wie ihr Atem heftiger ging. Noch eine Weile setzte er sein Spiel fort.

Dann erst schob er das Tablett beiseite, drückte erst seine und dann ihre Zigarette aus und glitt auf sie zu. Das Mädchen erschauerte, und es war, als spürte sie die Nähe seines Körpers zum ersten Mal.

Lucinda ließ dem Sturm ihrer Gefühle freien Lauf. Sie trieb ihre eigene Wildheit immer neuen Höhen entgegen. Dass Chet über ihr plötzlich zur Regungslosigkeit erstarrte, begriff sie erst nach langen Sekunden. Keuchend hielt sie inne und öffnete die Augen.

Er beachtete sie nicht, sondern starrte nach vorn, durch die Windschutzscheibe seines betagten Vehikels.

»Was ist?«, hauchte sie. »Um Himmels willen, was ist denn los, Chet?«

Er wich von ihr weg, ohne den Blick zu senken. »Da draußen ist einer«, knurrte er.

Lucinda erschrak. »Hat er uns entdeckt?« Sie wusste, dass ihr Vater ihr den Hintern versohlen würde, wenn er herauskriegte, dass sie sich einen ganzen Nachmittag lang mit dem berüchtigtsten Nachwuchs-Playboy aus Mendota vergnügte.

»Unsinn. Ich hab's dir doch gesagt – meine Kiste hat die beste Tarnfarbe. Nein, da draußen schleicht einer rum, der nicht in die Gegend gehört.«

Lucindas Neugier war nun ebenfalls geweckt. Sie richtete sich halb auf und spähte durch das dürre Unterholz, wie Chet es tat.

Die gepflügten, welligen Felder schienen endlos. Es dauerte eine Weile, bis Lucinda die Gestalt erfasste, die sich in etwa dreihundert Yards Entfernung bewegte. Geschickt nutzte der Mann eine Bodenmulde aus, um einen nordwestlich liegenden Mischwald zu erreichen. Er ging geduckt.

Die Sonne tauchte bereits als glühend rote Kugel hinter einen der Hügel im Westen.

»He!«, rief das Mädchen bestürzt. »Es wird gleich dunkel, Chet. Ich muss nach Hause, hörst du! Mein Dad …«

»Sei still!«, zischte er. »Solange ich nicht weiß, wo der Kerl bleibt, passiert hier gar nichts. Weißt du nicht, wer das ist?«

Sie öffnete die Augen weit. »Etwa …?«

»Genau der«, nickte Chet. »Mein Alter hat ihn in Fergusons Tankstellenbude genau gesehen. Ich hab doch alles mitgehört, wie sie drüber geredet haben. Und ich weiß auch, dass Mr. Sebring sehr dran interessiert ist, Neuigkeiten über diesen Tramp zu erfahren.«

Chet deutete mit einer Kopfbewegung nach draußen.

»Nicht die Polizei?«, sagte Lucinda verwundert.

»Die natürlich auch.« Chet grinste und strich ihr mit der flachen Hand über das Gesicht. »Aber Mr. Sebring zahlt eine Belohnung für wichtige Informationen, die Polizei nicht.«

»Und was willst du jetzt tun?«

»Ich warte, bis ich genau weiß, dass der Bursche sich den Wald als Nachtlager ausgesucht hat. Und dann, Baby, verschwinden wir heimlich still und leise. Zu Fuß natürlich. Der Wagen würde nämlich zu viel Krach machen.«

»Zu Fuß bis nach Mendota?« Lucinda verdrehte die Augen.

»Klar doch. Für ein paar ordentliche Scheine würde ich sogar bis nach Chicago marschieren. Und was deinen alten Herrn angeht, mach dir keine Sorgen! Wenn er hört, dass wir Mr. Sebring einen Gefallen getan haben, wird er keine dicke Lippe mehr riskieren.«

Dieses Argument überzeugte das Mädchen restlos. Denn sie wusste, welchen Respekt das ehemalige Aufsichtsratsmitglied der MICHIGAN & WESTERN INDUSTRIES in der ganzen Gegend genoss.

Organisation ist alles. Der Satz ging Barry Nolan immer wieder durch den Kopf, und er empfand eine diebische Freude dabei. Ja, er verspürte den Wunsch, sich immer wieder die Hände zu reiben und das frohe Lachen des Siegers auszustoßen. Aber obwohl er allein war und niemand ihn hören konnte, wäre Nolan sich doch albern vorgekommen.

Die Hütte, die nur aus einem einzigen Raum bestand, roch nach Holzschutzmittel. Einrichtungsgegenstände gab es nicht, nur eine hölzerne Pritsche. Diese Bude, so hatte man ihm gesagt, wurde von Jägern benutzt, die sich zwischendurch mal unauffällig ein Stündchen aufs Ohr legen wollten oder einfach Schutz vor Regen suchten.

Schutz vor Regen!

Nolan kicherte lautlos. Als ob er so etwas nötig hatte! Gern würde er sich bis auf die Haut durchregnen lassen, wenn er nur nicht wieder von einem gottverdammten Bullen geschnappt und in den Bau gesteckt wurde. Aber er hatte zum Glück die Helfer gefunden, die von Organisation eine Menge verstanden. Seinen Fluchtweg hatten sie genau geplant. Bis nach Leland war er einfach mit dem Bus gefahren. Dann hatte er sich nach der Skizze zurechtgefunden, und jetzt befand er sich in Unterschlupf Nr. 1. Morgen, nach einer erholsamen Nacht, würde jemand aufkreuzen und ihm die nächste Wegbeschreibung bringen. Ja, und dann, ein oder zwei Wochen später, würde er sich irgendwo in Mittelamerika die Sonne auf den Bauch scheinen lassen.

Die Abenddämmerung senkte sich über das weite Land.

Nolan reckte seinen sehnigen Körper, machte ein paar Lockerungsübungen und blickte durch die glaslose Fensteröffnung der Hütte. Das Bodybuilding-Studio würde ihm bestimmt fehlen, unten im Süden.

Er strich sich versonnen über das schwarze Haar

und den Hinterkopf. Wie lange würde es dauern, bis ein Girl wieder zärtlich zu ihm war?

Er schüttelte den Kopf, um sich von den Gedanken zu befreien. Stirnrunzelnd drehte er sich um. Die Bude war ein prächtiger Unterschlupf. Am Waldrand gelegen, sodass er notfalls blitzschnell ins Dickicht verschwinden konnte. Aber diese Pritsche? Sollte er allen Ernstes die ganze Nacht auf hartem Holz zubringen? Dem Lob für die gute Organisation musste man einen Punkt wegstreichen.

Nolan dachte an seine Dienstzeit bei der Army. Da hatte er gelernt, wie man sich in der freien Natur durchschlägt. Irgendwas Weiches würde er schon organisieren. Er musste sich nur ein bisschen umsehen.

Er schlüpfte ins Freie, schloss den Fensterladen und dann auch die Tür sorgfältig. Sichernd sah er sich um, ehe er im Schutz des Waldrands nach Süden pirschte. Nirgendwo war eine Menschenseele zu sehen oder zu hören. Nach Nordwesten brauchte er nicht zu laufen, denn aus der Richtung war er gekommen, und dort hatte er keine Häuser gesehen. Aber die ganze Gegend bestand aus Farmland. Irgendwo musste es also menschliche Behausungen geben. Und dort gab es dann auch irgendetwas, was er brauchen konnte – und wenn es nur ein paar alte Kartoffelsäcke waren.

Nachdem er eine halbe Stunde zügig marschiert war, endete der Wald. Freies, hügeliges Feld lag vor ihm, von Wegen durchzogen und nur von vereinzelten Buschgruppen unterbrochen. Noch war es nicht vollends dunkel geworden. Nolan hockte sich deshalb in den Schutz eines Baumes und wartete.

Es dauerte wenig mehr als eine Viertelstunde. Am wolkenlosen Himmel zeigte sich die blasse Mondsichel, und ein paar Sterne begannen zu schimmern. Nolan rappelte sich auf und ging einen Feldweg entlang. Nach wenigen Minuten erspähte er schwachen Lichtschein in der Ferne. Der Anblick beflügelte ihn.

Natürlich handelte es sich um eine Farm, wie sich wenig später herausstellte.

Er beschleunigte seine Schritte und ging geradewegs auf das Licht zu. Erst in geringer Entfernung, als er schon Einzelheiten ausmachen konnte, bewegte er sich langsamer. Das Wohngebäude lag ein Stück abseits von den Wirtschaftsgebäuden, die hell erleuchtet waren. Schweine wurden gefüttert. Man hörte es am Kreischen der Tiere, die den Trog noch nicht voll hatten.

Nolan schlug einen Bogen und schlich auf das Wohnhaus zu. Es gab einen Seiteneingang, in dem nur die Notbeleuchtung brannte. Lautlos bewegte sich der sehnige Mann auf die Tür zu. Nichts rührte sich. Keine Stimmen waren aus dem Haus zu hören. Kein Hund schlug an. Alle Familienmitglieder halfen wahrscheinlich beim Schweinefüttern.

Und die Tür war nicht verschlossen! Wie leicht konnte man hier etwas holen, wozu man in Chicago einen ganzen Koffer voller Einbruchswerkzeuge brauchte!

Er schlich durch den Korridor, der ebenfalls matt erhellt war. Die Einrichtung war gediegen, doch nicht übertrieben luxuriös.

Den Leuten hier fehlte es nicht an Geld. Nolan horchte abermals. Doch nirgendwo lief ein Fernseher oder eine Stereoanlage. Also weder Kinder noch alte Leute im Haus.

Im Schlafzimmer der Eheleute fand er zwei sorgfältig zusammengelegte Wolldecken, die er sich unter den Arm klemmte. Haargenau das Richtige und nicht zu schwer zu tragen. Er verließ den Raum und spielte mit dem Gedanken, die Gelegenheit beim Schopf zu packen und sich noch ein bisschen weiter umzusehen. Kurz entschlossen fasste er nach dem nächsten Türknauf.

Dahinter befand sich ein nur kleines Zimmer. Nolan

zog die Brauen zusammen und schnupperte. Waffenöl.
Dann sah er Gewehrschränke und eine Kommode mit
Utensilien. Der Hausherr war Jäger. Nicht schlecht.

Nolan fiel plötzlich ein, dass er in der Einöde völlig
schutzlos war. Wenn er auch davor zurückscheute, ein
Schießeisen auch nur anzufassen, so war es doch ein
beruhigendes Gefühl, im Notfall die Zähne zeigen zu
können.

Kurz entschlossen nahm er sich ein Remington-
Gewehr. Das Fabrikat und die dazugehörigen
Patronen kannte er. Was er bei der Army an Waffen-
kunde gelernt hatte, war noch nicht vergessen. Er fand
eine volle Munitionsschachtel in einer Kommoden-
schublade. Die Munition stopfte er in die Hosentasche.
Das Gewehr wickelte er in die Decken ein.

Mehr im Vorbeigehen schnappte er sich in der
Küche eine Geldbörse, die in der hintersten Ecke eines
Wandregals lag. Für solche Gewohnheitsplätze hatte er
einen Blick. Ein wenig Kleingeld zu besitzen verschaffte
einem ein Gefühl von Unabhängigkeit.

Unbehelligt verschwand er wenig später in der
Dunkelheit. Stolz erfüllte ihn. Sein kleiner Abendaus-
flug hatte ihn weitergebracht. Er brauchte seinen
Helfern gegenüber nicht als Bittsteller aufzutreten. Das
Wichtigste, was er zum Überleben benötigte, hatte er.
Notfalls würde er es jetzt auch ohne fremde Hilfe
schaffen.

Mühelos orientierte er sich in der Dunkelheit und
fand den Weg zurück zu dem Wald, an dessen Rand
sich sein Unterschlupf befand.

Noch zweihundert Yards davon entfernt, verharrte
er plötzlich.

War da nicht Motorengeräusch gewesen, weit weg?
Möglich, dass er sich getäuscht hatte. Denn so sehr er
sich anstrengte, vermochte er doch nichts mehr zu
hören.

Dennoch kauerte er sich in die Finsternis neben

einen Busch. Im Häuserdschungel von Chicago hatte er gelernt, notfalls stundenlang auf einem Fleck auszuharren, bis er sicher sein konnte, dass die Luft rein war.

Er breitete die Decken aus und verschaffte sich dadurch einen behaglichen Untergrund. Es wurde kühler. Er hoffte, die Nacht nicht im Freien verbringen zu müssen. Was, wenn sich so ein idiotischer Jäger ausgerechnet jetzt seine Hütte als Unterstand aussuchte?

Nolan horchte weiter aufmerksam. Doch vorläufig schien sich nichts zu rühren. Aber er dachte nicht daran, ungeduldig zu werden. Wenn es wirklich Motorengeräusch gewesen war, was er gehört hatte, dann war es eine ganze Ecke entfernt gewesen. Folglich brauchte jemand entsprechend viel Zeit, falls er sich als Ziel tatsächlich die Hütte ausgesucht hatte.

Nolan nahm sich das Gewehr vor und befingerte die Waffe im Dunkeln. Er nahm das Magazin heraus und prüfte den Schlossmechanismus. Alle Teile waren bestens eingeölt und gepflegt. Er zog das Munitionspäckchen aus der Hosentasche und drückte nacheinander fünf Patronen in das Magazin. Wenn er schon eine Waffe besaß, dann sollte sie einsatzbereit sein.

Behutsam ließ er das Magazin im Schacht unter dem Vorderschaft einrasten. Er wusste, dass solche Geräusche im freien Gelände mehrere hundert Yards weit zu hören sein konnten. Auch so was trichterten einem die Army Sergeants ein. Manchmal, dachte Nolan, kann man den Brüllaffen richtig dankbar sein.

Unvermittelt hob er den Kopf. Irgendwas bewegte sich, drüben, schräg auf der anderen Seite, wo sich der Wald in einem weit geschwungenen Winkel fortsetzte. Jemand strengte sich zwar an, leise zu sein. Aber kein Mensch konnte in diesem Unterholz vermeiden, dass mal ein trockener Zweig brach.

Nach wenigen Minuten war Barry Nolan hundertprozentig sicher, dass sich der Jemand auf die Hütte zubewegte.

Sein Herz vollführte dankbare Freudenhüpfer. Wer anders als ein Schutzengel konnte ihm die Idee eingegeben haben, sich noch etwas Weiches für die Nacht zu verschaffen?

Wieder wurde er an seine Infanteristenzeit erinnert, als er sich nun lang ausstreckte, das Gewehr griffbereit neben sich legte und das freie Terrain im Waldwinkel vor der Hütte beobachtete. Das Mondlicht und der wolkenlose Abendhimmel bewirkten eine fahle Helligkeit, die immerhin Umrisse erkennen ließ.

Zwei Gestalten tauchten auf. Sie waren mit Ausrüstung behängt. Und da war ein flacher Schatten zwischen ihnen. Ein Hund! Hundert Yards von der Hütte entfernt blieben sie mitten auf dem Acker stehen. Das Vieh setzte sich folgsam auf die Hinterhand und rührte sich nicht vom Fleck.

Irgendetwas bauten die Kerle auf. Stelzenbeinige Gestelle. Nolans Verblüffung wuchs im nächsten Moment noch. Die Gestelle entpuppten sich als Standscheinwerfer. Zwei Stück. Kaltweißes Halogenlicht riss die Hütte aus der Dunkelheit.

Eine Stimme erscholl, verstärkt durch ein Megafon. »Komm raus, Nolan! Raus aus deiner Bude, und dann streck die Hände hoch! Du hast genau eine Minute Bedenkzeit. Wenn du nicht parierst, wird geschossen!«

Nolans Kinnlade sackte kraftlos nach unten. Mit geweiteten Augen stierte er auf die Szenerie. Das ist nicht möglich, dachte er, völlig unmöglich. Die kennen dein Versteck, und die kennen deinen Namen. Also müssen sie auch den Burschen kennen, der dir in Chicago unter die Arme gegriffen hat!

Aber was, zum Teufel, hatte das Ganze zu bedeuten? Warum halfen sie ihm erst, um dann …?

Nolan konnte nicht mehr denken. Sein Herzschlag begann zu rasen. Wut flackerte in ihm auf und wuchs zu einer wild um sich greifenden Flamme an.

Das Geschehen wirkte lähmend auf ihn. Innerlich

kochte und brodelte es, aber äußerlich ließ ihn die Fassungslosigkeit erstarren.

Wieder brüllte der Kerl mit dem Megafon los: »Letzte Warnung, Nolan! Wenn du jetzt nicht rauskommst, holen wir dich! Und dann gnade dir Gott, du Hurensohn!«

Der andere ließ den Hund von der Leine. Das schwarze Vieh raste gestreckt auf die Hütte zu und sprang an der Tür hoch. Das heisere, blindwütige Gebell jagte Nolan einen Schauer über den Rücken. Er mochte nicht daran denken, wie er sich gefühlt hätte, wenn er jetzt tatsächlich in der Bude gewesen wäre.

Ein scharfer Pfiff ließ den Dobermann verstummen. Willig machte er kehrt und trabte zu seinem Herrn zurück, der ihn sofort wieder anleinte. Dann gingen beide auf die Hütte zu. Kein Megafongebrüll mehr. Sie hielten Waffen in der Armbeuge. Gewehre oder Maschinenpistolen. Alles Weitere lief jetzt sehr schnell ab.

Einer der beiden trat die Tür ein, und der andere stürmte mit den splitternden Brettern hinein.

Die Maschinenpistole hämmerte trocken. Drei Feuerstöße, jeweils vier oder fünf Kugeln. Die Pritsche musste zerstückelt sein.

Nolans Wut kochte über. Der Faden riss. Er überlegte nicht mehr. Er warf die Beine herum und brachte sich in die richtige Lage. Wie von selbst hatte er im nächsten Atemzug das Gewehr im Anschlag, lud durch und entsicherte. Sein inneres Vibrieren schlug in eiskalte Ruhe um. Diese Schweine, oh, diese verdammten Schweine! Hatten ihn in die Falle gelockt, um ihn abzuknallen!

Der eine war draußen vor der Hütte geblieben, das Schießeisen sichernd im Anschlag.

Der andere kehrte mit ratloser Geste ins Freie zurück.

Nolan sah ihn glasklar im Scheinwerferlicht. Er

visierte das Gesicht an. Der Schnauzbart war groß und gezwirbelt. Nolan zog durch. Der Gewehrschuss peitschte. Ein nennenswerter Rückstoß war nicht zu verspüren. Nolan repetierte blitzschnell und hatte die Waffe augenblicklich wieder in der ursprünglichen Visierlinie, als der Mündungsblitz versiegt war.

Das schnauzbärtige Gesicht sank abwärts. Nolan jagte die zweite Kugel in den fallenden Körper hinein.

Der andere Kerl lag flach auf dem Acker. Er musste den Hund weggescheucht haben, denn das Tier hetzte in wilden Sprüngen davon und verschwand gleich darauf im Wald.

Nolan grinste wild. Auf die Entfernung hatte der Hundesohn dort drüben mit seiner MPi keine Chance, sich zur Wehr zu setzen. Also konnte man ihm noch ein bisschen Dampf unter dem Hintern machen. Nolan jagte die dritte Kugel aus dem Lauf. Das Geschoss riss vor der Nase des Kerls eine Erdfontäne hoch. Er begann, in Verzweiflung und Panik auf den Wald neben der Hütte zuzurobben.

Mit den letzten beiden Kugeln im Magazin zerschoss Nolan die Scheinwerfer. Dann richtete er sich auf, nahm das Munitionspäckchen und seine Decken und verzog sich. Er machte sich keine falschen Hoffnungen. Im Augenblick hatte er vielleicht die besseren Karten. Aber der Bursche dort bei der Hütte würde nicht klein beigeben, und er hatte garantiert starke Verbündete.

Nolan hatte nicht den blassesten Schimmer, weshalb diese Verrückten ihn töten wollten.

Aber er musste etwas dagegen tun. Allein hatte er nicht die geringste Chance. Und er musste alles vergessen, was gewesen war – auch seine abgrundtiefe Abneigung gegen die Polizei überwinden. Denn hier, das spürte er, stand nicht nur sein eigenes Leben auf dem Spiel. Vielen anderen würde es genauso ergehen, wenn er nicht das Maul aufriss. Er hatte ja gehört, wie viele sich in Chicago dabei helfen ließen, von der Bildfläche zu verschwinden.

Sollten sie etwa bis in alle Ewigkeit verschwinden?

Breit und wuchtig stand der Dodge Ramcharger im kalkigen Neonlicht der Garage. Marvin Shand hatte das Tor geschlossen. Er wich Samantha Kirks Blick aus, als er die Hecktür des Off-Road-Wagens öffnete.

Der Dobermann saß gehorsam neben dem Toten und richtete sich erst auf, nachdem Hoagey ihn angeleint hatte.

»Bring den Hund raus!«, sagte die Frau tonlos. Sie bewegte sich nicht, sondern starrte nur auf den leblosen Körper Terrells. Kein Muskel zuckte in ihrem Gesicht. Wer sie nicht kannte, hätte meinen können, dass sie zu keiner Gefühlsregung fähig war.

Aber Marvin Shand konnte sich nur zu gut vorstellen, was in ihr vorging. Mit hängenden Schultern blieb er neben dem offenen Wagen stehen und beneidete Hoagey, der mit dem Dobermann nach draußen gehen konnte. Die Seitentür der Garage klappte zu.

Minutenlang herrschte lähmende Stille.

Samantha Kirk explodierte so plötzlich, dass Shand zusammenzuckte wie ein schuldbewusster Schuljunge. »Du Idiot!«, schrie sie. »Du hirnverbrannter, gottverdammter Idiot! Wie, um Himmels willen, kann so was passieren? Terrell ist tot! Tot, tot, tot!« Ihre Stimme wurde geifernd schrill und kippte über. Mit einem jähen Satz war sie beim Wagen und riss die Maschinenpistole an sich, die neben der Leiche lag.

Shand war erschrocken zur Seite gewichen. Er erstarrte, als er den Stummellauf der Uzi auf sich gerichtet sah.

»Dafür bist du reif!«, zischte Samantha in ohnmächtiger Wut. »Du hast ihn krepieren lassen, und dafür wird es dir nicht besser ergehen!«

»Sie haben kein Recht dazu«, keuchte er.

Sie stieß ein gellendes Lachen aus. »Kein Recht? Wozu soll ich kein Recht haben, du Dummkopf? Hier auf meinem Grund und Boden habe ich jedes Recht, verstanden! Und du hast Terrell sterben lassen. Also bist du schuldig. Ich verurteile dich zum Tode. Auf der Stelle.« Das Knacken des Sicherungsflügels klang überlaut, als sie ihn herumlegte.

Shands Augen weiteten sich und schienen aus den Höhlen zu quellen. »Sie sind größenwahnsinnig«, flüsterte er tonlos. »Wie können Sie sich anmaßen ...« Er verstummte.

Denn ein irrwitziges Flackern entstand in ihren Augen. Ihre Mundwinkel zuckten voller Geringschätzung abwärts. Der Finger am Abzug begann sich zu krümmen.

Marvin Shand handelte in der Verzweiflung der Todesangst. Blitzartig schnellte er auf die blonde Frau zu. Einen furchtbaren Sekundenbruchteil lang war die Mündung der Uzi noch vor ihm. Er schlug mit aller Kraft zu. Die Waffe hämmerte los, als er mit der Handkante die Unterarme Samanthas traf.

Grenzenlos erstaunt erkannte Shand, dass er keine Einschüsse spürte. Die Kugeln hackten in den leblosen Körper Terrells und rissen das Bodenblech des Wagens auf

Samantha schrie vor Schmerz und Wut. Die Uzi verstummte.

Shand riss sie ihr weg, brachte sie in Anschlag und brüllte die Frau an. Es war der Rest der überwundenen Todesangst, den er aus sich hinausbrüllte. »Du verdammtes Mistweib! Rühr dich nicht vom Fleck, oder ich pumpe dich mit Blei voll! Hast du begriffen, du Miststück? Du glaubst, du führst das große Kommando? Okay. Aber du entscheidest nicht, wer von uns beiden abtritt.« Er hielt inne und rang nach Atem Sein Brustkorb hob und senkte sich in rascher Folge

Samantha war an die offene Hecktür des Wagens zurückgewichen. Geistesabwesend hob sie mit leerem Blick die Hände.

»Schieß doch, du Dreckskerl«, flüsterte sie. »Ich werde nicht vor dir winseln.«

Die Seitentür flog auf.

»Marvin, verdammt noch mal!«, brüllte Hoagey. Mit wenigen langen Sätzen war er neben seinem Kumpan. »Hast du denn den Verstand verloren?«

»Ich?«, schrie Shand mit hochrotem Kopf, ohne sich zur Seite zu wenden. »Mich fragst du? Frag lieber sie, wer hier rumgeballert hat – wer hier wen zum Tode verurteilen wollte!«

»Was?« Hoagey schüttelte verwirrt den Kopf und musterte die Frau mit durchdringendem Blick. »Heißt das etwa, dass Sie Marvin die Schuld dafür in die Schuhe schieben wollten …«

Alle Anspannung fiel auf einmal von Samantha ab. Sie schien buchstäblich in sich zusammenzusinken. »Lasst mich in Ruhe!«, sagte sie müde. »Es ist egal. Seht zu, dass ihr die Leiche verschwinden lasst! Scheint wohl so, als ob alles keinen Sinn mehr hat.«

»Nein«, widersprach Marvin Shand eisig. »So einfach geht das nicht. Sie werden sich wenigstens anhören, was ich zu sagen habe. Ich lasse das nicht auf mir sitzen. Ich bin nicht schuld an Terrells Tod.«

Die beiden Männer, die in ihrem Auftrag Menschen gejagt hatten, schienen Samantha Kirk nicht mehr zu interessieren.

Sie blickte durch sie hindurch, wie in eine unendliche Ferne entrückt.

»Ich sehe es so wie Marvin, Madam«, sagte Hoagey ernst. »Er ist nicht der Typ, der leichtfertig das Leben eines Kumpels aufs Spiel setzt. Also soll er auch erzählen, wie es sich abgespielt hat. Vor keinem Gericht wird man verurteilt, ohne das Recht, sich zu äußern.«

Samanthas Blick kehrte in die Wirklichkeit zurück und richtete sich beinahe staunend auf den Mann mit dem graumelierten Spitzbart. »Also gut«, sagte sie matt. »Ich werde zuhören. Aber erwartet nur nicht von mir, dass ich mich entschuldige! Ihr habt einen zweiten, noch größeren Fehler begangen. Das ist unverzeihlich.« Sie nickte dem raubvogelgesichtigen Shand auffordernd zu.

Shand räusperte sich heftig. Er sicherte die MPi und legte sie in den Laderaum des Dodge. »Natürlich ist die Sache schief gelaufen«, sagte er. »Daran gibt es nichts zu rütteln. Ich will es auch gar nicht beschönigen. Aber wie die Dinge nun mal standen, kann man nur sagen, dass Bruce und ich eine verdammte Überraschung erlebt haben. Rechnen konnten wir damit überhaupt nicht.«

»Ich bin anderer Meinung«, sagte Samantha scheinbar teilnahmslos. Ihre Stimme klang dumpf und leer. »Aber ich gebe es auf, euch zu erklären, dass man jede Möglichkeit einkalkulieren muss – auch die Unwahrscheinlichste. Also weiter!«

»Wir konnten es nicht ahnen«, sagte Shand beharrlich. »Sonst wäre Bruce noch am Leben. Kein Mensch ist wohl so leichtsinnig, dass er sich sein eigenes Grab schaufelt.« Langatmig schilderte er, was sich bei der Waldhütte abgespielt hatte. Und stockend fügte er hinzu: »Es ist mir auch jetzt noch ein Rätsel, woher sich dieser Nolan ein Gewehr geholt hat. Als er aus dem Bus stieg, hatte er jedenfalls keins bei sich. Das haben wir beobachtet. Und er hatte ausdrückliche Anweisung, die Hütte nicht zu verlassen.«

»Er hat es eben doch getan«, sagte Hoagey achselzuckend. »Aber vielleicht war er es gar nicht, der auf euch schoss. Denk an Crawford! Der Bursche geistert womöglich immer noch in der Gegend herum. Vergiss nicht, dass er Terrells AR-15, meine Shotgun und den Colt mitgenommen hat! Wahrscheinlich hat er die

Kanonen irgendwo versteckt. Könnte ja sein, dass er euch beobachtet und dann in der Nähe der Hütte auf euch gelauert hat.«

Samantha Kirk war hellhörig geworden. Der Name Crawford rüttelte ihren alten Ärger wach. »Was Rock sagt, klingt einleuchtend«, sagte sie. »Vielleicht hat sich Crawford sogar mit Nolan verbündet. Während wir hier herumstehen und palavern, könnte es sein, dass die beiden schon anfangen, uns fertig zu machen.«

»Es hat aber nur einer geschossen«, sagte Shand.

»Das bezweifle ich auch nicht«, entgegnete Samantha heftig. Sie wollte noch etwas hinzufügen, doch das Schrillen des Telefons unterbrach sie. Sie zog den Handapparat, der durch eine fingerlange Antenne mit dem Hauptanschluss im Haus verbunden war, aus der Jackentasche. Rasch tippte sie auf die Empfangstaste, nahm den Hörer ans Ohr und meldete sich dann.

Schon nach den ersten Worten des Anrufers begannen ihre Augen zu leuchten.

»Nein!«, rief sie. »Das ist nicht wahr!« Dann hörte sie wieder aufmerksam zu. »Ich kann es kaum glauben«, sagte sie schließlich und biss sich vor Begeisterung auf die Unterlippe. »Aber wenn du es sagst, muss es wohl stimmen. Auf jeden Fall werden wir uns sofort darum kümmern. Noch etwas, Wilbur: Ich brauche dringend Ersatz. Bruce Terrell müssen wir auf die Verlustliste setzen. Kannst du mir auf die Schnelle mindestens zwei neue Leute besorgen?« In Stichworten fügte sie hinzu, was sich bei der Waldhütte ereignet hatte.

Einen Moment horchte sie auf die Worte ihres Gesprächspartners.

»Ausgezeichnet«, sagte sie dann. »Die Männer sollen sich hier melden. Marvin Shand wird sie in Empfang nehmen.« Sie schaltete das Gerät aus und steckte es wieder in die Tasche.

»Was, ist?«, fragte Rock Hoagey wie gebannt. »Madam, machen Sie es nicht so spannend!«

»Crawford hat sich nicht mit Nolan zusammengetan«, sagte Samantha voller Wissensstolz. »Das war eben Mr. Sebring. Er hat eine zuverlässige Information erhalten. Jemand hat Crawford beobachtet, wie er sein Nachtlager einrichtete. Und genau dort werden wir ihn uns schnappen.«

»Wir?«, wiederholte Hoagey verdutzt.

»Wir beide, Rock«, sagte Samantha mit bekräftigendem Nicken. »Marvin, du bleibst hier und kümmerst dich um die Ersatzleute, die wahrscheinlich noch im Laufe des Abends eintreffen. Und du sorgst dafür, dass Terrell unter die Erde kommt.«

Hoagey und Shand wechselten einen Blick. Wenn die Lady allen Ernstes vorhatte, selbst mit auf die Jagd zu gehen, dann musste sie wohl langsam durchdrehen. Aber sie war die Geldgeberin, und sie konnte tun und lassen, was sie wollte. Solange sie nicht anfing, auf die eigenen Leute loszugehen, konnte man sie gewähren lassen.

Sylvie Morgan fühlte sich innerlich nach zwei Seiten gezogen. Zum einen war ihr der FBI-Beamte nicht unsympathisch. Phil Decker hatte sich wirklich ernsthaft um sie gekümmert und echte Besorgnis gezeigt. Zum anderen aber empfand sie eine seltsame Abneigung gegen ihn, weil er ihre Standhaftigkeit unterschätzte und versuchte, sie zu bevormunden.

Kurz entschlossen suchte Sylvie nach dem Gespräch mit Phil als Erstes die einzige Leihwagenfirma in Earlville auf und mietete einen Volkswagen Rabbit.

Damit fuhr sie zur Plaza zurück und setzte sich in das gemütliche kleine Restaurant. Von dem Fensterplatz aus beobachtete sie seither das Rathaus. Sie bestellte ein mexikanisches Gericht mit viel Chili, aß mit großem Appetit und gönnte sich jetzt ein kleines Glas kalifornischen Rotwein.

Phil war vor einer guten Stunde gemeinsam mit einem untersetzten, breitschultrigen Mann weggefahren. Sylvie vermutete, dass es sich um einen der örtlichen Polizeibeamten handelte. Später sah sie ihn in einer Nachrichtensendung auf dem Fernsehbildschirm hinter der Theke. Der Mann war Lieutenant und hieß Pawlowski. Seine Männer, so sagte er, suchten immer noch dringend einen Mann, von dem es eine brauchbare Personenbeschreibung und eine Phantomzeichnung gab.

Sylvie leerte ihr Glas und bezahlte die Rechnung. Phil Decker und der Lieutenant waren noch nicht wieder aufgetaucht. Sicherlich gab es einen besseren Ort als das Police Office, wo sie ihr Ermittlungsvorhaben besprechen konnten.

Noch als sie das Restaurant verließ, empfand Sylvie eine gewisse Unschlüssigkeit. Einerseits war sie froh, dass Phil sie in Ruhe ließ und ihr nicht nachspionierte. So konnte sie tun und lassen, was sie wollte. Andererseits aber, das musste sie vor sich selbst zugeben, hätte ihr seine Nähe gut getan. Wirklich auf sich allein gestellt, fühlte sie sich ganz und gar nicht mehr so tapfer wie nach dem grauenvollen Termin im Leichenschauhaus.

Sie gab sich einen Ruck und stieg in ihren Leihwagen. Die Plaza war fast menschenleer. Nur ein paar Jugendliche standen vor dem bunt beleuchteten Eingang einer kleinen Diskothek. Sie vergruben fröstelnd die Hände in den Hosentaschen. Die Abende waren noch nicht so warm, dass man sich längere Zeit im Freien aufhalten konnte.

Sylvie rangierte den Wagen aus der Parkbucht und fuhr auf die Main Street. Der Busbahnhof befand sich am anderen Ortsende. Die schnellste und einfachste Möglichkeit, von Chicago aus in diesen Teil von

Illinois zu gelangen, war nun einmal der Greyhound-Überlandbus.

Was in Earlville als Busbahnhof bezeichnet wurde, bestand nur aus einem hohen Schutzdach und einer Plattform aus Beton, an der zu beiden Seiten Linienbusse halten konnten. Das Glashäuschen für Information und Ticketausgabe war noch besetzt. Ein Mann in der grauen Uniform der Greyhound Lines blätterte in mattem Lampenlicht in einer Illustrierten.

Sylvie parkte den Rabbit schräg gegenüber auf der anderen Straßenseite und ging auf den Glaskasten zu. Der Greyhound-Mann hob den Kopf, als er die Schritte hörte. Seine Miene erhellte sich, denn Sylvie Morgan – zierlich, in sportlichen Jeans und flottem Lederblouson – war ein erfreulicher Anblick. Er öffnete das Fenster mit der Sprechklappe, die normalerweise für seine Kontakte mit Greyhound-Kunden genügte.

»Madam?«, sagte er höflich.

»Würden Sie mir eine Auskunft geben?«, fragte sie, da sie nicht recht wusste, wie sie das Gespräch anders einleiten sollte.

Der Mann blickte über die Straße. Dann lächelte er. »Eine stolze Rabbitfahrerin braucht doch keinen Greyhound, oder?«

»Darum geht es nicht, Sir. Ich will auch keine Fahrkarte kaufen. Es handelt sich nur – um meinen Bruder. Er ist – er muss vor ein paar Tagen hier mit dem Bus angekommen sein.«

»Ist er verschwunden? Abgehauen? Sind Sie etwa gar nicht sein Schwesterherz, sondern seine bessere Hälfte?«

Sylvie schüttelte heftig den Kopf und nahm ein Foto aus der Innentasche ihrer Jacke. Sie hielt es dem Beamten hin. »So sah mein Bruder aus. Eric Morgan. Er wurde hier in der Nähe erschossen.«

Der Greyhound-Mann starrte erst auf das Bild und blickte dann wieder die junge Frau an. »Tatsächlich«, murmelte er. »Sie sehen sich ähnlich. Aber der Bursche – Verzeihung, der junge Mann war doch ein Einbrecher.«

»Deshalb schäme ich mich nicht, Sir. Er war trotz allem ein Mensch, den man nicht einfach über den Haufen zu schießen brauchte. Eine Waffe hat er nämlich nie besessen, und er hätte auch nie jemanden bedroht.«

»Das glaube ich Ihnen gern, Madam. Und es steht mir auch nicht zu, darüber ein Urteil zu fällen. Was für eine Auskunft wollen Sie denn nun von mir?«

»Eric wird wahrscheinlich mit dem Bus hier angekommen sein, Sir. Ist er Ihnen aufgefallen? Hat er vielleicht etwas von Ihnen wissen wollen?«

»Hilft es Ihnen, wenn Sie das wissen?« Der Greyhound-Mann runzelte die Stirn. »Also meinetwegen …« Er tippte auf das Foto. »Ihr Bruderherz hat nach dem Weg zum Golfclub gefragt. Mir fiel noch auf, dass er eine gezeichnete Skizze in der Hand hatte. Muss wohl so gewesen sein, dass er der Kritzelei nicht besonders getraut hat. Jedenfalls habe ich ihm die Strecke erklärt. Wahrscheinlich ist er mit seinem Kumpel zu Fuß hingegangen. Die beiden sahen nämlich nicht so aus, als ob sie sich ein Taxi leisten konnten.«

»Zum Golfclub«, wiederholte Sylvie verwundert. »Was können Eric und sein Freund denn dort gewollt haben?«

»Da fragen Sie mich zu viel, Madam. Golf spielen jedenfalls bestimmt nicht.«

Barry Nolan bemerkte die Straße erst, als seine Schuhsohlen auf den Asphalt tappten. Der Wald zu beiden Seiten der Fahrbahn war so dicht, dass er selbst aus geringer Entfernung fast übergangslos wirkte. Nur blass sickerte das Mondlicht durch die Baumkronen.

Minutenlang blieb Nolan unschlüssig mitten auf der Straße stehen. Er stützte den Gewehrkolben neben seinem linken Fuß auf und hielt den Lauf schräg vom Körper weg. Kein Laut war zu hören außer dem leisen Raunen des Windes im Geäst der Bäume.

Es handelte sich bestenfalls um eine Provinzstraße. Oder nur um eine Nebenstrecke. Hatte es überhaupt Sinn, hier auf ein Auto zu warten?

Er schlurfte zum Rand des Waldes zurück, aus dem er gekommen war. Dort ließ er sich zu Boden sinken und lehnte sich mit dem Rücken gegen einen mächtigen Pinienstamm. Das Gewehr hielt er behutsam aufrecht, denn die Laufmündung durfte nicht verschmutzen. Obwohl sich alles in ihm dagegen sträubte, die Waffe überhaupt noch anzurühren, brachte er es doch nicht fertig, sie nachlässig zu behandeln oder gar irgendwo liegen zu lassen. Muss an der guten Erziehung bei der Army liegen, dachte er und grinste trotz seiner niedergeschlagenen Stimmung.

Er hatte die Orientierung verloren. Wenn er sich nicht sehr täuschte, war er in der letzten Stunde im Kreis gelaufen. Deshalb durfte er diese Landstraße nicht einfach vergessen. Vielleicht war sie seine einzige Chance, noch in dieser Nacht in eine zivilisierte Gegend zu gelangen.

Anfangs hatte er überlegt, ob er zu der Farm zurückkehren sollte, in deren Wohnhaus er zum Dieb geworden war. Aber er verwarf den Gedanken, denn er brachte es einfach nicht fertig, den Leuten gegenüberzutreten und zu beichten. Da war es ihm schon lieber, vor einem Bullen ein Geständnis abzulegen. Alles Weitere regelte sich dann fast wie von selbst. Zudem hatte er zunächst auch noch gehofft, in der Nähe der Waldhütte auf andere menschliche Behausungen zu stoßen. Nicht im Mindesten hatte er damit gerechnet, stundenlang durch die Einöde irren zu müssen.

Also warten, sagte er sich.

Nach einer Weile spürte er die Kälte, die an ihm hochzukriechen begann. Er rappelte sich auf, lehnte das Gewehr an den Baum und schlug sich die Arme um den Oberkörper. Es nützte nicht viel. Er verlegte sich auf eine andere Taktik und begann, auf der Asphaltfahrbahn mit kurzen, schnellen Schritten auf- und abzulaufen. Sehr bald geriet er ins Schwitzen. Doch der erkaltende Schweiß auf seiner Stirn war noch unangenehmer als die kriechende Kälte.

Er bewegte sich wieder langsamer. Die Zeit verrann quälend zähflüssig. Noch immer war kein Laut zu hören. Zweifel keimten in ihm auf. War es überhaupt sinnvoll, hier zu warten? Anstatt sich die Beine in den Bauch zu stehen, war es vielleicht besser, wenn er sich nach einem geeigneten Nachtquartier umsah.

Das Motorgeräusch war so plötzlich da, als sei es aus dem Nichts aufgetaucht.

Nolan vollführte einen Sprung, gab einen freudigen Laut von sich und stieß die Faust in die Luft. Dann blieb er einfach stehen und wartete. Zu seiner Linken, am Ende der Straße, sah er wenig später Scheinwerferlicht, das wie eine zittrige weiße Hand durch die Baumreihen tastete. Er begriff. Wegen der besonderen akustischen Verhältnisse im Wald hatte er den Wagen nicht eher hören können. Jetzt kam es nur noch darauf an, dass die Kiste auch anhielt.

Nolan überlegte, dass es das Beste war, wenn er sich einfach offen zeigte. Der Fahrer musste ihn lange genüg sehen und genügend Zeit haben, darüber nachzudenken, ob er ihn mitnahm oder nicht. Immerhin war es eine haarige Sache, mitten in der Nacht jemanden in der Einöde aufzulesen. Aber andererseits war dies nicht Chicago. Wie war das? Herrschte hier nicht noch das große gegenseitige Vertrauen?

Der Wagen bog in die Gerade ein. Nolan hob die Hand, um seine Augen vor den aufgeblendeten Scheinwerfern zu schützen. Der grelle Lichtkegel glitt auf ihn zu und erfasste ihn gleich darauf in voller Größe. Er begann, mit beiden Armen zu winken. Von Anfang an musste er zeigen, dass er nichts zu verheimlichen hatte.

Er hielt den Atem an, während er mit geschlossenen Augen dastand, winkte und winkte und auf den Motor horchte.

Tatsächlich! Die Drehzahl verringerte sich. Ein leises metallisches Knirschen entstand, als die Bremsen des Fahrzeugs fassten. Die Scheinwerfer wurden abgeblendet, und Nolan konnte die Augen öffnen. Er ließ die Arme sinken.

Ein geländegängiger Wagen. Toyota Landcruiser. Dunkelgrün. War da nicht ein weißes Schild auf der rechten Tür? Ein Firmenzeichen? Einen Atemzug später wusste er es.

Die Tür auf der Fahrerseite wurde geöffnet. Der Mann, der sich herausbeugte, trug eine khakifarbene Uniformjacke. Die Rangabzeichen besagten, dass er zur Forstverwaltung gehörte.

»Entschuldigen Sie, Sir«, rief Nolan höflich. »Würden Sie mich mitnehmen? Ich hoffe, es kommt Ihnen nicht komisch vor, dass plötzlich einer mitten in der Wildnis auftaucht und …«

»Doch«, sagte der Forstbeamte barsch. »Allerdings kommt mir das komisch vor.« In seiner Rechten lag plötzlich ein großkalibriger Revolver. Er stützte die Schusshand auf die Oberkante der Tür. »Du hebst jetzt die Hände, Freundchen, und rührst dich nicht vom Fleck. Wenn ich weiß, dass du sauber bist, fahren wir beide zur nächsten Polizeidienststelle.«

»Aber, ich will doch …«, setzte Nolan verzweifelt an.

»Halt den Mund!«, unterbrach ihn der Beamte. »War wohl nicht mehr auszuhalten – so allein in freier Natur, was? Aber so trifft einen die gerechte Strafe, Freundchen. Dein Kumpel, den du bei der Kirk-Villa zurückgelassen hast, ist tot. Kein feiner Zug, den anderen einfach im Stich zu lassen, wenn man eine gemeinsame Sache durchziehen will.«

Nolan begriff überhaupt nichts. Er konnte nicht ahnen, dass der Beamte ihn für den flüchtigen Gangster hielt, dessen Phantombild stündlich in den lokalen Nachrichten des Fernsehens gesendet wurde.

Nolans Gedanken rasten. Der Forstbeamte schien ein halsstarriger Bursche zu sein, der sich von seinem Vorhaben nicht abbringen ließ. Und er redete zu viel. Konnte man ihm überhaupt trauen? Was, wenn er nun gar nicht zur Polizei fuhr? Möglicherweise steckte der Kerl mit den Killern von der Waldhütte unter einer Decke. Gab es nicht auch Forstleute, die sich schmieren ließen?

All dies zuckte Nolan durch den Kopf. Er starrte auf die Scheinwerfer, auf die bullige Motorhaube und auf den Mann mit dem Revolver. Verrückt! Ein Hohn. Er wollte zur Polizei. Der Forstmensch behauptete, ihn zur Polizei bringen zu wollen. Und dennoch sträubte sich alles in Nolan dagegen, sich der Gewalt eines anderen auszuliefern. Trauen konnte er keinem mehr.

»Rühr dich nicht!«, warnte der Forstbeamte und machte Anstalten, auf die Fahrbahn herabzusteigen.

»Sir!«, versuchte Nolan es noch einmal. »Lassen Sie mich doch wenigstens erklären …«

»Ruhe!«, überbrüllte ihn der Beamte. »Hier sagt nur einer was, und das bin ich!« Es war offenkundig, dass er durch seine Lautstärke die eigene Nervosität überdecken wollte.

Nolans Nerven spielten nicht mehr mit. Er wusste, dass er sich entscheiden musste. Jetzt, in diesem Sekundenbruchteil, in dem der Beamte mit seinem Schießeisen hinter der Tür hervorkommen wollte. Ohne noch länger nachzudenken, schnellte Nolan nach links weg auf den schützenden Waldrand zu.

»Stehen bleiben!«, brüllte der Forstbeamte. »Stehen

bleiben, oder ich schieße!«

Nolan dachte nicht daran, zu gehorchen. Mit einem flachen Sprung warf er sich auf den weichen Waldboden. Die Dunkelheit umfasste ihn wie ein schützendes Tuch.

Der Revolver bellte.

Zwischen den Baumreihen erhielt der Schuss einen dumpfen Nachhall.

Nolan glaubte, das Klatschen der Kugel zu hören, die irgendwo in seiner Nähe in einen Stamm schlug. In fliegender Hast robbte er in Deckung.

Zwei Yards links von ihm stand das Gewehr am Baum. Er sah es als Schatten vor der Helligkeit des Scheinwerferlichts.

Der Forstbeamte war hinter dem linken Kotflügel des Landcruiser in Deckung gegangen. Abermals feuerte er in die Dunkelheit des Waldes. Nolan sah den Mündungsblitz, doch die Kugel bedeutete keine Gefahr für ihn.

»Nicht schießen!«, schrie er. »Verdammt, hören Sie auf! Zwingen Sie mich nicht, mich zu wehren!« Sofort rollte er sich nach links ab, denn er wusste, dass der andere sich nach dem Klang seiner Stimme orientieren konnte. Er irrte sich nicht.

Wieder bellte der Revolver. Diesmal pflügte die Kugel den Boden bedrohlich nahe der Stelle, an der Nolan eben noch gelegen hatte.

Er packte das Gewehr, sprang auf, lud durch, entsicherte und schlug an.

Der Mann am Kotflügel hörte die Bewegung, sah aber in der Dunkelheit nicht viel. Geduckt hielt er den Revolver im Beidhandanschlag. Deutlich erkannte Nolan, wie sich der Zeigefinger des Mannes krümmte.

Nolan zielte sorgfältig. Er wollte den Beamten auf keinen Fall ernsthaft verletzen, ihn vor allem nicht töten.

Das Gewehr peitschte hell. Im versiegenden

Mündungsblitz war der Forstbeamte zu sehen, wie er herumgerissen wurde und nach hinten von seinem Wagen wegtaumelte. Der Revolver flog in hohem Bogen durch die Luft und landete mit trockenem Laut irgendwo auf dem Asphalt.

Nolan rannte los und erreichte den Lichtkreis der Scheinwerfer, bevor der Forstmann zu Boden stürzte. Der Beamte stöhnte schmerzerfüllt und versuchte, sein Gleichgewicht zu bewahren. Hoch oben in seiner rechten Schultergegend zeichnete sich auf der Uniformjacke ein Blutfleck ab. Nolan atmete auf. Er hatte gut genug gezielt. Wahrscheinlich war es nicht mehr als eine Fleischwunde. Rasch lehnte er das Gewehr an die Motorhaube und eilte auf den Forstbeamten zu, um ihn festzuhalten.

Der Mann reagierte in Panik. Er versuchte, den vermeintlichen Angreifer mit verzweifelten Hieben abzuwehren.

Nolan war kein geübter Kämpfer. Er musste dreimal zuschlagen, ehe der andere endlich die Augen verdrehte und in Bewusstlosigkeit versank. Bevor er sich auf dem Asphalt den Schädel einschlagen konnte, fing er ihn auf und schleppte ihn in den Laderaum des Landcruiser. Zum Glück war der Laderaum von den Sitzen durch ein Stahlgitter getrennt. Wenn der Mann vorzeitig erwachte, konnte er also nicht gleich gefährlich werden.

Nolan holte das Gewehr, fand auch den Revolver und legte die beiden Waffen in den Fußraum vor den Beifahrersitz. Dann schwang er sich hinter das Lenkrad und jagte los. Beim nächsten Wegweiser würde er versuchen, die Strecke nach Earlville zu finden.

Meine Lockvogel-Rolle gefiel mir nicht mehr.

Ich hatte nicht etwa die Nase voll davon, im Freien zu kampieren. Mit einer klaren Erfolgsaussicht vor Augen hätte ich es noch tagelang ausgehalten. Ich war gezwungen gewesen, meine Bargeldreserve anzugreifen, die ich in einem Brustbeutel unter dem Hemd trug. Nach Geschäftsschluss hatte ich mich in der Nacht zuvor an einen Highwaykiosk herangeschlichen und mich mit Essbarem, Getränken und Zigaretten versorgt.

Das Problem lag woanders.

Ich hatte das Gefühl, dass die Menschenjäger das Interesse an mir verloren. Oder war meine Fährte nicht deutlich genug? Es konnte allerdings auch sein, dass sie anderweitig stark beschäftigt waren. Vielleicht waren sie gezwungen, die Jagd auf mich aufzugeben, bevor sie richtig begonnen hatte.

Ich horchte in die Dunkelheit, die mich wie schwarze Watte umhüllte. Mein Nachtlager befand sich in einer Bodenmulde, geschützt im Wald. Dazu hatte ich mir weiches Heu aus dem Schober einer nahe gelegenen Farm besorgt.

In unmittelbarer Nähe rührte sich nichts. Daran hatte sich schon seit Stunden nichts geändert. Wenn es überhaupt Geräusche gab, dann waren sie meist weit entfernt. Ein besonders bulliger Truck, der auf dem Highway dahindonnerte. Der Schrei eines Nachtvogels. Oder das Rauschen eines Verkehrsflugzeugs, das zum Landeanflug auf den O'Hare Airport in Chicago ansetzte.

Nichts von alledem spielte für mich eine Rolle. Ich musste mich mächtig zusammenreißen, um das aufkeimende Gefühl von Nutzlosigkeit zu unterdrücken. Ich nahm einen Schluck aus meiner Limonadendose und zupfte eine Zigarette aus der Schachtel. Hinter der hohlen Hand riss ich ein Streichholz an und blies es sofort wieder aus, nachdem ich den Tabak in Brand gesetzt hatte. Auch die Zigarettenglut verbarg ich in der hohlen Hand, während ich rauchte.

Ein Lichtstrahl zuckte über mich hinweg.

Mich traf es wie ein Schlag. Ich duckte mich in meine Mulde und verharrte regungslos.

Das Licht geisterte sekundenlang durch die Baumreihen und das Unterholz. Dann erlosch es plötzlich.

Kein Laut war zu hören. Ich wagte es nicht, noch einen Zug aus der Zigarette zu nehmen. Vorsichtig drückte ich die Glut im Erdboden neben dem Heu aus.

Noch immer tat sich nichts. Kein Automotor, keine Schritte. Ein abergläubischer Mensch hätte die Erscheinung für einen Spuk halten können. Dennoch wusste ich auf Anhieb, dass ich gemeint war. Meine Kopfhaut begann zu kribbeln.

Abermals flammte der Lichtstrahl auf und erlosch nach zwei Sekunden wieder. Nach wie vor hörte ich nicht das leiseste Geräusch.

Es handelte sich entweder um eine starke Stablampe oder um einen kleinen Handscheinwerfer. Wer auch immer das Ding bediente, er verstand etwas davon, sich unbemerkt anzupirschen. Wie, zum Teufel, sollte ich mich verhalten? Wenn ich aufsprang und die Flucht ergriff, machte ich erst richtig auf mich aufmerksam. Blieb ich, wo ich war, saß ich wie ein Kaninchen in der Falle. Immerhin hatte ich aber die Chance, dass die Jäger nur ungefähr ahnten, wo ich mich befand. Wenn ich mich ruhig verhielt, stöberten sie mich vielleicht nicht auf.

Eine aberwitzige Hoffnung.

Das wurde mir nach Minuten lähmender Stille bewusst.

Als das Licht zum dritten Mal aufglühte, traf es mich voll und riss mich aus der Dunkelheit heraus. Ich fühlte mich hilflos und entblößt, wie auf einem großen Silbertablett dargereicht.

Der nächste Schock traf mich, als ich die Stimme hörte. Eine Frauenstimme, gar nicht einmal unangenehm.

»Sieh an, sieh an! Wen haben wir da? Mr. John Crawford höchstpersönlich! Wie lebt es sich denn so in der freien Natur? Schön kalt und ungemütlich?« Die Frau lachte leise. Das Licht der Stablampe senkte sich auf den Waldboden zwischen ihr und mir.

Ich konnte ihre Umrisse erkennen. Ein überaus schlanker Körper, in ein eng anliegendes Trikot gekleidet, schwarz oder dunkelblau. Ihr blondes Haar schimmerte matt, ihr Gesicht lag im Dunkeln. Vermutlich trug sie leichte Sportschuhe. Sie verstand es, sich ohne jedes Geräusch zu bewegen.

»Ich bin unbewaffnet«, sagte ich trocken. »Sie brauchen keine Angst zu haben, wer Sie auch sind.«

Sie lachte erneut. Diesmal klang es spöttisch, doch auch ein wenig verwirrt. »Schlagfertig sind Sie jedenfalls, Crawford. Dass Sie sich erschrocken haben, sehe ich Ihnen an der Nasenspitze an. Aber Sie verbergen es gut.«

»Okay«, knurrte ich. Langsam und kaum merklich spannte ich die Muskeln an. Ich ließ mich von ihrem Plauderton nicht darüber hinwegtäuschen, dass im wahrsten Sinne des Wortes etwas im Busch war.

»Nachdem Sie nun so wirkungsvoll aus dem Nichts aufgetaucht sind, könnten Sie mit dem Versteckspiel aufhören. Dass eine so hübsche Lady wie Sie nachts allein durch die Wälder schleicht, glaubt jedenfalls kein Mensch.«

»Ein Charmeur in allen Lebenslagen, was?« Sie kicherte wie ein kleines Mädchen und schien offensichtlich Gefallen an dem Spiel zu finden. »Natürlich, Crawford, Sie haben Recht. Ich bin nicht aus Zufall hier.«

»Sondern?«

»Ganz einfach. Mein Name ist Samantha Kirk. Ich

bin die letzte Damenbekanntschaft, die Sie in Ihrem Leben machen. Also genießen Sie die Situation!«

Ich spielte den Geschockten und starrte sie mit offenem Mund an. Dann riss ich mich zusammen.

»Fein, fein, Samantha, Darling. Wenn Sie ein bisschen näher kommen, läuft das mit der Bekanntschaft gleich viel besser.«

»Worauf ich mich verlasse«, entgegnete sie und legte die Lampe auf den Boden – so, dass der äußere Rand des Lichtkegels mich noch erfasste.

Katzenhaft und lautlos bewegte sich die schlanke Frau auf mich zu. Möglich, dass sie etwa vierzig Jahre alt war, vielleicht aber auch nur dreißig. Es ließ sich schwer schätzen. Ich konnte nicht erkennen, ob sie irgendwelche Waffen bei sich trug. Sie tat, als wollte sie mich näher betrachten.

»Wie haben Sie mich gefunden?«, knurrte ich. »Und woher kennen Sie meinen Namen?«

»Wälder und Felder haben hierzulande Augen und Ohren«, sagte sie ausweichend. »Und dass ich Sie kenne, sollte Ihnen nur schmeicheln.«

Zu einer Antwort auf diesen Schwachsinn kam ich nicht mehr.

Fast aus dem Stand schnellte sie auf mich zu. Ein raubtierhafter Sprung – kraftvoll federnd.

Es geschah zu blitzartig. Meine Reaktionsschnelligkeit nützte mir nichts mehr. Ich kam hoch und wollte zur Seite weg.

Nicht der erwartete Anprall traf mich. Stattdessen zwei Hiebe gleichzeitig. Eine Handkante schrammte glühend über meine rechte Schulter. Ein Tritt oder ein Schlag wummerte in meine Seite, ebenfalls rechts.

Ich krümmte mich, warf mich instinktiv noch weiter nach rechts, aus der Bodenmulde weg. Im selben Moment dröhnte ein dritter Schlag auf den Erdboden, hart am Rand der Mulde, wo ich mich eben noch befunden hatte.

Die Frau stieß einen heiseren Laut der Wut aus.

Ich wälzte mich weiter weg. In mir tobte der Schmerz. Hätten mich alle drei Attacken voll getroffen, so wäre ich bereits ihr wehrloses Opfer gewesen.

Im Licht der Taschenlampe sah ich, wie sie sich mit einem tänzelnden Sidestep aus meiner Reichweite brachte, auf die andere Seite der Mulde. Ihr Gesicht war verzerrt, ihre Haltung geduckt und angriffsbereit. Ihre Rechte umkrampfte einen länglichen Gegenstand, dünn und schwarz. Ein Totschläger.

Ich zwang mich mit aller Willenskraft, den Schmerz zu überwinden. Ich konnte von Glück sagen, dass meine Muskeln noch funktionierten. Ihre Hiebe waren darauf abgezielt gewesen, mich zu lähmen. Um welche der vielen fernöstlichen Kampftechniken es sich handelte, vermochte ich nicht einmal zu sagen. Vielleicht war es eine Verbindung der mörderischsten Methoden, die sie sich ausgesucht hatte.

Es gelang mir nicht, rechtzeitig auf die Beine zu kommen.

Ein gellender Schrei drang jäh aus ihrer Kehle, und mit einem einzigen Satz überwand sie die Mulde. Sie federte in den Knien ein. Ihre Arme wirbelten in einem scheinbar wirren Durcheinander von Scheinangriffen – rechts den Totschläger, links nur die Handkante.

Ich war schon halb hoch, behielt sie im Auge und ließ mich nicht ablenken. Und ich täuschte mich nicht.

Blitzartig zuckte ihr rechtes Bein vor. Die Fußspitze zielte auf meinen Unterleib.

Mit beiden Handflächen hieb ich abwärts, erwischte ihr Schienbein in der Bewegung und rammte es auf den Boden. Ihre Arme flogen hoch. Kein Schattenboxen mehr. Abermals schrie sie auf, diesmal jedoch in blinder Wut. Mit verzweifelten Ruderbewegungen versuchte sie vergeblich, das Gleichgewicht zu halten.

Ich presste ihr Bein mit dem ganzen Gewicht meines Oberkörpers auf den Boden. Der Schmerz geriet immer mehr in Vergessenheit. Mein Überlebenswille beflügelte mich.

Sie stürzte und schlug der Länge nach mit dem Rücken auf. Ihr Geschrei brach ab. Stattdessen begann sie, mit dem linken Bein nach mir zu treten. Ihre Tritte waren voll blindwütiger Kraft, doch sie traf nur ungenau. Gleichzeitig versuchte sie, mit dem Oberkörper hochzukommen und mich mit dem Totschläger zu erreichen.

Bedrohlich nahe vor mir schlug die höllische Waffe eine Delle nach der anderen in den weichen Waldboden.

Ich hatte mich wieder in der Gewalt. Ich musste dem teuflischen Spiel ein Ende machen. Und doch war in einem fernen Winkel meines Bewusstseins jenes Widerstreben wach, das sich dagegen wehrte, eine Frau mit unbarmherziger körperlicher Gewalt zu besiegen.

Sie war eine Mörderin, das spürte ich überdeutlich. Sie war es, die eiskalt den Befehl gab, Menschen umbringen zu lassen. Und ebenso eiskalt war sie bereit, selbst zu töten.

Was, zum Teufel, konnte eine Frau dazu bringen?

Mit einem Ruck schob ich beide Knie auf ihr rechtes Schienbein, und nun war es mein ganzes Körpergewicht, das auf ihr lastete. Sie schrie vor Schmerz, und ich ließ sie nicht zur Besinnung kommen. Gnadenlos schaffte ich mir ihr linkes Bein mit einer Handkante vom Hals. Ein kurzer, bretthart Hieb genügte, um ihre Muskeln zu lähmen und mich vor den Tritten zu bewahren.

Umso heftiger versuchte sie es mit dem Totschläger. In wahnwitziger Willensanstrengung brachte sie sogar ihren Oberkörper halb hoch. Sie war durchtrainiert wie eine Superathletin.

Pfeifend zischte die Spitze der Schlagwaffe haarscharf an meinem Gesicht vorbei.

Ich ließ meine Handkante in dem Moment herabsausen, in dem der Totschläger mit dumpfem Laut auf den Erdboden prallte. Sie brachte den Arm nicht wieder hoch. Ihr Schrei steigerte sich zu schrillem Missklang.

Ich warf mich herum, packte mit beiden Händen zu und drückte sie zu Boden. Ihre Muskeln zuckten und ruckten unter mir. Verzweifelt versuchte sie, sich von meiner Last zu befreien. Ihr Schrei ging in ein krampfhaftes Ächzen über. Nach und nach versiegte ihre Kraft. Zu sehr war sie durch meine Handkantenschläge gelähmt.

Auf einmal schien sie unter mir zu erschlaffen. »Ich gebe auf«, flüsterte sie matt. »Du bist mir überlegen. Das muss ich anerkennen.«

»Sie wollten mich töten«, knurrte ich. »Jedem anderen an Ihrer Stelle hätte ich ein Ding verpasst, von dem er nicht wieder aufgestanden wäre.« Ich durfte nicht vergessen, dass ich in ihren Augen immer noch John Crawford war. Und dabei musste es auch bleiben.

Sie lachte leise. Schmerz und Wut waren von ihr abgefallen und offenbar völlig in Vergessenheit geraten. Ihr Atem traf mich warm. Trotz aller körperlichen Anstrengungen war nur der Duft eines dezenten Parfüms zu verspüren. Verrückt. Eine Mörderin, die wie ein Mann kämpfte und doch ihre Weiblichkeit nicht vergessen ließ! Genau das war das Gefährliche an ihr.

»Du liebe Güte«, sagte sie leise. »Was bist du bloß für ein Kerl! So viel Anstand hast du, dass du mich trotz allem noch für eine schwache Frau hältst?«

Ich presste die Lippen zusammen. Als Crawford durfte ich mir eine solche erkennbare Schwäche leisten. Vielleicht musste ich es sogar. Für den G-man Jerry Cotton war dagegen Rücksichtnahme fehl am Platze. Aber ich musste überleben – einerlei, ob als Ganove oder als FBI-Beamter.

»Du bist ein hinterlistiges Miststück«, knurrte ich und gab mir den Anschein von halb ärgerlicher Genugtuung. »Dir sollte man den hübschen Hintern versohlen. Vielleicht würde dich das zur Vernunft bringen.«

»Jetzt hast du es endlich richtig drauf«, kicherte sie. »Da spricht doch der vollkommene Mann aus dir. Bei dir muss eine Frau sich wirklich als Frau fühlen, was?«

»Willst du mich auf den Arm nehmen?«

»Das nicht, mein großer starker Held. Aber wer so ein Fighter ist wie du, der hat auch andere Sachen auf Lager.«

Ihr Körper drängte sich gegen mich – sanft, anschmiegsam, betörend. Wieder spürte ich das Spiel ihrer Muskeln, doch diesmal auf eine Weise, mit der sie einen Mann bezwingen konnte, ohne dass er es als Niederlage empfand. Im Gegenteil. Sie würde ihm das Gefühl geben, der Sieger zu sein.

Aber nicht mir.

Ich wusste, welche Taktik sie im Sinn hatte.

»Teufelsweib«, keuchte ich und tat, als würde ich in ihren Bann gezogen.

»Keine Sorge«, flüsterte sie verlockend. »Wir sind für uns allein. Verstärkung würde ich nur auf ein vereinbartes Zeichen kriegen. Ich dachte, ich würde allein mit dir fertig. Aber wie die Dinge jetzt stehen – ich habe dich unterschätzt, John Crawford. Einen Mann mit deinen Fähigkeiten kann ich unmöglich beseitigen. So etwas muss ich auf meiner Seite haben – für mich allein – in jeder Beziehung ...« –

Ihr Atem ging stoßweise, und die Bewegungen ihres Körpers wurden heftiger und fordernder.

Ich tat, als ginge ich darauf ein. Meine Reaktion musste für sie völlig selbstverständlich sein. Denn garantiert konnte sie sich nicht vorstellen, dass es einen Mann gab, der sich von ihr nicht in einen Sinnestaumel stürzen ließ. Also lockerte ich meinen

Griff nach und nach, je mehr sie von ihrem scheinbar ungestüm aufwallenden Verlangen gepackt wurde. Und ich ließ es geschehen, dass sie den linken Arm frei bekam.

Mit einem leisen Schrei schlang sie den Arm um meinen Nacken und zog mich zu sich herab. Ihre Lippen waren heiß und drängend auf meiner Gesichtshaut, und ich spürte ihren rasenden Herzschlag. Einen winzigen Moment lang fragte ich mich, ob ihre Gefühle etwa doch echt waren. Doch ich begriff, dass diese Frau nicht mit normalen Maßstäben zu messen war. Möglich, dass es sie in einen wahren Rausch versetzte, sich selbst von körperlichem Schmerz in eine Glut körperlicher Empfindungen zu stürzen. Und sie setzte alles daran, mich mitzureißen in diesen Vulkan, den sie entfachte.

Es fiel mir schwer, die Leidenschaft vorzuspielen, die sie erwartete. Doch befürchtete ich, dass sie mein inneres Sträuben spürte. Konnte man diese Frau mit ihrem mörderischen Instinkt überhaupt täuschen?

Sie schlang ihre Beine um mich, und ihr schlanker Körper war ein einziges Zucken und Beben. Ich spielte mit, so gut ich konnte. Doch ich spürte, wie die Kraft in ihren rechten Arm zurückkehrte.

Als würde ich plötzlich von meinem eigenen Verlangen übermannt, warf ich mich nach rechts, umklammerte sie und riss sie mit mir.

Sie lag schon halb auf mir, als der sausende Hieb haarscharf an meinem Kopf vorbeizischte und eine tiefe Furche in den Waldboden schmetterte.

Sie brachte den Totschläger nicht wieder hoch. Aus meinem Klammergriff heraus schlug ich zu. Beide Handkanten trafen sie auf den Punkt in Schulterhöhe, der ihr Nervensystem von einem Sekundenbruchteil zum anderen lähmte.

Ihr Wutschrei erstickte im Ansatz. Der Körper über mir erschlaffte.

Ich stieß die Bewusstlose zur Seite weg und sprang auf.

Eine kalte Stimme stoppte mich. »Jetzt reicht es, Freundchen! Streck die Hände hoch!«

Ich sah die Silhouette des Mannes hinter der auf dem Erdboden liegenden Taschenlampe. Er trug einen Stetsonhut. Sein Gesicht konnte ich im Dunkeln nicht erkennen. Aber ich wusste auch so, dass er einen Spitzbart und silbergraues Haar hatte. Er hatte sich einen neuen Revolver besorgt. Der Laufstahl schimmerte matt in den Ausläufern des Lichts.

»Willst du es nochmal drauf ankommen lassen?«, sagte ich spöttisch. »Reicht es dir nicht, dass du einmal den Kürzeren gezogen hast?«

»Besser, du riskierst es nicht«, zischte er hasserfüllt. »Ich pumpe dich mit Blei voll, bevor du einen Schritt machst.«

»Sehr voreilig«, entgegnete ich tadelnd. Meine Ruhe war nur äußerlich. Ich wusste, dass die Nerven des Mannes zum Zerreißen gespannt waren. Eine falsche Bewegung oder ein falsches Wort, und bei ihm riss der Faden. Lauernd, wie es zu Crawford passte, fuhr ich fort: »Der guten Samantha würde es nicht gefallen, wenn du mich umlegst. Sie hat nämlich Geschmack an mir gefunden und möchte noch ein bisschen mit mir spielen. Glaubst du, sie könnte es verkraften, mich nicht irgendwann doch besiegt zu haben?«

Er antwortete nicht sofort. Ich spürte, dass er zögerte. Also hieb ich weiter in die Kerbe. »Sie ist wild drauf, mich fertig zu machen. Also nimm ihr nicht das Vergnügen!« Langsam, kaum merklich, schob ich den rechten Fuß vor den linken. Gleichzeitig spannte ich die Muskeln.

»Halt den Rand«, zischte er. »Wenn du nicht gleich still bist, passiert was!«

Ich verlagerte mein Gewicht allmählich nach vorn, während ich weitersprach. Auf diese Weise schaffte ich fast einen ganzen Schritt, ohne dass der Stetsonmann es mitkriegte.

»Was soll denn passieren?«, erwiderte ich. »Abknallen wirst du mich garantiert nicht. Das wagst du nicht. Und verglichen mit der Lady ...«, ich deutete mit einer Kopfbewegung auf die Bewusstlose, »... bist du ein Schlappschwanz. Sie riskiert wenigstens einen offenen Kampf. Aber du gehörst wahrscheinlich zu der Sorte, die am liebsten Unbewaffneten in den Rücken schießen, wenn sie weglaufen.« Ich hatte den ersten Schritt zu Ende gebracht und begann den nächsten.

Er knurrte einen Fluch. »Verdammter Hund«, sagte er zähneknirschend. »Glaubst du, du kannst mich herausfordern? Da hast du dich getäuscht, mein Junge. Noch so ein dämliches Wort von dir, und du kriegst die erste Kugel in den Arm oder ins Bein.«

»Dann denk schon mal nach, wofür du dich entscheidest!« Ich grinste spöttisch und war mir dabei bewusst, dass er es im Licht der Taschenlampe sehen konnte. Es musste ihm die Galle hochsteigen lassen. Voller Hohn fügte ich hinzu: »Pass aber auf, dass du nicht zu lange nachdenkst, Amigo! Könnte sein, dass du den Anschluss verpasst.«

Noch während die letzte Silbe über meine Lippen kam, ließ ich meine Beinmuskeln explodieren.

Er täuschte sich gewaltig, wenn er glaubte, dass ich ihn direkt angreifen würde. Ich schnellte nach links weg, aus dem Lichtkegel der Stablampe heraus.

Im selben Moment krachte sein Revolver. Er feuerte auf die Stelle, an der ich eben noch gestanden hatte.

Ich rollte mich auf dem weichen Boden ab, federte hoch und hechtete nach rechts. Mehr als drei Yards hatte ich nicht zu überbrücken. Aus der Dunkelheit heraus sprang ich Samanthas Vollstrecker an.

Er ruckte herum, denn er ahnte, was ihm blühte. Aber die Zeit reichte nicht. In dem winzigen Sekundenbruchteil konnte er mich nicht mehr sehen.

Er feuerte aufs Geratewohl. Mehrere Handbreit über mir zuckte der Mündungsblitz seines Revolvers auf, und das Dröhnen des Schusses traf schmerzhaft meine Trommelfelle. Doch das Blei orgelte hoch über mich hinweg und klatschte irgendwo in einen Baumstamm.

Ich rammte ihn buchstäblich von den Beinen. Mein Anprall traf ihn in der Körpermitte, und er klappte über mir zusammen wie ein Taschenmesser. Er brüllte und gurgelte vor Schmerz. Gemeinsam gingen wir zu Boden. Ich spürte, dass er mit dem Rücken gegen einen Baumstamm prallte.

Er schrie auf.

Ich stieß mich von ihm ab, kam hoch und hieb ihm als Erstes den Revolver weg. Er war clever genug gewesen, in dem Durcheinander von Armen und Beinen nicht abzudrücken, weil er sich allzu leicht selbst treffen konnte.

Mit einem zweiten Hieb beförderte ich ihn ins schwarze Reich der Bewusstlosigkeit. Ich atmete auf, wollte mich umdrehen und nach der wilden Lady Samantha sehen.

Die Bewegung hinter mir musste völlig lautlos gewesen sein. Denn ich hörte nichts.

Schmerz explodierte auf meinem Hinterkopf, und es war, als blitzte gleißende Helligkeit vor meinen Augen auf. Aber dann hatte ich das Gefühl, in abgrundtiefe Dunkelheit zu versinken. Ich spürte nicht mehr, wie ich zu Boden stürzte.

Die Cops der Nachtbereitschaft reagierten, wie sie reagieren mussten. Nolan ließ alles bereitwillig über sich ergehen. Vor seinem geistigen Auge stand das Bild der Schießer, wie sie gegen die Waldhütte vorgegangen waren und die Pritsche mit MPi-Garben zerhackt hatten. Dieses Bild erfüllte ihn noch immer mit einer solchen Wut, dass er ungewollt zu zittern begann.

Die Cops behandelten ihn wie einen Gesetzesbrecher, den sie auf frischer Tat ertappt hatten. Er nahm es ihnen nicht einmal übel, wiederholte nur stereotyp, dass er den leitenden Beamten sprechen müsse, da er einen versuchten Mord zu melden habe. Draußen vor der Town Hall von Earlville durchsuchten sie den Landcruiser. Der verwundete Forstbeamte wurde von einem Ambulanzwagen abtransportiert. Nolan hatte unumwunden zugegeben, dass er den Mann angeschossen hatte.

Ein Patrolman brachte die Waffen ins Vernehmungszimmer. Der Sergeant, der Nolan durchsucht hatte, legte seine persönliche Habe auf den Tisch und verpasste ihm Handschellen. Dann setzte er eine Liste auf und trug Nolans Kleinkram ein – Feuerzeug, Kleingeld, Taschentuch, Zigarettenschachtel. Das Taschentuch erhielt er zurück, für den Rest musste er mit seiner Unterschrift bestätigen, dass der Sergeant die Sachen ordnungsgemäß entgegengenommen hatte. Und der Sergeant besiegelte mit seiner Unterschrift, dass er den nutzlosen Kram ordnungsgemäß verwahren würde.

Bürokratie, dachte Nolan. Irgendwo da draußen laufen Killer frei herum, und diese Krämerseelen von Cops haben nichts als ihren Papierkrieg im Kopf!

Aber er ertrug es. Er war von einer merkwürdigen Gleichgültigkeit befallen, was sein persönliches Schicksal anbelangte. Immerhin hatte er einen Forstbeamten angeschossen. Sie würden ihn nicht in eine Gefängniszelle abschieben und ihn schmoren lassen bis zum Termin vor dem Haftrichter. Nein, sie würden ihn anhören. Denn er war letzten Endes ein Gewaltverbrecher. Also mussten sie zur Kenntnis nehmen, was er zu sagen hatte.

Der Sergeant überließ dem Patrolman die Bewachung des Gefangenen und zog mit seiner doppelt unterschriebenen Liste ab. Er hatte den Raum kaum verlassen, als zwei andere Männer eintraten. Beide trugen Zivilkleidung. Doch auf zehn Meilen gegen den Wind hätte Nolan gewittert, dass sie Polizeibeamte waren.

Der eine war breitschultrig und untersetzt. Sein Gesicht mit den harten Furchen wirkte irgendwie gutmütig. Der andere war einen halben Kopf größer und athletisch gebaut. Er trug einen gut sitzenden, beinahe elegant wirkenden Anzug.

Nolan runzelte die Stirn. Er hatte noch nie im Leben mit einem FBI-Beamten zu tun gehabt, dazu war er ein viel zu kleines Licht. Aber dieser Mann hier sah aus wie die Special Agents, die man manchmal in Fernsehinterviews sah, wenn es um Aufsehen erregende Kriminalfälle ging. Nolans Pulsschlag beschleunigte sich. Teufel auch, dieser FBI-Mann war doch nicht etwa seinetwegen angetanzt? Nein, so schnell konnte er nicht aus Chicago herübergekommen sein. Also war er schon länger hier. Wussten die Greifer am Ende längst, dass im LaSalle County etwas zum Himmel stank?

Die beiden Beamten setzten sich ihm gegenüber und stellten sich als Special Agent Phil Decker und Lieutenant Pawlowski vor.

»Ich bin kein Verrückter«, sagte Nolan. »Ich muss das vorweg sagen. Was ich zu melden habe, hört sich nämlich total verrückt an. Wahrscheinlich werden Sie es mir nicht glauben.«

»Schon gut«, entgegnete der G-man und nickte. »Sie werden sich der Polizei nicht ohne Grund gestellt haben. Für den Forstbeamten haben Sie gesorgt, nachdem Sie ihn verwundet haben. Das wird man Ihnen immerhin mildernd anrechnen.«

»Vielen Dank, Sir.« Nolan verkrampfte die Finger ineinander und blickte verlegen auf seine Knie.

Phil Decker und der Lieutenant wechselten einen Blick und lächelten.

»Bedanken Sie sich nicht bei mir!«, sagte Phil. »Ich bin kein Richter, und ich kann keinen Entscheidungen vorgreifen. Ich habe Ihnen nur etwas gesagt, was nach meiner Erfahrung so laufen wird. Fangen Sie an! Wir hören zu.«

Barry Nolan schilderte, wie er in Chicago an einen Helfer geraten war, der ihm auf der Flucht vor den Ermittlungsbehörden eine angeblich gute Adresse zum Untertauchen beschafft hatte. Es folgte der Weg ins LaSalle County. Nolan ließ nichts aus. Er gestand auch, dass er in das Farmhaus eingedrungen war und dort lange Finger gemacht hatte.

Als er das Geschehen bei der Hütte beschrieb, wurden die beiden Beamten noch wacher als vorher.

Pawlowski unterbrach ihn mit einer Handbewegung. »Können Sie sich erinnern, wo diese Hütte liegt?«

»Ich hatte eine Skizze, Sir. Aber die habe ich vernichtet, wie man es mir gesagt hat. In der Bude sollte ich auf neue Anweisungen warten. Aber wenn Sie mir eine Landkarte von der Gegend zeigen, werde ich es wohl finden.«

Pawlowski wandte sich an den FBI-Beamten. »Sir, ich schlage vor, dass wir sofort einen Großeinsatz ankurbeln.« Er deutete mit einer Kopfbewegung auf Nolan. »Er sagt uns, wo die Hütte ist, und Sie können sich dann weiter mit ihm befassen. In der Zwischenzeit bringe ich alles auf die Beine, was ich an Einsatzkräften habe.«

»Einverstanden«, sagte Phil Decker, ohne lange nachzudenken.

Der Lieutenant ließ eine Karte holen, und Nolan konnte sich anhand des Verlaufs der Straßen sehr gut orientieren. Zwei Minuten später wusste Pawlowski, wo sich die Waldhütte befand. Mit der Karte unter dem Arm eilte er hinaus und ließ Phil Decker mit dem Gefangenen allein.

»Was versprechen Sie sich von so einem Großeinsatz, Sir?«, fragte Nolan unumwunden. »Glauben Sie etwa, dass Sie den Toten noch bei der Hütte finden?«

»Darum geht es nicht«, erwiderte Phil. »Wer auch immer Sie umbringen wollte – er wird es jetzt noch verbissener versuchen. Erstens, weil Sie entwischt sind. Zweitens, weil Sie einen von ihnen ausgeschaltet haben. Also wird man bei der Hütte anfangen. Und vergessen Sie nicht, dass die Killer ausgebildete Hunde haben!«

»Darüber bin ich mir im Klaren, Sir.« Nolan grinste breit. »Aber Sie sehen, ich bin längst über alle Berge.«

»Reine Glückssache.« Phil zog seine Zigarettenschachtel hervor und bot auch dem dunkelhaarigen Mann einen Glimmstängel an. »Dass Sie auf den Forstbeamten gestoßen sind, war mehr als ein Zufall. Die Menschenjäger müssen annehmen, dass Sie noch in der Gegend umherirren.«

»Diese Schweinehunde!«, sagte Nolan gepresst. »Können Sie sich vorstellen, wie ich mich gefühlt habe? Ich hab doch bloß Glück gehabt, dass ich noch ein bisschen klauen gegangen bin. Hätte ich auf der verdammten Pritsche gelegen, hätten sie mich zersiebt! Was, zum Teufel, kann jemand davon haben, so unwichtige Typen wie mich umzulegen?« Er hielt inne. Ihm wurde bewusst, dass er im Eifer einen ziemlich forschen Ton angeschlagen hatte. »Sorry, Sir. Ich will mich nicht irgendwie aufspielen. Aber ich könnte platzen vor Wut, wenn ich an diese Schweinerei denke.«

»Wir sind den Verantwortlichen auf der Spur«, entgegnete Phil. Er beugte sich vor. »Sie sagten, Sie hätten den Mann mit der MPi im Zielfernrohr gesehen. Können Sie ihn beschreiben?«

»Nur sein Gesicht, Sir. Einen gewaltigen Schnauzbart hatte der Knabe. Natürlich konnte ich ihn sowieso nur sehen, weil sie ihre verdammten Scheinwerfer eingeschaltet hatten.«

»Und Sie sind sicher, dass Sie den Mann getötet haben?«

»Hundertprozentig, Sir. Ich hab zwar noch nie einen umgelegt, aber wenn ich treffen will, dann treffe ich, und zwar mit jedem Schießeisen, das man mir in die Hand drückt. Bei der Army war ich immer der beste Schütze im ganzen Bataillon. Ich bin sozusagen ein Naturtalent.«

»Seien Sie froh, dass Sie damit nicht in der Unterwelt Karriere gemacht haben!«

»Ein Killer bin ich nicht, Sir.«

Phil Decker lächelte kaum merklich. Er stand auf.

»Wir nehmen vorweg die Personenbeschreibung der beiden Menschenjäger auf. Dann werden Sie uns begleiten müssen, Nolan. Sie müssen uns zeigen, wo sich was abgespielt hat.«

»Ich tue alles, Sir, wenn es nur hilft, diese elenden Schweinehunde zu fassen!«

Phil sah, dass der muskulöse Mann regelrecht zitterte. Was er erlebt hatte, musste ihn aufs Äußerste empört haben. Jedes Wort seines Berichts war wahr. Phil kannte Ganoven seines Schlages lange genug, um zu wissen, wann sie logen und wann nicht.

Jemand schüttelte mich.

Er hob mich hoch und ließ mich wieder fallen, und das reichlich schnell hintereinander. Die Schüttelei nahm kein Ende. Es dauerte eine Ewigkeit, bis ich begriff, dass es sich nicht um einen Schabernack handelte.

Unter mir war hartes Profilblech. Meine Hände waren auf den Rücken gefesselt. Auch die Fußgelenke hatten sie mir zusammengeschnürt. Ich konnte mich nur krümmen und strecken. Ich lag auf der Seite. Mit den Fingern war ich in der Lage, ein wenig zu tasten.

Das Dröhnen des Motors drang in mein Bewusstsein. Erst jetzt wurde mir klar, dass ich auf der Heckfläche eines Fahrzeugs lag. Der Wagen rumpelte über einen holprigen Weg. Über einen Waldweg?

Meine Erinnerung setzte wieder ein. Gleichzeitig begannen die Schmerzen in meinem Schädel zu dröhnen. Jetzt wusste ich wieder, was geschehen war. Samantha Kirk, die teuflische Lady, hatte mir doch noch den entscheidenden Schlag verpasst. Aber warum hatte sie mich nicht getötet?

Ich ahnte in diesem Moment, dass mir noch einiges bevorstand, was mich zur Weißglut treiben würde.

Der Wagen fuhr kaum mehr als Schritttempo. Ich bewegte den Kopf. Augenblicklich durchzuckte mich eine neue, grellere Schmerzwoge. Sekundenlang schloss ich die Augen. Es gelang mir, den Schmerz unter Kontrolle zu bringen. Ich öffnete die Augen wieder und stellte fest, dass vor mir die hintere Sitzbank war. Ein wenig Helligkeit des Scheinwerferlichts reichte bis in meinen Blickwinkel. Ich sah den oberen Teil der Baumstämme und die Baumkronen als ein düsteres Dach. Also waren wir noch nicht weit von der Stelle entfernt, an der sie mich erwischt hatten.

Genau genommen hatte ich das erreicht, was beabsichtigt gewesen war. Die Menschenjäger hatten auf mich, den Köder, angebissen. Der einzige kleine Schönheitsfehler bestand darin, dass ich vorgehabt hatte, ihnen noch rechtzeitig zu entwischen, nachdem ich sie entlarvt hatte.

Gesprochen wurde kein Wort. Das Brummen des Motors war monoton. Samantha Kirk musste ziemlich ins Nachdenken geraten sein. Dass für mich nichts Gutes dabei herausspringen würde, stand fest. Ich war für sie gleichbedeutend mit Schwierigkeiten, die sie nicht einkalkuliert hatte.

Mit den Fingern konnte ich das Bodenblech berühren. Unvermittelt spürte ich eine scharfe Kante. Fast schnitt ich mir die Haut auf. Ich tastete weiter und fand heraus, dass es sich um eine blumenkohlartige Aufwerfung des Blechs handelte. In der Mitte ein kreisrundes Loch. Ein Einschuss.

Ich erkannte die Chance. Gefesselt hatten sie mich offenbar mit einem Abschleppseil. Wie viel Zeit mir noch blieb, konnte ich nicht ahnen. Trotzdem verschwendete ich keine Sekunde. Ich rutschte ein Stück seitwärts und begann, mit den Seilwindungen an dem scharfkantigen Blech zu schaben.

Ich hatte kaum angefangen, als das Schaukeln ein Ende hatte. Der Wagen erreichte eine glatte Fahrbahn, die Motordrehzahl erhöhte sich, und mit steigender Geschwindigkeit setzte das typische Singen der Geländereifen ein.

Meine Hoffnung schwand, aber ich hielt nicht inne. Der Schmerz in meinem Schädel war noch immer vorhanden. Bei jeder heftigeren Bewegung machte er sich wieder bemerkbar. Ich musste mich damit abfinden, dass ich nicht im Handumdrehen wieder topfit sein würde.

Das Seil, mit dem sie mich gefesselt hatten, war teuflisch zäh. Endlos lange dauerte es, bis auch nur eine Faser zerschnitten war. Es konnte eine Stunde dauern, bis ich auf diese Weise überhaupt zum Erfolg kam. Ich ließ mich trotzdem nicht entmutigen. Wenn ich wenigstens die, Hände freikriegte, konnte ich Samantha und ihren spitzbärtigen Handlanger gebührend begrüßen.

Ich schaffte noch drei Fasern. Damit konnte ich meine Hoffnung endgültig begraben.

Der Wagen fuhr langsamer, bog in eine scharfe Rechtskurve und hielt an. Ich hörte gemurmelte Worte. Dann summte etwas. Samantha hatte den Code für die elektronische Funksteuerung eines Tores ausgelöst.

Gleich drauf rollte der Wagen wieder an. Der Untergrund war eben, eine Beton- oder Asphaltfahrbahn also.

Abermals zerrte ich mit aller Kraft an meinen

Handfesseln. Es nützte nichts. Sie hatten sich nicht gelockert.

Die Motordrehzahl sank, und die Scheibenbremsen kreischten leise. Dann schüttelte sich die Karosserie noch einmal, und es wurde still.

»Du weißt Bescheid«, sagte Samantha Kirk. »Wenn etwas schief geht, bist du verantwortlich. Bei diesem Burschen muss man mit allem rechnen.«

Täuschte ich mich, oder lag da tatsächlich so etwas wie Hochachtung in ihrer Stimme? Oder zumindest Respekt? Auf jeden Fall schien ich gemeint zu sein.

Ich hörte, wie Samantha ausstieg. Das Leder der Autositze knarrte leise. Gleich darauf wurden draußen Männerstimmen laut. Sie verstummten, als die Frau ihnen Anweisungen gab. Worum es sich handelte, konnte ich nicht verstehen, denn jetzt stieg auch der Fahrer aus und knallte die Türen zu.

Eine Minute später fiel der Lichtkegel einer Taschenlampe in den Heckraum des Fahrzeugs. Geblendet kniff ich die Lider zu.

»Na, fein«, sagte der Spitzbärtige zufrieden. »Der Amigo war doch tatsächlich richtig folgsam. Hat sich wohl mit seinem Schicksal abgefunden, was?«

Eine andere Stimme antwortete mit meckerndem Lachen.

Ich öffnete die Augen wieder und sah neben dem Stetsonmann einen hageren Kerl mit Raubvogelgesicht. Eben dieses Gesicht schien nur aus Haut und Knochen zu bestehen. Einer, bei dem kleine Kinder das Fürchten kriegten, wenn sie ihm im Dunkeln begegneten.

Ganz in der Nähe brummte ein anderer Motor auf. Dann heulte ein Wagen im Rückwärtsgang davon.

Der Stetsonmann zertrennt meine Fußfesseln mit einem großen Bowiemesser. Sie packten mich zu zweit und stellten mich auf die Beine. Im ersten Moment knickte ich ein. Meine Knie waren wie abgestorben.

Sie ergriffen meine Oberarme fester, und der Raubvogelgesichtige versetzte mir einen Fausthieb in den Rücken.

»Gerade stehen!«, schnauzte er. »Von Hinlegen hat keiner was gesagt.« Wieder stimmte er sein Meckern an, und der Stetsonmann lachte ebenfalls.

Von dem Grundstück, auf dem ich mich befand, konnte ich nicht viel erkennen. Die Außenlampen erhellten nur einen Teil der üppig gewachsenen Gartenanlagen. Meine beiden Aufpasser bugsierten mich über einen Plattenweg auf einen Hintereingang zu, der von Ziersträuchern fast überwuchert war.

Es musste ein Eingang für Lieferanten und Personal sein. Der Korridor war weiß getüncht, und kalkiges Neonlicht ließ nirgendwo einen schattigen Winkel entstehen. Im Vorbeigehen sah ich offene Türen. Räume mit Gerätschaften, andere mit Vorräten, einer bis obenhin voll mit Weinflaschen in Holzregalen. Ich wurde in einen Waschraum getrieben, der mich an die Sozialeinrichtungen eines mittleren Handwerksbetriebs erinnerte.

Samantha Kirk bot ihren Gärtnern und sonstigen Hilfskräften die erdenklich besten Voraussetzungen für Reinlichkeit und Hygiene. Sicher, auch die Arbeit mit den Hunden, die hier zum Töten abgerichtet wurden, war nicht die sauberste.

Nebenan gab es auch noch vier Duschen in vorn offenen Plexiglaskabinen.

»Stehen bleiben!«, kommandierte der Stetsonmann.

Ich gehorchte und drehte mich halb zu den beiden um.

Der Raubvogelgesichtige zog eine klobige Automatic unter der Jacke hervor.

»Besser, du versuchst es gar nicht erst«, sagte er mit gefährlich funkelnden Augen. »Bei der kleinsten Dummheit kriegst du Blei ins Bein.«

Ich presste die Lippen aufeinander.

»Das hat er kapiert«, sagte der Stetsonmann grinsend. »Er bildet sich sowieso was drauf ein, dass Mrs. Kirk ihn nicht gleich abknipsen lässt.«

Der andere gluckste vor Lachen.

Während der Raubvogelgesichtige mich in Schach hielt, stellte der Stetsonmann eine der Duschen an. Das Wasser rauschte sanft. Nebel von warmem Dampf stiegen aus der Kabine auf. Mit seinem Bowiemesser fetzte er mir die verdreckten Sachen vom Leib. Er dachte jedoch nicht daran, mich von den Fesseln zu befreien.

»Los, rein da!«, befahl er mit einer herrischen Handbewegung. »Mrs. Kirk legt Wert auf Sauberkeit und Frische.«

Wieder kicherten die beiden.

Ich gehorchte. Das Ganze war für mich eher eine Schikane. Denn ich konnte meine Hände nicht gebrauchen. Kein Gedanke an Seife also. Nur ein Abspülen mit brühheißem Wasser. Ich biss die Zähne zusammen und ertrug es. Denn ich wusste, ein Wort der Beschwerde von mir, und sie würden es noch heißer drehen.

Nach ein paar Minuten winkte mich der Spitzbart aus der Dusche heraus. Er warf mir schwarze Badeshorts zu, die ich wegen der Fesseln nur mit äußerster Mühe anziehen konnte.

Kein Handtuch.

Tropfnass trieben sie mich durch ein weiteres Gewirr von Korridoren. Schließlich erreichten wir eine schwere Stahlschiebetür, die nach einem Knopfdruck motorgetrieben beiseite rollte.

Feuchte Wärme schlug mir entgegen. Ehe ich mit dem Staunen fertig war, versetzte mir einer der beiden Aufpasser einen Tritt. Ich stolperte vorwärts, konnte das Gleichgewicht nicht halten und schaffte es gerade noch, mich auf die Seite zu drehen, sodass ich mit der rechten Schulter aufschlug.

Zwei Yards weit rutschte ich über glatte Fliesen. Hinter mir schloss sich die Schiebetür. Ich war allein in einer fensterlosen Schwimmhalle. Das Becken hätte mit seiner Größe ohne weiteres für eine dreißigköpfige Schulklasse ausgereicht.

Ich hob den Kopf. Fenster gab es nicht, und die Tür auf der anderen Seite brauchte ich nicht erst zu untersuchen, um zu wissen, dass sie verschlossen war. Ich krümmte und streckte mich abwechselnd und erreichte auf diese Weise die Wand neben der Schiebetür. Dort gelang es mir, mich langsam hochzuschieben. Keuchend blieb ich stehen. Wieder rumorte der Schmerz unter meiner Schädeldecke.

Auch die Wände waren gefliest. Die Decke bestand aus Profilholz, das mit einem schimmernden Schutzanstrich versehen war. Die behagliche Wärme verteilte sich gleichmäßig im ganzen Raum.

An der Stirnseite des Schwimmbeckens standen Sitzmöbel auf einem wasserfesten Kunststoffteppich. Dahinter ein Servierwagen und eine fahrbare kleine Bar. Es war an jeglichen Komfort gedacht worden. Auch das künstlerische Moment fehlte nicht. Drüben an der Wand hinter der grünlich schillernden Wasserfläche leuchtete ein Mosaik in verschiedenen Grüntönen. Es stellte Neptun und eine Meerjungfrau dar. Samantha Kirk musste einen besonders sinnigen Geschmack haben.

Ich empfand weder Behagen noch Wohlgefallen.

Wie lange ich einfach dastand und meine Willenskraft wieder aufbaute, vermochte ich nicht zu sagen.

Drüben flog die Tür auf.

Ich spürte, wie sich meine Augen vor Überraschung weiteten. Dagegen konnte ich beim besten Willen nichts tun.

Samantha trat mit raubtierhaft federnden Schritten ein. Ich hörte, wie jemand die Tür hinter ihr von außen verriegelte. Auf dem Tisch am Schwimmbeckenrand stand eine Sprechanlage. Die Hausherrin konnte also jederzeit ihre Befehle erteilen, auch wenn sie sich mit mir zusammen einsperren ließ.

Sie trug einen Hauch von einem Bikini. Sie hatte eine hinreißende Figur. Da war nichts Schlaffes an ihrem schlanken Körper. Die Muskeln spielten bei jedem Schritt. Selbst ihre Brüste wirkten straff und jugendlich.

Einen Moment lang verharrte sie bei den Sitzmöbeln. Mit abgespreizten Fingern legte sie die Hände in die schmalen Hüften. Lächelnd musterte sie mich von Kopf bis Fuß. »Du hast dich absichtlich verkleidet, Crawford. Hast dich hässlicher gemacht, als du bist. Kleider machen Leute, auch im negativen Sinn. Stimmt's?«

»Ich laufe immer so rum, wie es gerade kommt«, behauptete ich.

Sie ging nicht darauf ein. Statt einer Antwort lächelte sie nur und setzte sich in Bewegung. Wieder diese federnde, raubtierhafte Art des Schreitens. Sie verstand es in der Tat, sich formvollendet in Szene zu setzen. Ihr Gang wirkte nicht übertrieben aufreizend. Nur dezent wiegte sie sich in den Hüften. Ihr Verhalten war eine einzige Herausforderung.

Nach der Niederlage, die ich ihr zugefügt hatte, würde sie keine Grenzen kennen. Ich glaubte, ihre Maßlosigkeit in jeder Beziehung inzwischen zu kennen.

Von der Ecke des Beckens her schritt sie geradewegs auf mich zu. Keinen Sekundenbruchteil lang löste sie ihren Blick von mir.

Zwei Yards vor mir blieb sie stehen. »Nun, was ist? Willst du nicht versuchen, mich anzugreifen?«

»Mit gefesselten Händen?«

»Dir würde ich es zutrauen. Du schaffst doch so ziemlich alles, was du dir vornimmst.«

»Da überschätzt du mich aber, Verehrteste. Klar,

wenn ich könnte, wie ich wollte, würde ich dich übers Knie legen. Und dann würde ich dir den strammen Hintern versohlen, dass du eine Woche lang nicht mehr sitzen könntest.«

Sie lachte schallend und warf den Kopf in den Nacken wie ein übermütiges Schulmädchen. Doch ihre Heiterkeit wirkte überzogen.

»Crawford, du bist ein Genießer, was? Himmel, manches könnte anders sein zwischen uns. Aber so, wie es nun mal aussieht, hast du dir eine Menge bei mir verscherzt.«

»Wen wundert's«, entgegnete ich. Äußerlich war ich ruhig, doch meine Nerven waren angespannt wie Bogensehnen. »Immerhin hast du Befehl gegeben, mich genauso zu erschießen wie Morgan. Wenn ich deinen Schwachköpfen beim Golfclub nicht entwischt wäre, könntest du dich jetzt nicht an meinem Anblick erfreuen.«

»Eingebildet bist du überhaupt nicht«, sagte sie lächelnd, und wieder wendete sie ihren alten Trick an.

Die letzte Silbe war noch nicht über ihre Lippen, als sie losschnellte. Ihre Vorwärtsbewegung war nur wie ein blitzartiges Zucken.

Ich konnte nicht weg, da die Wand hinter mir war.

Ruckartig packte sie mit beiden Händen zu, erwischte meinen rechten Oberarm mit klammerartigem Doppelgriff und zog mich von der Wand weg. Ihre Kraft war erstaunlich. Ich stemmte mich zwar dagegen, doch es nützte mir nichts, da ich wegen der gefesselten Hände kein Gleichgewicht halten konnte. Um nicht erneut auf die Fliesen zu schlagen, war ich gezwungen, ihrem Zerren mit kleinen schnellen Schritten zu folgen.

Und dann, als es für mich ohnehin keinen Sinn mehr hatte, noch Gegenwehr zu leisten, versetzte sie mir aus dem Zerren heraus einen Stoß. Sie wusste genau, wie sie meine Schwäche ausnutzen konnte. Ich hatte nicht die leiseste Chance, mich senkrecht zu halten. Schon nach drei Schritten kippte ich der Länge nach hintenüber.

Klatschend schlug ich mit dem Rücken auf die Wasseroberfläche.

Ich war geistesgegenwärtig genug, meine Lunge noch schnell mit Luft voll zu pumpen. Die klaren grünen Wasserfluten schlugen über mir zusammen, und ich hatte das Gefühl, wie ein Stein auf den Grund zu sinken.

Das Wasser hatte die gleiche Temperatur wie die Luft. Ich erschauerte nicht einmal. Ich ging in die Knie und stieß mich ab. In dem Moment, in dem ich auftauchte, hörte ich Samanthas helles Lachen, das nicht enden wollte. Ich blinzelte heftig, denn das gechlorte Wasser brannte in meinen Augen. Dann sah ich sie deutlich.

Sie stand am Beckenrand und hielt sich den flachen Bauch vor Lachen.

Ich musste meine Wut unterdrücken. Hätte ich erkennen lassen, wie es in mir kochte, so hätte sie genau das noch mehr vergnügt.

Wassertretend gelang es mir, meinen Kopf oben zu halten.

Nach einer Weile beruhigte sie sich schließlich.

»Jetzt haben wir endlich die richtige Ausgangsposition für ein vernünftiges Gespräch«, sagte sie und kicherte abermals los. Doch rasch wurde sie wieder ernst. »Allerdings musst du ein bisschen dafür tun. Ziemlich viel Beinarbeit. Die Wassertiefe beträgt drei Yards, und nirgendwo kannst du dich festhalten, du Ärmster.«

Ich antwortete nicht, sondern konzentrierte mich darauf, meine Kräfte einzuteilen. Vielleicht hatte sie vor, mich absaufen zu lassen wie einen Hund.

Zuzutrauen war es ihr.

Lieutenant Pawlowski hatte die Bereitstellungsräume der Polizeifahrzeuge so geplant, dass sie weit genug vom Zielort entfernt waren, um keinen Verdacht zu erwecken.

Gemeinsam mit Pawlowski und Nolan drang Phil Decker auf einem Waldweg vor. Die übrigen Beamten konnten über Walkie-Talkie im Handumdrehen in Marsch gesetzt werden. Nolan trug keine Handschellen. Vielmehr half er dem Lieutenant, eine längliche Ledertasche zu tragen, in der Waffen und Gerätschaften untergebracht waren. Phil war mit Pawlowski einer Meinung gewesen. Der Ganove würde nicht nach einer Fluchtmöglichkeit sinnen. Der Schock über die Menschenjäger saß ihm so tief in den Knochen, dass er zu jeder Mithilfe bereit war.

Sie erreichten den Rand des Waldes und fanden eine geeignete Deckung zwischen zwei mächtigen Baumstämmen. Pawlowski packte seine Sachen aus.

Schnellfeuergewehr mit Nachtsichtgerät, Maschinenpistole, Leuchtkugelpistole, Walkie-Talkie, Stablampe und Megafon.

Phil ließ sich unterdessen von Nolan das Gelände beschreiben.

»Wenn Sie schräg nach links sehen, dann ist da die Hütte. Genau am Wald gegenüber. Und eine ganze Ecke weiter rechts, ungefähr da ...«, er zeigte mit ausgestrecktem Arm über die weite Ackerfläche, »... hab ich mit meiner Beuteknarre gelegen.«

Phil brummte zum Zeichen, dass er verstanden hatte. Der Nachthimmel war noch immer klar und wolkenlos. Bei der matten Helligkeit des Mondlichts war es für die Augen kaum eine Anstrengung, Einzelheiten zu erspähen.

Die kleine Hütte war deutlich zu erkennen. Phil schätzte die Entfernung auf etwa dreihundert Yards. Wenn sie in die Falle gehen sollten, würden Pawlowskis Beamte nicht mehr als fünf Minuten brauchen, um mit ihren Fahrzeugen sternförmig bis hierher vorzudringen. Auch die Reste des zersplitterten Holzes an den Türangeln waren zu sehen.

Nolan hatte bei seiner Schilderung des Geschehens in der Tat nicht gelogen.

Die Geduld der Männer wurde auf eine harte Probe gestellt. Minute um Minute verrann, eine halbe Stunde, eine Stunde.

»Langsam beneide ich die Jungs in der Bereitstellung«, knurrte Pawlowski. »Die können sich wenigstens hin und wieder eine Zigarette anstecken.«

Nolan lachte leise. »Jetzt fange ich an zu kapieren, wie schwer so ein Polizistenleben ist.« Er schlug sich auf den Mund. »Sorry, Sir. Das ist mir so rausgerutscht.«

»Dann wollen wir es mal überhört haben«, sagte Phil grinsend. Er wollte noch etwas hinzufügen, blieb aber still. Angestrengt horchend hob er den Kopf.

Pawlowski und Nolan vernahmen es im selben Moment.

Das satte Brummen eines Automotors näherte sich. Sekunden später waren schräg zur Linken Scheinwerferlichtkegel zu erkennen, die sich wie dürre weiße Finger durch die Baumreihen tasteten. Und allem Anschein nach geisterte dieses Licht geradewegs auf die Hütte zu, die noch vor wenigen Stunden Nolans zugewiesenes Versteck gewesen war – und seine Mordstätte hatte sein sollen.

Lieutenant Pawlowski nahm das Walkie-Talkie vom Boden auf. »Einsatzbefehl?«, flüsterte er.

»Einen Augenblick noch«, entgegnete Phil ebenso leise. Er wollte absolute Gewissheit, bevor er eine Entscheidung traf. Immerhin war es denkbar, dass noch mehr Forstbeamte in der Gegend umherkurvten.

Zwei Minuten später stand fest, dass es sich nicht um einen Forstmenschen handelte.

Ein Jeep Renegade, dessen Hardtop abgenommen

worden war, stoppte in einer Schneise am Rand des Ackers. Vier Männer hockten in dem offenen allradgetriebenen Wagen.

Phil gab dem Lieutenant das Zeichen. Pawlowski schaltete das Walkie-Talkie ein und gab das Kommando für den Einsatz. Er konnte deutlich sprechen, denn noch lief drüben der Motor des bulligen Jeeps.

Drei Männer stiegen aus. Der Fahrer blieb hinter dem Lenkrad sitzen. Nur das Scheinwerferlicht schaltete er aus. Der Motor lief weiter. Die Möglichkeit eines fliegenden Starts war also einkalkuliert.

Die drei anderen schwärmten aus. Sie trugen Parkas und hielten ihre Maschinenpistolen in den Armbeugen. Jeder war außerdem mit einer leuchtstarken Stablampe ausgerüstet, die er in der Linken hielt.

Phil überlegte nicht lange. Das weitere Vorgehen stand für ihn fest, ohne dass es dazu eines Plans bedurfte. Mit wenigen Worten flüsterte er es dem Lieutenant zu. Pawlowski sah ihn sekundenlang zweifelnd an, nickte dann aber.

Phil zog den 38er aus dem Schulterholster und vergewisserte sich, dass die Trommel vollständig geladen war. Er schob den Dienstrevolver ins Leder zurück, richtete sich halb auf und verließ lautlos die Deckung.

So geräuscharm wie möglich pirschte der G-man voran. Von Zeit zu Zeit verharrte er, um sich zu überzeugen, dass die drei Männer mit den Maschinenpistolen von der Hütte aus weiter nach rechts davonzogen. Offenbar hatten sie eine Fährte aufgenommen. Nolan kauerte wahrscheinlich neben Pawlowski und grinste sich eins.

Der Jeepfahrer schnitt sich ins eigene Fleisch. Wegen des brummenden Motors konnte er kaum mitkriegen, was um ihn herum vor sich ging.

Bis auf zwanzig Yards schlich Phil an den Geländewagen heran. Vor ihm lag jetzt die freie Schneise. Der Mann am Lenkrad rauchte ungeniert. Er machte sich nicht einmal die Mühe, die Glut in der hohlen Hand zu verbergen. Er drehte sich nicht um. Er beobachtete nur das Vordringen seiner Kumpane. Sicherlich rechnete er irgendwann mit einem Zeichen von ihnen, dass er ihnen folgen solle.

Phil brauchte nicht lange auszuharren.

Ein trockener Knall war plötzlich zu hören. Zischend stieg die Leuchtkugel auf und erblühte in der nächsten Sekunde grellweiß am Nachthimmel.

Die drei MPi-Männer warfen sich in die Acker- furchen.

Das gesamte Gelände zwischen den Waldstücken wurde in strahlende Helligkeit getaucht, und der weiße Feuerball schwebte unendlich langsam vom Himmel herab.

Der Fahrer des Jeeps war zusammengezuckt.

Phil lief los, als der Mann den Rückwärtsgang hineinknallte. Der Kerl wollte seine Kumpane eiskalt im Stich lassen.

Aus unmittelbarer Nähe waren bereits die Polizei- fahrzeuge zu hören. Pawlowskis Megafonstimme dröhnte über das freie Feld: »Hier spricht die County Police! Das Gelände ist umstellt! Werfen Sie die Waffen weg, und heben Sie die Arme über den Kopf! Andernfalls gehen wir mit Gewalt gegen Sie vor!«

Das Getriebe des Jeeps heulte im Rückwärtsgang.

Phil blieb breitbeinig stehen und feuerte einen Warnschuss ab. Hart bellend übertönte der Smith & Wesson das Motorengeräusch.

Der Fahrer duckte sich unwillkürlich, als spürte er das Sirren der Kugel bedrohlich nahe. Den Kerlen auf dem Acker machte der Schuss gleichzeitig klar, dass Pawlowski nicht etwa bluffte.

Gehetzt drehte sich der Jeepfahrer um – was er ohnehin tun musste, um in der Schneise nicht gegen einen Baumstamm zu jagen.

Für einen Sekundenbruchteil sah Phil das verzerrte

Gesicht des Mannes und das Weiße in seinen Augen. Flackernde Panik! Die Reaktion war entsprechend. Er gab Gas, und mit erhöhter Geschwindigkeit raste der Jeep im Rückwärtsgang auf den G-man zu.

Draußen auf dem Feld tauchten die geländegängigen Polizeifahrzeuge auf und kreisten die MPi-Männer mit den Lichtkegeln ihrer Scheinwerfer ein.

Phil stieß den 38er zurück ins Holster, duckte sich, spannte die Muskeln und schätzte den richtigen Moment ab.

Glutrot und drohend stießen die Jeep-Rückleuchten auf ihn zu.

Er sprang aus dem Stand.

Das Polster der Rücksitze war straff, dämpfte seinen Aufprall aber doch ausreichend. Mit den Beinen stieß er gegen etwas Hartes, doch der Schmerz hielt sich in Grenzen.

Der Fahrer reagierte, wie es seiner Panik entsprach. Ruckartig zog er den Kopf zwischen die Schultern und rammte den Fuß auf das Bremspedal. Vollbremsung! Der Jeep schien buchstäblich mit der Hinterhand hochzukommen.

Wenn der Fahrer aber geglaubt hatte, den G–man durch die Windschutzscheibe katapultieren zu können, so erlebte er im nächsten Moment eine herbe Enttäuschung. Zwischen Rücksitz und Vordersitzlehnen hatte Phil erstklassigen Halt.

In dem Augenblick, in dem der Jeep stand, richtete er sich blitzartig auf. Zwei glasharte Hiebe genügten, um den Mann am Lenkrad ins Traumland zu befördern. Phil packte ihn und zog ihn mit einem kurzen Ruck auf den Beifahrersitz. Behände schwang er sich über die Lehnen nach vorn. Im Handumdrehen fand er sich mit den Armaturen des Jeeps zurecht.

Draußen auf dem Acker war der Scheinwerferkreis zum Stillstand gekommen. Durch die Gasse zwischen zwei Polizeifahrzeugen waren im gleißenden Licht drei Gestalten zu erkennen, die die Hände auf dem Hinterkopf gefaltet hatten.

Phil jagte mit dem Jeep auf das Licht zu. Der Mann neben ihm war immer noch bewusstlos, als er ihn in die Obhut zweier Patrolmen aus Lieutenant Pawlowskis Kommando übergab. Barry Nolan stieg mit einem Sergeant in eins der anderen Fahrzeuge. Der kleine Ganove aus Chicago, der sich als so furchtlos erwiesen hatte, wirkte erleichtert, obwohl er wusste, dass eine Zelle auf ihn wartete. Denn bis zur Gerichtsverhandlung würde niemand eine Kaution für ihn aufbringen. Dazu war er einfach nicht wichtig genug. Für ihn schien indessen an erster Stelle zu stehen, dass er den Vollstreckern entronnen war.

Pawlowski holsterte seinen Dienstrevolver, als er auf den G-man zutrat. Die Anspannung war aus dem Gesicht des Lieutenants gewichen. Trotzdem sah er nicht zufrieden aus.

»Die Kerle sind stumm wie die Fische«, knurrte er. »Natürlich rechnen sie damit, dass morgen ein Anwalt in ihre Zelle spaziert und ihnen alle Sorgen abnimmt.«

Phil blickte an ihm vorbei. Im Scheinwerferlicht waren die drei Unbekannten entwaffnet und mit Handschellen ausgestattet worden. Die Cops verfrachteten sie in einen Kastenwagen mit vergitterten Fenstern. Pawlowski hatte an alles gedacht.

»Kann sein, dass wir es nur mit Handlangern zu tun haben«, sagte Phil. »Wer auch immer hinter ihnen steht, er wird sich gut genug abgeschottet haben.«

Pawlowski nickte mit düsterer Miene. Seit die Methoden der Mafia öffentlich bekannt geworden waren, wusste man, wie so etwas lief. Viele andere Verbrecherorganisationen hatten seither von den Clans der Sizilianer gelernt. Ein Mann, der Aufträge ausführte, durfte nicht wissen, von wem er seine Aufträge erhielt. Dann konnte er auch keine wichtigen Geheimnisse verraten, wenn er einmal geschnappt wurde. Ein ausgeklügeltes System war erforderlich, um das zu gewährleisten.

»Der Jeep hilft uns auch nicht weiter«, sagte der Lieutenant mit einem Blick auf das bullige Geländefahrzeug. »Das Kennzeichen ist aus Chicago. Wahrscheinlich sind die Kerle dort angeworben worden.«

Phil nickte. »Ich werde die Kollegen in Chicago bitten, ihre V-Leute zu informieren. Mit den Personenbeschreibungen und dem Jeep-Kennzeichen kommen wir dann vielleicht doch weiter. Was ist übrigens mit dem Mann, den Nolan erschossen haben will?«

Pawlowski zog die Schultern hoch. »Ein Leichenfund ist noch nicht gemeldet worden. Und die Personenbeschreibung hat uns auch noch nichts genützt. Mit Schnauzbart laufen schließlich viele herum.«

Phil verschränkte die Arme vor der Brust und blickte sinnend in die Nacht hinaus. An Schlaf war kaum noch zu denken. Die Vernehmung der Festgenommenen war wichtiger.

Und was mochte mit Jerry geschehen sein?

Meine Beine funktionierten wie ein Automat.

Ich schaffte es, das Kinn so weit über Wasser zu halten, dass ich das gechlorte Nass nicht dauernd schlucken musste. Dabei zwang ich mich, nicht an das zu denken, was mir bevorstand. Samantha Kirk hatte mich in der Hand. In jeder Beziehung. Der weibliche Boss des Vollstrecker-Syndikats konnte nun doch noch den Zeitpunkt bestimmen, an dem sie mich über die Klinge springen ließ.

Minutenlang hatte sie mich nachdenklich angeblickt. Ein amüsiertes Lächeln spielte dabei um ihre Mundwinkel.

Unvermittelt wandte sie sich ab und ging zum anderen Ende des Beckens der Sitzgruppe gegenüber. Ich blickte ihr nach. Ihre Bewegungen waren von verhalten explosiver Elastizität. Sie wirkte wie eine Tigerin, die jederzeit aus scheinbarer Ruhe zu einem wütenden Angriff bereit ist.

Aus einer waagerecht verlaufenden Ausbuchtung in der gefliesten Wand nahm sie eine Bambusstange, etwa drei Yards lang. Am Ende der Stange befand sich ein mit Kunststoff ummantelter Ring, der den Durchmesser eines Wasserballs hatte.

Ich begriff, was sie plante.

Bevor sie an die Längsseite des Beckens zurückkehrte, bewegte ich mich wassertretend auf die andere Seite. Ich schätzte das Becken auf fünf Yards Breite. Sie konnte mich also nicht sofort erwischen. Keuchend hielt ich inne, legte den Kopf nach hinten auf den Fliesenrand und fand auf diese Weise wenigstens etwas Halt.

Samantha blieb stehen, ließ die fast armdicke Bambusstange durch ihre Hände gleiten und schlug mit dem Kunststoffring auf die Wasseroberfläche.

»Gut gemacht, Crawford«, sagte sie spöttisch. »Aber glaubst du im Ernst, du kannst mir auf die Dauer entwischen?«

»Ist nur eine Frage der Schnelligkeit«, entgegnete ich.

Mein Atem hatte sich beruhigt. Ich fühlte, dass ich wieder Kraftreserven hatte.

»Und den Zeitfaktor hältst du nicht für wesentlich?«

»Doch«, antwortete ich und grinste unverschämt. »Ich weiß nur nicht, wie lange es dauert, bis du schlappmachst.«

Ihr Gesicht verzerrte sich. »Deine Frechheit wird dir noch vergehen, Freundchen, wart es ab!« Sie schnellte los und machte sich nicht einmal die Mühe, das Ringende der Stange aus dem Wasser zu ziehen. Wie eine Leine hielt sie das Ding und erreichte bereits die Stirnseite des Beckens.

Ich stieß mich mit dem Nacken ab, warf mich wie

ein aalglatter Seehund im Wasser herum und trampelte los, in Richtung auf die gegenüberliegende Seite.

Samantha bewies mir schon bei diesem ersten Fluchtversuch, dass ich den Mund zu voll genommen hatte.

Der Ring senkte sich über meinen Kopf und drückte mir fast die Kehle zu. Ich hatte noch nicht einmal die Beckenmitte erreicht. Augenblicklich hielt ich inne, drehte mich um und hatte den Ring im Nacken.

Samantha kniete am Rand und hielt die Stange mit beiden Händen. Sie stieß ein höhnisches Lachen aus. »Schon am Ende mit deinem Latein? Aber wenn du glaubst, ich würde dich jetzt über Wasser halten, dann hast du dich getäuscht, verehrter Mr. Crawford.«

Ohne eine weitere Ankündigung legte sie die linke Hand von oben auf die Stange und drückte sie nach unten. Wieder einmal spürte ich, welche Kräfte diese Frau besaß. Alles Wassertreten half mir nichts mehr. Ich schaffte es gerade noch, meine Lungen mit Luft voll zu pumpen. Dann tauchte ich unter, und der verdammte Ring drückte wie zwei Fäuste auf meine Schultern.

Erst jetzt gelang es mir, durch heftige Beinarbeit in die Waagerechte zu gleiten. Doch bevor ich den Kopf aus dem Ring ziehen konnte, hatte Samantha meine Absicht erkannt. Sie drehte den Ring kurzerhand und folgte meiner Bewegung.

Dann, auf einmal, ließ der Druck nach. Ich tauchte auf, rang nach Luft, blinzelte und prustete und sah, dass Samantha wieder auf die andere Beckenseite gewechselt war.

»Begreifst du endlich?«, fragte sie mit scheinheiliger Freundlichkeit. »Kapierst du verdammter Idiot, dass ich dein Leben in der Hand habe?«

»Allerdings«, schnaufte ich. »Und was soll ich daraus folgern?«

»Dass du aufhörst, mir etwas vorzumachen.«

»Tue ich das?«

»Ja, das tust du!«, fauchte sie. »Für wie blöd hältst du mich eigentlich? Du bist kein hergelaufener Tramp wie Eric Morgan oder all die anderen Typen. Das kannst du mir nicht erzählen. Du bist ein paar Nummern größer. Dafür habe ich ein Gespür. Und ich werde es aus dir herauskitzeln, das schwöre ich dir.« Und mit jähem Ruck drückte sie die Stange erneut nach unten.

Abermals ging ich auf unfreiwillige Tauchstation. Diesmal schaffte ich es nicht einmal, mich durch Beinbewegungen in die Waagerechte zu bringen. Sie vereitelte jeden Versuch, indem sie sofort mit der Stange in die entgegengesetzte Richtung schob. Ich wusste, es würde mich an den Rand des Wahnsinns bringen, dass ich den elenden Ring nicht über den Kopf streifen konnte.

Diesmal hielt sie mich länger unter Wasser als beim ersten Mal. Meine Luft wurde knapp. Ich spürte den zunehmenden Druck auf dem Oberkörper. Feurige Ringe begannen vor meinen Augen zu tanzen.

Samantha schien zu ahnen, wie weit sie gehen konnte, ohne dass ich bewusstlos wurde. Sie ließ mich hochkommen, als ich kurz davor war. Es dauerte scheinbar endlos lange, bis ich wieder klar sehen konnte. Auch hatten die Schmerzen in meinem Schädel wieder eingesetzt. Ich fühlte mich auf einmal hundeelend und wusste, dass ich aufhören musste, sie zu reizen.

Jetzt war ich gezwungen, das andere Spiel mit ihr zu spielen, das sie vielleicht mehr beeindrucken würde.

»Na?«, rief ich höhnisch, als ich sie wassertretend anstarrte. »Immer noch nicht genug?«

Der Ring lag locker auf meinen Schultern, und doch empfand ich ihn als schwere Last. »Ich muss schon sagen«, gestand ich und tat dabei, als widerstrebte es mir, »du kannst einem verdammt zusetzen. Dir gefällt es, einen zu quälen, bevor du ihn ins Jenseits beförderst.«

»Du hast den Nagel auf den Kopf getroffen, Crawford. Bei dir macht es mir auch noch besonders viel Spaß, weil ich weiß, dass du nicht der Crawford bist, den du spielst. Vielleicht heißt du auch ganz anders.«

»Und wenn es so wäre?«

Sie runzelte die Stirn und spähte forschend in mein Gesicht. Unverhohlenes Misstrauen war in ihrer Miene zu erkennen.

»Was hast du jetzt im Hinterkopf? Ich warne dich! Wenn du versuchst, mich reinzulegen, wird es dir schlecht bekommen. Dir traue ich nicht von hier bis an die Wand.«

Mir gelang ein Grinsen. »Das ist es doch, was dir an mir so gefällt.«

»Stimmt«, sagte sie. »Wir beide wären ein prächtiges Gespann. Einen Kerl wie dich habe ich noch nicht kennen gelernt. Wenn du dich auf meine Seite schlagen würdest, könnten wir alle anderen austricksen. Aber wenn du weiter gegen mich bist, muss ich dich töten. Einen Gegner wie dich kann ich mir nicht leisten.«

»Vielleicht machst du dir etwas vor«, erwiderte ich. »In meinem Verein gibt es jede Menge Burschen, die noch mehr drauf haben als ich.«

»Verein?« Die Falten auf ihrer Stirn wurden noch deutlicher. »Was soll das heißen?« Ihre Augen verengten sich zu Schlitzen, und ihre Stimme senkte sich zu einem scharfen, zischenden Ton. »Hör mal, Freundchen, ich lasse mich nicht auf den Arm nehmen. Entweder du rückst jetzt sofort mit der Sprache heraus, oder ich zeige dir, wie man sich fühlt, wenn man kurz vor dem Ertrinken ist. Klar?« Zur Untermalung ihrer wütenden Worte verstärkte sie langsam, aber stetig den Druck des Kunststoffrings.

»Aufhören, verdammt nochmal!« Ich knurrte es, als ich schon mit dem Kinn unter Wasser war. Der Druck ließ nach. Ich tat, als müsste ich mir einen innerlichen Ruck geben. »Ich bin Special Agent des FBI!«

Minutenlang starrte sie mich nur an. Dann lachte sie schallend los. »Warum nicht gleich der Bruder des Präsidenten? He, warum sagst du nicht gleich, du wärst ein ganz großes Tier?«

»Mein Name ist Jerry Cotton. Ich bin Special Agent beim FBI-Distrikt New York. Wenn du willst, kannst du das nachprüfen.«

Sie zog die Brauen zusammen, dass sie einen Strich bildeten. »Du spinnst.«

»Ganz und gar nicht. Ich bin im LaSalle County als Undercover-Mann eingesetzt worden, und ich habe das Recht, in bestimmten Situationen Vertrauenspersonen um Mitteilungen an meine Dienststelle zu bitten. Das könnte zum Beispiel dann der Fall sein, wenn ich mich selbst nicht melden kann, weil ich dann meine Identität enthüllen würde. Du kannst also meinetwegen in New York anrufen, das Codewort *Man Hunt* nennen und sagen, du hättest eine Nachricht von Crawford. Du würdest sofort mit dem Chef des FBI-Distrikts verbunden werden.«

»Also gut. Ich könnte beim FBI in New York anrufen, und wahrscheinlich würde es so laufen, wie du gesagt hast. Wer sagt mir, dass es nicht doch ein Trick ist? Du müsstest doch einen Dienstausweis oder so was bei dir haben.«

»Auf die Haut oder unter die Schuhsohle geklebt?« Ich schüttelte den Kopf. »Das läuft nur im Fernsehen. Meine persönlichen Sachen liegen beim FBI-Distrikt in Chicago unter Verschluss.«

»Wieso in Chicago?«

»Weil ich dort mit meiner Legende als John Crawford in die Unterwelt gegangen bin.«

Samantha schwieg mehrere Minuten lang. Ihr Blick tastete prüfend mein Gesicht ab, als könnte sie auf diese Weise herausfinden, ob ich die Wahrheit sagte.

»Ich überlege mir noch, ob ich wirklich in New York anrufe«, sagte sie schließlich. »Aber nehmen wir mal an, du lügst nicht – du ziehst mit dem Kennwort *Man Hunt* los und gehst als Crawford in die Unterwelt. Das heißt doch, dass ihr schon einiges über mich herausgefunden habt. Oder?«

Ich musste mich beherrschen, um mein Erstaunen zu verbergen. Ihre Worte hörten sich so an, als ob sie auf ihren möglichen Bekanntheitsgrad stolz war. Genoss sie es etwa, dass man auf sie aufmerksam wurde?

Ich begann zu ahnen, wie verdreht es in ihrem Hirn zugehen musste. »Über dich persönlich ist nichts bekannt«, sagte ich. »Du hast es sehr geschickt verstanden, dich im Hintergrund zu halten. Die Ergebnisse deiner – hm – Arbeit sind dagegen umso deutlicher erkannt worden. Der zuständige Federal Attorney in Chicago hat sich eingeschaltet. Über das Justizministerium in Washington wurde das FBI-Hauptquartier hinzugezogen, und so habe ich meinen Auftrag erhalten. Über deine …«, wieder kriegte ich das Wort nur schwer über die Lippen, »… Arbeit liegt also an höchster Stelle in Washington eine Akte vor.«

Samantha hörte mir mit leuchtenden Augen zu. »An höchster Stelle in Washington«, murmelte sie andächtig. Dann wich der träumerische Ausdruck aus ihrem Gesicht. »Es ist meine Arbeit, wirklich und wahrhaftig. Wenn du mit mir zusammenarbeiten willst, muss ich von dir noch alle Einzelheiten erfahren. Schließlich weiß man ja gern, wie weit man in Gefahr ist.«

»Das hängt ganz von mir ab«, behauptete ich großspurig. »Wenn ich keine Ermittlungsergebnisse von Chicago durchgebe, wissen meine FBI-Kollegen nicht mehr als vorher.«

»Du willst dich so teuer wie möglich verkaufen, wie?« Erneut trat der lauernde Ausdruck in ihr Gesicht. »Dabei müsstest du doch wissen, dass es nur um dein Leben geht.«

Ich lachte unverfroren. »Wer einen FBI-Agenten umpolen will, muss schon etwas herausrücken. Unser Leben setzen wir tagtäglich aufs Spiel. Das ist nichts Besonderes in meinem Job.« Meine Behauptung war im Grunde ungeheuerlich. Ich tat so, als ob es möglich wäre, einen G-man mit Geld zu kaufen.

»Du fängst an, mich zu überzeugen«, sagte sie mit mädchenhaftem Lächeln und hob die Stange ein wenig. Wie zufällig rückte sie dabei ihre vollen Brüste besser ins Blickfeld. »Es kommt aber darauf an, dass ich dich auch überzeugen kann. Weißt du eigentlich, was ich will?«

»Ziemlich genau«, antwortete ich. »Wenn es etwas gibt, was du nicht leiden kannst, dann sind es die miesen kleinen Ganoven, die unsere Städte in ganzen Heerscharen bevölkern. Die sich am Eigentum anderer bereichern und dafür nicht einmal bestraft werden. Weil die Polizei nichts gegen sie ausrichtet, muss man eben zur Selbsthilfe greifen. Du tust es, und du willst darauf aufmerksam machen. Weil du nämlich hoffst, dass andere tatkräftige Bürger deinem Beispiel folgen.«

Wieder leuchteten ihre Augen. »Donnerwetter«, sagte sie anerkennend. »Das hätte ich nicht besser ausdrücken können. Ist dir jetzt klar, dass du diese Scharen von Halunken auch noch in Schutz nehmen wolltest?«

Ich zuckte mit den Achseln und tischte ihr ungeniert meine nächste Lüge auf. »Dienst ist Dienst, Baby. Aber die Sache sieht jetzt nun mal anders aus. Man muss sich zur Decke strecken, stimmt's? Du hast das Geld, um dein Ziel zu erreichen. Aber schaffen kannst du es nur mit mir, weil ich der Einzige bin, der dich vor dem FBI bewahren kann. Und jeder hat eben seinen Preis.«

Sie schüttelte den Kopf und lachte. »Ob ich dein Baby bin, wird sich noch rausstellen. Du glaubst wohl, du kannst mich um den kleinen Finger wickeln, was?«

»Wenn du mich endlich aus diesem Aquarium entlässt, würde ich damit anfangen.«

»Schüchtern bist du überhaupt nicht, was? Aber meinetwegen! Lassen wir es auf einen Versuch ankommen! Ich muss dir sagen, dass ich noch lange nicht von deiner Ehrlichkeit überzeugt bin. Es wird eine Weile dauern, bis es so weit kommt. Denke also nicht, dass du dir alles Mögliche herausnehmen kannst! Ich werde dich sehr genau überwachen und überwachen lassen.«

Sie leitete mich mit der Stange zu den Fliesenstufen, die aus dem Wasser zur Sitzgruppe hinaufführten.

Dann warf sie das Bambusding weg, stützte mich und führte mich zum Tisch. Kurz entschlossen befreite sie mich von meinen Fesseln und warf mir ein Handtuch zu.

»Wenn du denkst, du könntest dir jetzt etwas leisten, dann hast du dich getäuscht«, sagte sie, während sie an der fahrbaren Bar Drinks mixte. Mit einer Kopfbewegung deutete sie zur holzgetäfelten Decke. Tatsächlich gab es da oben ein stumpf glotzendes Videoauge. »Meine Leute beobachten alles, was hier passiert.«

»Schade«, seufzte ich. »Und ich dachte, es ginge endlich zur Sache. Aber eine kostenlose Vorführung wollen wir ihnen nicht liefern, stimmt's?«

Sie brachte zwei gefüllte Whiskygläser und sah mich kopfschüttelnd an. Wir setzten uns.

»Auf eins werde ich bei dir wohl besonders achten müssen«, sagte sie und prostete mir zu.

Ich nippte an meinem Drink und massierte mir die prickelnden Handgelenke. »Und das wäre?«

»Deinen Hang zum Größenwahn. Es könnte sonst passieren, dass du mir über den Kopf wächst. Aber so was passiert mir nicht noch einmal.«

»Schlechte Erfahrungen mit Männern?«

Ihre Miene verfinsterte sich. »Nur nach Roberts Tod. Es hat da ein paar miese Typen gegeben, die glaubten, sich bei der reichen Witwe ins gemachte Nest setzen zu können.«

»Robert war dein Mann?«

»Ja.« Sie hob das Kinn mit einem Ruck, und in ihren Augen entstand ein mörderisches Glimmen. »So ein elender kleiner Strolch hat ihn auf dem Gewissen. Robert war zu leichtsinnig. Er ist nur mit seinem Colt rausgegangen, als die Hunde angeschlagen hatten. Dass er es mit drei Halunken zu tun kriegen würde, hat er nicht erwartet. Er hat seinen Leichtsinn mit dem Leben bezahlt.« Schwer atmend hielt sie inne.

»Und seitdem lässt du Verbrecher jagen?«, folgerte ich und tat dabei, als könnte ich sie sehr gut verstehen.

»Nein. Ich hatte erst gedacht, ich würde über meine Trauer hinwegkommen – zum Beispiel mit einem neuen Partner. Aber es waren nur Schweinehunde, die mir über den Weg liefen. Ich habe mich ganz aus der Öffentlichkeit zurückgezogen. Nach und nach wurde mir aber klar, dass ich eine Aufgabe brauche. Ich musste etwas tun, damit Roberts Schicksal nicht auch andere ereilt. Und ich musste all diesen Schweinen beweisen, dass auch eine Frau stark genug sein kann, um sich gegen verdammte Ungerechtigkeiten durchzusetzen.« Aus schmalen Augen sah sie mich an. Ihre Stimme senkte sich zum Flüstern. »Wenn wir beide uns verbünden, ist das in Ordnung. Glaube aber nur nicht, dass du mich unterdrücken kannst! Der Tag, an dem du das versuchst, wird dein Letzter sein.«

Ich nickte, und es fiel mir nicht schwer, ernst zu bleiben. Denn ich spürte den tödlichen Hass in ihren Worten. Mir wurde auf einmal klar, was diese Frau dazu trieb, Todesurteile nach freiem Ermessen zu verhängen. Bittere Erfahrungen hatten sich in ihr zu einem krankhaften Wahn gesteigert. Mit ihren Vollstreckern übte sie nicht nur Rache für ihren Mann, sondern sie rächte sich auch an der Männerwelt für all das, womit sie erniedrigt worden war.

Sylvie Morgan hasste ihre eigene Unschlüssigkeit. Die Zeit, die seit ihren Erkundungen beim Busbahnhof vergangen war, erschien ihr auf einmal als verschwendet. Dabei hatte sie lange genug überlegt und sich schließlich dafür entschieden, den Rest des Abends im Hotel zu verbringen.

Noch beim Abendessen sammelte sie ihre letzten Informationen. Vom Kellner erfuhr sie, dass es bei dem bewussten Golfclub einen Hausmeister gab, der für die verschiedenen Gebäude verantwortlich war. Der Mann hieß Gaskin und war unter der Telefonnummer des Clubs zu erreichen.

Sylvie gähnte und blickte auf ihre Armbanduhr. Es war fast Mitternacht. Sie saß in einem behaglichen Nebenraum der Lobby und verfolgte das Fernsehprogramm mit mäßigem Interesse. Außer ihr waren zwei Handelsvertreter anwesend, die Bier tranken, rauchten und irgendwelche Listen ausfüllten. Weitere Übernachtungsgäste schien das Hotel an diesem Abend nicht zu haben.

Warum, in aller Welt, hatte sie diesen Hausmeister nicht gleich angerufen?

Sylvie kannte die Antwort sehr genau. Nach dem Abendessen war sie müde geworden. Eine Folge der körperlichen und seelischen Strapazen, die hinter ihr lagen. In einem solchen Zustand schob sie am liebsten alles auf die lange Bank und streckte alle Viere von sich. Genau das hatte sie in diesem Fall wieder einmal getan. Prompt stellte sich dann ein regelrechter Katzenjammer ein.

Die Folge war eine unnatürliche Wachheit. Sylvie wusste, dass sie kein Auge zutun würde, wenn sie jetzt schon zu Bett ging.

Kurz entschlossen nahm sie ihr leeres Coke-Glas und ging in die Lobby hinüber, wo der Kellner den Nachtportier spielte. Ein sympathischer Mann mit jungenhaftem Gesicht. Er hob den Kopf und lächelte, als er die zierliche Frau erblickte. »Madam, Sie brauchen sich Ihre Drinks nicht abzuholen. Ich bin froh, wenn ich ein bisschen Bewegung habe.«

Sylvie lächelte und winkte ab.

»Eigentlich möchte ich Sie nur etwas fragen. Aber wenn Sie mir das Glas noch einmal halb auffüllen ...« Sie hielt es ihm hin.

»Diesmal mit einem Schuss Bourbon, oder wieder ohne alles?«

»Ohne alles.«

Sie nahm die Zigarette an, die er ihr anbot, als er mit dem alkoholfreien Drink zurückkehrte. Er hatte sich selbst mit einem Whisky-Soda versorgt. Der kleine Raum mit dem blank polierten Mahagonipult gewann durch die schummrige Nachtbeleuchtung auf einmal etwas Anheimelndes für Sylvie. Warum genoss sie nicht einfach die späte Abendstunde und kümmerte sich erst morgen wieder um das, weswegen sie eigentlich hier war?

Ihr Gegenüber prostete ihr zu.

»Und nun zu unserer Fragestunde, Madam! Ich höre.«

»Es handelt sich noch einmal um den Golfclub«, sagte sie zögernd. »Dieser Mr. Gaskin – könnte man jetzt noch mit ihm sprechen? Obwohl es so spät ist?«

Der Kellner-Nachtportier nickte verständnisvoll. »Ich frage nicht, was Sie beunruhigt, Madam. Ich sage nur, wie die Dinge sind, und vielleicht macht Sie das ein wenig ruhiger. Also, der alte Gaskin ist Junggeselle und grundsätzlich für jede Unterbrechung seiner Einsiedelei dankbar. Außerdem ist er eine Nachteule, kreuzt oft noch viel später hier auf und holt sich Zigaretten- und Biernachschub.«

Sylvies Entschlusskraft wuchs plötzlich wieder. »Sie meinen, ich könnte noch mit ihm sprechen?«

»Warum nicht? Das Telefon ist gleich nebenan. Soll ich für Sie wählen?«

Sylvie überlegte einen Moment.

»Eigentlich möchte ich lieber hinausfahren«, sagte sie beinahe schüchtern. »Würden Sie ihn fragen, ob ihm das etwas ausmacht?«

»Ihnen tue ich jeden Gefallen. Nur wird er wohl wissen wollen, worum es geht. Ich meine …«

»Ja, natürlich. Es handelt sich um meinen Bruder, der hier in der Gegend verschwunden ist. Eric Morgan.«

Es war, als huschte ein Schatten über das Gesicht des Mannes hinter dem Pult. Für einen Sekundenbruchteil sah er die zierliche junge Frau aus schmalen Augen abschätzend an. Sylvie bemerkte es nicht, da sie ihre Zigarette ausdrückte. Als sie den Kopf hob, war der Mann wieder ganz zuvorkommende Freundlichkeit. »Ich rufe gleich an, Madam. Warten Sie einen Augenblick! Bestimmt ist es das Beste, wenn Sie sich alles von der Seele reden. Wie ich den alten Gaskin kenne, hat er dafür garantiert Verständnis.«

Gedankenverloren blickte Sylvie ihm nach, wie er durch eine schmale Tür hinter dem Pult schlüpfte. Seine Stimme war nur gedämpft zu hören. Nur eine Minute später tauchte er wieder auf. Es schien keiner besonderen Überredungskunst bedurft zu haben, Gaskin auf den späten Besuch vorzubereiten.

»Er erwartet Sie. Natürlich hat auch die Polizei schon bei ihm nachgefragt, ohne dass etwas dabei rausgekommen ist. Eine unangenehme Geschichte! Aber Gaskin will Ihnen gern helfen, wenn er kann. Kennen Sie den Weg zum Golfclub?«

»Ja. Ich habe mir die Strecke beschreiben lassen. Haben Sie vielen Dank, Sir!«

Der Mann hinter dem Pult nickte und blickte ihr nach. Als er den Automotor vor dem Hotel aufbrummen hörte, kerbte sich ein Grinsen in seine Mundwinkel. Er ging noch einmal zum Telefon.

Sylvie fröstelte. Die Nacht war kühl. Leichter Regen

hatte eingesetzt. Sie schaltete die Scheibenwischer ein. Die Heizung arbeitete noch nicht, da der Wagen zu lange gestanden hatte und der Motor kalt war. Vielleicht, so sagte sie sich, lag es aber auch nur an ihrer Müdigkeit, dass sie fror.

Sie fand die Abzweigung, die ins freie Land hinausführte. Eine schmale, kurvenreiche Straße. Der Regen nahm zu, und Sylvies Hände verkrampften sich unwillkürlich über dem Lenkrad. Endlich konnte sie die Heizung einschalten. Sie knipste auch das Radio an und fühlte sich bald darauf wohler. Leise Tanzmusik und behagliche Wärme ließen das Auto zu einer Insel in der rauen, menschenfeindlichen Natur werden.

Sie hatte nicht zur Uhr gesehen, aber sie schätzte, dass sie etwa eine halbe Stunde unterwegs war, als die Hinweisschilder und dann die Gebäude des Golfclubs auftauchten. Die Hausmeisterwohnung befand sich in einem flachen Seitentrakt. Erhellte Fenster und eine Außenlampe wiesen den Weg.

Sylvie stieg aus, verriegelte den Wagen und zwang sich, nicht daran zu denken, dass Eric hier, vielleicht nur ein paar Schritte entfernt, noch gelebt hatte, bevor ihn bei dieser Villa die tödlichen Kugeln trafen. Sylvie konnte es noch immer nicht glauben, dass Eric ausgerechnet auf seiner Flucht vor den Ermittlungsbehörden einen Einbruch versucht haben sollte. Er hatte ihr geschworen, dass er die Finger davon lassen würde – für alle Zeiten. Sie glaubte ihm.

Der Hauseingang hatte ein Vordach. Sie klingelte und klopfte die Regentropfen von ihrer Jacke. Im nächsten Moment wurde die Tür bereits geöffnet, als hätte Gaskin sie schon kommen hören. Sicherlich freute er sich auf die Abwechslung. Sylvie hob den Kopf und lächelte.

»Guten Abend, Sir«, sagte sie höflich. »Ich hoffe, ich mache Ihnen nicht zu viele Unannehmlichkeiten.«

»Überhaupt nicht. Im Gegenteil, wir sind richtig

beglückt.« Der Mann, der ihr gegenüberstand, war ziemlich groß und trug einen Stetsonhut, obwohl er sich in der Wohnung befand. Ungewöhnlich waren auch sein grauer Spitzbart und die mit Fransen besetzte Lederjacke.

»Mr. Gaskin?«, fragte Sylvie stirnrunzelnd. Ihre Sinne schrillten Alarm.

Der Spitzbärtige grinste.

Sylvie wollte sich herumwerfen und davonlaufen. Doch er packte einfach ihren Arm und zog sie in den Korridor. Gegen die Kraft dieses Mannes konnte sie nicht das Geringste tun. Auch war ihr Entsetzen viel zu groß. Er schleuderte sie in ein hell erleuchtetes Wohnzimmer auf ein Sofa. Angst und Schmerz lähmten sie. Sie wollte schreien, brachte aber keinen Ton heraus.

Alles geschah blitzschnell. Ein zweiter Mann war plötzlich zur Stelle, hager und Furcht einflößend, mit einem Raubvogelgesicht, das nur aus Haut und Knochen zu bestehen schien. Er stieß ihr einen Knebel in den Mund, bevor ihre Stimmbänder wieder funktionierten. Gemeinsam mit dem Stetsonmann fesselte er ihr die Hände auf den Rücken. Die dünne Kunststoffschnur schnitt schmerzhaft in ihre Handgelenke.

Erst als sie durch einen Hinterausgang hinausgestoßen wurde, sah sie den Mann, der Gaskin sein musste. Er hantierte in der Küche und beobachtete das Geschehen mit scheelem Seitenblick. Ein grauhaariger alter Mann. Sylvie hätte ihm gern das Wort ›Verräter‹ zugeschrien. Ihre Bezwinger trieben sie in einen Geländewagen. Sylvie spürte, wie ihre Angst dem Zorn Platz machte. Sie begann zu ahnen, auf welche niederträchtige Art und Weise ihr Bruder umgebracht worden war.

Die schwüle Wärme war erträglich, sofern man keine überflüssige Kleidung auf dem Leib trug. Irgendwo verborgen musste eine gut arbeitende Klimaanlage eingebaut sein.

Samantha schob mir einen neuen Drink zu und brachte meine Gedanken zurück auf den Teppich. Ich musste aufpassen. Wenn sie versuchen wollte, meinen Verstand mit Alkohol zu benebeln, dann hatte sie sich den Falschen ausgesucht. Sie prostete mir zu. Ihr Blick verschleierte sich.

»Langsam sollten wir wohl doch zum gemütlichen Teil übergehen«, sagte sie leise und gurrend.

Ich konnte mir leicht ausmalen, was mir bevorstand. Eine Frau mit dem Äußeren von Samantha Kirk konnte unter normalen Umständen jeden normalen Mann schwach werden lassen. Aber bei diesem teuflischen Weib sträubte sich jede einzelne Faser meiner Nerven.

Ich musste das Spiel schnell beenden.

Ich hob mein Glas, nickte, grinste und versuchte, den Überlegenen zu spielen, der auch die kniffligste Situation im Griff hat.

Die Sprechanlage summte und ersparte mir weitere Anstrengungen. Samantha drückte die Antworttaste. »Was ist los, zum Teufel? Muss das ausgerechnet jetzt sein?«

»Sorry, Madam«, tönte es blechern zurück. Ich erkannte die Stimme des Raubvogelgesichts. »Netter Besuch für Sie. Eine kleine Lady möchte wissen, was mit ihrem armen, armen Bruder passiert ist. Sie hat schon überall rumgefragt und ist jetzt bei uns gelandet.«

Samanthas Augen verengten sich zu Schlitzen. »Was für ein Bruder?«, zischte sie in die Sprechmuschel.

»Eric Morgan, Madam.«

Ich erschauerte beim Anblick von Samanthas Gesichtszügen, die plötzlich hart wie Stein wurden. Ihr Blick traf mich, schien mich zu durchbohren und senkte sich dann wieder. »Bringt das Miststück rein!«, sagte sie mit einer Stimme, die wie zerspringendes Eis klang.

Ich hatte das Gefühl, dass mein Blut in den Adern gefror. Eric Morgan! Ich dachte an den zitternden kleinen Mann, dem ich trotz allem nicht hatte helfen können. Ich dachte an seine Todesangst und daran, wie er sich selbst ins Verderben gerissen hatte. Und seine Schwester war nach Earlville gekommen, um ihn zu suchen! Glaubte sie etwa, dass er noch lebte? Es schnürte mir die Kehle zu.

Die beiden Vollstrecker brachten sie herein. Hoagey und Shand. Die Namen hatte ich inzwischen von Samantha erfahren.

Die zierliche junge Frau war kreidebleich. Der Blick aus ihren großen Augen wechselte furchtsam von Samantha zu mir. Es brachte mich fast um den Verstand, in ihrem Gesicht die Ähnlichkeit mit Eric zu erkennen. Beinahe anklagend starrte sie mich jetzt an. Hielt sie etwa mich für den Kopf des Unternehmens? Sicher, nach dem äußeren Eindruck musste sie diesen Schluss ziehen. Samantha und ich im Badedress in der Schwimmhalle des Hauses – da sah ich ganz gewiss nicht wie ein Gefangener aus.

»Du suchst dieses Dreckstück von einem Bruder, du Schlampe?« Samantha rief es höhnisch und voller Überheblichkeit. »Seinen Kadaver kann ich dir leider nicht mehr vor die Füße werfen.«

Sylvie begann am ganzen Körper zu zittern. Tränen schossen ihr in die Augen.

»Ich weiß, dass er tot ist«, antwortete sie tonlos. »Ich möchte wissen, warum er gestorben ist, ob er sich etwas zuschulden kommen ließ.«

Samantha lachte verächtlich. »Da brauchst du nicht länger zu rätseln, Kleines. Dein Bruderherz wurde von mir zum Tode verurteilt, weil er zum Abschaum gehörte. Und meine Männer haben das Urteil in der Nacht vollstreckt. Das ist alles.«

Fassungslos öffnete Sylvie den Mund und brachte doch keinen Laut hervor. »Das – das war – Mord«, keuchte sie nach endlosen Sekunden.

Samantha und ihre Vollstrecker lachten erneut. »Nenn es, wie du willst!«, kicherte Samantha. »Es interessiert mich nicht. Auch für dich dürfte es ziemlich uninteressant sein. Denn dir ist ja wohl klar, dass du dieses Haus nicht mehr lebend verlässt.«

Sylvie stieß einen erstickten Schrei aus. Hoagey versetzte ihr einen Hieb in den Rücken und sie verstummte. Ich hatte das Gefühl, dass mir jeden Augenblick die Galle überlaufen würde. Dabei musste ich mich höllisch beherrschen. Denn wenn sie mir vorzeitig auf die Schliche kamen, konnte ich für Sylvie nicht mehr das Geringste tun.

Samantha trat mit einem katzenhaften Schritt auf mich zu. Mit den Fingerspitzen der Rechten strich sie über mein Gesicht. Ich bemühte mich, dabei auszusehen wie ein verliebter Kater.

»Das ist deine Gelegenheit, mein Lieber«, sagte sie. »Deine Chance, mir deine Zuneigung zu beweisen. Ist es nicht so bei euch als Jungen, wenn ihr Pfadfinder spielt? Müsst ihr da nicht auch eine Mutprobe ablegen, bevor ihr aufgenommen werdet?«

Mir war, als ob mir jemand den Hals zudrückte. »Nicht ganz«, antwortete ich heiser und zwang mich, mein Grinsen beizubehalten. »Da muss man eine gute Tat tun.«

Hoagey und Shand glucksten vor Heiterkeit.

»Auch gut!«, rief Samantha übertrieben launig. »Dann tust du eben eine gute Tat für mich. Jetzt und auf der Stelle.« Ihr Zeigefinger zuckte vor, und wie mit einer Stichwaffe wies sie auf die schluchzende junge Frau. »Töte sie!«

Jemand strich mir mit einem Eisklumpen über das Rückgrat. Sylvie bäumte sich im Griff der beiden Kerle auf. Sie erreichte aber nur, dass die Vollstrecker noch fester zupackten. Ich spürte meine aufkommende Gänsehaut. Die flackernde Glut in der Tiefe von Samanthas Pupillen sagte mir, dass sie es ernst meinte. Durch nichts in der Welt würde sie von ihrem Vorhaben abzubringen sein. Es war die Chance für sie herauszufinden, ob ich wirklich voll und ganz auf ihrer Seite stand.

In meinem Kopf rasten die Gedanken.

Es gab nur eine einzige Möglichkeit. Das erfasste ich wie in einer elektronisch geblitzten Momentaufnahme. Ich musste Sylvie den schlimmsten Schreck ihres Lebens zufügen.

Vielleicht ging auch alles schief. Ich bemühte mich, die Kaltschnäuzigkeit beizubehalten, die Samantha von mir kannte.

»Muss das so plötzlich sein?«, knurrte ich. »Kaum denkt man an den gemütlichen Teil, da soll so was passieren!«

Samantha lächelte satanisch. »Wenn du es zur Zufriedenheit erledigst, wird es hinterher umso gemütlicher, mein Schatz.«

»Du musst wissen, was du tust«, sagte ich achselzuckend. »Aber vielleicht sind Hoagey und Shand gar nicht so begeistert. Wenn ich mir vorstelle, dass sich die beiden erst noch ein bisschen mit der Kleinen vergnügen könnten …«

»Halt den Mund!«, fauchte Samantha.

Ich las Zustimmung in den Augen der beiden Vollstrecker. In Sylvies Augen und in ihren Gesichtszügen stand nichts als blankes Entsetzen. Sie musste mich für einen entsetzlichen Kerl halten.

»Madam, ich meine, dass Crawford gar nicht so Unrecht …«, setzte Hoagey mit rauer Stimme an.

Samantha wirbelte herum und giftete ihn an. »Still! Keinen Ton mehr! Ich habe eine unmissverständliche Anweisung gegeben, und die wird nicht zerredet. Klar?« Abrupt wandte sie sich wieder mir zu. »Du hast genau eine Minute Zeit, den Befehl auszuführen. Wenn nicht, bist du genauso fällig wie Eric Morgan und sein Schwesterchen.«

Allein die metallene Kälte ihrer Stimme ließ deutlich werden, dass sie es nicht noch einmal hinauszögern lassen würde. »Okay«, sagte ich dumpf, »also halte ich mich mit gut gemeinten Ratschlägen in Zukunft zurück.«

»Das ist auch besser so.« Samantha nickte verbissen und beobachtete jede meiner Bewegungen.

Ich erwiderte nichts und ging mit hängenden Schultern auf die zierliche junge Frau mit der Jeanne-d'Arc-Frisur zu. Hoagey und Shand sahen mich mit einem abfälligen und zugleich mitleidigen Feixen an. Für sie war es augenscheinlich, dass ich unter Samanthas Fuchtel stand, und darum beneideten sie mich nicht.

Sylvie starrte mich aus tränenverschleierten Augen an. Ihre Mundwinkel bewegten sich krampfartig. »Sie können kein Mensch sein«, hauchte sie kaum hörbar. »Wie können Sie nur so etwas tun, um Himmels willen?«

»Sei still, Mädchen!«, sagte ich betont barsch. »Jetzt lernst du erst mal schwimmen.« Ich trat hinter sie und packte sie an den Oberarmen. Hoagey und Shand lachten. Sie hielten meine Bemerkung für einen brutalen Scherz. Ich konnte nur hoffen, dass Sylvie es so verstand, wie es gemeint war.

Ich trieb sie auf den Rand des Schwimmbeckens zu. Samantha beobachtete mich.

Sylvie sträubte sich und stemmte sich gegen mich. Aber ich ließ ihr keine Chance. Ich musste das teuflische Spiel spielen. Es gab keinen anderen Weg.

Mit einem derben Ruck stieß ich Sylvie in die gechlorten Fluten. Ihr gellender Schrei endete, als sie mit klatschendem Aufschlag versank.

Ich stand am Beckenrand und spannte die Beinmuskeln. Das war es, was Samantha sah. Und sie glaubte, ich würde springen, um Sylvie unter Wasser zu drücken.

Schon im Ansatz der Bewegung wirbelte ich herum. Ich schnellte vom Schwimmbecken weg, für alle überraschend. Hinter mir hörte ich Sylvies verzweifelte, schlagende Beinbewegungen. Es verstärkte meinen glühenden Willen.

Samantha zuckte zusammen und duckte sich in der Schrecksekunde, als erwarte sie einen Hieb. Sie überwand sie nicht schnell genug. Im Sprung flog ich auf sie zu, erwischte sie mit beiden Fäusten gleichzeitig und riss sie an mich.

Ich schloss meine Fäuste wie einen Schraubstock um ihre Kehle. Ihr Körper versteifte sich zur Regungslosigkeit. Ich spürte, wie sie zu zittern begann.

Shand hatte seine Automatic schon halb aus dem Holster. Hoagey blinzelte nur fassungslos.

»Keine Bewegung!«, brüllte ich. »Waffen weg! Fallen lassen!«

Shand gehorchte als Erster. Er hob die Automatic mit spitzen Fingern aus dem Leder. Es knackte hässlich, als der schwere Stahl auf die Fliesen fiel. Hoagey folgte dem Beispiel seines Vollstrecker-Kumpans.

»Hol Sylvie aus dem Wasser!«, herrschte ich ihn an. »Nimm ihr die Fesseln ab! Und dann will ich sie quicklebendig hier vor mir sehen. Wenn nicht …« Ich drückte etwas fester zu, und Samantha ließ ein Röcheln hören.

Hoagey hastete los.

Es widerstrebte mir zutiefst, eine solche Methode anzuwenden. Aber ich hatte keine andere Hoffnung gesehen, Sylvies Leben zu retten. Ich verwendete eine Verbrecherin als Geisel, doch ich würde sie niemals töten. Doch dies wussten Hoagey und Shand nicht.

Der Raubvogelgesichtige stand regungslos da, die Hände über dem Hinterkopf gefaltet. Am entgegengesetzten Rand meines Blickfelds sah ich Hoagey, wie er Sylvie mit der Rettungsstange aus dem Wasser fischte. Er half ihr herauf.

»Ich warne dich«, sagte ich laut und vernehmlich. »Wenn du den gleichen Trick versuchst wie ich, wird dein Boss Samantha zuerst dran glauben!« Ich musste Crawfords Sprache sprechen, denn sie hielten mich nach wie vor für einen Gangster, und das war gut so.

Die blonde Frau in meinem Würgegriff rührte sich noch immer nicht. Hoagey löste Sylvies Fesseln gehorsam, wich dann beiseite und zurück zu seinem Komplizen, wo er ebenfalls die Hände über dem Kopf faltete.

»Sylvie«, sagte ich beruhigend. »Kommen Sie her! Wir gehen jetzt hinaus. Haben Sie keine Angst mehr! Bringen Sie mir erst die Waffen der beiden Kerle!«

Obwohl sie vor Nässe triefte und ihr die Angst noch immer in den Knochen saß, erwies sie sich als beherzt. Rasch brachte sie Shands Automatic und Hoageys Revolver an sich und kam damit zu mir. Ich nahm die Pistole und hielt Samantha damit in Schach. Den Revolver ließ ich Sylvie.

Sie holte die Schnüre, mit denen sie gefesselt gewesen war, vom Beckenrand. Während ich die Hausherrin und die Vollstrecker gleichzeitig im Auge behielt, schnürte Sylvie ihr die Handgelenke auf dem Rücken zusammen.

Zu dritt verließen wir die Schwimmhalle durch die Tür, durch die Hoagey und Shand gekommen waren. Von außen steckte ein Schlüssel. Ich drehte ihn herum. Mehr als aufschiebende Wirkung versprach ich mir nicht davon. Die Vollstrecker waren mit den Räumlichkeiten besser vertraut als ich.

»Warum?«, fragte Sylvie zähneklappernd. Nur dieses eine Wort.

»Ich bin FBI-Agent«, sagte ich. »Jerry Cotton. Ich wusste keine andere Möglichkeit, diese Mörderin zu überführen.«

Samantha Kirk zerknirschte einen Fluch zwischen den Zähnen.

Mit der Linken packte ich ihren Arm fester und drückte den Pistolenlauf härter in ihren Rücken. Sie verstummte.

Meine Befürchtung bestätigte sich. Der Aufschub reichte nicht.

Es geschah, noch bevor wir die Garage und die rettenden Fahrzeuge erreichten.

Grelles Scheinwerferlicht riss uns gnadenlos aus der Dunkelheit. Ich kreiselte mit Samantha herum und presste die Waffe deutlich sichtbar gegen ihren Hals. Der Scheinwerfer stand auf dem Dach des Wohnhauses. Wo sich Hoagey und Shand befanden, konnte ich nicht erkennen, da das Licht zu sehr blendete.

»In Deckung!«, flüsterte ich Sylvie zu.

Sie wich zurück und kauerte sich hinter den nächsten Busch, wo sie vor der Helligkeit geschützt war.

»Dummkopf!«, knurrte Samantha. »Die Schwimmhalle hat mehr als nur eine Tür. Und meine Männer haben für jeden Raum im Haus Zweitschlüssel.«

Ich wusste, dass ich in der Klemme steckte, und sie wusste es auch. Denn sie war jetzt sicher, dass ich sie nicht töten würde. Alles hing nur davon ab, wofür Hoagey und Shand mich hielten.

»Den Scheinwerfer aus!«, brüllte ich. »Oder Mrs. Kirk muss dran …«

Das Peitschen eines Schusses schnitt mir die Worte ab.

Samantha wurde mir aus der Hand gerissen. Es war die Wucht des Einschusses, die das bewirkte. Wie ein Kreisel entfernte sie sich von mir.

Fassungslos starrte ich auf ihre blutige rechte Schulter. Sie stürzte auf den Gartenweg.

Erst in diesem Sekundenbruchteil begriff ich, dass

ich schutzlos im Lichtkegel des Scheinwerfers stand. Der Schuss auf Samantha war von rechts gefallen.

Blitzartig ließ ich mich fallen.

Wieder peitschte es. Die Kugel zirpte über mich hinweg und riss irgendwo eine Kiesfontäne hoch. Ich rollte mich ab, brachte die Automatic im Liegendanschlag hoch und jagte zwei Kugeln nach oben in den Scheinwerfer. Krachend zersplitterte das Ding, und die Dunkelheit nahm Sylvie und mich in ihren Schutz.

Ich robbte auf sie zu, griff nach ihrer Hand und zog sie mit mir. Gemeinsam rannten wir durch das Buschwerk. Zweige peitschten uns und zerrten an uns. Die Kugeln, die über uns hinwegsirrten, lagen bedrohlich nahe. In fast regelmäßigen Abständen bellten die Schüsse. Ich wusste, dass Hoagey und Shand uns nicht an die Garage heranlassen würden.

Einen Augenblick später war es endgültig klar. Rechts von uns flammte Licht auf. Diesmal galt es nicht uns. Es handelte sich um die Außenlampen des Garagentrakts. Raffiniert! Sowie wir uns den Fahrzeugen zu nähern versuchten, begaben wir uns in die Helligkeit. Mit den Zielfernrohrgewehren, die sie zweifellos besaßen, konnten sie uns mühelos abknallen.

Zusätzliche Lampen glühten auf, weiter entfernt hinter dem dichten Buschwerk des Gartens. Ich ahnte, dass es sich um die Beleuchtung des Sicherheitsstreifens rings um das Grundstück handelte. Dort, zwischen den Zäunen, hatte man Eric Morgans Leiche hingelegt und so getan, als hätte er einen Einbruchsversuch unternommen. Wir hatten keine Chance, das Villengrundstück unbemerkt zu verlassen. Ich musste den Kampf gegen Hoagey und Shand aufnehmen.

Ich zog sie weiter mit mir nach links. Nur schwach und gedämpft war das Gebell von Hunden zu hören. Es durchfuhr mich siedend heiß. Wenn wir in dem unübersichtlichen Gelände blieben, waren wir den Bestien hilflos ausgeliefert.

Ein flacher Seitentrakt tauchte vor uns auf, im Dunkeln nur durch die hellen Wände zu erkennen. Die Tür war wie ein Zufluchtsort. Ich hoffte, dass sie offen war. Ob und wie wir uns hier schützen konnten, war eine andere Frage. Doch was die schwarzen Bestien betraf, war jeder andere Ort sicherer als der Garten.

Ich packte den Türknauf. Nicht verschlossen! Sylvie stieß einen freudigen Laut aus, als ich sie vor mir in das Gebäude schlüpfen ließ. Wir tappten in völlige Finsternis. Aber ich zog die Tür zu, fand tastend einen Riegel und legte ihn vor.

Sylvie griff nach meiner Hand. Ich spürte, wie sie zitterte. Vorsichtig setzten wir einen Fuß vor den anderen. Der Raum schien keine Fenster zu haben, denn es war tatsächlich stockfinster. Kein Hauch von Mondlicht.

Das Aufflackern von Neonröhren sprang uns an.

Ich glaubte zu träumen.

Wir befanden uns am Ende eines langen, schlauchartigen Raums. Im ersten Moment dachte ich an eine Bowlingbahn, doch dafür fehlten die glatten, blitzblanken Bohlen. Ich ruckte herum.

»Mein Gott«, hauchte Sylvie neben mir.

Hinter uns befanden sich die Stahlgestelle mit den Zielscheiben für großkalibrige Waffen. Dahinter aufgeschichtete Sandsäcke als Kugelfang. Sylvie und ich standen in Samantha Kirks privatem Schießstand. Hier trainierten die Vollstrecker für ihr tödliches Handwerk!

Ich überlegte nicht lange. Der Weg zurück ins Freie führte in eine Falle. Es blieb nur noch eins. Ich musste mich dem Kampf stellen. Jetzt gab es kein Zurück mehr.

Ich zog Sylvie mit mir hinter den Kugelfang. Der Raum zwischen den Sandsäcken und der hinteren Betonwand des Gebäudes war eng. Wir konnten uns gerade eben umdrehen. Noch rührte sich vorn nichts.

Aber ich war sicher, dass uns nur eine Galgenfrist von Sekunden oder Minuten blieb.

Mit einer Kopfbewegung bedeutete ich Sylvie, sich auf den Boden zu setzen. Den Grund verriet ich ihr nicht. Ich wollte, dass sie auch vor Querschlägern geschützt war. Rasch überprüfte ich den Revolver und auch die Pistole. Beide Waffen waren vollständig geladen. Ich legte sie griffbereit.

Sylvie blickte angsterfüllt zu mir auf. »Wie in aller Welt sind Sie hierher geraten?«, flüsterte sie. »Warum haben Sie Ihr Leben dafür riskiert, mich zu retten?«

Ich sagte ihr, dass es meine Aufgabe war, Menschen vor dem Verbrechen zu schützen. Ich sagte ihr, dass es mir im Fall ihres Bruders nicht gelungen war. Und ich erklärte ihr, wie es dazu gekommen war. Weiter kamen wir nicht.

Eine Stimme klirrte durch den Schlauch aus Beton. »Ihr habt eine Minute Bedenkzeit! Hebt die Hände und kommt heraus! Dann können wir uns über alles einigen. Wenn nicht, schießen wir euch in Stücke!«

Samantha Kirk!

Ich blinzelte ungläubig. Aber so wenig ich auch daran glauben wollte, lag die Erklärung doch auf der Hand. Zwischen Samantha und ihren Vollstreckern bestand eine Übereinkunft für den äußersten Notfall.

Ein solcher Fall war eingetreten, als ich die Frau in meiner Gewalt hatte. Hoagey oder Shand hatte Samantha kaltblütig angeschossen, um sie als Geisel untauglich zu machen. Und sie nahm die Verwundung in Kauf, um ihr Ziel zu erreichen. Ich begriff, dass diese Frau härter war als mancher Mann.

Vorsichtig schob ich mich höher und riskierte einen Blick durch den v-förmigen Spalt zwischen zweien der oberen Sandsäcke.

Samantha trug einen blauen Leinenoverall, der vorn offen war und die Rundung ihrer Brüste erkennen ließ. Unter dem Leinen hatte sie nach wie vor nur ihren

Bikini an. Über dem Schulterverband bauschte sich der Anzug. Ihre Waffe, eine silberfarben funkelnde Beretta, hielt sie in der Linken.

Hoagey und Shand waren bei ihr. Seelenruhig grinsend hantierten sie mit einem ganzen Arsenal. Eine MPi nach der anderen nahmen sie aus einem Wandschrank, stießen Magazine in die Kammer unter dem Vorderschaft und legten die jeweils fertig geladene Waffe auf die thekenartige Holzbarriere – fünfundzwanzig Yards von uns entfernt. Es war die in den Wettkampfrichtlinien vorgeschriebene Entfernung für Faustfeuerwaffen in großem Kaliber.

»Die Minute ist vorbei!«, schrie Samantha schrill. Bei den letzten Silben kippte ihre Stimme über.

Ich antwortete nicht. Beruhigend legte ich meine freie Hand auf Sylvies Schulter. Dann richtete ich mich wieder auf.

Der Teufelstanz begann mit ohrenbetäubendem Lärm. Hoagey und Shand feuerten gleichzeitig. Die Maschinenpistolen ratterten in kurzen Feuerstößen, mit Abständen von nur Sekundenbruchteilen. Dazwischen das trockene Bellen von Samanthas Pistole. Alles zusammen verdichtete sich in dem Betonschlauch zu einem Donnern, das die Trommelfelle schmerzen ließ. Ich war sicher, dass die Vollstrecker Lärmschützer über die Ohren gestülpt hatten.

In der Sandsackbarriere waren die Einschüsse zu spüren. Es war, als ob der ganze Kugelfang von einem Rüttelgerät in Schwingungen gebracht wurde. Einzelne Geschosse prallten über uns und seitlich von uns gegen den Beton und zirpten jaulend als Querschläger zurück.

Der Höllenlärm nahm kein Ende. Ich wusste, dass sie uns notfalls stundenlang beharken würden. Genügend Munition hatten sie garantiert. Ich stellte mir vor, wie an der Vorderseite der Sand aus den zerlöcherten Säcken zu rinnen begann.

Es war praktisch nur eine Frage der Zeit, wann das Ganze in sich zusammensackte und uns den Vollstreckern preisgab.

Ich blickte nach unten und sah, dass sich Sylvie die Ohren zuhielt und vor Todesangst schrie. Doch in dem Donnern und Krachen war ihr Schreien nicht zu hören.

»Nein«, knurrte ich wild entschlossen. »So einfach werdet ihr es nicht haben, Amigos!«

Ein Querschläger zwitscherte von hinten auf mich zu und klatschte in den Sandsack links neben meinem Kopf. Es kümmerte mich nicht. Ich musste sowieso alles auf eine Karte setzen.

Ich schob mich einen Schritt nach links. Ich hatte mir die Position der Scheiben eingeprägt, die sich ungefähr in Brusthöhe befanden. Ich stieß die Automatic rechts von mir zwischen zwei Sandsäcke. Dann packte ich einen Zipfel etwa in der mittleren Höhe der Scheibe.

Mit einem kraftvollen Ruck zog ich daran. Es funktionierte. Die Säcke waren versetzt gestapelt, sodass das Ganze wie Mauerwerk zusammenhielt. Ich hatte eine doppelt faustgroße Lücke, und vor mir sah ich den weißen Karton der Zielscheibe. Die schwarzen Ringe auf der Vorderseite schimmerten durch.

Links und rechts rieselte der Sand unter den Einschüssen.

Auch die Zielscheibe hatte bereits Löcher, die wie gestanzt wirkten. Ich musste mich höllisch beeilen. Es war nur eine Frage der Zeit, wann eine Zufallskugel in meine Schießscharte orgeln würde. Und ob ich überhaupt Erfolg hatte, war eine völlig offene Frage.

Ich packte die Automatic im Beidhandanschlag, entsicherte mit dem linken Daumen und jagte nacheinander vier Kugeln durch die untere Hälfte der Zielscheibe. Dann ließ ich mich fallen.

Ein Schrei gellte. Das Hämmern ließ nach und stockte sekundenlang. Dann setzte es wieder ein. Nur noch eine Maschinenpistole und Samanthas Pistole. Wie erwartet konzentrierten sie sich auf die Zielscheibe, aus der ihnen die Geschosse entgegengerast waren. Doch nur zwei Kugeln sirrten durch meine improvisierte Schießscharte, prallten am Beton ab und klatschten wirkungslos in die Rückseite der Sandsäcke.

Sylvie hatte aufgehört zu schreien.

Ich nickte ihr zu, schnappte mir auch noch den Revolver und schob mich über sie hinweg nach rechts. Von mir aus gesehen, hatte ich auf der linken Seite des Kugelfangs gefeuert. Dort vermuteten sie mich. Aber ich musste das tun, was sie nicht erwarteten.

Mit zusammengebissenen Zähnen robbte ich nach rechts auf den schmalen Spalt zwischen Sandsäcken und Betonwand zu. Den Revolver legte ich griffbereit auf den Boden. Und dann fackelte ich keine Sekunde lang.

Wieder stieß ich die Automatic im Beidhandanschlag nach vorn, diesmal flach auf dem Boden. Lage erfassen, anvisieren und durchziehen gingen in wenigen Atemzügen ineinander über.

Vorn, hinter dem Holztresen, war nur noch ein Stück von Hoageys Stetson zu sehen. Er und Samantha feuerten durch Ritzen zwischen den unteren Planken.

Die Automatic ruckte in meinen Fäusten, spie Vollmantelblei und grelle Blitze. Unterhalb des Stetsonhuts zersplitterte das Holz unter der Serie meiner Geschosse.

Schlagartig wurde es still.

Hoagey schraubte sich hoch, brüllte vor Wut und Schmerz und drohte zu stürzen, hielt sich aber. Torkelnd, die Hände Halt suchend vorgereckt, strebte er auf den Ausgang zu. Ich sah, dass er am rechten Oberarm und an der rechten Brusthälfte verwundet war. Samantha brüllte vor Wut. Doch sie jagte keine einzige Kugel mehr aus dem Lauf. Geduckt folgte sie ihrem Vollstrecker ins Freie.

Das geifernde Gebell der Hunde wurde laut.

Ich richtete mich hinter dem Kugelfang auf. Wie erwartet ließen die Fliehenden die Tür offen. Als die ersten blitzenden Reißzähne erschienen, jagte ich zwei Kugeln nacheinander in den hölzernen Türrahmen. Die Bestien wichen zurück.

Ich tauschte die leer geschossene Automatic gegen den Revolver aus. Dann bedeutete ich Sylvie, hinter den Sandsäcken zu bleiben. Den Sechsschüsser feuerbereit, rannte ich nach vorn. Dort hatte ich Waffen und Munition in Hülle und Fülle und konnte mich der freigelassenen Bestien erwehren, sobald sie einen neuen Vorstoß versuchten.

Draußen röhrte ein Fahrzeugmotor los. Ich fluchte, schnappte mir eine MPi und lief zur offenen Tür. Augenblicklich drängten die Hunde auf mich zu. Mindestens ein Dutzend der blutgierigen Bestien waren es. Ihre Fänge funkelten mich aus der Dunkelheit an.

Ich jagte eine Garbe über ihre Schädel hinweg und hielt sie in Zaum. Doch ich konnte es nicht mehr schaffen, den Wagen aufzuhalten. Mit rasch ansteigender Drehzahl entfernte sich das Motorengeräusch.

Ich drehte mich halb um. Aus den Augenwinkeln heraus sah ich hinter mir den verkrümmten Körper Shands. Von ihm drohte keine Gefahr mehr. Nur eine Sekunde lang überlegte ich. Dann fasste ich einen Entschluss. Es hatte keinen Sinn, hier auszuharren. Ich musste die Bestien abschütteln und die Polizei verständigen.

Teufel auch, sonst hockten wir womöglich noch tagelang in der Falle!

Ich hängte mir zwei weitere Maschinenpistolen über die Schulter und trat ins Freie. Mit kurzen Feuerstößen aus der ersten Waffe trieb ich die Tiere zurück. Unaufhaltsam rückte ich nach, warf die erste MPi weg, als sie leer geschossen war, und feuerte sofort mit der zweiten weiter.

Die Hunde stellten ihr Bellen ein. Auch die Reißzähne blitzten nicht mehr, und das heisere Knurren endete. Die ständig hämmernden MPi-Garben entnervten sie. Die Ersten der schwarzen Viecher zogen den Schwanz ein, drehten sich um und ergriffen die Flucht. Und meine Rechnung ging auf. Der schallisolierte Zwinger stand noch offen, und sie zogen sich dorthin zurück, wo sie sich sicher fühlten – eben in den Zwinger.

Mit der dritten Maschinenpistole trieb ich auch die letzten Hunde hinein, knallte die Tür hinter ihnen zu und wollte zurück zu Sylvie.

Ein Geräusch stoppte mich. Es klatschte und wummerte vom Himmel. Noch während ich staunend verharrte, flammte ein Scheinwerfer auf und geisterte tastend über Villa und Grundstück.

Ich lief in den Schießstand und holte Sylvie heraus. Wir kamen gerade noch rechtzeitig, um den Hubschrauber landen zu sehen. Eine Maschine der State Police! Sicher setzte der Pilot sie auf die Rasenfläche.

Die beiden Männer, die mit schussbereiten Revolvern aus der Kanzel stiegen, kannte ich. Den einen nur vom Fernsehbildschirm. Aber ich wusste, dass er Lieutenant war und Pawlowski hieß. Der andere war mein Freund und Kollege Phil Decker. Er schüttelte fassungslos den Kopf, als er uns sah – Sylvie in klatschnasser Kleidung und mich in der Badehose.

Wir liefen auf die beiden zu. Noch bevor wir sie erreichten, brüllte ich gegen den Triebwerkslärm an und erklärte, was passiert war.

Phil brüllte zurück. »Dann rein mit euch! Wir haben das Fluchtfahrzeug gesehen!«

Der Pilot, ein Lieutenant der State Police, legte die Maschine sofort auf den richtigen Kurs. Im Anflug auf die Villa hatten die Kollegen gesehen, wie sich die

Schlussleuchten eines Fahrzeugs in rascher Fahrt nach Norden entfernten.

Sekunden nach dem Start hatten wir die beiden rotglühenden Punkte in Sichtweite. Der Wagen jagte auf ein Waldstück zu, das sich wie ein schwarzer Teppich über eine Reihe von Hügelkuppen hinzog.

Der Copilot versorgte Sylvie und mich mit Reserve-Overalls aus der zum Helikopter gehörenden Ausrüstung. Phil hielt für die zierliche junge Frau eine Decke hoch, hinter der sie sich ihrer nassen Sachen entledigen und in die viel zu große gefütterte Kluft steigen konnte.

Ich zog den Reißverschluss zu und beugte mich nach vorn. Der Copilot reichte mir ein Infrarot-Nachtsichtgerät. Ich spähte durch die Optik, stellte scharf und sah gleich darauf die Schlussleuchten, die über einen schmalen Weg hüpften. Ein Dodge-Geländewagen. Er erreichte den Wald und verschwand zwischen den Bäumen. Ich setzte das Gerät ab.

Das glühende Rot der Schlussleuchten war auch durch die Bäume noch zu erkennen, da der Waldweg eine schmale Schneise bildete. Wir hofften, dass Hoagey und Samantha auch weiterhin vergessen würden, die Beleuchtung auszuschalten. Sie waren so oder so gehandikapt. Ohne Licht konnten sie ihre Fluchtgeschwindigkeit nicht beibehalten.

Ich ließ mir einen Helm mit Bordfunkeinrichtung geben und verständigte mich mit dem Piloten. Er legte die Maschine in einen Bogen und war Sekunden später wieder hinter dem Dodge. Bis knapp über die Baumwipfel ging er herunter. Spätestens jetzt mussten Samantha und ihr Vollstrecker uns bemerken.

Der Wald endete. Düsteres Brachland schloss sich an.

Jetzt erloschen die Rückleuchten des geländegängigen Wagens. Doch es nützte den Fliehenden wenig.

Unser Copilot schaltete den Suchscheinwerfer ein, und der starke Lichtkegel erfasste den Dodge, wanderte wie ein Spotlight auf der Bühne in seinen Zickzackbewegungen mit. Auch das Hakenschlagen nützte ihm nichts.

Plötzlich war der Dodge aus dem Lichtkegel verschwunden.

Geistesgegenwärtig ließ der Pilot unsere Riesenlibelle auf der Stelle schweben, und sein Nebenmann hatte Gelegenheit, mit dem Scheinwerfer zurückzugehen. Im nächsten Sekundenbruchteil hatten wir ihn wieder.

Der Wagen hatte ein mächtiges Loch in einen Drahtzaun gerissen und war auf die linke Seite gekippt. Mit dem Heck lag er noch mitten im Maschengewirr des beschädigten Zauns.

»Was in aller Welt ist das?«, rief ich, ohne mich umzudrehen.

»Eine Deponie für Sondermüll«, antwortete Lieutenant Pawlowski. »Giftkram aller Art. Das meiste Zeug kommt von der chemischen Industrie aus Chicago.«

Ich wollte weitere Fragen stellen, doch ich kam nicht dazu.

Eine Gestalt erschien auf der rechten Seite des Dodge und kletterte heraus. Samantha Kirk! Ihr blondes Haar wehte im Rotorwind, doch sie blickte nicht nach oben.

»Runter!«, brüllte ich.

Der Pilot reagierte sofort. Wie im Fahrstuhl sanken wir abwärts auf das freie Gelände vor dem verunglückten Wagen. Samantha Kirk rannte davon wie von Furien gehetzt.

Pawlowski zögerte einen Moment, doch dann gab er mir seinen Dienstrevolver, als ich ihn aufforderte. Phil hatte bereits die Kanzeltür geöffnet. Wir sprangen, als der Hubschrauber noch drei Yards hoch über dem Boden schwebte. Der Copilot hatte den Suchscheinwerfer jetzt waagerecht gestellt, und der Lichtkegel erfasste die Fliehende. Ihre schimmernden Haare waren wie ein flirrender Reflex, wie ein tanzendes Irrlicht in der düsteren Umgebung.

Mein Kollege und ich landeten federnd auf dem kahlen Erdboden und sprinteten sofort los.

Samantha war nicht sonderlich schnell. Schon innerhalb von ein paar Sekunden holten wir auf. Im Laufen jagte ich einen Warnschuss hoch über sie hinweg. Sie zuckte zusammen, stolperte und verlor fast das Gleichgewicht. Kein Zweifel, dass sie durch ihre Schulterwunde stark behindert war. Auch mussten über kurz oder lang ihre Kräfte nachlassen.

»Samantha!«, brüllte ich. »Bleiben Sie stehen! Geben Sie auf!«

Hinter uns erstarb das Geheul der Hubschrauberturbine.

Samantha verharrte tatsächlich, doch nicht etwa, um sich zu ergeben. Deutlich sahen wir im Scheinwerferlich, wie sie wankte, als sie sich umdrehte.

Phil und ich stoppten unsere Schritte.

»Die muss verrückt sein«, knurrte er.

»So kann man es nennen«, nickte ich. Im selben Moment warfen wir uns in den Dreck. Die nackte Erde war kühl und feucht und strömte einen beißenden Geruch aus, der mit Natur nicht das Geringste zu tun hatte.

Samantha hatte ihre Beretta im Anschlag und feuerte. Bei jedem Schuss wurde ihre Linke hochgerissen. Sie schaffte es nicht mehr, genau zu zielen. Die Kugeln sirrten in den Nachthimmel hinauf.

Wir rappelten uns auf, als der Schlagbolzen ins Leere klickte. Ruhig gingen wir auf die Frau zu. Sie starrte die Waffe entgeistert an. Dann schleuderte sie sie uns mit einem schrillen Wutschrei entgegen.

»Haut ab!«, schrie sie, und ihre Stimme steigerte sich zum Geifern. »Verschwindet! Lasst mich in Ruhe! Mich kriegt ihr nicht! Ich habe nur meine Pflicht getan, ihr Versager. Ihr tut doch nur so, als ob ihr Verbrecher jagt! Sperrt sie ein, um sie nach ein paar Jahren wieder laufen zu lassen! So ein Schwachsinn! Nur eine Kugel hilft. Nur dann hat man Ruhe vor dem Gesindel.«

Erst jetzt schien ihr bewusst zu werden, dass wir uns ihr unaufhaltsam näherten. Sie zog den Kopf ein, drehte sich schwankend um die eigene Achse und lief von neuem los. Ihre Schritte waren wie die einer Betrunkenen.

Phil und ich folgten ihr wieder. Bald würde sie das Ende des Scheinwerferlichts erreicht haben. Doch es nützte ihr ohnehin nichts, da das gesamte Gelände eingezäunt war. Und über den mehr als mannshohen Maschendraht konnte sie in ihrem Zustand sowieso nicht hinwegklettern.

Jäh verschwand sie aus unserem Blickfeld, noch bevor sie aus dem Lichtkegel des Scheinwerfers heraus war. Der Erdboden schien sie buchstäblich zu verschlucken.

Erst einen Atemzug später gellte ihr Schrei, hohl klingend wie in einem Trichter. Ein klatschender Aufschlag folgte. Stille.

Phil und ich bewegten uns vorsichtig weiter voran. Hinter uns näherten sich Schritte. Natürlich hatten Pawlowski und die Piloten beobachtet, was geschah. Und sie waren mit einer Stablampe zur Stelle, als wir den Rand des Abgrunds erreichten.

»Einer der Polder«, sagte Pawlowski. »Zwanzig Yards tief. Wir befinden uns auf einem Hügel, und die unteren Erdschichten sind reiner Ton. Man hat diesen Ort ausgewählt, weil nichts ins Grundwasser durchsickern kann. Was da unten eingelagert wird, dürfte ausreichen, um sämtliche Fische im Lake Michigan sterben zu lassen.«

Im Lampenlicht erkannten wir tief unten einen pechschwarzen Tümpel. Ringsherum waren Fässer mit warnenden Aufschriften und Symbolen aneinander gereiht und gestapelt. Der Polder hatte die Form einer umgekehrten Pyramide.

Plötzlich bewegte sich etwas in der schwarzen Brühe. Samantha tauchte auf und versuchte mit verzweifelten Schwimmbewegungen, sich an der Oberfläche zu halten. Zweimal schaffte sie es bis an den Rand, aber immer wieder glitt sie ab. Ihre Kräfte erlahmten.

»Die Erde da unten ist feucht und glitschig«, sagte Lieutenant Pawlowski heiser.

»Haben Sie Seile in der Maschine?«, wandte ich mich an den Copiloten.

Er nickte und rannte bereits los.

Zwei Minuten später hatte ich einen Tampen mit ausreichender Reserve um die Hüfte geschlungen und begann den Abstieg. Phil, Pawlowski und die beiden Piloten ließen das Seil langsam durch ihre Hände gleiten.

Mit jedem Yard, den ich tiefer sank, verstärkte sich der durchdringende Gestank, der betäubende Geruch von einem Durcheinander verschiedener Chemikalien. Und immer noch hörte ich Samanthas klatschende Schwimmbewegungen – dann, nach einer Weile auch ihren rasselnden und keuchenden Atem.

Ich erreichte den Rand des Tümpels und stieß einen scharfen Pfiff aus, zum Zeichen für meine Helfer, dass ich am Ziel war.

»Samantha!«, rief ich. »Hören Sie mich?«

»Ich habe dich gesehen, und ich höre dich«, antwortete sie erstaunlich klar. »Und ich sage dir nur eins, Bulle: Fahr zur Hölle und lass mich krepieren! Keiner von euren verdammten Richtern wird mich kriegen!«

Kurzerhand löste ich das freie Seilende von meiner Hüfte, sodass ich nur noch von dem verknoteten Teil gehalten wurde. Rasch formte ich eine Schlinge und ließ sie über meinem Kopf kreisen. Abermals pfiff ich.

Der Lichtkegel der Stablampe fiel herab, und ich erblickte Samantha mit ihren ermattenden Bewegungen in der schwarzen Brühe. Ich warf die Schlinge. Es klappte auf Anhieb. Wie mit einem Lasso fing ich sie ein. Samantha begriff nicht mehr, was geschah.

Ohne es zu spüren, brachte sie durch ihre wilden Schwimmbewegungen die Schlinge unter ihre Arme, und ich konnte zuziehen. Das Seil legte sich um ihren Oberkörper. Erst jetzt sträubte sie sich. Doch ihre Kräfte reichten nicht mehr aus, um sich auch nur noch gegen das Seil zu stemmen.

Ich gab ein erneutes Pfeifsignal. Wir wurden hochgezogen. Phil und die anderen trugen Handschuhe, als ich oben ankam. Sie hüteten sich, die Frau mit bloßen Händen anzufassen. Samantha hatte bereits das Bewusstsein verloren, als wir sie auf eine Kunststoffunterlage im Hubschrauber legten. Hoagey war bewusstlos. Wir verbanden ihn während des Fluges.

Der Chemikaliengestank in der Maschine war fast unerträglich.

Phil sah mich an und schüttelte kaum merklich den Kopf. Ich wusste, was er sagen wollte. Er brauchte es nicht auszusprechen.

Wenn Samantha Kirk am Leben blieb, dann würde es an ein Wunder grenzen.

Schon zwei Monate nach den Geschehnissen im LaSalle County war der Albtraum vorüber.

Samantha Kirk hatte sich ihren irdischen Richtern entzogen. In dem Polder musste sie zu viel von der giftigen Brühe geschluckt haben. Aus dem Hospital des Staatsgefängnisses von Illinois wurde sie nicht wieder entlassen. Sie starb einen qualvollen Tod.

Phil und ich blieben noch eine Weile in Chicago, um gemeinsam mit den dortigen Kollegen die Akten abzuschließen. So oft es ging, kümmerten wir uns um

Sylvie Morgan, die sich bereits wieder prächtig erholt hatte.

Die Verbindungsleute, die in Chicago für Samantha Kirk gearbeitet hatten, konnten dank der Aussagen von Hoagey und seinen neu angeheuerten Vollstreckerkomplicen überführt und festgenommen werden. Für Wilbur Sebring und Desmond Wheeler gab es keine Ausflüchte. Die Beweise dank des Geständnisses von Hoagey waren erdrückend. Sebring gab zu, dass er die vier Schießer, die auf Barry Nolan Jagd machen sollten, in Chicago anwerben ließ. Der Fahrer des Jeep Renegade hatte als Erster geredet und Phil und Lieutenant Pawlowski den entscheidenden Hinweis gegeben, sodass sie gerade noch rechtzeitig bei der Villa Kirk aufgekreuzt waren.

Die Waffen, die ich am Waldrand in der Nähe des Golfclubs versteckt hatte, wurden sichergestellt. Die Ballistiker konnten eindeutig nachweisen, dass Eric Morgan mit dem Schnellfeuergewehr erschossen worden war – nicht mit der Waffe, die Samanthas Leute dem ahnungslosen Lieutenant Pawlowski präsentiert hatten. Terrells Leiche, die sie hinter dem Zaun der Villa verscharrt hatten, wurde ebenfalls gefunden.

Barry Nolan kam mit einem blauen Auge davon. Was den tödlichen Schuss auf Terrell betraf, so wurde ihm zugebilligt, dass er im Affekt gehandelt hatte. Auch für seinen Farmeinbruch und den Angriff auf den Forstbeamten erhielt er mildernde Umstände, da er entscheidend zur Aufklärung des Falles Kirk beigetragen hatte. Das Urteil gegen Nolan lautete auf fünf Jahre Gefängnis, doch die Vollstreckung wurde zur Bewährung ausgesetzt. Phil und ich waren sicher, dass Nolan seinem Bewährungshelfer keinen Kummer bereiten würde.

Im Falle von Sebring, Wheeler und Hoagey ließen die Richter keine Gnade vor Recht ergehen. Ihre Art von grausamer Selbstjustiz konnte nichts anderes als das Urteil ›lebenslänglich‹ nach sich ziehen. Mit geringeren Gefängnisstrafen kamen nur die Randfiguren in der Organisation der Menschenjäger davon, so auch Gaskin, der Hausmeister des Golfclubs, und der Hotelangestellte, der Sylvie in die Falle geschickt hatte.

Nachdem wir mit den Kollegen in Chicago alle Aktenberge beseitigt hatten, fuhren Phil und ich noch einmal nach Earlville. Ich beglich meine Schuld von einem Dollar bei dem Tankstelleninhaber am Highway.

Dann trafen wir uns mit Pawlowski zu einem Kaffee. »Ich kann es noch immer nicht verdauen«, sagte er. »Da haben diese Leute jahrelang unter uns gelebt, und wir haben es ihnen auch noch geglaubt, wenn sie uns ihre Opfer als angebliche Einbrecher hinlegten.«

»Samantha Kirk hatte das Geld und den Einfluss, um glaubhaft zu wirken«, entgegnete Phil.

»Ihre Komplizen Sebring und Wheeler nicht zu vergessen«, fügte ich hinzu.

Wir verabschiedeten uns von einem nachdenklichen Lieutenant Pawlowski. In Chicago lieferten wir unseren Dienstwagen beim FBI-Distrikt ab.

Doch bevor wir zum O'Hare Airport fuhren, schauten wir bei Sylvie Morgan herein. Ihre schmucke kleine Wohnung war adrett und aufgeräumt wie immer. Verblüfft erlebten wir Sylvie so munter wie nie zuvor.

»Der Attorney hat bei mir angerufen«, verkündete sie. »Es hat sich herausgestellt, dass Eric wirklich zu Unrecht verfolgt wurde. Er hat keinen Einbruch begangen, also auch nicht gegen die Bewährungsauflagen verstoßen. Es macht ihn nicht wieder lebendig, aber auf seinem Namen lastet keine Schuld mehr. Das ist das jetzt Wichtigste für mich.«

Wir wussten, dass Sylvie es irgendwie verkraften musste. Sie hatte den besten Weg für sich gefunden.

ENDE

Jerry Cotton ist die erfolgreichste Kriminalromanserie der Welt. Die Gesamtauflage der Serie liegt bei über 800 Millionen Exemplaren und wird in über fünfzig Ländern der Erde gelesen
BASTEI-LÜBBE präsentiert für alle Freunde des Kriminalromans drei lange vergriffene Ausgaben der Jerry-Cotton-Taschenbücher in einer Sonderausgabe.

Dieser Band enthält die Romane:

Nur das nackte Leben
Das Bordell am Hudson River
Die Nacht der Kamikaze

ISBN 3-404-31933—8

BASTEI
LÜBBE

Der Grausame

FBI New York gegen einen brutalen, skrupellosen Serienmörder. Seine Opfer: Menschen über sechzig. Die Presse nennt ihn den ›Senioren-Killer‹.
Die Stadt ist in Angst und Panik. Senioren-Clubs rüsten auf, um sich gegen den gnadenlosen Killer verteidigen zu können. Der FBI gründet eine Sonderkommission, und Jerry Cotton und Phil Decker wird die attraktive Rebecca Coldridge zur Seite gestellt. Sie ist auf Serienmörder spezialisiert und plant, den ›Senioren-Killer‹ mit Hilfe eines Köders zu fassen – den New Yorker FBI-Chef John D. High.
Tatsächlich gerät Mr. High ins Visier des unheimlichen Killers, und dann steht er der Mordbestie Auge in Auge gegenüber …

ISBN 3–404–31482–4

THOMAS GIFFORD

AUTOR DES WELTBESTSELLERS ›ASSASSINI‹

INTRIGE

Der neue Roman vom Autor des Weltbestsellers:
›ASSASSINI‹

Als sich der erfolglose Geschäftsmann Larry
Blankenship in der Lobby seines Hotels eine Kugel in
den Kopf jagt, glaubt die Polizei zunächst an einen
Selbstmord. Doch Paul Cavanaugh, Journalist und
zufällig am Ort des Geschehens, muss sich rasch
eines Besseren belehren lassen. Eine gute Bekannte
des Toten äußert Zweifel an der Selbstmord-Theorie
und setzt Paul auf die Exfrau des Geschäftsmannes
an. Pauls Suche nach den Motiven und Hintergründen
des vermeitlichen Selbstmords wird zu einer *Tour de
force*, die sein Leben aus der Bahn wirft ...

ISBN 3–404–14578–X

BASTEI
LÜBBE

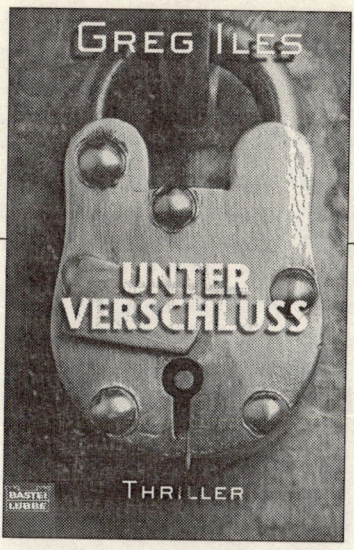

Penn Cage kennt den Tod wie seine Westentasche:
Als Staatsanwalt hat er sechzehn Menschen in die
Todeszelle gebracht. Doch nach dem plötzlichen Tod
seiner Frau sehnt er sich nach Ruhe und Frieden. Mit
seiner kleinen Tochter begibt er sich in die Stadt seiner Kindheit, um den Schatten der Vergangenheit zu
entfliehen. Aber Natchez, Mississippi, ist nicht der
Ort, um seine Trauer zu begraben. Ein dunkles Geheimnis umgibt diese Stadt im Süden der USA, ein
Geheimnis, an dessen Aufdeckung niemand Interesse bekundet ...

›Nach @E.R.O.S. und *Schwarzer Tod* läuft Greg Iles
zur Hochform auf.‹ *WASHINGTON POST*

ISBN 3–404–14550–X

Anfang 1943: Auf den Philippinen kämpft eine zer-
lumpte Guerilla-Armee unter einem höchst unge-
wöhnlichen Kommandeur gegen die Japaner.
In Budapest muss ein Agent verhindern, dass zwei
wichtige Gefangene von der Gestapo verhört werden;
er hat nur die Wahl, sie entweder zu retten oder zu
töten.
Und in Kairo wundert sich ein unbedeutender Pilot,
warum um alles in der Welt das OSS an seinen
Diensten interessiert ist, bis er es auf die drama-
tischste Weise herausfindet – und dabei zum Helden
wird …

ISBN 3–404–14592–5